淘宝开店从新手到皇冠

开店+装修+推广+运营一本通

六点木木 编著

(第3版)

电子工业出版社
Publishing House of Electronics Industry
北京·BEIJING

内 容 简 介

"淘宝开店"畅销书全新升级,资深讲师倾囊相授!哪怕你是一名完全意义上的"小白",在学习本书的过程中,也会在不经意间发现开网店的实战能力不断攀升。打开本书,你就开启了一扇成为皇冠卖家的成功之门!

这是一本由浅入深讲解从零基础开网店到精通网店运营的全实战操作+配套图文详解的完全教程,开店准备、网店管理、网店装修、网店运营、售后服务技巧全掌握,同时玩转短视频、直播等新媒体。学习完本书后,你将从一窍不通到能独立运营并打造一个赚钱的店铺。如果你已经开店,本书能给你带来更多全新的店铺运营思路和方法!

本书适合淘宝新手、个人、小团队、实体店卖家、退休人员等相关从业人员使用,也可以作为高等学校电子商务专业或相关培训机构的教材。

未经许可,不得以任何方式复制或抄袭本书之部分或全部内容。
版权所有,侵权必究。

图书在版编目(CIP)数据

淘宝开店从新手到皇冠:开店+装修+推广+运营一本通 / 六点木木编著. —3 版. —北京:电子工业出版社,2021.1(2025.8重印).
ISBN 978-7-121-39887-2

Ⅰ.①淘… Ⅱ.①六… Ⅲ.①网店—网络营销 Ⅳ.①F713.365.2

中国版本图书馆 CIP 数据核字(2020)第 215094 号

责任编辑:孔祥飞
印　　刷:北京捷迅佳彩印刷有限公司
装　　订:北京捷迅佳彩印刷有限公司
出版发行:电子工业出版社
　　　　　北京市海淀区万寿路 173 信箱　邮编 100036
开　　本:787×980　1/16　印张:22　字数:484 千字
版　　次:2015 年 7 月第 1 版
　　　　　2021 年 1 月第 3 版
印　　次:2025 年 8 月第 8 次印刷
定　　价:69.00 元

凡所购买电子工业出版社图书有缺损问题,请向购买书店调换。若书店售缺,请与本社发行部联系,联系及邮购电话:(010)88254888,88258888。

质量投诉请发邮件至 zlts@phei.com.cn,盗版侵权举报请发邮件至 dbqq@phei.com.cn。
本书咨询联系方式:010-51260888-819,faq@phei.com.cn。

前言

进入5G时代,成熟、好用的技术让"路人"也能轻松学会并实现网上开店,网上变现的方式和渠道越来越多,只要你有一技之长,就可以通过互联网赚钱。进入2020年以后,适合多数个人在网上开店的新契机已经到来,将你的生意"互联网化"或者在网上做生意、利用互联网赚钱,是大势所趋!

这是一本由浅入深讲解从零基础开网店到精通网店运营的全实战操作+配套图文详解的完全教程,现已升级到第3版,影响超过8万名卖家。学习完本书后,你将从一窍不通到能独立运营并打造一个赚钱的店铺。如果你已经开店,本书能给你带来更多全新的店铺运营思路和方法,值得细品!本书共六篇。

第一篇 淘宝开店选择+开店准备

本篇包含第1章至第4章,帮你梳理阿里巴巴集团旗下的店铺类型及其适用人群、哪些人更适合在淘宝开店、大爷大妈退休后二次创业的可能性、除了开淘宝店还有哪些赚钱方式;手把手教会你阿里巴巴集团旗下不同类型的店铺以及特色市场入驻方法,汇总分析网上可以销售的五种货品类型、六种卖货方式,告诉你有效的进货渠道、选品技巧,罗列开网店要做哪些事情;教你根据需求购买设备,让你既不花冤枉钱,也能满足所需。

将本篇内容理解透彻后,你的网店事业就成功了一半。

第二篇 内功修炼实战:卖家管理网店的标配技能

在淘宝开了网店,商品管理、交易管理、物流管理是标配知识储备;"千牛"是标配沟通工具,"子账号"是团队运营的店铺标配权限管理分配工具。开网店是一个不断遇到问题并不断解决问题的过程,那么解决问题的能力也是一项标配技能。

万丈高楼平地起,将商品大卖之前,必须把基础知识学扎实,本篇包含开店必备沟通工具"千牛"使用详解、团队运营的店铺必备工具"子账号"使用详解、商品管理、交易管理、物流管理、快速提升解决问题能力的技巧,将这些内容全部学会并熟练掌握后,能为你接下来的网店运营增加更多"底气"。

第三篇 店铺装修实战:卖家"留客+提升客单价"标配技术

相信大多数人开网店的初衷是赚钱,装修店铺的最终目的是提升转化率、提升客单价,从而提高销售额，实现盈利。规范的店铺色彩搭配、设计合理的购物引导路径、制作精美且大气的店铺排版，既能让买家轻易找到想要的商品，也能让买家享受愉悦的购物过程。要达到让买家赞不绝口、记忆犹新、流连忘返、爽快买单的效果，除了完全掌握淘宝旺铺的各种功能，还与图片处理、店铺运营密不可分。

本篇会教你恰当地选择适合自己店铺的旺铺版本、免费的淘宝旺铺PC端基础版+手机端基础版的装修技巧，以及用案例步骤演示教会你轻松装修出"高大上"的店铺效果，大大节约装修成本，为提升销量营造良好的店铺氛围。本篇内容的实操性非常强，建议边学边对照淘宝旺铺后台操作。

第四篇 运营实战：日赚1000元的实操玩法

互联网技术，特别是移动互联网技术的高速发展，增加了太多利用技术变现的可能性：有人花1小时写1篇文章，48小时的阅读量突破500万次，收益突破1.5万元；也有人1条1分钟的短视频播放次数突破1600万次，带货7.5万件；更有人直播5小时，带货200万元……

开阔思维 + 掌握可落地且实操性强的具体技术 + 学会一技之长，不管是新手，还是实体店老板，都可以通过互联网带货或者一技之长实现日赚1000元。

本篇将手把手教会你新手开网店所需的多项技术，帮助你快速上手网店运营，学会日赚1000元的方法；同时分享大量实用经验，教会实体店老板快速学会兼营网店，每月多赚3万元的方法。

第五篇 10人以内小团队运营实战

开网店一定要有野心，要么为"利"（金钱），要么为"名"（知名度），这样才能有源源不断的动力去解决困难，完成挑战。

如果你看完本书前面的内容，觉得以自己的能力还可以做得更好，那么本篇将分享给你：即便是只有10人以内的小团队，只要学会合理分工、布局商品和店铺矩阵，借助店群玩法，也可以定一个月入10万元的小目标并将其实现。

第六篇 服务实战：金杯银杯不如买家口碑

激烈的市场竞争、日新月异的消费需求推动着电商市场不断发展和变化，现在开网店已不再是简单地卖商品，更多时候是考验卖家的资源整合、运营、服务、发货等综合能力。

金杯银杯不如买家口碑！店铺的综合运营能力、服务能力、发货能力可以从店内动态评分、好评率、销量、退款退货率等维度体现出来。本篇将教会你，作为卖家，应该学会并熟记的各种售后维护手段，以打造良性健康发展的店铺。此外，还会教你防患于未然，善于发现自身短板，并用小技巧将之补齐。

从头到尾看完这本书后，你会发现，不经意间，你的淘宝店铺运营的实战能力瞬间飙升，恭喜你已经具备独立开店并让店铺盈利的能力。

重要提醒：本书的内容从前往后，由浅入深，越往后，越考验你整店运营的综合技能，请反复细看，技巧方法都在正文内。

　　本书赠送了配套教学资源包，包含了海量的网上开店学习资料，边看边练习，即学即用。

　　本书作者：李露茜（微信号：870558022），笔名六点木木，十年淘宝一线实战经验。尽管作者在编写过程中力求准确、完善，但是书中难免会存在疏漏之处，恳请广大读者批评、指正。

读者服务

微信扫码回复：39887

- 获取本书配套教学资源
- 获取作者提供的各种共享文档、线上直播、技术分享等免费资源
- 加入本书读者交流群，与作者互动
- 获取博文视点学院在线课程、电子书 20 元代金券

目录

第一篇 淘宝开店选择+开店准备

第1章 选择不对，努力白费 2
1.1 淘宝、天猫网店的规模与网购现状 2
1.2 5G时代来临，有哪些新机遇 5
1.3 这九类人更适合在淘宝开店 7
1.4 别着急退休，大爷大妈也有机会再次创业 12
1.5 "电商法"实施后要求持证经营，如何解决 15

第2章 不同类型的店铺以及特色市场入驻流程 18
2.1 淘宝个人店铺注册流程 18
2.2 淘宝企业店铺注册流程 23
2.3 创建店铺后没发布商品，店铺会不会被关 24
2.4 老店新开，如何激活店铺；店铺不想要，能否注销 25
2.5 天猫店铺入驻流程 28
2.6 渠道下沉，"农村淘宝"入驻流程 31
2.7 家装家居平台"极有家"入驻流程 32
2.8 "造点新货"（原淘宝众筹）入驻流程 33
2.9 "淘宝教育"入驻流程 37
2.10 将商品卖往海外，"全球速卖通"入驻流程 38
2.11 阿里巴巴批发网店入驻流程 41
2.12 不想注册店铺，能不能在淘宝卖东西 43

第3章 玩转货源，让开网店赚钱事半功倍 46

- 3.1 开网店卖货的路有千万条，这样做，不迷路 46
- 3.2 有网店但没货，卖什么好？什么好卖？卖什么赚钱？ 49
- 3.3 不囤货，做分销的操作技巧 54

第4章 开网店所需硬件设备 58

- 4.1 全职开店，电脑必不可少，如何选购 58
  - 4.1.1 开网店要做哪些事 58
  - 4.1.2 如何选购开网店的电脑 61
- 4.2 无线时代，智能手机也不能少，如何选购 64
- 4.3 下单量暴增，辅助设备、器材清单在此 66

第二篇 内功修炼实战：卖家管理网店的标配技能

第5章 开店必备沟通工具"千牛"使用详解 72

- 5.1 什么是"千牛" 72
- 5.2 PC版"千牛"使用详解 74
  - 5.2.1 千牛工作台使用详解 74
  - 5.2.2 千牛接待中心使用详解 76
  - 5.2.3 千牛系统设置使用详解 78
- 5.3 手机版"千牛"使用详解 81
- 5.4 网店客服必须熟练掌握"千牛"的6个技巧 83

第6章 团队运营的店铺必备工具，"子账号"使用详解 90

- 6.1 什么是"子账号" 90
- 6.2 跨店管理之"多店绑定"操作详解 92
- 6.3 子账号使用详解之"员工管理" 93
- 6.4 子账号使用详解之"客服分流" 95
- 6.5 账号安全无小事，卖家必知子账号安全设置 97
- 6.6 子账号操作日志、聊天记录、服务评价、监控查询 97

第 7 章　商品管理、交易管理、物流管理 ... 99
7.1　联系快递或物流确定运费，创建运费模板 ... 99
7.2　拍摄商品图片并后期处理，为发布上架做准备 ... 105
7.3　发布商品的具体流程与注意事项 ... 111
7.4　支付宝担保交易流程详解与注意事项 ... 118
7.5　巧妙提高发货能力，提升卖家满意度和店铺竞争力 ... 120

第 8 章　快速提升解决问题能力的技巧 ... 125
8.1　淘宝掌柜必须具备的六大能力 ... 125
8.2　在开店过程中所需资源类型及入口 ... 127
8.3　在开店过程中遇到问题，如何快速解决 ... 129

第三篇　店铺装修实战：卖家"留客+提升客单价"标配技术

第 9 章　网店装修"旺铺"必不可少 ... 133
9.1　网店要不要装修，装修后有没有用 ... 133
9.2　卖家必备重要工具"旺铺素材中心"使用详解 ... 134
9.3　什么是"旺铺"，旺铺版本简介 ... 138
9.4　淘宝旺铺 PC 端页面结构详解 ... 140
9.5　淘宝旺铺手机端页面结构详解 ... 143
9.6　你的网店计划装修成什么样 ... 146

第 10 章　免费的淘宝旺铺 PC 端基础版装修详解 ... 149
10.1　淘宝旺铺 PC 端基础版整店装修思路 ... 149
10.2　不花钱，免费实现 1920 全屏页头效果 ... 153
10.3　店铺首页免费实现 1920 全屏海报效果 ... 156
10.4　店铺首页免费实现 950 通栏海报效果 ... 158
10.5　店铺首页免费实现 950 个性化商品展示效果 ... 160

第11章 免费的淘宝旺铺手机端基础版装修详解 163

11.1 手机端装修入口,装修后在哪里看效果 163
11.2 手机端基础版整店全局装修技巧 165
11.3 两招学会手机端基础版首页"自定义"装修布局 169
11.4 手机端基础版"自定义页面"创建+装修步骤详解 172

第四篇 运营实战:日赚1000元的实操玩法

第12章 个人开淘宝店,如何日赚1000元 175

12.1 阿里巴巴重点打造"淘宝神人",你准备好了吗 175
12.2 这样做,日赚1000元指日可待 178
12.3 开淘宝店=电商变现,先给自己定位 183
12.4 卖货道路千万条,一技之长能帮你迅速脱颖而出 186
12.5 阿里巴巴旗下最不缺的就是货,新手卖这些更赚钱 191
12.6 店和货都有了,下面帮你快速提升卖货能力 197
12.7 淘宝店以短视频运营为主的三个实用技巧 201
12.8 淘宝站外短视频卖货的速成玩法 208
12.9 如何快速制作带货力强的短视频 217
12.10 把你的第一次直播献给哪个平台 223
12.11 如何快速搭建网上卖货的直播间 226
12.12 实用的直播卖货选品技巧 227
12.13 新手带货主播必学的八个直播技巧 230
12.14 如何通过直播带货快速赚取第一桶金 235

第13章 有实体店,如何兼营网店 238

13.1 有实体店,生意难做,线上结合线下才是出路 238
13.1.1 哪些类型的实体店适合兼开淘宝店 239
13.1.2 实体店兼开淘宝店,做本地人生意的玩法 241
13.1.3 实体店兼营网店的更多玩法和可能性 243
13.1.4 实体店快速提高营业额的玩法,简单易上手 245

13.2 穿搭类实体店低成本快速直播技巧 247
13.3 美妆/母婴/珠宝类实体店低成本快速直播技巧 252
13.4 鞋类/箱包/档口/商场类实体店低成本快速直播技巧 256
13.5 花类/宠物类/家居类实体店低成本快速直播技巧 260
13.6 做长久生意，创建忠实粉丝圈，源源不断复购 264
  13.6.1 做长久生意，不想倒闭的实体店老板要看 264
  13.6.2 店内促销活动策划与执行，一看就会 267
  13.6.3 向网店看齐，巧用定价策略科学定价 270
  13.6.4 创建忠实粉丝圈，用小妙招提升复购率 274
13.7 学会商家抱团、异业合作，复制模式，提高营业额 281

第五篇　10人以内小团队运营实战

第14章　合理分工，小团队也能定一个月入10万元的小目标 285

14.1 案例：短视频+直播，销售额突破300万元的秘密 285
14.2 什么样的团队配置容易做到月入10万元（人）......288
14.3 卖什么样的商品容易做到月入10万元（货）......291
14.4 实现月入10万元的小目标需要哪些"技术"（场）......295
14.5 复制模式，布局店铺矩阵，迅速做大 300
  14.5.1 提高动销率，实现全店爆款的运营技术 301
  14.5.2 可被复制的"店群玩法"模式 305

第六篇　服务实战：金杯银杯不如买家口碑

第15章　为买家提供有"温度"的服务 307

15.1 巧妙处理退换货、退款问题 307
15.2 快递货物破损/少件/空包类问题处理技巧 308
15.3 买家投诉质量问题/假货/与描述不符类问题处理技巧 310
15.4 买家投诉/可疑交易/恶意评价类问题处理技巧 311
15.5 被投诉、举报、侵权类问题处理技巧 313
15.6 为买家提供有"温度"的服务，这些客服技巧不能少 314

  15.6.1 自建客服团队+网店老板自己做客服的实用技巧 316

  15.6.2 生意太好忙不过来，客服外包解决方案 325

  15.6.3 网店卖家好帮手，人工智能客服店小蜜 327

第 16 章 快速补齐短板，将这些小技巧用起来 329

16.1 资金周转难，淘宝金融服务来帮忙 329

16.2 淘宝卖家快速回款、回评小技巧 331

16.3 生意参谋：学会用数据诊断店铺并及时解决 336

16.4 阿里巴巴原创保护：助力原创商家的未来发展 337

16.5 阿里图列：官方图片规范平台，增加商品曝光量 338

16.6 体检中心：定期查看店铺体检报告，健康良性发展 339

第一篇
淘宝开店选择+开店准备

　　通信技术的发展促进了中国互联网的发展，进入 5G 时代后，成熟、好用的技术让"路人"也能轻松学会并实现网上开店。智能手机的功能越来越丰富，上网资费越来越低，上网速度越来越快，网上变现的方式和渠道越来越多，只要你有一技之长，就可以通过互联网赚钱。

　　在现实生活中，越来越多的人依赖网购，笔者认为，进入 2020 年以后，适合多数个人在网上开店的新一轮契机已经到来，将你的生意"互联网化"，利用互联网赚钱，是大势所趋！

　　然而，当我们动手去做时，耗费了大量的时间和精力，走了很多弯路，问题依旧没有解决。搞不清楚哪些平台的哪种网店类型更适合自己，好不容易弄清楚在哪里开店，却又不知道入驻流程和步骤是什么。当我们选择商品时，要么不知道卖什么商品赚钱，要么可选择的商品太多。开网店肯定需要设备，在无线时代，智能手机是必备的，那么是否还需要电脑呢？它们的配置要求是什么？

　　第一篇包含第 1 章至第 4 章：帮你梳理阿里巴巴集团旗下的店铺类型及其适用人群、哪些人更适合在淘宝开店、大爷大妈退休后二次创业的可能性、除了开淘宝店还有哪些赚钱方式；手把手教会你阿里巴巴集团旗下不同类型的店铺以及特色市场的入驻方法，汇总并分析网上可以销售的 5 种商品类型、6 种销售方式，告诉你有效的进货渠道、选品技巧，罗列开网店要做哪些事情；教你根据需求购买设备，让你既不花冤枉钱，也能满足所需，不留遗憾。

　　将本篇内容理解透彻后，你的网店事业就成功了一半。

第 1 章

选择不对，努力白费

1.1 淘宝、天猫网店的规模与网购现状

2009 年至 2019 年天猫"双 11 购物狂欢节"的销售额数据

"双 11 购物狂欢节"源于"淘宝商城"（后更名为天猫）在 2009 年 11 月 11 日举办的促销活动，当时参与的商家数量和促销力度有限，但营业额远超预期的效果，于是每年 11 月 11 日成了天猫举办大规模促销活动的固定日期。

2009 年：销售额为 0.52 亿元；
2010 年：销售额为 9.36 亿元；
2011 年：销售额为 33.6 亿元；
2012 年：销售额为 132 亿元；
2013 年：销售额为 352 亿元；
2014 年：销售额为 571 亿元；
2015 年：销售额为 912 亿元；
2016 年：销售额为 1207 亿元；
2017 年：销售额为 1682 亿元；
2018 年：销售额为 2135 亿元；
2019 年：销售额为 2684 亿元。

这些数据能印证：在中国互联网和移动互联网技术的推动下，网购已经愈发融入普通百姓的生活中，百姓对网购的依赖程度也越来越高。

我国互联网经济在2018年"遇冷",在这样的环境中,天猫连续两年(2018年、2019年)实现销售额逆势上涨。随着国家一系列减税政策的利好,我国整体经济回暖,居民购买力将逐步提升,相信互联网零售行业将迎来一波新的增长红利。

淘宝、天猫的变化

从2013年开始,随着移动互联网的发展,淘宝从网页发展到App,实现了淘宝购物的无线化,消费者无须依赖电脑,一部智能手机便能实现随时随地网上购物。随后"手机淘宝"App内容生态化,通过淘宝直播、短视频、微淘等内容生态的社区化建设,让淘宝成为全球最大的消费者社区。

2019年5月15日,阿里巴巴集团发布2019财年第四季度财报及2019财年业绩。财报显示,截至2019年3月底,淘宝、天猫移动端月度活跃用户达到7.21亿人,比前一年同期和上一季度上涨1.04亿人和2200万人。

天猫不断引进全球品牌,迎合"新中产"需求,涵盖轻奢、重奢全品类。此举不仅提升了天猫的品牌形象,让其成为奢侈品第一平台,同样也吸引了海内外优质的客户群,未来将为我国上亿"新中产"提供服务。

2019年4月25日,天猫总裁在天猫超级品牌私享会上,为天猫未来三年定了4个小目标:1.天猫平台交易规模翻一番;2.帮助全球品牌发布超1亿款新品且孵化100个年销售额超10亿元的新品牌;3.保持天猫买家数量持续且快速增长;4.品牌官方旗舰店升级为品牌的消费者运营主阵地。

如果你还未转战互联网,在当下进入,是不错的时机。

不断优化完善的互联网销售渠道

在淘宝、天猫平台上,以前用户通过搜索功能寻找商品,随着淘宝直播、短视频、微淘等内容生态的搭建完成,目前更侧重千人千面、标签化、智能化、场景化地自动推荐商品,商品与人群的匹配度更高,购买转化效果也更好。

放眼国内整个互联网,除了较稳定的电商平台(如淘宝、天猫、京东、苏宁易购、唯品会等),像微博、微信、抖音、快手、小红书这类社交平台的强势崛起,使互联网带货渠道更加多元化,消费者利用互联网购物的渠道也随之更加丰富。

这两三年,淘宝、天猫一直在帮助很多工厂进行数字化改造,减少中间渠道,让工厂直接与消费者对接,通过"低价好货"的形式迎合市场需求。这一点在"手机淘宝"App的"天天特卖""淘抢购""聚划算""天猫超市"等频道得以印证,很多产品背后都是源头工厂。不久后,人与货之间的中间渠道会越来越少。

逐渐觉醒的全国"低线级"地区市场

2019年5月15日,阿里巴巴集团发布2019财年业绩显示:淘宝、天猫在过去一年新增的

1.2 亿个用户，主要是淘宝加速"向下"渗透获得而来的。淘宝短短一身年在"低线级"地区（即三四线城市和农村）为主的用户增长，已经相当于中国一线城市和重点新一线城市加起来的人口数量。

《2019 全国县域数字农业农村电子商务发展报告》显示，淘宝和天猫共占据农村电子商务 75%以上的市场。

淘宝、天猫非常看重"低线级"地区市场，"低线级"地区用户不是低收入人群，而是初级电商用户，这类人群拥有强大的购买力，淘宝、天猫仍有下沉空间。

拼多多 60%以上的用户群体来自三四线城市及以下地区，也能说明全国"低线级"市场的觉醒。

越来越多的普通百姓更加依赖网购

在淘宝、天猫的活跃用户群体里，占比较高的是"80 后、90 后、00 后"，这些群体依赖网购的程度可能超乎你的想象。一些重度网购依赖者，80%以上的开销都走网购渠道，大到装修建材、家电数码，小到衣服鞋包、生鲜蔬果、日用品等。对这些人来说，每年最重视的促销活动非"618"和"双 11"莫属了。

随着交通越来越发达，物流配送越来越方便，网购的好处越来越突出：足不出户，动动手指头，玩着手机就能买遍全球好物，还能送货到家……住在城市里的普通百姓早已深谙其道，并且乐此不疲。

与城市四通八达的物流网络相比，乡村物流的核心痛点是成本高、效率低、配送路线长、时间长、集中度低、季节性强。物流巨头们面对乡村物流也存在不同的痛点，比如顺丰速运快而不全、中国邮政全而不快、菜鸟物流大而不强、京东物流好而不大，等等。

为了更好地解决乡村物流最后一公里的配送问题，早在 2018 年 3 月 30 日，中华人民共和国商务部办公厅、公安部办公厅、国家邮政局办公室、供销合作总社办公厅联合发布了《关于组织实施城乡高效配送重点工程的通知》，工作目标是到 2020 年，依托全国城乡高效配送城市、全国城乡配送骨干企业，初步建立高效集约、协同共享、融合开放、绿色环保的城乡高效配送体系。

随着乡村物流的发展与配套完善，全国更多"低线级"地区的普通百姓会越来越喜欢和依赖网购。

一场由新型冠状病毒引起的肺炎疫情让所有的人意识到网购的重要性

新型冠状病毒肺炎（Corona Virus Disease 2019，缩写为 COVID-19），简称"新冠肺炎"，是指由 2019 新型冠状病毒感染导致的肺炎。

在疫情危重公开化之后，口罩是第一个遭到抢购的物资，以淘宝、京东、拼多多为首的电商平台，在 2020 年 1 月 20 日上午遭遇第一波抢购，3M 等口罩上午还能选购，下午天猫、京东旗舰店等渠道就已显示无货。淘宝在 2020 年 1 月 20 日至 21 日两天内售出了 800 万只口罩。

京东官方数据显示，2020 年 1 月 19 日至 22 日期间，京东平台口罩累计售出超过 1.26 亿只、消毒液累计销售 31 万瓶，洗手液累计销售 100 万瓶。仅 1 月 22 日一天，口罩的销量环比上月日均增幅高达 48 倍。电子体温计、感冒用药、退热用药、VC 泡腾片、护目镜等相关产品，销量也明显增长。

春节后，虽然全国各地企业陆续复工，但广大居民依旧被呼吁减少外出，各种物资采购最佳的方式便是网购+预定配送。

……

虽然谁都不愿看到类似新冠肺炎这样的疫情发生，但不得不承认，经过此次事件，网购的重要性已经潜移默化地植根于广大百姓心中，也会进一步加深百姓对网购的依赖性。这一点，对网上开店或利用互联网做生意的商家是重大利好消息。

综上所述，将你的生意"互联网化"，利用互联网赚钱，是大势所趋！

1.2　5G 时代来临，有哪些新机遇

什么是 5G，什么是 5G 商用

第 5 代移动通信技术（简称 5G 或 5G 技术）是新一代蜂窝移动通信技术，也是继 4G（LTE-A、WiMAX）、3G（UMTS、LTE）和 2G（GSM）之后的延伸。

5G 商用，指第 5 代移动通信技术用于商业用途。2019 年 6 月 6 日，中华人民共和国工业和信息化部正式向中国电信、中国移动、中国联通、中国广电发放 5G 商用牌照。

2019 年 10 月 31 日，在北京国家会议中心举行的 2019 年中国国际信息通信展览会（简称"PT 展"，是中国举办的国际信息通信展览会）上，工业和信息化部与三大运营商举行 5G 商用启动仪式。中国移动、中国联通、中国电信正式公布 5G 套餐，并于 2019 年 11 月 1 日正式上线 5G 商用套餐。这标志着中国正式进入 5G 商用时代。

5G 的应用场景

与 2G 萌生数据、3G 催生数据、4G 发展数据不同，5G 除了更极致的体验和更大的容量，它还将开启物联网时代，并渗透到各行各业。它将和大数据、云计算、人工智能等一起迎来信息通讯时代的黄金时代。

作为备受瞩目的新一代移动通信网络，5G 将为人类开启全新的发展时代，银行业、农业、医疗、社交、保险、交通、教育、零售业、娱乐业等领域或将因它而发生翻天覆地的改变，或

许众多的变化在今天看起来不可思议，但在不久后的未来，这些变化会如网购、手机支付一般，是司空见惯的场景。

早在 2017 年 12 月 22 日，华为就发布了《5G 时代十大应用场景白皮书》，书中围绕云、VR/AR、车联网、智能制造、智慧能源、无线医疗、无线家庭娱乐、联网无人机、社交网络、智慧城市等场景列举了各自的商业模式和应用案例，截至 2020 年年初，已经有相当多的案例落地成为现实。

除了华为专家们对 5G 时代工作、生活、娱乐、医疗等方面新可能的畅想，阿里巴巴的"钉钉"对 5G 时代办公场景的畅想也是让人大开眼界：在 5G 时代，员工们只要戴个"头显"，就能几乎没有延迟地在钉钉虚拟办公室和办公界面上一起工作；公司可以把有限的预算投入到真正的产品升级当中，员工在家也能正常上班。

我们有理由相信，随着时间的推移，一定会有越来越多使用 5G 技术的场景进入公众视野，毋庸置疑，5G 会加速"万物互联"落地。

> **小贴士**
> 什么是"头显"？
> 头显是头戴式显示设备的简称，所有头戴式显示设备都可以称作头显。通过各种头戴式显示设备，用不同方法向眼睛发送光学信号，可以实现虚拟现实（Virtual Reality，简称 VR）、增强现实（Augmented Reality，简称 AR）、混合现实（Mixed Reality，简称 MR）等不同效果。

5G 时代的来临对于电商有何意义

与前几代移动网络相比，5G 网络的能力将有飞跃发展。例如，下行峰值数据速率可达 20Gbit/s，而上行峰值数据速率可能超过 10Gbit/s。对于电商来说，更快的网速意味着更多的流量，尤其是视频领域，单位时间内加载速率提高、等待时间变短，能被用户看到的内容增多。短视频播放的次数、数量等相应增多；长视频不再被网速限制，用户在各类终端可以获得更好的观看体验。

电商在中国已经发展了十几年，随着技术更迭，利用互联网销售商品的技术也在不断更新迭代。早期的电商 1.0 时代，因为技术限制，多数商品只能通过文字、图片呈现，偏扁平化；4G 技术和 5G 技术让电商跨入 2.0 时代，各种商品可以被更立体、动态地呈现在消费者眼前，使其被更轻松容易地卖出去。而让商品呈现更加立体，得益于短视频技术和视频直播技术的发展。

自 2016 年以来，短视频行业持续升温，不论平台、资本还是用户，各方热情都从未减退。在短视频变现方面，"短视频+电商"在淘宝、天猫有天然优势。

早在淘宝短视频业务上线之初，其负责人就明确表示：淘宝短视频提供的是一个碎片化、泛导购、互动性强的实用型消费类短视频。简单来讲，淘宝短视频与消费、购物有很强的联系，是奔着商品成交转化去的。

淘宝为其短视频生态做了两件大事：第一件事是基于人格化的账号进行全域的精准用户推送；第二件事是基于优质账号的确定性私域变现。在技术层面，"手机淘宝"App已经全面升级改版，实现60%以上的内容化呈现；升级后的"手机淘宝"App将提供整体的商品运营体系、数据驱动，以及内容营销场景的重新梳理。

对淘宝卖家、天猫商家而言，依附互联网、依附淘宝、天猫，抓住每一次变革、升级、创新的机会，顺势而为，永远都不缺赚钱的机会。商家们要做的则是，围绕淘系内的内容运营体系（微淘、短视频、直播），输出（或购买）优质内容，实现在淘系内的品牌全域营销。

如果你是线下商家，希望借助互联网、电商平台做生意，不论是自己做，还是由团队里的专人负责，玩转短视频和直播都是两项必备技能。

5G将给视频、直播领域带来新风口

不管是线下还是线下，人群往哪里聚集，哪里就有更多赚钱的可能性；哪里有流量，哪里就能帮助商家销售商品。所以人群在哪里，商家们的运营策略就该指向哪里。对于流量红利见底的电商行业来说，商家的运营模式已然发生改变，从"人找货"转换到"货找人"，商家需要为自己的店铺寻找流量，而短视频、直播领域爆发增长的流量正好满足了商家们的需求。

如果说4G仅能让移动用户更快速地看短视频（10分钟以内的视频），那么5G将给长视频（时长大于10分钟的视频）和直播带来新的机会。对于商家来说，长视频可以让用户与品牌进行更深层次的接触，当用户得到一种更深入的观看体验时，品牌信息更有可能被接受。

在直播领域，网红直播是电商商家非常喜欢的一种销售渠道，而随着5G时代的到来，网络直播中常见的卡顿将会消失，主播能随时与粉丝互动，不受网络延迟的影响。

未来，5G将给视频、直播领域带来更多的流量，或将引发新一波全民手机上网的热潮，更多的县区、农村人群能够更加方便、容易地上网，电商行业的流量红利或将再次爆发。

作为普通人，在5G时代想利用互联网赚钱、做生意，最起码要熟练使用一种或多种电商变现的方式、流程和常用软件技术（比如图片处理、短视频拍摄和剪辑、直播平台直播工具的使用等），继续往下看，将一一为你讲解。

1.3 这九类人更适合在淘宝开店

开淘宝店、天猫店的流程

线下开实体店的大致流程：确定项目→市场调研→门店选址→装修→铺货→开门营业。整个流程中"门店选址"最重要，它决定了今后的客流量，实体店在引流方面多属于坐等买家上门，位置不好，客流量少，生意就不好。当然，关于实体门店的流量运营也不能一概而论，变数很多，我们只简单探讨大概率问题，互联网技术和新零售的发展，让实体店商家多了很多机会和方法去解决"坐等上门"的问题，如果你是实体店老板，请重点看本书"第13章 有实体店，如何兼营网店"。

线上开淘宝店、天猫店的大致流程：确定卖什么（行业、类目）→确定店铺类型→注册店铺（注册成功后有唯一的一个店铺链接地址）→发布商品（成功发布后有唯一的一个商品链接地址）→装修店铺（装修目的与实体店类似，让买家有更好的购物体验、快速建立信任）→运营推广引流、销售（在互联网上广而告之，把商品卖出去）→发货（用物流将商品发往全国各地甚至世界各地）→售后维护，引导回购（消费者保障服务、7+N无理由退换等）。

其实，开网店说到极简就三件事："选品→运营→成交"，把对的商品在恰当的时间，以符合需求的理由卖给对的人。

阿里巴巴集团旗下的店铺类型及其适用人群

第一类：阿里巴巴店。B2B（Business To Business 的缩写）模式，进行电子商务交易的供需双方都是商家（或企业、公司）。

适宜群体：经工商局登记依法成立的企业，比如具有一定的生产加工规模，经营范围包含生产加工资质的企业；拥有自有品牌（商标为R或TM状态）或由权利人独占授权的企业；持他人品牌（商标为R或TM状态）授权文件的企业；经营多个行业、多个品牌、多个工厂货源的组货批发商；为买家提供一站式的满足多种需求的服务商品的供应商等；经工商局登记依法成立的有字号的个体工商户。

第二类：淘宝店。分为个人店和企业店。

用个人身份证注册认证的店铺，称为个人店；用经工商局登记依法成立的企业信息注册认证的店铺，称为企业店。

个人店是C2C（Consumer To Consumer）模式，指个人直接面向消费者销售商品和服务的商业零售模式；企业店是B2C（Business To Consumer 的缩写）模式，是指企业直接面向消费者销售商品和服务的商业零售模式。

适宜群体：年满16周岁、之前未使用身份证创建过淘宝店铺、身份证主体实际控制的其他淘宝账号未被处以特定严重违规行为处罚或发生过严重危及交易安全的情形、身份证主体之前注册的淘宝账号没有禁止创建店铺的处罚、身份认证能顺利通过的个人，均可以创建淘宝个人店铺。经工商局登记依法成立且正常经营的企业，可以创建企业店铺。

第三类：天猫店。B2C模式，企业直接面向消费者销售商品和服务。分为普通的天猫店（旗舰店、专卖店、专营店、卖场型旗舰店）、天猫国际店（品牌旗舰店、卖场旗舰店、行业卖场型旗舰店、专卖店、专营店、银河专营店）、天猫超市、供销平台。

适宜群体：除个体工商户、非中国企业、未取得国家商标总局颁发的商标注册证或商标受理通知书的品牌（部分类目的进口商品除外）、纯图形类商标企业主体外，拥有商标注册证、授权书等相关真实合法资质的企业。

第四类：**全球速卖通店**。阿里巴巴集团旗下面向全球市场的跨境新零售平台，成立于2010年，历经10年高速发展，已成为世界最大的跨境B2C出口平台之一，用户覆盖220多个国家。

适宜群体：经工商局登记依法成立的企业或个体工商户。目前个人无法在速卖通开店。

第五类：淘小铺，没有货源、不想囤货压货、不想打包发货、不想管售后、不想开公司、也不想注册个体户开店，但是有时间，想在网上卖东西，可以选择开一家淘小铺。

适宜人群：大学生、上班族、企业管理者、家庭主妇/主夫、白领、自由职业者、IT从业者，甚至退休后的大爷大妈都可以。

> **小贴士**
> 阿里巴巴集团旗下各类店铺的入驻流程详见本书"第2章 不同类型的店铺以及特色市场入驻流程"。

适合多数个人在淘宝开店的新一轮契机

淘宝网在2003年5月上线，2003年至2011年是个人在淘宝开店极佳的第一轮契机，因为传统线下的"大鳄们"压根儿瞧不上网销。在这个时期入驻网店的门槛低，不需要懂太多专业技术，网民对商品呈现的视觉要求不高，在整店运作流程中，网店装修、图片处理、网店推广几乎不怎么操心，一个人也可以打理好网店，并且当时处在中国互联网流量的红利期，天天都有大量新增用户来淘宝购物，卖家只需把主要精力放在客服接待和售后发货即可。在这期间入驻淘宝开店并随着淘宝成长的个人卖家都实实在在地赚到了钱。

2011年至2014年，中国网民呈几何量级增长，"网购"越来越深入人心，线下越来越多有资源、有渠道、有资金、有实力的"大象""老虎"级企业转战电商，竞争异常惨烈，原来那些在线上活得滋润但缺乏线下运营经验、缺乏雄厚资金、缺乏团队作战的个人卖家感到生存愈发艰难！网店的入驻门槛也越来越高。

2014年至2015年，正当中小卖家困顿不堪，苦苦求索之时，另一场变革来势汹汹——移动互联网。短短过了三四年，PC电商大势已去，在移动互联网时代，随着智能手机的普及，消费者的网购习惯发生了翻天覆地的变化，手机端成了主战场。

以前人们购物注重质优价廉，购物选择也是"缺什么补什么，别人有，我也要有"；而当前随着国民经济逐年攀升，人们的收入越来越高，商品品类严重过剩，消费者更追求精神层次的满足。1.0 的纯电商卖货时代已悄无声息地迭代为 2.0 卖情怀、卖体验、卖精神需求的电商时代。

从 2016 年开始，淘宝开始搭建面向内容创业者的服务体系，用图文、短视频、直播等形式，全覆盖内容创作达人，催生出了一大批新职业：淘主播、淘女郎、海淘买手、网红（这里指电商红人）、达人、电商服务商、生态孵化机构等。随之而来的粉丝经济、千人千面、内容营销、网红直播等全新的概念颠覆了传统销售模式。同时，流量的分配方式也发生了质的变化。

2017 年至 2019 年是短视频、直播高速发展的三年，阿里巴巴集团加速布局自家的内容生态（微淘、短视频、直播），以期望与原有用户建立强黏性的同时，不断为平台拉新、导流。与此同时，互联网上其他短视频和社交平台也纷纷推出自己的商业变现方式，短视频、Vlog、直播三种内容形态全面开花，但凡活跃的短视频和社交平台都能见到其踪影。

笔者认为，进入 2020 年以后，适合多数个人在淘宝开店的新一轮契机已经到来，理由有以下三点：

一、通信技术的发展促进了中国互联网和移动互联网的发展，以前没有智能手机，网上开店必须长时间守在电脑前，对电脑的依赖程度很高；现在，只要拥有一部智能手机，便可实现随时随地开店。

二、商家线上卖货的运营方式已经改变，以前是商家在淘宝开店，消费者到淘宝找商品，在淘宝上成交，属于"人找货"；而现在，消费者购买商品不一定非要来淘宝，在微信、抖音、拼多多等渠道都可以购买，意味着商家要拿着货去找人，也就是前文提到的"人群往哪里聚集，商家们的运营策略就该指向哪里"。此时，可以将自己的淘宝店作为"根据地"，利用技术将产品分发到各种适合的流量平台。也就是说，越成熟、好用的技术，越能辅助你更好地开店。

三、智能手机的功能越来越丰富，上网资费越来越低，上网速度越来越快，网上变现的方式和渠道越来越多，理论上说，只要你有一技之长，就可以通过互联网赚钱，并且除了淘宝开店，掌握短视频、直播技术，还可以选择其他更多的变现方式。

这九类人更适合在淘宝开店，赶紧看看有没有你

第一类：实体店经营者，特别是那些店铺规模小、生意不太好、每天有大把空闲时间的实体店店主们。

实体店的生意被网店影响，是不争的事实，特别是服装、鞋类箱包、母婴用品、护肤彩妆、家居家纺、日用百货等行业。有部分店主已经开始在线上和线下结合销售商品，但相当多的店主想在线上销售商品，可是苦于无从下手。其实开网店的步骤很简单：注册一家淘宝店铺，把实体店所有商品发布到淘宝店，让每一个进店消费者都关注和收藏网店，当其不想出门的时候，直接在网店购买，还能送货上门。当然这仅是一个实体店开网店的简略介绍，如果你是实体店店主，请继续往后看本书"第 13 章 有实体店，如何兼营网店"。

第二类：以前开过淘宝店，因各种原因放弃的人群。

每天都有淘宝店倒闭，也有很多新店开张。有的人在很久之前注册过淘宝店，但因各种原因导致闲置，或者经营不善而暂停营业，现在想重新经营。只要之前没有严重违规被处罚封店，没有被拉黑限制经营，都可以重新开张。

前文有分析，适合多数个人在淘宝开店的新一轮契机已经到来，建议学会新技术、新方法，重新经营起来。

第三类：每天有大量时间上网的人群。

如果你每天都有大量时间上网，不管是用电脑，还是用智能手机，建议利用空闲时间经营一个网店，现在的技术已经发展到使用电脑和智能手机都可以随时开店了。

第四类：自由职业者。

自由职业者是脑力劳动者（作家、编辑、会计等）或服务提供者，不隶属于任何组织，是不向任何雇主长期承诺从事某种职业的人，他们在自己的指导下找工作做，经常但不是一律在家里工作。

以下6种人都可以称为自由职业者：

1．小本生意人，如装修公司老板、购物网的网店老板等。

2．没有底薪的推销员，如寿险顾问、地产经纪、广告中介、直销人士等。

3．专业人士，如摄影师、专利代理人、律师、会计师、牙科医生、技术顾问、管理顾问、管道工、电工、理发师、艺术家等。

4．SOHO族，在家办公的一类人。

5．MORE族，诞生于20世纪90年代末美国硅谷地区的MORE(mobile office residential edifice)社区，是2000年欧美地区从SOHO演变而成的全新社区概念。

家，在早期是与工作完全脱离的；后来，逐渐有人在家里办公，SOHO族就诞生了；再后来，人们希望既能在家办公，又能享受不被工作相关人事打扰的宁静家庭生活，类似MORE的社区诞生了，人们在这样的社区里，不但可以工作，还拥有一片完全属于自己的生活天地，这一类人便是MORE族。

6．MO族，是Mobile-Office（移动办公）的英文缩写，是现代白领的一种全新工作方式。他们居无定所，随时随地都可以利用手中的便携式电脑、智能手机等工具展开工作。他们的很多时间都花在乘坐飞机、火车上。他们是真正的"飘"一族，工作起来机动灵活，收入颇丰，充分地享受现代高科技带来的种种便利的生活。

如果你属于上述6种人群之一，也可以利用闲暇时间经营网店，因为在这些人里，有些人自身的优势是很多普通人无法比拟的。

第五类：业余时间较多的上班族。

如果你的正职工作朝九晚五、周末双休、享受全年各种假期，甚至像教师还有寒暑假，完全可以充分利用这些时间开一个网店，丰富业余时间的同时又增加了财富。

第六类：专业性较强行业的上班族。

有正职工作，但专业性较强，比如医学、法学、语言、电气工程、机械电子工程、农学、师范、生物学，普通人是做不来这些的，专业优势可以帮你快速树立专业形象，在法律法规和所在单位规章制度允许的前提下，完全可以利用短视频或社交平台实现额外收益。

第七类：大学生。

大学生与高中生最大的区别就是没有老师、家长天天盯着，每周双休，全年节假日放假，还有寒暑假，可以说是学生群体里最自由的。正因为自由，自律才显得尤为重要，除了完成学业，还有大把的课余时间，建议不要把时间荒废在玩游戏、看电视剧上面，开一个网店，锻炼自己，毕竟很多大学生的经济来源都是家里，经济条件有限的情况下，也有很多小成本，甚至零成本的开网店方法。

第八类：待业或无业的家庭主妇、家庭主夫。

有了孩子，家庭支出会增加很多，经济条件宽裕的家庭自是无须担心，如果是普通家庭，房贷、车贷、全家老小每月的日常开销等都是一笔不小的费用，如果全职在家带孩子，最不缺的就是时间，完全可以利用起来经营网店。

第九类：即将退休或已经退休的大爷大妈。

退休了，有很多事情可做，比如棋琴书画、酌酒品茶、吟诗作赋、网上创作、旅游观光、美食烹饪……开网店也是一种实现自我价值的方式。

总的来说，有些人开网店是为了增加收入，缓解经济压力，有些人开网店是为了挑战自己、证明自己，也有些人开网店是为了丰富业余时间。不管初衷为何，在全民上网时代，只要愿意投入时间和精力，在互联网上就会有你的一席之地，当然不仅局限于开网店。

1.4 别着急退休，大爷大妈也有机会再次创业

我国的退休年龄

中国法定退休年龄是指第五届全国人民代表大会常务委员会第二次会议批准，《国务院关于安置老弱病残干部的暂行方法》和《国务院关于工人退休、退职的暂行方法》（国发〔1978〕104号）文件所规定的退休年龄。对全民所有制企业、事业单位和党政机关、群众团体的工人，

符合下列条件之一的，应该退休：

（一）男年满六十周岁，女年满五十周岁，并且累计工龄满十年；

（二）男年满五十五周岁、女年满四十五周岁，累计工龄满十年，从事井下、高空、高温、特别繁重体力劳动或其他有害身体健康的工作；

（三）男年满五十周岁，女年满四十五周岁，累计工龄满十年，由医院证明，并经劳动鉴定委员会确认，完全丧失劳动能力的应当准予退休。

如果你或你的父母即将退休或已经退休，如果退休人员身体健康、耳聪目明，完全可以发挥余热，服务社会，或者再次创业，继续做自己喜欢的事情。

退休后再次创业的可能性

创业，简单理解是指实现价值，开创事业。书面说法是指创业者对自己拥有的资源或通过努力对能够拥有的资源进行优化整合，从而创造出更大的经济价值或社会价值的过程。

创业的规模有大有小，根据发展走向，一般包含生存阶段、公司化阶段、集团化阶段、无国界经营阶段（即跨国公司）。

说到创业，不同的人理解不同、资源不同，能进行到何种程度也无法一概而论。退休后的再次创业相较之前创业而言，因为有了丰富的阅历，有些事情做起来会更轻松。

哪些行业适合退休后再次创业

1. 农、林、牧、渔业，如果从事生产养殖，适合在网上直播，零售、批发皆可。

2. 制造业，适合对应细分行业的商品销售或为该行业提供服务，比如，之前在食品制造企业上班，退休后可以在网上零售食品，更懂生产加工制造流程，对各种生产标准更为熟悉，择优挑选商品销售，更容易打动消费者，快速建立信任。

3. 批发和零售业，如果之前做线下批发或零售，你的经验、人脉、资源都是非常好的优势，过渡到网上开店，相较之前，会更好做，如果是在这行业退休的人，建议发挥余热，继续做。

4. 信息传输、软件和信息技术服务业，这类行业与互联网的距离最近，退休前可能都是从事与互联网相关的工作，退休后将你的专业知识分享出来，知识付费也是不错的变现手段。

5. 金融业，特别是保险业，其互联网化已经很多年，即使退休了，也可以继续干下去。

6. 教育业，互联网+教育，让传统的教育行业多了很多可能性，在过去几年，教育业算是互联网变现能力排前面的行业，如果你是教育领域从业者，退休后利用互联网变现的方式有很多，比如入驻教育平台、自媒体平台、网校等。

7. 文化、体育和娱乐业，特别是新闻和出版业、广播/电视/电影和录音制作业，在这些行业从事工作的时间越久，积累的经验越值钱，互联网和通信技术发展到今天，图文（即文章）、短视频、直播、音频是最常见的四类产品传播形态，利用其变现，无论是在电商平台销售产品，还是在短视频和社交平台输出内容，都是非常需要的技能。

除了上述 7 个行业大类，还有很多细分行业适合再次创业，你可以思考自己所处行业的可能性。即便退休前的工作不适合再次创业，只要愿意接受并学习互联网上的新技术，依旧可以利用互联网实现自身价值。

在网上，除了开淘宝、天猫店，还有哪些赚钱方式

方式 1. 除了前文盘点的阿里巴巴批发店、淘宝个人店、淘宝企业店、天猫店、全球速卖通店，还可以在京东、拼多多、快手、抖音等平台上开店。

方式 2. 不开网店，有货源，可以在微信上卖货，用微信或支付宝收发货。

方式 3. 不卖货，专注为某类人群提供专业的服务，比如拍摄产品图、拍摄短视频、提供相关业务培训等。

方式 4. 自媒体变现，在流量大的公众开放平台（如百家号、头条号、大鱼号、企鹅号、搜狐号等）注册账号，持续输出优质内容（图文类文章、短视频、Vlog 等），引流、吸引粉丝的同时，既能获得平台奖励、广告补贴，又能基于粉丝变现。

方式 5. 成为阿里巴巴淘宝联盟的淘宝客，无须自己经营网店，为淘宝、天猫上的卖家推广产品，获取佣金。

方式 6. 学习拍摄剪辑短视频，用短视频内容变现。可以成为短视频平台的签约达人，持续输出内容；也可以签约入驻 MCN 机构；还可以在互联网多平台自运营，打造属于自己的 IP。

方式 7. 成为直播平台的主播。像淘宝直播属于电商直播，开一个淘宝店，满足条件便可以开直播。此外，还有游戏、娱乐直播，比如虎牙、KK、斗鱼、YY、哔哩哔哩、一直播等。有能力的，可以与平台签约，成为平台签约主播；也可以自己或组建团队，做独立主播，靠自身才艺吸引粉丝，从而实现变现。

方式 8. 入驻音频类平台，用自己的声音赚钱。比如喜马拉雅 FM、蜻蜓 FM、豆瓣 FM、企鹅 FM、荔枝 FM 等；还可以做配音师、拟音师等。

方式 9. 精通一种或多种软件，通过设计作品赚钱。一方面你可以将作品上传到一些素材平台，比如站酷、视觉中国、微信表情开放平台等；另一方面，你可以提供按需求定制的作品。

方式 10. 会一门或多门外语，可以通过翻译、配音赚钱。比如百度人工翻译、猫途鹰翻译志愿者、有道人工翻译等。

方式 11. 编程开发技术类。一是做讲师；二是自己录制教程，卖给平台或自己卖；三是接一些开发类的私活，比如在程序员客栈上可以接活。

除了上述罗列的方式，还有很多其他方式，退休后最不缺的应该就是时间了，专注在认定的领域，投入时间和精力，假以时日便可获得收获。

越来越多的普通人有了在网上施展才华的空间和机会，只要你愿意，一切皆有可能。

1.5 "电商法"实施后要求持证经营,如何解决

"电商法"实施后对哪些人有影响

2018年8月31日,第十三届全国人民代表大会常务委员会第五次会议表决通过《中华人民共和国电子商务法》(简称"电商法"),自2019年1月1日起施行。

"电商法"正文第九条至十一条原文如下:

"第九条 本法所称电子商务经营者,是指通过互联网等信息网络从事销售产品或者提供服务的经营活动的自然人、法人和非法人组织,包括电子商务平台经营者、平台内经营者以及通过自建网站、其他网络服务销售商品或者提供服务的电子商务经营者。

本法所称电子商务平台经营者,是指在电子商务中为交易双方或者多方提供网络经营场所、交易撮合、信息发布等服务,供交易双方或者多方独立开展交易活动的法人或者非法人组织。

本法所称平台内经营者,是指通过电子商务平台销售商品或者提供服务的电子商务经营者。

第十条 电子商务经营者应当依法办理市场主体登记。但是,个人销售自产农副产品、家庭手工业产品,个人利用自己的技能从事依法无须取得许可的便民劳务活动和零星小额交易活动,以及依照法律、行政法规不需要进行登记的除外。

第十一条 电子商务经营者应当依法履行纳税义务,并依法享受税收优惠。

依照前条规定不需要办理市场主体登记的电子商务经营者在首次纳税义务发生后,应当依照税收征收管理法律、行政法规的规定申请办理税务登记,并如实申报纳税。"

解读:

1.电子商务经营者应当依法办理市场主体登记。

市场主体登记,即原来的工商注册登记,可以申请登记为个体工商户、公司、合伙企业、独资企业等形式,请你根据自己的经营规模、发展计划、地方政策等因素考虑。

登记的要求和流程,可能因区域政策而不同,建议你登录属地市场监督管理部门(国家部委调整后,工商等部门合并成为市场监管局)的官方网站或通过电话查询。

2.不需要办理市场主体登记的具体标准是什么?有明确的细则吗?

符合以下情形的,不需要进行登记:

① 个人销售自产农副产品;
② 个人销售家庭手工业产品;
③ 个人利用自己的技能从事依法无须取得许可的便民劳务活动;
④ 个人进行零星小额交易活动;
⑤ 其他依照法律、行政法规不需要进行登记的情况。

据了解，相关行政主管部门暂未对以上情况做出具体规定。如你不确认是否属于"零星小额"范畴，可以等相关行政主管部门对此做出具体规定后再行办理登记事宜。

3．办理市场主体登记都要求有实际经营场所证明，还要求是商用性质的，在家里运营和发货，无法提供场所证明，该怎么登记呢？

答：市场监管总局于 2018 年 12 月 3 日对外公布了《市场监管总局关于做好电子商务经营者登记工作的意见》，明确：电子商务经营者申请登记为个体工商户的，允许其将网络经营场所作为经营场所进行登记。对于在一个以上电子商务平台从事经营活动的，需要将其从事经营活动的多个网络经营场所向登记机关进行登记。允许将经常居住地登记为住所，个人住所所在地的县、自治县、不设区的市、市辖区市场监督管理部门为其登记机关。

同时也明确：以网络经营场所作为经营场所登记的个体工商户，仅可通过互联网开展经营活动，不得擅自改变其住宅房屋用途用于从事线下生产经营活动并应做出相关承诺。登记机关要在其营业执照"经营范围"后标注"(仅限于通过互联网从事经营活动)"。

如果你是通过网络开展经营的，可以用网络经营场所向你经常居住地的市场监管部门进行登记。申请登记为其他形式的，暂未有调整，具体请咨询相关部门。

4．"电商法"生效以后，还能以个人身份证在淘宝开店吗？

答：当然可以，新开店铺还没有成交记录，超过零星小额标准才属于市场主体登记的范围，或你属于《电商法》规定的其他不需进行市场主体的类型，亦不需要进行登记。

此外，如果你销售的商品或提供的服务是需要取得行政许可才能经营的，则需进行市场主体登记，并取得相应行政许可。

如何获取淘宝开店证明

当我们去属地市场监管部门进行登记时，被要求提供一份 A4 彩色打印的《淘宝开店证明》，如何获取这个证明文件呢？

前提条件：已经完成淘宝开店注册认证且获得一个淘宝店铺（还没有淘宝店铺的读者，请继续看第 2 章，会详解淘宝店铺注册流程）。

获取淘宝开店证明步骤：

第一步：启动浏览器，输入并打开淘宝网首页地址，用开店的淘宝会员账号登录。

第二步：单击页面右上角的"千牛卖家中心"超链接，进入卖家中心后台界面。

第三步：将鼠标光标移至顶部菜单栏"店铺"标签上，在展开的菜单中单击"经营证明"，如图 1-1 所示。

第 1 章　选择不对，努力白费　　17

图 1-1

第四步：单击"生成文件"按钮，等待文件生成。
第五步：单击"下载"按钮，将 .pdf 格式文件保存至电脑或智能手机。
第六步：将下载好的如图 1-2 所示的证明文件用 A4 纸彩色打印，然后办理登记。

图 1-2

第 2 章

不同类型的店铺以及特色市场入驻流程

2.1 淘宝个人店铺注册流程

在淘宝网开店的整体流程简单概括为：注册淘宝店铺→解决货源→为商品拍照→发布上架商品→装修店铺→推广销售→发货→售后。

拥有一个属于自己的淘宝店铺是基本条件，从 2013 年 10 月 12 日开始，淘宝官方对卖家注册店铺流程进行了简化，取消开店考试环节，办理个人开店仅需 1~3 个工作日。

申请淘宝店铺完全免费；一张身份证只能开一家个人店。

启动浏览器，输入淘宝网网址并打开，如图 2-1 所示。单击页面左上角的"免费注册"超链接或者单击页面右侧的"注册"按钮，进入会员注册引导界面。

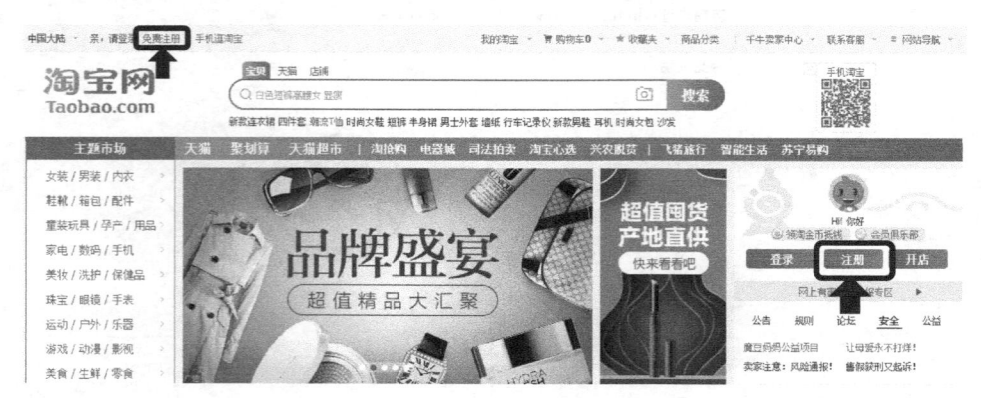

图 2-1

第 2 章　不同类型的店铺以及特色市场入驻流程

在电脑上注册淘宝店铺包含三个步骤：

第一步：注册成为淘宝个人会员

在淘宝网买卖商品，成为会员是必备条件，游客状态无法完成交易。因买卖双方的交易由第三方"支付宝公司"担保，淘宝账号须绑定支付宝账号才能付款，所以注册淘宝会员时会默认开通并绑定一个支付宝会员。

单击淘宝网首页的"注册"按钮，阅读注册协议，单击"同意协议"按钮，进入淘宝网用户注册界面，如图 2-2 所示。按提示步骤依次正确填写，便可完成注册。

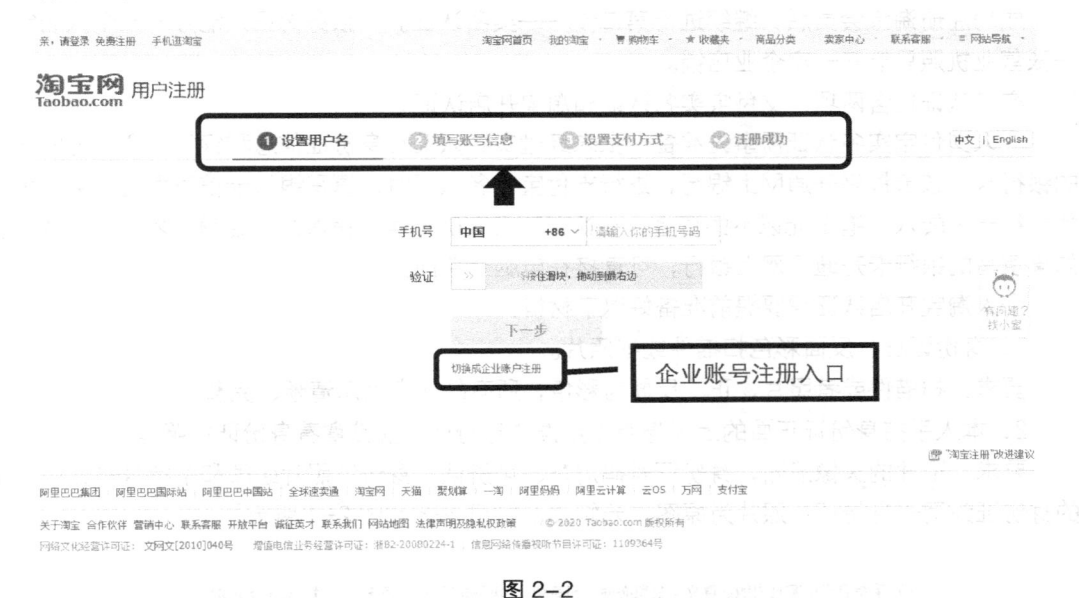

图 2-2

小贴士

1. 作为开店卖家，"会员名"建议使用简单、通俗易懂、不带行业特色的中文名字，因为"会员名"一旦设置成功，具有唯一性且不能修改，请慎重想好再填写。比如，注册时取名为"某某女装"，以后更换主营类目卖化妆品，这个会员名不但不适合，还容易误导买家。

此外，建议尽量不用不利于记忆的数字或英文。

"会员名"不是店铺名称，是接下来每天都要用来登录卖家中心或千牛的用户名。

2. 在今后开店的过程中，会有各种密码需要牢记。注册淘宝会员开网店会涉及个人信息、企业信息、银行卡信息等，保障信息、财产安全尤为重要。

> 俗话说"好记性不如烂笔头",建议准备一个专用笔记本,记下各种账号信息及其密码并保管好,以备不时之需。
>
> 3. 一个淘宝会员账号绑定一个支付宝会员账号,一个支付宝会员账号对应一个登录密码和一个支付密码。支付宝会员账号的登录密码在注册时默认与淘宝会员账号的登录密码一致。

第二步:实名认证

成功注册淘宝会员后,继续进行第二步——实名认证。一张身份证只能开一家个人店铺,一张营业执照只能开一家企业店铺。

实名认证包含两项:支付宝实名认证和淘宝开店认证。

个人支付宝实名认证需事先准备一张未经过实名认证且身份证信息和银行开户名为同一人的银行卡(该卡最好开通网上银行,进行支付宝实名认证时,填写银行卡信息后淘宝会往填写的银行卡内转入一笔1元以下的资金,在认证页面准确无误地输入这笔金额后才能通过认证。如果填写的银行卡开通了网上银行,可直接在电脑上查询。

个人淘宝开店认证需要提前准备好以下材料:

1. 身份证正、反面彩色扫描件或者照片。

要求:扫描件或者照片,正、反面为彩色,所有的文字信息清晰、完整。

2. 本人手持身份证正面的上半身照(用谁的身份证,就谁拿着身份证拍照)。

要求:证件的头像清晰,身份证号码清楚、可辨认;身份证照片必须和手持身份证照片中的身份证为同一身份证;照片为原图,无修改,如图 2-3 和图 2-4 所示。

① 手持身份证照片内的证件文字信息必须完整清晰,否则您的认证将肯定不通过,如下图示例:

提示:拍照时将相机(或手机)对焦在证件上(在手机屏幕上对着画面中的身份证按一下)使证件文字清晰,会使您的认证比别人更早通过哦!

图 2-3

② 身份证有效期根据身份证正面（国徽面）准确填写，否则您的认证将肯定不通过，如下图：

图 2-4

准备妥当后，启动浏览器，打开淘宝网首页，单击页面右侧的"登录"或"开店"按钮，输入第一步注册的淘宝会员账号和登录密码，单击"登录"按钮，进入卖家中心后台，如图 2-5 所示。

图 2-5

单击"创建个人店铺"按钮，阅读"开店须知"，单击"我已了解，继续开店"按钮，进入认证信息提交页面，如图 2-6 所示。单击"支付宝实名认证"右侧的"立即认证"超链接，进入实名认证流程，按提示填写相关信息，等待银行打款（需 1~2 个工作日）。

图 2-6

在支付宝实名认证过程中,既可以同时进行淘宝开店认证,单击"淘宝开店认证"右侧的"立即认证"超链接,按提示填写相关信息,等待审核;也可以等支付宝实名认证通过后,再回到此页面进行开店认证。

当所有信息准确无误后,将顺利通过开店认证。如果未通过审核,重新登录并进入卖家中心,根据提示的不通过原因,按要求重新准备资料,重新提交认证,等待审核直至审核通过。

第三步:创建个人店铺、发布商品

实名认证需要1~2个工作日,自己算好时间。

启动浏览器,打开淘宝网首页,用淘宝会员账号和密码登录,进入"卖家中心-免费开店"页面。顺利通过"支付宝实名认证"和"淘宝开店认证"后,单击"创建店铺"按钮,会弹出新窗口,显示"诚信经营承诺书""淘宝服务协议"和"消费者保障服务协议",认真阅读并确认无误后,单击"同意"按钮。

至此,淘宝店铺就成功创建了。单击"立即发布宝贝"按钮,填写商品相关信息,发布成功后,你的网店就算正式营业了。

如果不知道发布什么商品,不知道发布商品时如何填写相关参数,本书后续章节会详细讲解卖家中心、发布商品等操作细节。

2.2 淘宝企业店铺注册流程

与个人店铺不同，企业店铺虽然要提交的材料更多，但注册开店仅需两步：第一步是注册企业会员账号；第二步是对企业支付宝账号进行认证。

启动浏览器，打开淘宝网首页，单击"注册"按钮，进入淘宝网用户注册界面，阅读"注册协议"并单击"同意协议"按钮，继续单击"切换成企业账号注册"超链接，进入淘宝网企业注册界面，如图 2-7 所示。企业用户名仅支持电子邮箱，如果没有电子邮箱，应先注册电子邮箱后再回到此页面，根据引导填写相关信息，直至注册成功。

图 2-7

企业支付宝实名认证可以由法定代表人或代理人申请：

由法定代表人申请，需事先准备公司的营业执照副本影印件，公司对公银行账号（基本户/一般户均可）；公司法定代表人的身份证正、反面影印件。

由代理人申请，需要事先准备公司的营业执照副本影印件，公司对公银行账号（基本户/一般户均可），公司法定代表人的身份证正、反面影印件，代理人的身份证正、反面影印件，企业委托书，委托书上必须盖有公司公章或者财务专用章（合同专用章/业务专用章等无效）。

材料准备齐全后，启动浏览器，打开淘宝网首页，用企业账号和密码登录，进入卖家中心，单击"创建企业店铺"按钮，根据页面提示，上传材料，提交后等待审核，直至成功创建店铺。

2.3 创建店铺后没发布商品，店铺会不会被关

前文提到，一旦成功创建店铺，在正常情况下不会被注销，但有些卖家注册店铺后由于各种原因没及时发布商品，也没时间正常经营店铺，会比较担心店铺会不会被关？

淘宝店铺释放的规则及实施细则：第二十四条 已创建的店铺若连续5周出售中的商品数量均为零，淘宝有权将该店铺释放。一个淘宝会员仅能拥有一个可出售商品的账号。

规则解读：

一、什么是店铺释放？

店铺释放，是指店铺将被删除，并且在一定期限后该铺的店铺名及域名可供其他用户申请并使用。其中店铺名保留时间为一周，域名保留时间为九十天。

比如成功注册店铺后，默认的唯一数字店铺地址是"shop63934510.taobao.com"，接着为其设置了店铺名"六点木木教开店"，以及独立个性的店铺地址"mumu56.taobao.com"。如果店铺没有违规，属于正常释放，访问两个店铺地址时都会提示"店铺不存在"，在预留期限后，其他卖家可以申请使用该店铺名和个性店址。

当再次激活店铺后，数字店铺地址"shop63934510.taobao.com"不变，而店铺名和个性店铺地址在没被使用的情况下可以再次申请。个性店铺地址最多申请3次，并且需满足店铺信誉一钻以上。

二、在什么条件下，店铺会被释放？

卖家创建店铺后，应关注店铺内出售中的商品数量，以免店铺被释放。具体释放规则为：

店铺内出售中的商品数量连续3周为0件，系统会发送旺旺及邮件提醒用户"宝贝数量连续3周为0件，必须发布宝贝，否则你的店铺将有可能暂时释放"。

2. 店铺内出售中的商品数量连续4周为0件，即第一次提醒1周以后（第4周）店铺内出售中的商品数量仍为0件，店铺会暂时释放，系统会发送旺旺及邮件告诉用户"店铺已经暂时释放，但是将为你的店铺名保留一周，只要你发布宝贝，24小时后，店铺即可恢复之前开店状态"，此时单击"查看我的店铺"店铺不能正常显示。

3. 店铺内出售中的商品数量连续5周为0件，即第二次提醒后再过1周（第5周）店铺内出售中的商品数量仍为0件，店铺会彻底释放，系统会发送旺旺信息及邮件告诉用户"店铺已经彻底释放，任何人都可以申请并使用你的店铺名称"。若你要继续开店，需要重新单击"免费开店"按钮，按照提示完成指定操作，店铺就可重新开张。

4. 在店铺已经暂时释放（连续4周店铺内出售中的商品数量为0件，店铺会暂时释放）的状态下，用户在发布商品后，系统会发送旺旺信息及邮件告诉用户"店铺因发布了一定数量的

宝贝，现已被激活。"

简单理解就是：店铺会不会被关，跟店铺中是否有正常出售中的商品有关。

即使店铺被释放，也不用太担心，只要你已经完成开店认证且淘宝账号处于正常状态（没有因违规被限权），发布一件全新商品（闲置商品除外）或将仓库中的商品上架，等待24小时，即可重新创建店铺。

如果你之前经营店铺已有一段时间，并且店铺有信誉累计，交了保证金，因为后来不开了，店铺被释放，只要没有因违规被限权，那么重新激活后对你店铺之前的信用等级、已订购服务及保证金等均无影响。比如，释放前的店铺信誉级别为5钻，冻结了5000元消费者保证金，重新激活后，店铺的信誉级别依旧是5钻，5000元消费者保证金依旧在你的支付宝余额内（未解冻的前提下，在支付宝内显示为不可用余额）。

2.4 老店新开，如何激活店铺；店铺不想要，能否注销

老店新开，如何激活店铺

如果你的店铺连续5周出售中的商品数量为0，店铺会被释放，暂时关闭。只要之前没被处罚限制重新开店或者未被列入经营黑名单，都可以登录卖家中心，重新激活店铺，如图2-8所示。

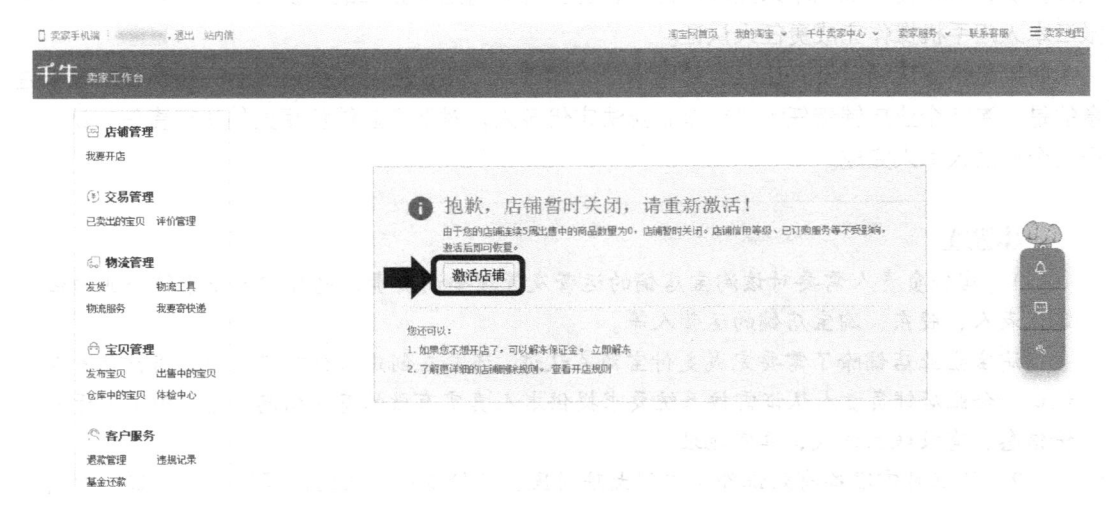

图 2-8

激活店铺包含两步：

第一步：登录卖家中心，重新完成开店认证。单击"激活店铺"按钮，跳转至如图2-9所示的开店认证检测界面：

图2-9

如果是个人店铺重新开店，单击"立即认证"超链接，按页面提示用手机扫描二维码完成认证，认证过程需持证人本人完成。比如，重新开店前是用张三的身份证认证的，现在就需要张三本人用手机操作完成责任人认证。

如果是企业店铺重新开店，也是单击"立即认证"超链接，按页面提示完成认证。需要注意的是：淘宝企业店铺责任人必须是企业法定代表人，对淘宝店铺负相关的法律责任，认证过程需企业法人本人完成。

> **小贴士**
> 1. 店铺负责人需要对该淘宝店铺的运营及管理全面负责，包含但不限于该企业的法定代表人、股东、淘宝店铺的运营人等。
>
> 淘宝企业店铺除了需要完成支付宝商家认证，还要在创建店铺前完成企业店铺负责人认证，企业店铺负责人认证需按系统要求提供本人真实有效的身份信息，包括但不限于身份信息、有效联系方式、真实地址等。
>
> 2. 认证时需准备有效证件（中国大陆居民：身份证；中国港澳居民：回乡证；中国台湾居民：台胞证；海外用户：护照）。

第二步：完成认证后，依次单击"宝贝管理-发布宝贝"，成功发布一个商品并上架出售，24 小时内便可激活店铺。

淘宝店铺不想要了，能否注销

如果只是暂时不想经营淘宝店铺，可以将店铺里"出售中的宝贝"全部下架，店铺内没有在售商品达到 5 周后，店铺会被释放，但账号的开店记录依然保持。店铺释放后想重新开店的话，重新激活店铺即可。

如果确实想注销淘宝店铺，请注意：当前淘宝店铺的注销仅支持"历史有过开店记录，满足店铺注销条件"，其他场景暂未开放，淘宝平台会不定期扩展场景并更新注销条件，请耐心等待，关注官方公告。

历史有过开店记录，店铺注销需同时满足以下条件：

① 店铺已经彻底释放（店铺内出售的商品数量连续 5 周为 0 件），同时确保最后 1 个商品下架或删除 5 周及以上再去操作（下架后建议不要再有任何编辑商品的操作，否则会延长计算时间）。

② 无执行中的一般违规行为或商品管理措施，并且无严重违规行为或未出售假冒商品。

③ 店铺交易条件：店铺中没有未完结的交易订单并且最后一笔交易完结时间距今大于或等于 365 天。

④ 消保资金已结清：店铺保证金已解冻、订单险已退出、账期保障（动态账期、账期保障）均已退出。

⑤ 注销申请人与开店申请人须为同一人，需通过实人认证。

⑥ 账号未开通子账号服务，或已经在 PC 端子账号平台删除所有的子账号或将所有的子账号状态设为"离职"。

温馨提醒：

1. 注销店铺后，店铺的一系列信息将无法恢复，包括但不仅限于：

① 店铺基础信息（包括店铺名、店铺标识、店铺装修等）。

② 店铺内的商品信息（包括已发布、下架、删除的商品信息等）。

③ 店铺信用数据（包括信用等级、DSR 评分、评价信息等）。

④ 店铺交易数据（包括成交订单、售后维权信息等）。

⑤ 店铺买家数据（包括订单中的买家会员名、收件人信息、收货地址等）。

⑥ 其他店铺相关数据。

2. 店铺注销后的新开店限制及影响：本账号在店铺完成注销之日起永久无法重新开店；但可以使用本账号同一认证主体的其他淘宝账号，在注销完成后可申请开店。

什么是"本账号同一认证主体的其他淘宝账号"呢？

举个例子，账号 A 的认证人是"张三"，并且"张三"关联认证了账号 B 和账号 C；那么账号 B 和账号 C 就是"本账号同一认证主体的其他淘宝账号"。"张三"在账号 A 店铺注销后，可以选择账号 B 或账号 C 进行开店，但不能再用账号 A 开店，同时需满足一证一店的要求。

3. 店铺注销成功后，注销申请人在店铺注销前所发布的相关商品及店铺信息、所产生的店铺交易等仍须依照相关法律法规、协议及规则履行相关义务并承担相应责任。

4. 依据"电商法"相关规定：经营者自行终止经营店铺须提前三十日在店铺首页显著位置持续公示，所以在确认注销后将有 30 天公示期，公示期结束后店铺自动注销。

5. 已经在店铺注销公示期中的店铺，无法中止流程。

> **小贴士**
> 店铺注销涉及多方面权责问题，相应的规则条款也会不定期更新，如有这方面需求，请以官方公告为准。

2.5 天猫店铺入驻流程

天猫是阿里巴巴集团旗下 B2C 零售平台，致力于向消费者提供更丰富的品牌商品及更优质的品质服务，欢迎优质品牌和商家入驻，共同打造全球消费者至爱的品质购物之城。

天猫更注重商品品质，不支持个人入驻，并且入驻条件更为严苛。不管是个人，还是企业，在淘宝注册店铺都是免费的，而商家在天猫经营必须缴存保证金、交纳年费、按照销售额一定百分比（简称"费率"）交纳软件服务费。不同行业、不同店铺类型（旗舰店/专卖店/专营店/卖场型旗舰店等）需要准备的入驻资费略有不同，少则几万元，多则几十万元。

在天猫做零售，可以入驻天猫或天猫国际。

天猫店铺类型分为旗舰店（指用自有品牌或由商标权人提供独占授权的品牌入驻天猫开设的店铺）、专卖店（指用商标权人提供普通授权的品牌入驻天猫开设的店铺）、专营店（指同一天猫经营大类下经营两个及以上品牌的店铺）、卖场型旗舰店（指以服务类型商标开设且经营多个品牌的旗舰店），入驻流程如图 2-10 所示。

天猫商家入驻指南、要求、资费标准等详见配套素材包。

为了满足国内消费者不断提升的商品品质要求和消费能力，天猫国际将顾客定位为国内高端消费者群，面向全球招募最纯粹的海外商家。

入驻商家必须具备中国以外资质的公司实体，拥有海外注册商标，具备海外零售等与其经营业务相关的资质和许可，并且在国外有良好的信誉和经营状况。

天猫国际暂未授权任何机构进行代理招商服务，入驻申请流程及相关的收费说明均以官方招商页面为准。

图 2-10

天猫国际店铺类型分为品牌旗舰店（自有品牌或由商标权人直接提供独占授权的品牌入驻天猫国际开设的店铺）、卖场型旗舰店（线下连锁超市、卖场或者线上 B2C 网站品牌商标权人或者由商标权人直接提供独占授权的主体入驻天猫国际开设的店铺）、行业卖场型旗舰店（开店主体为主要经营单个行业品类的线下连锁超市、卖场或者线上 B2C 网站的该品牌商标权人或者由该商标权人直接提供一级授权的主体入驻天猫国际开设的店铺）、专卖店（品牌商标权人提供开店授权入驻天猫国际开设的店铺）、专营店（同一天猫国际经营大类下经营两个及以上品牌的店铺）、银河专营店（指代销天猫国际直营或天猫国际品牌旗舰店货品专营店，无经营大类限制），入驻流程如图 2-11 所示。

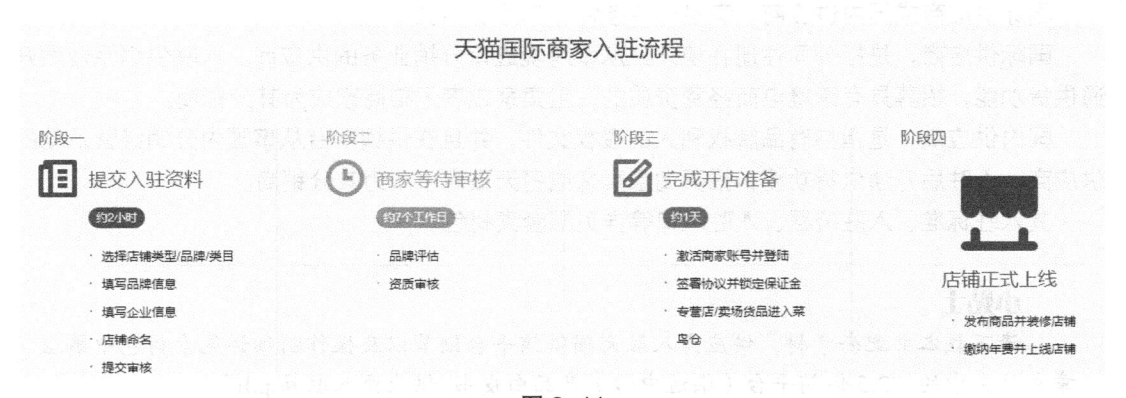

图 2-11

天猫国际商家入驻指南、招商标准、资费标准等详见配套素材包。

如果你是厂家或渠道商，除了选择零售，还可以成为供货商，为天猫超市供货或者入驻供销平台。

天猫超市是天猫全力打造的网上零售超市，商品涵盖食品、百货、母婴等品类，入驻流程如图2-12所示。

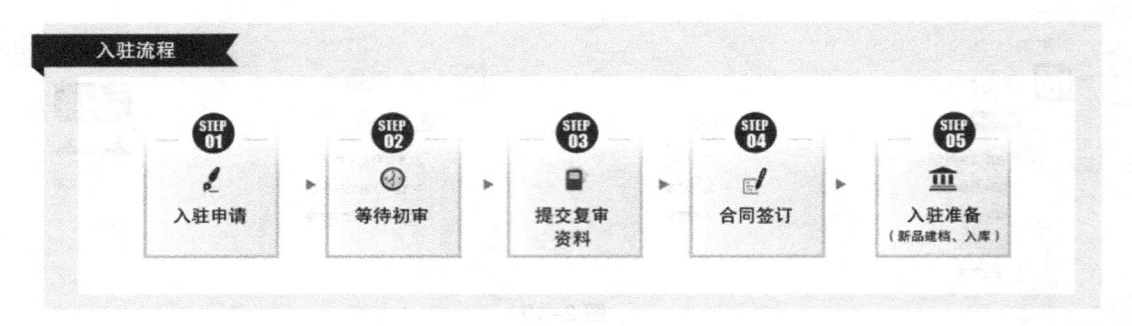

图2-12

重要提醒：申请入驻前，先与商家客服沟通，了解天猫超市目前两种合作模式（即代销与经销）的区别，避免选错合作模式导致入驻错误。商家服务专线：400-9900-105；人工服务时间：每天9:00-21:00。

天猫超市入驻标准、入驻流程详解等详见配套素材包。

天猫供销平台，是指为供销平台用户提供分销服务和管理的网络交易平台。

如果你是供应商，希望招募更多淘宝卖家或天猫商家为你分销商品，可以入驻成为天猫供销平台的供应商。

国际供应商或国内供应商，满足一定条件，都可以入驻。

国际供应商，是指公司注册在境外且从事跨境进口分销业务的供应商。入驻供销平台后开通供货功能，招募具有跨境电商经营资质的淘宝卖家或者天猫商家成为其分销商。

国内供应商，是指持有品牌权利人的授权文件，并且在供销平台从事国内分销经营活动的供应商，入驻后开通供货功能，招募淘宝卖家或者天猫商家成为其分销商。

其入驻标准、入驻流程、入驻入口等详见配套素材包。

小贴士

请下载本书配套素材，供应商入驻天猫供销平台细节以及操作明细详见素材包中第2章文件夹中的"2.5供销平台（渠道中心）产品白皮书 供应商入驻篇.pdf"。

2.6 渠道下沉,"农村淘宝"入驻流程

农村淘宝简称"村淘",是阿里巴巴集团的战略项目,通过与各地政府深度合作,以电子商务平台为基础,搭建县村两级服务网络,充分发挥电子商务优势,突破物流、信息流的瓶颈,以及人才和意识的短板,实现"网货下乡"和"农产品进城"的双向流通功能。加速城乡一体化,吸引更多的人才回流创业,为实现现代化、智能化的"智慧农村"打造基础。

为了服务农民,创新农业,让农村生活更美好,阿里巴巴集团计划在三至五年内投资 100 亿元,建立 1000 个县级服务中心和 10 万个村级服务站,至少覆盖到全国 1/3 的县及 1/6 的农村地区。农村淘宝首页如图 2-13 所示。

图 2-13

问:如何入驻农村淘宝?

答:在移动端,农村淘宝以"手机淘宝"App 为载体,入驻农村淘宝必须已经开设淘宝或天猫店铺,并且满足类目准入要求以及相关基础条件。

淘宝卖家、天猫商家入驻村淘的签约入口、入驻条件明细、开放类目等详见配套素材包。

农村市场是一个全新的市场,农村淘宝不断发现与满足农村新兴需求,联动商家紧密合作,进行定制化商品、消费者服务、商业模式等多维度的创新,致力于探索并开拓一个更新、更美好的农村市场。如果你的店铺和经营类目满足条件,建议尽快签约和入驻农村淘宝,将你的商品卖往更广阔的农村市场。

2.7 家装家居平台"极有家"入驻流程

　　极有家是阿里巴巴集团旗下的一站式家装家居平台，致力于打造一个家装设计、装修服务、家居商品购买的一站式家居垂直市场，以"家"为中心，为业务提供全阶段的贴身服务及商品选购，其页面如图 2-14 所示。

图 2-14

　　入驻成功后，可以获得极有家专属标识、官方持续稳定的流程扶持、极有家各种优质流量活动的优先报名权、汇聚淘系内外优质资源的品牌推广整合营销、极有家运营小二专门为你打造的专属课程等。

　　目前可以入驻极有家的角色包含：品牌商家（品牌直营、品牌专卖、品牌多营）、商品商家（品质工厂、海外代工、手工匠人、原创设计、优质网店商家）、装修设计或定制品商家（家装设计师、装修公司、定制品商家）、导购专家（时尚买手）、媒体、房产商家（房产开发商、房产代理商）。入驻时请查看角色定义及入驻规则，选择一种合适的角色入驻。

　　极有家入驻流程分为 5 个阶段：了解入驻规则→选择入驻角色→提交报名信息→等待审核→入驻成功，如图 2-15 所示。

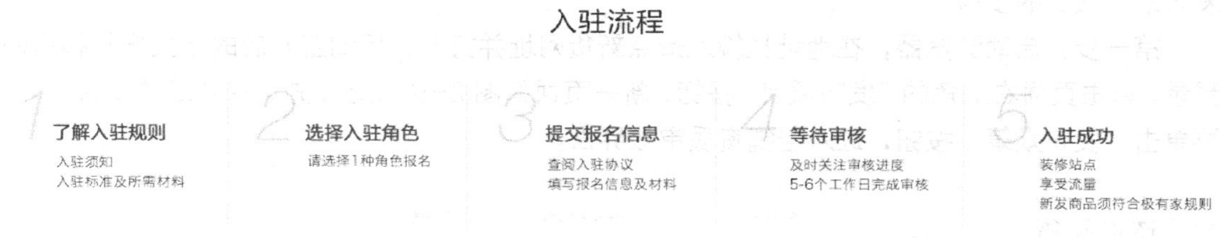

入驻流程

1. 了解入驻规则
   入驻须知
   入驻标准及所需材料

2. 选择入驻角色
   请选择1种角色报名

3. 提交报名信息
   查阅入驻协议
   填写报名信息及材料

4. 等待审核
   及时关注审核进度
   5-6个工作日完成审核

5. 入驻成功
   装修站点
   享受流量
   新发商品须符合极有家规则

图 2-15

极有家商户中心、招商规则、入驻入口等详见配套素材包。

入驻前须知：

1．极有家暂未授权任何机构进行代理招商服务，目前入驻极有家不收取任何报名费用。

2．极有家将结合各行业发展动态、国家相关规定及消费者购买需求，不定期更新招商标准。目前针对：淘宝集市店铺卖家账号、未开淘宝店但有实体店的买家账号，以及其他买家账号三类形态进行招商。

3．请务必确保你在申请入驻及后续经营阶段提供的相关资质的真实性（如商标注册证、授权书、专利证明、质检报告等，请务必先核实文件的真实性），一旦发现虚假资质，你的账号将被列入非诚信客户名单，极有家将不再与你进行合作。

4．入驻成功后的极有家商家，系统会自动按极有家风格修改淘宝店部分装修样式。

2.8　"造点新货"（原淘宝众筹）入驻流程

关于众筹

众筹，即大众筹资或群众筹资，是指用赞助+回报的形式，向网友募集项目资金的模式。众筹利用互联网和 SNS 传播的特性，让许多有梦想的人可以向公众展示自己的创意，发起项目争取别人的支持与帮助，进而获得所需要的援助，支持者则会获得实物、服务等不同形式的回报。

关于造点新货（原淘宝众筹）

造点新货是阿里巴巴集团旗下唯一的一个众筹平台，由卖家发起，该平台将具有创新或创意的未面市新品，或正在设计中且有能力、有资质成型的项目方案，通过众筹的方式面向全网消费者筹资，并用所筹资金完成新品或项目方案的最终落地，并以商品回报的方式回馈筹资者。

发布众筹项目的步骤：

第一步：启动浏览器，在地址栏输入造点新货网址并打开，用淘宝开店的会员账号和密码登录，单击页面右上角的"发布项目"按钮，新开页面如图2-16所示。先选择众筹的项目方向，再单击"发布众筹"按钮，进入店铺资质审核界面。

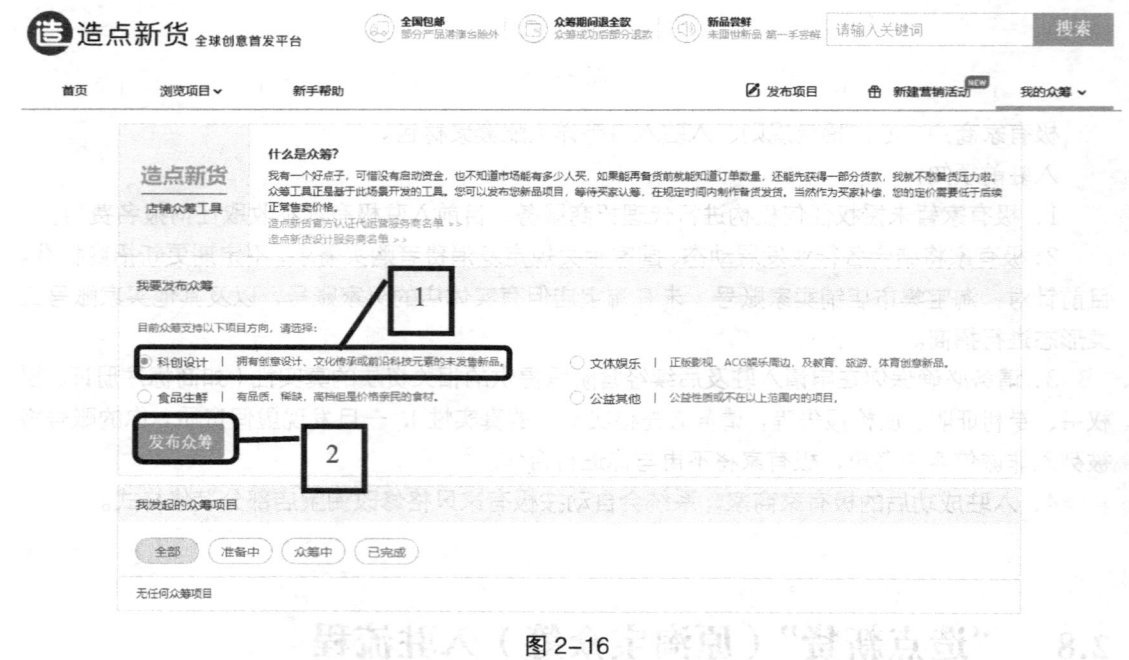

图 2-16

第二步：网页自动检测店铺是否满足发布众筹项目的要求，如图 2-17 所示。满足所有报名要求后，单击"通过，下一步"按钮，进入项目详情界面。若有任何一项不达标，则无法发布，建议满足条件后再重新发布。

第三步：按页面提示依次填写项目信息、设置回报组合、填写发起人信息等，如图 2-18 所示，所有加红色*为必填项。特别是项目图片、推广位图片、项目描述中的图片，请严格按照规范作图，有助于顺利通过审核。

第 2 章 不同类型的店铺以及特色市场入驻流程

资质检查

根据您的店铺情况,需要进行资质检查,当所有资质都合格后,您可发起众筹项目。

资质名称	报名要求	达标情况
未因出售假冒商品被限制参加日常营销活动	店铺未因出售假冒商品被限制参加营销活动	✓
未因活动中扰乱市场秩序被限制参加营销活动	您的店铺在活动中,不得存在利用非正当手段扰乱市场秩序的行为,包含但不仅限于虚构交易、虚构购物车数量、虚构收藏数量等行为。	✓
未因虚假交易被限制参加营销活动	你的店铺未因虚假交易被限制参加营销活动	✓
描述相符	店铺描述相符需在4.6分以上	✓
未因一般违规行为被限制参加营销活动	店铺未因一般违规行为被限制参加营销活动	✓
未因严重违规行为被限制参加营销活动	店铺未因严重违规行为被限制参加营销活动	✓
近30天纠纷退款率及退款笔数	近30天纠纷退款率≤其主营类目纠纷退款率均值3倍,或近30天纠纷退款笔数＜2笔	✓
服务态度	店铺服务态度需在4.6分及以上	✓
不在搜索全店屏蔽处罚期	不在搜索全店屏蔽处罚期	✓
开店时长	店铺开店时长需在30天以上	✓
物流服务	店铺物流服务需在4.6分及以上	✓
众筹平台要求店铺综合竞争力达标	众筹平台要求店铺综合竞争力达标	✓
要求店铺具有一定综合竞争力	要求店铺具有一定的综合竞争力	✓

通过,下一步

图 2-17

图 2-18

2.9 "淘宝教育"入驻流程

淘宝教育是淘宝旗下在线教育平台，其页面如图 2-19 所示。支持有店铺发布课程，也支持无店铺发布课程（即个人入驻）。既可以发布录播课程，也可以发布直播课程。

图 2-19

无淘宝店铺（个人老师）发布视频课程的步骤

第一步：注册一个淘宝会员，注册步骤参照前文"2.1 淘宝个人店铺注册流程"。若已经注册，忽略此步骤。

第二步：在浏览器地址栏输入并打开淘宝教育网址，用第一步注册的淘宝会员账号登录，单击首页右上角的"我要开课"超链接，如图 2-20 所示。

第三步：第一次发布新课时需完善账号信息、教师基本信息、教师资质等内容，以后再发布课程时无须填写。单击"发布新课"按钮，按页面提示正确填写，加红色*的都是必填项，填写完成后，单击"提交申请"按钮，会跳转至第二步的"我要开课"界面。

第四步：再次单击"发布新课"按钮，根据页面提示填写课程信息，完成后单击"发布"按钮，等待审核。所有淘宝教育的课程都需人工审核，审核通过后，买家可以购买学习。审核未通过，会有不通过的原因提示，按提示修改后再次发布，等待审核，直至通过。

图 2-20

有淘宝店铺发布视频课程的步骤

第一步：注册一个淘宝店铺，个人店铺注册步骤参照前文"2.1 淘宝个人店铺注册流程"；企业淘宝店铺的注册步骤参照前文"2.2 淘宝企业店铺注册流程"。若已经注册，忽略此步。

第二步：在浏览器地址栏输入并打开淘宝教育网址，用第一步注册的店铺会员号登录，单击首页右上角的"我要开课"超链接。

第三步：根据页面提示填写课程信息，填写完成后，单击"发布"按钮等待审核。人工审核流程与无店铺发布课程一样。

> **小贴士**
> 淘宝教育内的课程发布，仅支持在 PC 端操作。

2.10 将商品卖往海外，"全球速卖通"入驻流程

全球速卖通（英文名：AliExpress）是阿里巴巴集团旗下面向国际市场打造的跨境电商平台，被广大卖家称为"国际版淘宝"。全球速卖通面向海外买家客户，通过支付宝国际账号进行担保

交易，并使用国际物流渠道运输发货，是全球第三大英文在线购物网站。

此外，全球速卖通还支持多国语言，比如俄语、葡萄牙语、西班牙语、法语、德语、意大利语、荷兰语、土耳其语、日语、韩语、泰语、越南语、阿拉伯语、希伯来语、波兰语等。在正常情况下，浏览器会根据网络 IP 地址自动将网页默认的英文翻译成访问者所在地所用的语言，比如在中国访问，会被翻译成简体中文，如图 2-21 所示。

中国卖家可以单击首页顶部"在速卖通上出售–中国卖家入驻"超链接，入驻开店。

图 2-21

全球速卖通国货出海项目：专为阿里巴巴体系下的淘宝卖家、天猫商家"出海"打造的支持计划。平台推出系列专属支持资源、全方位解决方案，为有意愿开拓电子商务出口业务的淘宝卖家、天猫商家提供专属服务，助力国货品牌"出海"，一键卖全球。

个体工商户或企业身份均可开店，须通过企业支付宝账号或企业法人支付宝账号在速卖通完成企业身份认证，如果之前未开过网店，请先在支付宝官网注册一个企业支付宝或企业法人支付宝账号。全球速卖通暂不支持个人开店。

商家入驻步骤：

第一步：开通账号。启动浏览器，打开全球速卖通首页网址，单击页面右侧的"加入"按钮，如图 2-22 所示。使用企业或个体工商户身份进行卖家账号注册，淘宝卖家、天猫商家可以直接用开店账号登录。

图 2-22

第二步：提交入驻资料。个别类目需提供类目资质，审核通过方可经营，《AliExpress 全球速卖通类目资质要求（版本时间：2019-9-27）》详见配套素材包。

若要经营商标，需提供商标资料，等待平台审核通过。若商标在商标资质申请页面查询不到，请根据系统引导进行商标添加。若不经营商标，可跳过这个步骤。

第三步：缴纳年费。根据所选的经营类目缴纳对应的年费，资费标准参见《速卖通 2019 年度各类目技术服务费年费一览表》，详见配套素材包。

第四步：完善店铺信息。付费完成后，可以进入"卖家后台-店铺-店铺资产管理"设置店铺名称和二级域名，若申请的是官方店，需同步设置品牌官方直达及品牌故事内容。

第五步：开店经营。完成前四步，基本完成入驻，然后发布商品、对店铺进行装修，店铺便开张了。

小贴士

全球速卖通开店指南详见配套素材包。

2.11 阿里巴巴批发网店入驻流程

阿里巴巴批发网（1688）是阿里巴巴集团旗下全球企业间（Business To Business，简称 B2B）电子商务的著名品牌，为数千万网商提供海量商机信息和便捷安全的在线交易市场，也是商家们以商会友、真实互动的社区平台，如图 2-23 所示。

图 2-23

经工商局登记依法成立的企业、个体工商户都可以入驻阿里巴巴批发网开店做生意，开店步骤如图 2-24 所示。

建议前三个步骤都在电脑上完成，比如第一步开店准备，直接启动浏览器，输入阿里巴巴批发网的网址并打开，单击首页右上角"免费注册"按钮，进入企业账号注册界面，如图 2-25 所示。按提示依次完成注册、开店认证、支付宝认证即可。

图 2-24

图 2-25

建议"贸易身份"勾选"两者皆是",注册成功后,既可以作为卖家身份开店,也可以作为买家身份采购。

> **小贴士**
> "千牛"是阿里巴巴系卖家开店必备的沟通以及管理店铺的工具,其用法详见本书"第5章 开店必备沟通工具'千牛'使用详解"。

2.12 不想注册店铺,能不能在淘宝卖东西

没有货源,不想囤货压货,不想打包发货,不想管售后,不想开公司,也不想注册个体户开店,但是有时间,想在网上卖东西,有没有安全有保障的做法呢?

答案是:有!那便是淘小铺。

什么是淘小铺

淘小铺是阿里巴巴集团旗下平台,定位为"人人可参与的社区化电商",依托阿里巴巴生态背景,整合天猫品牌商、淘宝原创生产型企业/工厂/农场等优质供应商,采用小铺直供的方式,直接低价供货,保证正品。由淘宝成熟的交易和服务体系支撑,售后无忧。

大学生、上班族、自由职业者,甚至退休后的大爷大妈都可以零门槛、轻松在淘小铺上拥有一家自己的小店。不用找货源,不用自己发货和售后;自己购买小铺内的商品省钱;把淘小铺内的商品分享出去,别人买了后,自己可以赚取佣金。

如何开通淘小铺

第一步:参照前文"2.1 淘宝个人店铺注册流程",成功注册一个淘宝会员和支付宝会员,并完成支付宝实名认证。若已经注册,忽略此步骤。

第二步:在智能手机的应用商店搜索"手机淘宝""支付宝"和"淘小铺"三个 App 并下载安装。"手机淘宝" App 用于后续查询订单、物流等信息,在淘小铺赚取的资金用"支付宝" App 提现,"淘小铺" App 用于开店。

第三步:打开"淘小铺" App,用第一步注册的淘宝会员账号和密码登录,勾选"我同意《淘小铺推广者入驻协议》",单击"免费体验"按钮,进入淘小铺掌柜界面,如图 2-26 所示。

> **小贴士**
> 淘小铺只在手机上应用,所有操作都在手机上完成。

图 2-26

淘小铺如何赚钱

自己在淘小铺购买商品可以获得返现,也可以将商品分享出去,别人买了获取佣金,在淘小铺内任意点开一个商品,其购买和分享赚钱入口如图 2-27 所示,所有分享过的商品会自动出现在"我的小铺"。

分享商品的渠道包含但不限于微信、QQ、微博、钉钉、支付宝等,分享越多,成交越多,赚的钱也就越多。

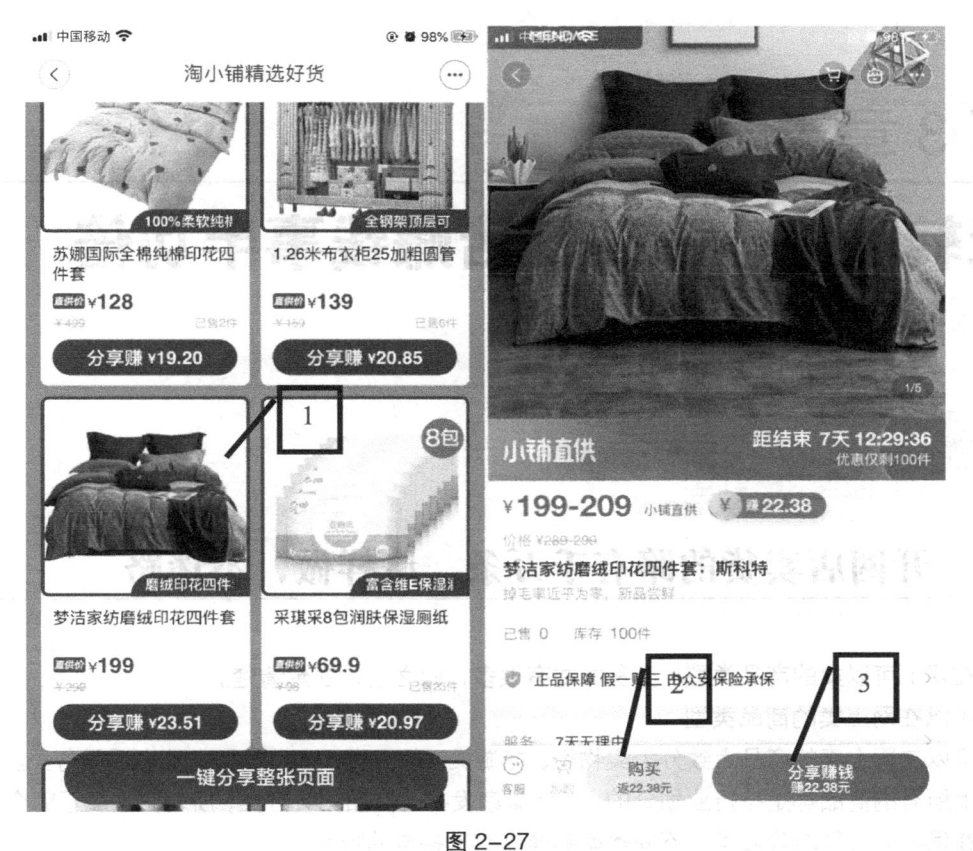

第 2 章　不同类型的店铺以及特色市场入驻流程　　45

图 2-27

第3章
玩转货源，让开网店赚钱事半功倍

3.1 开网店卖货的路有千万条，这样做，不迷路

在网上可以卖的商品类型、卖货方式有很多，做之前，在想清楚。

可以在网上卖的商品类型

可以在网上卖的商品大致分为实物类、旅游类、教育类、虚拟类和本地生活服务类。淘宝、天猫上所有的商品都是按行业划分的，任何卖家发布的商品都会分类，所售商品属于哪个类目，卖家在发布时必须准确归类。不同类型的商品有其各自的特点：

实物类：看得见摸得着，与生活息息相关的商品。大致分为女装男装、鞋类箱包、母婴用品、护肤彩妆、美食、珠宝配饰、家装建材、家居家纺、市场百货、汽车用品、手机数码、运动户外、花鸟文娱、农资等。

开网店想卖实物类的商品，不确定有哪些细分商品时，看看淘宝、天猫的类目细分可能会给你带来灵感。以淘宝网为例，启动浏览器，输入淘宝网首页网址并打开，单击首页右上角的"商品分类"超链接，便可看到淘宝网大部分的行业类目细分。

旅游类：包含但不限于国内游、出境游、跟团游、租车、境内/境外包车、签证、酒店/客栈/公寓预定、机票、景点门票等，阿里巴巴集团旗下提供机票、酒店、旅游线路等商品的综合性旅游出行网络交易服务平台是飞猪，符合相关企业和品牌资质的国内企业、国内港澳台及国际企业，可以入驻开店，入驻流程如图3-1所示。

招商标准、入驻材料、入驻收费标准、所需提交资质、入驻入口等详见配套素材包。

飞猪入驻流程

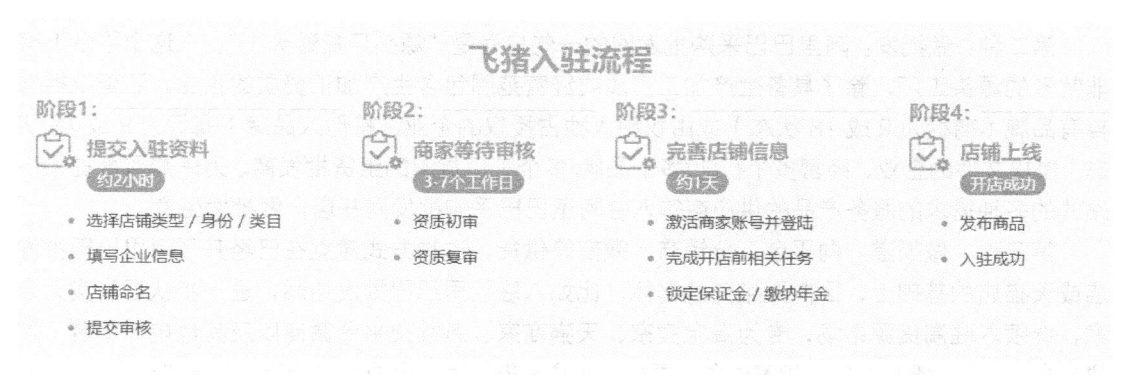

阶段1： 提交入驻资料（约2小时）
- 选择店铺类型/身份/类目
- 填写企业信息
- 店铺命名
- 提交审核

阶段2： 商家等待审核（3-7个工作日）
- 资质初审
- 资质复审

阶段3： 完善店铺信息（约1天）
- 激活商家账号并登陆
- 完成开店前相关任务
- 锁定保证金/缴纳年金

阶段4： 店铺上线（开店成功）
- 发布商品
- 入驻成功

图3-1

教育类：包含但不限于语言类（印欧语系、汉藏语系、阿尔泰语系、闪含语系、德拉维达语系、高加索语系、乌拉尔语系等）、职场技能类（编程语言、前端课程、网站制作、产品设计、办公技能、影音图像、电子商务、市场营销等）、考试考证类（财务金融、会计职称、会计从业、注册会计师、公务员、教师证、考研、二级建造师、医药司法、公务员、医师/药师、司法考试等）、亲子早教类（儿童培养、少儿英语、潜能开发、少儿培训、幼儿家庭护理、想象力开发等）、K12类（义务教育、小学、小升初辅导、初中、初升高辅导、高中、高考辅导等）、兴趣爱好类（美妆、运动、DIY手工、音乐、美术、舞蹈、摄影等）。

淘宝旗下的在线教育平台是淘宝教育，商家入驻流程详见前文"2.1 淘宝教育入驻流程"。

虚拟类：包含但不限于移动/联通/电信话费、流量、宽带、游戏点卡、QQ会员、视频平台会员等。这类商品看得见摸不着，如果打算卖这类充值商品，可以加入阿里天机分销。需要注意的是：目前仅支持天猫店铺入驻成为分销商。另外，这类商品属于类目专营，也就是说，一旦入驻成功，店铺无法同时销售其他实物类商品。

本地生活服务类：有些商品不方便直接在线上卖，需与线下结合，比如婚纱摄影、新娘跟妆、婚礼司仪、婚车租赁、家电清洗、家庭保洁、搬家搬运、跑腿代办、入职体检、法律咨询、钟点工、便民服务、上门洗车、线下消费卡等，这些商品归类在本地生活服务里。

六种网上卖货的方式

当熟悉了可以在网上卖的商品类型之后，以什么方式、何种身份在网上卖货就显得尤为重要。在阿里巴巴的体系内，目前有六种卖货方式：

第一种：做零售。通用做法便是开淘宝店、天猫店、全球速卖通店，以个人对个人或者企业对个人的零售方式，将你的商品卖往全国，甚至卖往世界各地。

第二种：做批发。阿里巴巴采购批发网的一句口号是"源头厂货通天下"，在这个平台上有非常多的源头工厂，除了具备生产加工资质或经营范围包含生产加工资质的企业，还建议拥有自有品牌（商标为 R 或 TM 状态）或由权利人独占授权的企业、持他人品牌（商标为 R 或 TM 状态）授权文件的企业、经营多个行业/多个品牌/多个工厂货源的组货批发商、为采购买家提供一站式的多种需求的服务产品的供应商等入驻阿里巴巴采购批发网开店，做批发生意。

第三种：做渠道。向平台、分销商、微商等供货，这种方式建立在已经开了阿里巴巴批发店或天猫店的基础上，面向更细分的群体，比如入驻阿里巴巴批发店后，进一步认证为实力商家，继续入驻淘货源市场，专为淘宝卖家、天猫商家、各社交平台微商以及其他电商平台（如拼多多、京东、唯品会等）卖家供货；再如，入驻天猫供销平台成为供货商、为天猫超市供货等。

第四种：成为零售分销商。这种方式自身的定位是零售，可以从入驻阿里巴巴采购批发网的实力商家中选择供货商，也可以去天猫供销平台申请入驻为分销商，平台会帮你严格筛选供货商，帮你验厂验资质，你只管卖货便可。

第五种：成为淘宝客。帮商家推广赚佣金，这种方式有点像业务员，按销售业绩提成，多劳多得。阿里妈妈旗下的淘宝联盟不管是技术还是商品库，皆是此类平台的"领头羊"，进行简单三步便能轻松推广并且获取利益：1.注册登录淘宝联盟；2.登记备案推广渠道；3.获取代码投放赚钱。

第六种：分享赚。入驻淘小铺，不用担心货源，不用囤货、压货，不用打包发货，不用管售后，也无须开公司，用分享商品的方式赚钱。

> **小贴士**
> 上述六种网上卖货方式中涉及的店铺类型及其开店入驻流程，请回顾前文"第 2 章 不同类型的店铺以及特色市场入驻流程"。

小结：

1．俗话说"隔行如隔山，但隔行不隔理"，将传统的线下生意搬到线上来做，很多道理是相通的，做之前把道理想明白了，接下来具体操作时，才会明确方向。

2．商品类型多，卖货的方式多，如何选择呢？建议：专注自己的领域或者从擅长、喜爱的行业入手。

3．建议再回顾几遍第 2 章的内容，打开电脑，对照步骤去操作一下，看一看入驻不同类型的店铺需要的条件是什么，然后结合自身实际情况规划下一步怎么做。

3.2 有网店但没货，卖什么好？什么好卖？卖什么赚钱？

先注册网店，还是先找货源

有些人手上有货，有些人能很快地解决货源，但是还没有网店，这种情况很好解决，看完前文，根据自身实际情况，选择对应类型的店铺入驻即可。

有些人想开网店，但还没想好卖什么，最普遍的问题就是"到底是先把网店开起来？还是先找好可靠的货源？"针对这些疑惑，笔者建议：

首先确定开企业店、个人店还是入驻淘小铺，这是关键所在，不同类型的店铺门槛不同、标准不同，店铺类型决定了接下来的发展方向。

其次确定店铺类型后，先看一遍入驻条件，再准备材料按注册流程把店铺申请注册。这么做有以下三个原因：

一是在网上成功完成注册店铺的周期不一样，短的两三天，长的一周，甚至更久。

二是淘宝、天猫、阿里巴巴采购批发网有些营销活动对开店时长（从第一次注册成功的时间算起）有要求，比如淘宝的造点新货（原淘宝众筹）发布众筹项目要求开店时长需在 30 天及以上，某些营销活动需开店 90 天以上甚至 180 天以上。

三是店铺注册成功后，即便不卖货，也没什么影响。

有网店但没货，卖什么

有网店并有货，直接发布商品到网店售卖即可。

没网店但有货，先注册网店，再发布商品。

困扰很多新手的问题是网店注册好了，或者重新激活了网店，却不知道卖什么好？什么好卖？卖什么赚钱？

如果直接告诉你"智能手机好卖""卖口罩赚钱"，这样的答案是不负责任的，因为不同人的资源、实力、现状不同，即便是相同的商品，在不同人手上最后的销售情况也会不同。因此，对于这些问题，需要区别看待。

可能你还不知道，以下三个问题其实各自有言外之意：

疑惑"卖什么好？"就是问"自己适合卖什么？"

疑惑"什么好卖？"就是问"哪些人的生意更好做？"

疑惑"卖什么赚钱？"就是问"什么商品的利润高？"

为了更好地解决这三个问题，笔者为你简单梳理一下人的一生以及大概需求：

1. 女性孕期至分娩 → 刚需：吃、穿、用、就医；代表商品：饮食、孕妇服装鞋帽、待产包、孕期洗护、吸奶器、哺乳文胸、叶酸、钙片、复合维生素等。

2．婴儿（1岁以内）→ 刚需：吃、穿、住、用；代表商品：饮食、婴儿服装鞋帽、奶粉、奶瓶、纸尿裤、婴儿床、婴儿推车等。

3．幼儿（1~6岁）→ 刚需：吃、穿、用、早教；代表商品：饮食、幼儿服装鞋帽、幼儿辅食、早教、童书、玩具积木、爬行垫、儿童自行车/滑板车等。

4．小学生（6~12岁）、初中生（11~15岁）、高中生（14~18岁）→ 刚需：吃、穿、用、学习；代表商品：饮食、服装鞋帽、校服、文具、书包、写字桌椅、学辅教材、课外读物、课外辅导、矫正坐姿用品、矫正视力用品、才艺（如唱歌、舞蹈、乐器、书法、美术、体育、电脑、摄影、天文）用品、读者老师礼品、青春期心理辅导等。

5．大学生（17~23岁）→ 刚需：吃、穿、用、行、学习、工作实习、谈男女朋友、爱美；代表商品：饮食、服装鞋帽、寝室用品、生活用品、计生用品、女性护理用品、学习社团用品、旅游用品、日常出行穿戴用品、学习用品、工作实习用品、面试穿戴用品、办公用品、才艺用品、化妆品等。

6．研究生、博士生（21~28岁）→ 刚需：吃、穿、住、用、行、学习、工作、谈婚论嫁；代表商品：饮食、服装鞋帽、买房/装修/家居用品、生活用品、计生用品、女性护理用品、工作用品、学习用品、日常出行穿戴用品、旅游用品、化妆品、走亲访友礼品、婚嫁用品、女性备孕/孕期用品等。

7．工作（16~60岁）→ 刚需：吃、穿、住、用、行、工作；代表商品：饮食蔬果、服装鞋帽、买房/装修/家居用品、生活用品、工作用品、化妆品等。

8．退休（60岁以后）→ 刚需：吃、穿、住、用、行、就医；代表商品：饮食蔬果、老年服装鞋帽、生活用品、家居用品、出行旅游用品、就医药品、保健品等。

随着年龄增长，人生的不同阶段会有各种各样的需求，可以说任何一种商品被创造出来，都是为了满足或解决某一部分人的某类需求。只要理解了这一点，再回到开始的三个问题"卖什么好？什么好卖？卖什么赚钱？"解决方案就出来了：你只需确定即将服务的人群，分析他们的需求并找出解决这些需求的商品，然后通过网店卖给这些人。当我们在确定人群时，有一个关键词叫作"人群基数"，它的值越大，代表该类人群的需求规模越大。举个例子，人的一生，只要活着，就必须吃东西、穿衣服，因此具有共性的吃穿类商品人群基数大，需求高，更好卖。除了人群基数，还需进一步思考同一类人群的差异性，拿食品来说，不同年龄段、不同地域的人，对吃的要求是不同的，很难有食品符合所有人的口味。因此，如果选择销售食品，应该尽量缩小范围，比如选择某一个年龄段人群喜欢的食品，或者选择多种食品以满足多个年龄段的人群需求。再就是"重复购买率"，指消费者对品牌商品或服务的重复购买次数，重复购买的时间越短、次数越多，利润越高。

"卖什么好？什么好卖？"这两个问题在你心中有答案了吗？能解决目标人群需求+目标人

群基数大+重复购买率高的商品好卖。

只需掌握两个核心要点，按下述步骤去做便可找到：

第一、从自身实际情况出发，在擅长的领域、行业，确定即将服务的目标人群，比如 11~18 岁的中学生。

第二、从确定人群的众多需求中，确定并专注解决其中 1~3 个需求，比如销售 11~18 岁中学生的服装鞋帽。

笔者不建议同一个店铺发布解决同一类人群需求的商品跨度太大，为什么呢？

因为需求跨度越大，店铺商品所涉及的行业和类目会越多，比如服装、鞋子、包包在网店里属于三个不同的类目，跨类目经营，一方面，对店铺的资质要求更高，有些类目属于专营，一个店只能卖一类商品；另一方面，同一个网店，销售的商品多而杂，对整店运营不利。

如果你将一家网店经营得有声有色，完全可以扩大规模，同时经营多家网店，销售不同类目的商品，以解决同一类人群的不同需求，比如以 20~30 岁女性为主的群体，店铺矩阵可以是"女装+化妆品+包包+女鞋"。

至于第三个问题"卖什么赚钱？"，它除了与人群基数、需求规模相关，还与单个商品的销量、利润息息相关，如果抛开这些因素问这个问题，就没什么意义。上文提到"任何一种商品被创造出来，都是为了满足或解决某一部分人的某类需求的"，所以当我们将"卖什么赚钱"的思维转换成"为多少人解决多少具体需求"时，你的网店生意会变得轻松很多。"卖什么赚钱？"的答案依旧是卖能解决目标人群需求+目标人群基数大+重复购买率高的商品赚钱。

此外，还有一点也非常重要，那便是"人口数量"。既然是解决人的需求，那么"人口数量"这个数据指标也要重点了解，比如，中国出生人口、人口老龄化率、城乡常住人口、总人口性别比、育龄妇女情况及各年龄段人口分析等，了解这些数据可以帮助你了解哪些人群在增长、哪些在减少，人群总量的变化直接影响人群需求的变化。这些数据可以在国家统计局网站或一些数据网站查到。

建议：人群基数大、需求高的商品，销售量能做起来的话，薄利多销是不错的做法；反之，尽量选择质量与价格匹配、溢价能力强的商品，即使销量不高，利润也有保障。

实用经验：开零售网店，从哪里进货

旅游类：此类商品或服务相对特殊，对资质要求高，建议本身就是做这类的线下企业，或者有这方面资源人脉的，可以考虑入驻阿里飞猪、携程、同程等旅游平台。

教育类：此类商品或服务有一定的专业性，如果你在某个领域有一技之长，可以入驻教育平台（淘宝教育、腾讯课堂等），自己输出内容（包括但不限于录制视频、音频、制作讲义、直播授课等形式）出售。

虚拟类：加入阿里天机分销。

本地生活服务类：线下有门店，线上开一个淘宝或天猫网店，发布商品时将二者关联起来，以淘宝网店发布"本地化生活服务>>房屋维修>>防水补漏"为例，如图3-2所示，在"宝贝服务信息"中填写"卖家位置"和"服务范围"，便能实现买家线上购买，线下享受服务。

图 3-2

实物类：五种常用的货源渠道

第一个，阿里巴巴采购批发网，隶属于阿里巴巴集团，面向全球，属于世界级的采购批发平台，众多生产企业、批发企业、大集团等都汇聚于此。网店零售商家、线下实体店商家、微商等，很多都从这里进货（推荐）。

第二个，天猫供销平台，持有品牌权利人授权文件的供应商才能入驻，入驻的供货商都经过平台严格筛选和资质审核，在这里做分销商可靠。此外，还有一个好处是所有分销商品与卖家中心对接，后续订单操作便捷（推荐）。

第三个、在淘宝网站内搜索供货商。启动浏览器，输入淘宝首页网址并打开，在顶部搜索框中输入关键词，比如"女装代理"，在搜索结果中按需选择。用这种方式寻找的供货商，由于缺乏第三方监管，需要多加注意，以防被骗。所谓"骗人之心不可有，防人之心不可无"，但只要遵循"天上不会掉馅儿饼"的准则，多分析和对比，多打听、多问，找到心仪的供货商也不难。

第四个、第三方的代理网站、代理软件等。有些公司或企业会创建独立的网站或App，用于分销商会员进货和发货，找到这些可靠的网站也是不错的选择之一。

已经知道的网址直接打开即可；不知道的，可以从网上搜索查询，比如在百度搜索"男装一件代发"，在搜索结果中按需选择。这种方式适合有丰富上网经验的读者，新手不推荐，如果无法辨别网站真伪，容易上当受骗。

第五个、线下批发市场、货源聚集地、产业带等。线上的选货渠道多数都在线下有批发市场，如果你的所在地就是原产地，不必舍近求远。如果不清楚自家附近有没有，也可以去阿里巴巴平台上看。除了产业带，像源头工厂、不同区域的档口等，都很好找。

除了上述五种常用的货源渠道，一些店铺甚至会出国打样，然后回国找工厂定制生产。销售规模做得大的，直接找源头工厂；规模没那么大的，多数都在阿里巴巴采购批发网拿货。

建议新手不要碰以下5类商品

第一、除非有货源优势开天猫店，否则不要选被天猫店"霸屏"的类目。比如前文提及的3C数码类、家电类（厨房电器、大家电、生活电器），还有像影音电器类、奶粉/辅食/营养品、OTC药品/医疗器械等。

第二、除非有自运营销货渠道，否则不要选游戏话费类、成人用品类。这两类都属于专营类目，也就是说，一个店除了它不能卖别的，有准入门槛且推广资源非常有限，没有自运营引流能力的话，将寸步难行。

第三、除非有线下门店，否则不要选生活服务类。比如本地化生活服务、餐饮卡券、电影/演出/体育赛事、租房/新房/二手房委托服务、购物提货券、理财、网络店铺代金券/优惠券、鲜花速递/花卉仿真/绿植园艺等。

第四、除非具备相应的专业知识且已有经验积累，否则不要选太专业的品类。比如需要专业人工服务的墙纸壁纸、宠物、绿植、机械设备、灯饰光源、农用物资、畜牧/养殖物资等。

第五、除非有货源优势和资金实力，否则不要选大件、高价值的品类。比如大件的办公用品、家具等，包装成本高、运输成本高，退换成本高且麻烦。高价值的商品如金银细软、奢侈品、大品牌商品等，起点高、门槛高，几乎都开天猫店或淘宝企业店，淘宝个人店不推荐。

小结：

不管卖哪一类商品，除了上述选品建议，最好再结合一定的数据分析，了解当下流行什么、什么类目下的哪些商品畅销、过往一段时间的热销款是什么、哪些商品利润高且营销空间大。笔者推荐两个专业权威的电商数据平台，进去多看看或许能给你带来灵感：

1．阿里指数。阿里巴巴旗下基于大数据研究的社会化数据展示平台，媒体、市场研究员以及其他希望了解阿里巴巴大数据的人可以从这里获取以阿里巴巴电商数据为核心的分析报告及相关地区与市场信息。

2．生意参谋。阿里巴巴旗下权威专业的数据分析平台，自己网店的数据、同行店与店竞品的数据都能查到，基础功能免费，有些功能需付费（在淘宝、天猫开店的卖家才能登录）。

3.3　不囤货，做分销的操作技巧

什么是分销

分销在经济学中是建立销售渠道的意思。图 3-3 是传统的线下代理分销模式，比如厂家或品牌方找一个全国总代理→全国总代理找多个省级代理→省级代理找多个市级代理→市级代理找多个区级/县级代理→区级/县级代理直接开实体店，面向消费者零售。大品牌企业甚至有不同国家的代理。

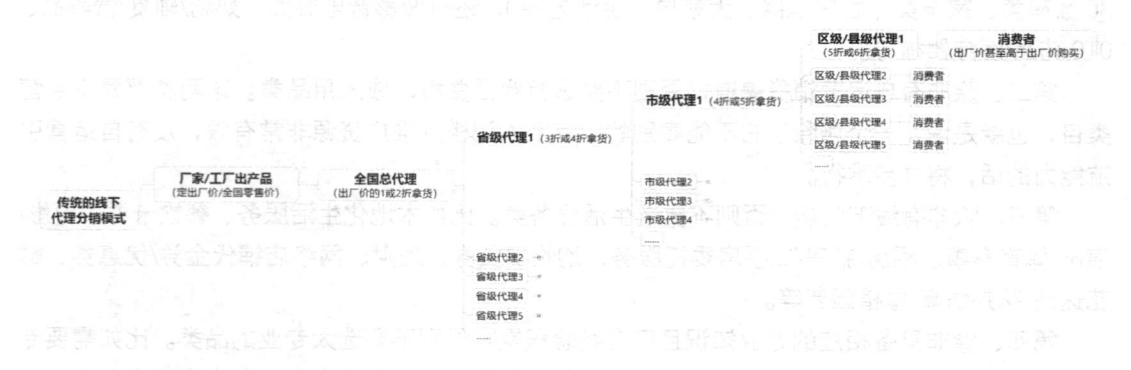

图 3-3

以前互联网不发达，地域性很明显，产品铺货至全国，代理分销模式效果很不错，也容易建立商品渠道的价格壁垒。

现在一台电脑、一部智能手机就能淘尽天下好货，商品价格变得愈发透明，特别是阿里巴巴采购批发平台与淘宝/天猫零售平台珠联璧合，使网络上商品的销售渠道更精简，将传统的多级分销直接压缩成两级或三级分销：厂家/代理商→淘宝、天猫零售商家→消费者，如图 3-4 所示。

```
                                    ┌─ 1.直接开阿里巴巴批发店 ──── 面向无数分销商 ──────────── 分销商直接面对消费者
                                    │                          (角色：淘宝、卖家、天猫商家、
                                    │                          拼多多卖家、京东卖家、微商、
    网络分销模式                      │                          自媒体、线下门店零售商等)
  厂家或全国总代理或一级分销商 ───────┼─ 2.入驻天猫供销平台 ────── 可招募200个分销商 ────────── 分销商直接面对消费者
                                    │                          (角色：淘宝、卖家、天猫商家为主)
                                    │
                                    └─ 3.自建网站或分销平台 ──── 面向无数分销商 ──────────── 分销商直接面对消费者
                                                               (角色：淘宝、卖家、天猫商家、
                                                               拼多多卖家、微商、自媒体、
                                                               线下门店零售商等)
```

图 3-4

笔者这里讲的"分销"不是经济学中泛指的建立销售渠道，而是针对网店零售分销商而言，成为厂家、全国总代理或一级分销商的代理，直面消费者，通过网店零售商品。

在网络上，网店分销的整个过程全部通过"技术"实现，在电脑或智能手机上操作。网络分销还有一种说法，叫作"一件代发"。

一件代发如何操作

不用先进货，不用为商品拍照，供货商提供现成的商品数据包，自己发布至淘宝店铺销售，卖出去了，供货商为你发货。这种方式没有资金、库存压力，被广大兼职开店人士、有淘宝运营能力又不想自己投入太多资金的卖家们所喜爱。

其操作流程如下：

找到供货商达成合作→供货商提供商品数据包→自己整理数据包发布至网店内→买家在店内下单购买→自己去供货商处下单进货，填写买家收货地址和电话信息→供货商联系快递发货并提供快递单号→凭供货商提供的快递单号到自己店内为买家发货→买家收到商品后确认收货，完成交易→最后去供货商处确认收货，完成交易。

不同平台完成这个流程的具体步骤会有少许不同，图 3-5 是淘宝个人卖家从阿里巴巴的淘货源频道分销商品的流程图解，第一步成功创建淘宝个人店铺后，会有一个淘宝网的卖家账号，第二步在阿里巴巴的淘货源频道找到心仪的供货商和商品后，直接用第一步的卖家账号登录，单击"一件铺货"按钮可将商品上传至淘宝店铺，非常方便。

建议在阿里巴巴采购批发平台或天猫供销平台寻找供货商，整个流程由平台担保交易，不容易上当受骗。

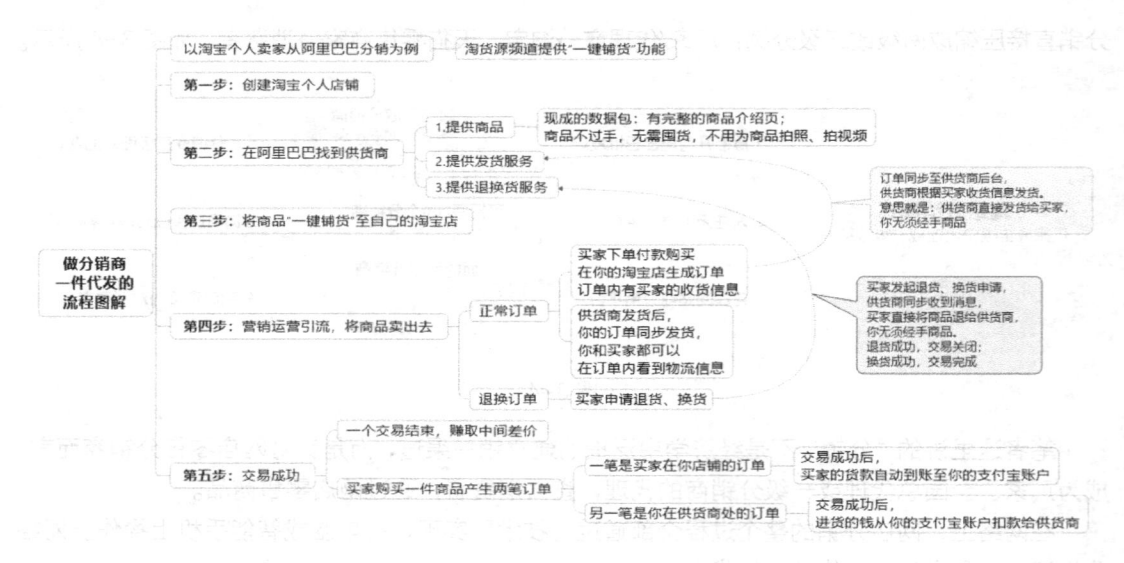

图 3-5

从整个流程可看出，分销的缺点是交易环节中自己对商品质量、供货商发货速度等关键环节把控性不强。如果商品质量不行、发货速度慢，后续退换货、中差评、动态评分过低等问题纷至沓来，所以花点心思选择可靠的供货商非常重要。

如何寻找可靠的一件代发供货商

可靠供货商的六个要素：

第一、供货商自己要懂"网店视觉语言"。

网上卖货就是"卖视觉"，这一点已经被无数商家印证。"网店视觉语言"体现在商品实拍图、商品详情描述页、店铺装修、店内运营策略、推广视觉等方面，如果供货商在这些方面非常专业，你跟着他们做，网店内功优化（店铺装修优化、商品详情优化、店内运营策略）这块不会太差，无须自己摸索，只需复制他们的成功经验即可。除非你自己有这方面的技术，否则在商品视觉呈现上不过关，你的网店将经营困难。

第二、供货商的运营重点包含一件代发且近期出货率还可以。

一件代发的本质前文讲了：供货商直接发货给买家，自己不经手商品和快递。如果你选择的供货商没有这块业务或者出货率较低，让供货商给你发散件，一方面，他们可能存在业务不熟的情况，致使你的发货速度没保障；另一方面，需要你自己承担的各种成本较高，比如出货量高的供货商，相比出货量低的供货商，其快递成本更低，给分销商的拿货价会更低；反之，出货量低的供货商，各项成本更高，实际上成本就会分摊给分销商。

第三、供货商的发货速度优于同行，与分销商之间的退货退款纠纷率低于同行。

尤其是不经手商品和发货的分销商，选供货商就是选坚实的后盾，如果发货速度慢，退货退款纠纷率高，势必导致买家将积怨全部发泄到你的网店，若各项数据指标越来越差，在推广运营环节你将步步落后，失去优势。

第四、供货商的实力。

懂运营的分销商+有实力的供货商=牢靠的合作伙伴。双方互利互惠，是一种合作共赢的关系。如果你有能力运营很多场大规模的销售活动，供货商能及时高效地辅助你出货，一切都能顺利进行。对有销售能力的运营人员来讲，最怕没货卖。

即使你当前不是特别擅长推广和销售，也应该思维先行，先想到这一层。

前不久，笔者的一个做分销的学员就遇到这种情况，已经成功报名一场20天后的活动，预计活动开始48小时能出货500件，因为报名前没与供货商沟通，成功报名后再去协商，被告知当前有货，但20天后无法保证，搞得这位学员非常被动。淘宝、天猫平台的任何营销活动都有提前量，这名学员一是吃亏在没提前与供货商沟通；二是没为活动准备Plan B（即B计划）。

第五、供货商的服务能力。

开网店的卖家圈流行一句话"买家虐我千百遍，我待买家如初恋"，换个角度讲，分销商与供货商之间除了合作关系，还有一层买卖关系，如果供货商耐心、细致、专业、及时地回应分销商的合理诉求，及时解决问题与纠纷，你在卖货的过程中会轻松很多。

第六、商品正规+质量保证。

被打上"奸商""唯利是图"等标签，只要是正常人，在道德层面会非常难受。

如果你把网店当作事业，建议在确定供货商前，有必要考察商品的质量，特别是有些商品，一旦出事，责任很大，有些人即便是连带责任也负不起。

重要总结：供货与分销，就像招聘与应聘，是双向选择，一旦遇上对的人，请珍惜。

寻找一件代发货源的注意事项：

买家最关心的问题是商品质量、售后保障、发货时间、发什么快递、退换货流程等。那么卖家就应该从买家关心的问题入手，寻找综合服务水平稳定的供货商。此外，卖家们也该关心供货商提供的数据包中商品图片描述的质量、每一个商品详情页引用的图片/短视频的版权、对代理商在开店问题上的支持、拿货流程、应急处理问题的流程等。

严格把控源头货源问题，后续网店的经营、推广、销售会省心不少。

第 4 章
开网店所需硬件设备

4.1 全职开店，电脑必不可少，如何选购

第 3 章介绍了网店可以卖的五种商品类型（实物类、旅游类、教育类、虚拟类、本地生活服务类）和六种卖货方式（零售、批发、渠道、分销、淘宝客、分享赚），不管以何种方式销售哪一类商品，将它们从商品形态转换成网页展示的图文、短视频、直播，有一些通用的软件、工具、App，卖家们只需在电脑或手机上安装使用即可。

对多数卖家来讲，电脑是必需品，如果能事先搞清楚开网店要用电脑做些什么，再根据需求去购买配置恰当的电脑，既不花冤枉钱，也能满足所需。

4.1.1 开网店要做哪些事

根据开网店流程，将卖家们要做的事情大致分为六个阶段，接下来逐一分析每个阶段要做哪些事，用到哪些工具软件：

第一阶段：确定卖什么、确定店铺类型、注册店铺。

确定卖什么，需要到各种网站查询商品信息、数据信息，比如前文推荐的阿里巴巴采购批发网、阿里指数、生意参谋等，建议在电脑上操作，很多网站没有手机版。

确定店铺类型，注册认证不同店铺类型（阿里巴巴店、淘宝店、天猫店、全球速卖通店、淘小铺店）所需材料不同，按要求准备即可。

注册店铺，除了淘小铺完全可以用手机完成开店，其他类型的店铺在开店认证和支付宝实名认证两个环节都要结合使用电脑、手机才能完成，建议电脑为主，手机为辅。

第二阶段：发布商品。

发布前准备：实物类、旅游类、虚拟类、本地生活服务类商品需提前拍摄图片、短视频，按网店发布商品的要求和有利于销售方向优化图片、剪辑短视频，提前制作好主图、分类图、详情描述图、主图视频；教育类商品需提前录制好课程，提前按发布教育类课程的要求制作好主图、详情描述图。所需工具和软件包含但不限于电脑、智能手机、照片拍摄设备、视频录制设备、图片处理软件（Photoshop）、视频剪辑软件（包括但不限于淘拍、Edius、After Effects、Premiere）、网课录制软件（Camtasia）等，这些软件很多都不支持手机版，需要在电脑上操作。

编辑发布：建议在电脑上打开浏览器，用开店的卖家账号登录卖家中心进行操作。淘宝、天猫、1688、全球速卖通的网店创立之初就是在电脑上操作的，卖家利用电脑管理店铺，买家利用电脑访问网店购买商品。后来有了智能手机，虽然买家可以用手机购物，但卖家的店铺管理平台依旧更侧重使用电脑操作，即便阿里巴巴开发了可以同时在手机端管理店铺的软件"千牛"，但如果卖家想发布具备竞争优势的商品详情页，建议还是使用电脑操作，目前手机端"千牛"发布的商品详情页均为简化版，无法体现竞争优势。

第三阶段：装修店铺。

网店装修的目的与实体店装修类似，都是为了营造舒服的购物氛围、快速建立信任，并然有序地摆放商品能促进销售，阿里巴巴旗下承载网店的系统称为"旺铺"，不管是淘宝版旺铺、天猫版旺铺、阿里巴巴版旺铺，还是全球速卖通版旺铺，其装修思路相似，用的软件也一样：图片处理用 Photoshop，页面排版用 Dreamweaver，视频剪辑用淘拍、Edius、After Effects 或 Premiere。

手机无法完成网店装修，只能在电脑上操作。

第四阶段：运营推广引流。

网店生意的好坏，主要取决于推广引流的力度和执行力。

通过促销活动引流，比如淘宝、天猫官方自营平台的活动天天特卖、淘金币、淘抢购、聚划算等，卖家先报名排期，审核通过后上线销售，特别是淘抢购和聚划算，能顺利报名的商品，日销千件是常态。

通过内容运营引流，淘宝、天猫内容生态（微淘图文、短视频、直播）的技术已经成熟，卖家只需熟练掌握这些工具的玩法便能为自己的网店引入大量买家。发布微淘图文内容涉及图片拍摄、图片排版处理，多使用 Photoshop 软件制作；发布短视频（主图视频、详情视频、店铺视频）涉及拍摄场景搭建、短视频拍摄、短视频剪辑，多使用淘拍、Edius、After Effects、Premiere 等软件制作；发布直播需在手机上安装"淘宝主播"App。在这些工具和软件中，除了可以用手机拍照、拍短视频、直播，图片处理、视频剪辑、直播回放切片等操作都需要使用电脑来完成。

通过技术用推广工具引流，需学会推广工具的使用，阿里巴巴系商家常用的推广工具包含淘宝客、直通车、智钻、超级推荐、品销宝、微博粉丝通等。阿里巴巴以外比较有影响力的推广工具比如腾讯广告、百度营销、今日头条的巨量引擎等。这些都需要使用电脑操作。

除了上述三种引流手段，还有很多方法，在笔者的另一本图书《人人都会网店运营：淘宝天猫网店运营一本通》中有深度讲解，全书从全新视角剖析当前电商运营的"道"与"术"，通过案例分析，盘点当下火热的网店运营技法，抽丝剥茧、探寻盈利网店背后的运作逻辑，通过实战案例帮你梳理运营玩法，进而大大提升网店出货率。直接从淘宝、天猫、京东等书店搜索书名即可。

第五阶段：销售发货。

商品的售中和售后会涉及沟通、交易、物流等问题，买家与卖家之间的沟通工具用"千牛"；卖家团队管理工具用"子账号"；卖家进行商品管理、交易订单管理、物流管理在"卖家中心"；库存管理用进销管理软件等。建议销量大的网店全程用电脑处理，具体操作细节请继续看本书"第二篇 内功修炼实战，卖家管理网店的标配技能"的内容。

第六阶段：售后维护。

买家与粉丝的售后维护尤为重要，如果只是拉新，而不考虑留存与回购，就会像一个漏斗，上进下出，在互联网用户增长缓慢的当下，流量获取成本居高不下，你不做，竞争对手在做，本是你"碗里的"也会被抢走！

推荐售后运营流程为：拉新（全网营销引流、吸引粉丝）→留存（用工具将粉丝"装"起来，围绕在商家身边，使其不取消关注，不脱粉）→回购（使粉丝活跃起来，不成为"僵尸粉"）→裂变（使粉丝行动起来，分享传播，创造更多价值）。

超值经验：

1．如果运营引流的主战场在淘系内，建议首选阿里巴巴系的粉丝运营工具：千牛旺旺、旺旺群、淘宝群、微淘、客户运营平台、钉钉、钉钉群。

2．如果运营引流的主战场在淘系外，建议使用微信的微信群、公众号、小程序，以及 QQ 的 QQ 群、QQ 空间、QQ 微博等。

3．如果引流战场在自媒体社交平台，这些平台本身自有账号体系，可直接用来管理粉丝，比如内容创作平台（大鱼号、企鹅号、百家号、头条号等）、短视频平台（微视、好看视频、抖音、火山、快手等）、直播平台（比较火的短视频平台如抖音、微视、火山、快手等都有直播功能，偏娱乐的直播平台，商品转化效果一般不太好）。

多数能与买家建立强联系的工具、软件、App 都有手机版。

小结：

通过以上对网店经营六个阶段的梳理，我们会发现，电脑对全职开店、将网店当作事业、网店规模比较大的卖家来讲，是非常重要且必需的设备。

如果你将开网店当作一份养家糊口或实现梦想的职业，建议一定要配置电脑。当然，不同网店有不同的运营引流策略，有些情况（下文会有介绍）也可以暂时不用配置电脑，等需要的时候再配置。

4.1.2　如何选购开网店的电脑

古语有云"工欲善其事，必先利其器"，一台好的电脑，不仅能让人在工作中心情愉悦，还能大大提升工作效率。

你在平时的工作中是否遇到了以下令人抓狂的问题呢？

开启一个软件耗时太久，等得心烦；

同时咨询的买家多，软件卡死、电脑宕机；

视频导入/导出、剪辑渲染时，电脑运行速度特别慢；

制作动画渲染时，电脑运行速度变慢；

处理很大的文件或同时运行多个软件时电脑卡顿或死机；

使用 Photoshop 滤镜效果时，处理时间太长；

好不容易到最后保存阶段，软件或系统崩溃，闪退且没保存；

导入/导出文件时，由于内存太小，电脑卡顿或死机；

其他由于电脑配置问题而导致的工作效率低下……

如果你的日常工作中涉及平面设计、网站建设编程开发、摄影后期图像处理、视频剪辑、声音处理、游戏动漫设计、家装/建模/工业设计、办公软件等，会用到的软件包括但不限于 Photoshop、Illustrator、C4D、CorelDRAW、Dreamweaver、Java、HTML、SQL、After Effects、Premiere、Final Cut Pro、DaVinci、Audition、Maya、AutoCAD、Excel、Word、PPT，这些软件对电脑的配置要求比较高。

多数网店卖家经常用到的软件包含用于图片处理的 Photoshop、用于页面排版的 Dreamweaver、用于视频剪辑的 After Effects 或 Premiere、用于办公的 Excel/Word/PPT、用于即时通信的 QQ/微信/钉钉/千牛、用于快递打单发货/进销存/财务的软件等；教育类卖家在这些软件基础上，还需安装视频录制软件、直播软件，特别是在线直播授课，电脑要同时运行多个大型软件，这种操作对电脑的硬件配置要求更高，建议网店卖家选购台式机、一体机或者笔记本电脑，不要选平板电脑。

虽然平板电脑可以上网、浏览网页、看视频、听音乐、登录微信和QQ、玩一些简单的游戏、编辑一些文档表格，但是类似程序编写、动画制作、软件开发、网课录制、视频剪辑制作、图片处理等专业人员使用的软件大多都不支持在平板电脑上安装使用，多数没有无线端的打印机/投影仪/扫描仪等设备不能在平板电脑上使用，大型的单机游戏和网络游戏也不能玩，并且绝大多数平板电脑的运行原理与手机类似，以App应用为主，就目前的技术而言，在广泛的工作领域，平板电脑还无法替代台式机、一体机、笔记本电脑。

任何一台个人电脑，皆由硬件系统和软件系统组成，接下来分别从这两个方面给大家一些选购建议。

第一、硬件系统。 硬件系统决定电脑的使用寿命、运行流畅程度，台式机、一体机、笔记本电脑三者的配件不同，选购时也有区别。

1. 台式机的选购建议：

台式机由主机、显示器、键盘、鼠标、耳机或音箱组成，最重要的部件是主机；而主机又由主板、CPU、内存条、显卡、硬盘、声卡、网卡、电源、风扇、机箱、光驱（可选）等组成。

主板是电脑最基本也是最重要的部件之一，担负保障系统稳定运行的重要责任，它的性能和稳定性影响着整个电脑系统的性能和稳定性。

CPU（Central Processing Unit，中央处理器）是整个电脑系统的核心，也是整个电脑系统的最高执行单位。

内存条是电脑中的主存储器，其性能好坏直接关系到电脑是否能正常稳定地运行。

显卡是主机与显示器之间进行通信的桥梁，其主要作用是将CPU送来的影像数据经过处理后再传送给显示器进行显示输出。

硬盘是电脑主要的存储媒介之一，不管是Windows还是macOS操作系统，都需安装到硬盘里才能正常使用。

声卡可以把来自话筒、收录音机、激光唱机等设备的语音、音乐等声音变成数字信号交给电脑处理，并以文件形式储存；也可以把数字信号还原成真实的声音并输出。目前，很多主流的主板上都带有集成声卡，能够满足日常使用要求，一般不需使用独立声卡。

网卡也叫网络适配器，是局域网中最基本的部件之一，是连接电脑与网络的硬件设备。通俗点说，你的电脑就靠它访问互联网。

电源主要用来为电脑的各部件供电，电源的功率大小、电压和电流的稳定性会直接影响电脑的工作性能和使用寿命。

风扇的主要作用是带动机箱内空气流动，将热气流排出，带入冷气流，从而达到降温效果。

机箱主要用来固定电脑的各部件，为它们提供一个良好的工作场所。一个好的机箱不仅具有合理的布局设计，还具有良好的散热功能。

光驱又叫光盘驱动器，主要用于读取光盘上的数据，现在基本上被淘汰了，主要用 U 盘。

建议优先选购组装机而非品牌机，理由有三：一是因为主机的核心硬件支持自由组装，能最大限度地提升电脑的操作性能；二是组装配件在售后维修方面的技术相对成熟；三是相同配置的组装机比品牌机便宜实惠。

如果当地有电脑城，你可以按下述配置建议去选购；也可以在天猫、京东等综合服务水平优于同行的品牌网店选购。

主机的核心硬件建议：英特尔酷睿十代或九代 i5 及以上 CPU、华硕/七彩虹或技嘉主板、金士顿 8GB 及以上内存条、三星或西部数据硬盘（混合硬盘以固态硬盘 SSD[存放操作系统]+机械硬盘[存放各种软件和数据]为佳，有视频需求的话，机械硬盘尽量选得大一些，比如 1TB 及以上）、七彩虹/英伟达/NVIDIA/AMD 或华硕显卡。

显示器建议：三星、AOC、飞利浦等品牌的 21 英寸及以上的显示器。

一整套（主机、显示器、键盘、鼠标、耳机或音箱）下来，预算在 5500 元~15000 元。当然，台式电脑的相关配件更新换代快，你可以根据自身经济条件增减，先简配，满足当前需求，过段时间再换更好的；也可以一次性配置得高点，保证两三年内使用不过时。

2．一体机的选购建议：

一体机是一种把微处理器、主板、硬盘、屏幕、喇叭、视讯镜头及显示器整合为一体的桌面型电脑，随着无线技术的发展，一体机的键盘、鼠标与显示器可实现无线连接，机器只有一根电源线。

建议首选品牌一体机而非组装机。核心硬件建议：英特尔十代(酷睿 i7/酷睿 i5)或九代(酷睿 i9/酷睿 i7/酷睿 i5)CPU、内存容量 16GB 及以上、屏幕尺寸 21.5 英寸及以上、混合硬盘（即固态硬盘 SSD[存放操作系统]+机械硬盘[存放各种软件和数据]）为佳，预算在 6000 元~15000 元。

3．笔记本电脑的选购建议：

笔记本电脑是将主机、显示器、键盘、鼠标、耳机或音箱的功能融为一体，又被称为"手提电脑、掌上电脑或膝上型电脑"，其最大的特点就是机身小巧，携带方便。

目前，在全球市场上有多种品牌的笔记本电脑，排名前列的有联想、小米、华硕、戴尔(DELL)、惠普(HP)、苹果(Apple)、宏碁(Acer)、索尼、东芝、三星等，建议首选全新的品牌机而非二手机或组装机，售后更有保障。

选购时建议对比 CPU、处理器主频、内存容量、显卡、屏幕尺寸、硬盘容量等核心参数，预算在 6000 元~18000 元。

第二、软件系统。 电脑的软件系统分为操作系统和基于操作系统的软件。

电脑操作系统主要分为微软公司研发的 Windows 系统和苹果公司研发的 macOS 系统。如果购买苹果公司的一体机或笔记本，自然是 macOS 系统；非苹果公司的其他品牌电脑，基本都使用 Windows 系统，建议安装 Windows 10 及以上版本。

基于操作系统的程序软件就非常多了，需要什么，就安装什么，比如网店卖家经常用到的图片处理软件 Photoshop、页面排版软件 Dreamweaver、视频剪辑软件 After Effects 或 Premiere、办公软件 Excel/Word/PPT、即时通信软件 QQ/微信/钉钉/千牛，等等。

重点强调： 很多软件是基于 Windows 操作系统开发的，对苹果电脑的 macOS 系统无法兼容，换句话说，有些软件只能在装有 Windows 系统的电脑上安装使用，因此购买电脑前切记问清楚这一点。

4.2 无线时代，智能手机也不能少，如何选购

智能手机也有操作系统

智能手机，是指像个人电脑一样，具有独立的操作系统、独立的运行空间，可以由用户自行安装软件、游戏等第三方服务商提供的应用程序，并可以通过移动通信网络实现无线网络接入的手机类型的总称。

目前，市面上大多数智能手机的操作系统分为 Google 公司研发的 Android 系统和苹果公司研发的 iOS 系统。

苹果公司自己生产硬件、开发软件，如果你的电脑和手机品牌都是苹果，你会发现在电脑的 macOS 系统与手机的 iOS 系统之间，有很多共通之处，一些苹果公司开发的软件，比如 iMovie 剪辑（视频剪辑）、库乐队（音乐编辑）、Pages 文稿/Keynote 演讲/Numbers 表格（办公）等，它们在苹果品牌的不同终端（手机、笔记本电脑、平板电脑、一体机等）的用法一样。

而 Windows 系统的电脑与 Android 系统的手机之间的差异性很大，你经常会看到同一个软件一般都会分电脑 Windows 版/mac OS 版、手机 iOS 版/Android 版，其根本原因就在于系统差异导致的软件兼容问题。

哪些人开店必须用到手机

开网店的角色、分工不同，要做的具体事情也不同，除了淘小铺这种"分享赚"开店模式必须用手机，有些岗位的人员也可以不用手机。

随着技术和网店运营玩法的更新迭代，网店卖家的团队人员配置急需注入新鲜血液，如图 4-1 中标注"（新）"的岗位，建议有条件的卖家按需配置专人负责。

如果你的网站只由一人管理，除了淘小铺这种通过"分享赚"的开店模式，建议至少配置一台电脑加一部手机。

如果你的网店有一个团队，人员配置可能比图 4-1 中的全面，也可能更精简，无论如何，建议销售部、客户管理部的人员必须配置手机。

售前、售中、售后的客服人员可以在电脑和手机上同时安装"千牛"，当不在电脑旁边时，也可以用手机回复买家消息。

大多数网店都将手机作为直播的设备，如果你的店铺要开直播，那么主播一定要用手机。老顾客维护和粉丝运营的主战场一般都在手机端，因此专门负责客户管理的人员必需配置手机。

也就是说，不管你开淘宝店、天猫店、阿里巴巴店、全球速卖通店，还是京东店、拼多多店，只要是负责销售或顾客维护，建议都配置手机。而行政、产品、运营、创作等部门的人员，电脑是必需设备。

图 4-1

如何选购智能手机

建议根据使用需求选购手机，在阿里巴巴体系内开网店，推荐安装的手机 App 如图 4-2 所示，这些 App 对手机内存、性能要求较高。除了图中罗列的这些，你平时可能还要用手机看电视剧、玩游戏、学习，又会涉及安装更多的 App。因此，如果一部智能手机需兼顾工作、娱乐、学习、拍照、拍短视频、直播、录歌等需求，建议这部手机的 CPU 越强越好（直播更流畅）、前置和后置摄像头拍照越清晰越智能越好（相机最好具备"专业"拍摄模式）、录制视频/短视频/慢动作越流畅越清晰越好（最好能录制 4K 及以上级别）、运行内存（比如 8GB/16GB）和设备内存（比如 128GB/256GB/512GB）越大越好，推荐华为、小米、苹果的高端机，从其官网选购即可。

条件允许且追求高端机型的话，直接选用苹果的最新款手机；追求性价比的话，推荐小米手机，旗舰机型都可以。华为一直走在 5G 技术前列，其新款的 5G 旗舰型手机是不错的选择。

重要提醒：有 5G 技术加持，短视频、直播一定是未来几年的风口，也是网店商家必争的流量高地，因此选购 5G 手机是明智决定。

数码产品更新换代非常快，不管如何变，认清楚你自己的需求，再按需选购，就错不了。

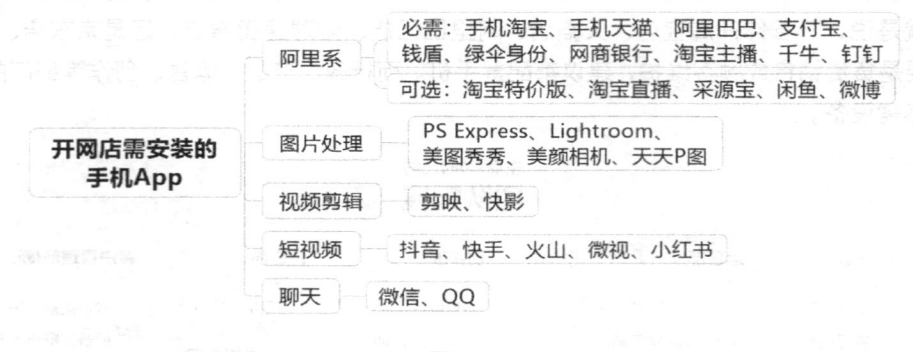

开网店需安装的手机App：
- 阿里系
  - 必需：手机淘宝、手机天猫、阿里巴巴、支付宝、钱盾、绿伞身份、网商银行、淘宝主播、千牛、钉钉
  - 可选：淘宝特价版、淘宝直播、采源宝、闲鱼、微博
- 图片处理：PS Express、Lightroom、美图秀秀、美颜相机、天天P图
- 视频剪辑：剪映、快影
- 短视频：抖音、快手、火山、微视、小红书
- 聊天：微信、QQ

图 4-2

4.3 下单量暴增，辅助设备、器材清单在此

"爆单"有多可怕

爆单是指买家的下单量同比昨天或者正常时段的下单量暴增。

下单量暴增是什么概念呢？

天猫 2019"双 11"交易峰值创下新的世界纪录，达到 54.4 万笔/秒，是 2009 年第一次"双 11"的 1360 倍！作为交易的基础，支付宝分布式数据库 OceanBase 在 2019"双 11"期间处理峰值达 6100 万次/秒，刷新以往同期数据库处理峰值。

交易峰值是指某一个时间点，有大量来自不同地域的买家，同时创建订单购买相同或不同的商品。2020 年第一季度期间，但凡在聚划算上架正规医用口罩类商品，少的 2000 件，多的超过上万件，几乎都是 10~30 秒被买家抢光。如果你以买家身份去参与抢购，一定能切身体会到这种"疯狂"。如果你是卖家，亲身经历过这类活动，你会庆幸因为在活动前做了充分准备而避免了活动"爆单"带来的各种慌乱。

说这些，是希望你思考以下两个问题：

第一，你入驻的网店平台的数据抗压能力是否强劲？交易峰值期间服务器会不会崩溃？

第二，你自己的硬件设备是否经得起短时间内大量订单消息和买家咨询消息的冲击？

为了帮助你想明白这两个问题，我们简单模拟一个买家 A 在淘宝抢购口罩的路径并分析淘宝平台、买家、卖家三者应该如何应对才能尽可能高效地完成交易。

假定：卖家 A 在早上 10 点定时上架 8000 件医用口罩，供全国的买家抢购，每个买家限购 1 件。

数据预估：保守估计可能超过 160 万人抢购，即每 200 人仅 1 人能顺利买到。京东的医用口罩采取"先定时预约再定时抢购"模式，最高峰值是 280 万人预约抢购 1 万件口罩，相当于每 280 人只有 1 人能成功买到，每个场次基本上 10 秒内买光。天猫聚划算的抢购人数通常比京东的多。

场景 1：使用电脑

买家 A 打开一台联网的电脑 → 用浏览器打开淘宝网 → 打开卖家 A 的口罩详情页 → 单击"立即购买"按钮，创建订单并付款。

淘宝平台：保障交易峰值期间（特别是早上 10 点）所有人（预估 160 人）能正常访问卖家 A 的口罩详情页并且能顺利创建订单付款。这对淘宝平台来说，很轻松。

买家 A：解决 3 个问题才能顺利从众多买家中买到口罩：1.电脑的上网速度足够快；2.电脑性能足够好；3.提前几分钟打开卖家 A 的口罩详情页，时间一到马上抢购，争分夺秒。有经验的买家会在抢购开始前，将购买疑问全部解决，即提前决定是否抢购，提前咨询卖家答疑。

卖家 A：提前备货，保证抢购成功的买家在约定时间内收到商品，提前设置定时上架，提前设置客服子账号分流，提前设置好客服接待话术，提前优化或改进客服使用的电脑，抢购开始前接待远远超出平常同期的买家咨询量。

场景 2：使用手机

买家 A 打开一台连接 Wi-Fi 或 4G/5G 网络的智能手机 → 打开"手机淘宝"App → 打开卖家 A 的口罩详情页 → 点击"立即购买"按钮，创建订单并付款。

淘宝平台：同上。

买家 A：解决 4 个问题才能顺利从众多买家中买到口罩：1. 提前决定是否抢购，提前咨询卖家解决购买疑惑；2. 手机的上网速度足够快；3. 手机性能足够好；4. 提前几分钟打开卖家 A 的口罩详情页，时间一到立即抢购。

卖家A：同上。

综上所述，对平台而言，技术实力不容小觑，技术实力是买卖双方能快速、安全、顺利交易的坚实基础。如果买家的设备不差，却在访问商品详情页时频繁出现"页面加载慢、加载失败""访问人数太多请稍后再试"等提示，说明平台方在数据处理能力方面有待提升。如果你是卖家，在活动期间遇到此类问题，建议考虑更换平台，毕竟卖家的生意不是止于此次活动买家完成付款，活动后你还要发货、继续经营，一次或多次因平台问题导致失败的活动，会流失大量买家且失去买家信任，进而造成网店的长期经营困境。

对买家而言，想买到紧缺商品，一定要赢在起跑线，网速不行、手机卡顿，即使第一时间打开商品详情页，也难买到。

对卖家而言，你自己的网速够快、电脑配置够高、活动前准备足够充分（包含但不限于活动商品正确设置、客服子账号分流、千牛接待话术设置、店小蜜自动回复设置），大量买家同时咨询时你的电脑才不容易死机，接待软件千牛不容易卡顿/重启，买家购物体验才会越好，对你网店后期的持续经营越有利。

工欲善其事，必先利其器

开网店，电脑和手机是必需品，除了电脑、手机，还需要哪些辅助设备、器材、道具呢？按用途分，有以下三类：

第一类：为商品拍照、拍视频的摄影器材，清单如下：

摄影器材的范围很广，除了你熟知的手机、照相机，还包含摄像机、运动相机、摄像无人机、变焦镜头、定焦镜头、闪光灯、各种用途的滤镜、相机包、照相机脚架、影室闪光灯、柔光箱、各种灯架、反光板、反光伞、外拍灯、摄像灯、石英灯、镜头盖、遮光罩、三脚架、独脚架、相机清洁用具、快门线、上述器材的附件等。

小贴士

如果你做一件代发的分销，无须考虑拍照环节，这些复杂的设备器材也无须深入了解，知道有这么回事即可。

如果你销售实物商品，并将拍摄环节外包给专业的摄影团队，简单了解这些器材即可。

如果你卖实物且自己进货，需要为商品拍照、拍视频。有些卖家条件有限，不想投入过多资金在设备上，也不想花钱找人拍，只想一切从简，自己动手解决问题，那么从以下两方面着手，用手机也能拍出理想效果：

1. 准备核心拍摄器材：一部智能手机。如果你一个人开店，你的智能手机需兼顾工作、娱乐、学习、拍照、拍短视频、直播、录歌等需求，建议预算定得高一点，一步到位，毕竟接下来靠它赚钱，选购建议参考"4.2 无线时代，智能手机也不能少，如何选购"。

2. 搭建拍摄场景。拍摄场景是指拍摄照片或视频的环境，分为室内大/小型摄影棚、室内/外实景。摄影棚有大、有小、有豪华、有简易，如图4-3所示。小型摄影棚完全可以自己搭建，准备一处合适的场地、一组灯光、一些背景道具即可。一般一个简易拍摄场景包含场地、支架、背景布、灯光，除了场地，其他器材和辅助设备都可以在淘宝上买到。

室内/外实景是指借用现成场地作为拍摄环境，如家里客厅、办公室、商场、大街、海边、游泳池等。

图4-3

第二类：搭建直播间，清单如下：

一个人做直播，比如常见、简单的带货直播，所需设备为手机、手机支架、补光灯，如图4-4所示。当一切从简的时候，手机和补光灯是关键。就像前文说的，好一点的手机既省事又高效；直播时，光线的重要性仅次于手机，光线好，直播时人像美颜效果好，建议有条件的话，补光灯需要多备几个。

网上可以买到各式各样的手机支架、直播支架、直播补光灯、手机补光灯，价格不贵，按需选择即可。

团队做直播，或者你想为粉丝带来更高清、更舒服的观看体验，除了手机、补光灯、支架，建议新增以下设备：

手机充电宝、高清摄像头（带美颜功能为佳）、电容麦克风+声卡、多功能支架、灯光组合（比如柔光灯、美颜灯、无影灯、反光板等）、电脑、视频直播编码器、直播间背景布、专用网络等。

这些设备在网上都能买到，价格有高有低，选购时多对比，不用不一味选贵的，选择适合自己的就好。

图4-4

此外，直播间背景布置、直播间灯光布置、直播间装修等，也是主播们要关心和考虑的问题，如果不知道如何下手，推荐两种解决方法：一、多去淘宝直播看其他主播的直播间是怎么布置的，同行、跨行的都可以看，然后取长补短；二、启动浏览器，打开百度图片网站，在搜索框中输入关键词，比如"直播间背景布置"，在搜索结果中有很多效果图，借鉴参考即可。

做直播的设备、耗材、道具等，在淘宝、天猫、阿里巴巴批发网上都能找到。

除了手机直播，还可以用摄像机直播。与手机直播相比，专业摄像机直播的画质清晰流畅，抖动少，拍摄稳定，多用于商务直播、婚礼直播、会议直播、活动直播、在线教学直播等电视媒体需要进行的网络直播。由于摄像机直播成本更高，如果你的直播事业已经达到一定高度，可以升级直播设备。

第三类：办公耗材、快递打包耗材，清单如下：

办公耗材是指日常办公时使用的消耗性产品，电脑对应的耗材有鼠标、键盘；打印机/复印机/传真机等对应的耗材有硒鼓、粉仓、墨盒、色带框与色带、碳带、纸张、热敏纸等。

快递打包耗材是指发货时对商品采用的包装消耗性产品，如包装盒、包装袋、飞机盒、纸箱、礼品袋、充气袋、包装泡沫垫等。

小结：

开网店，有共性，也有个性，店铺类型不同、销售的具体商品不同、运营方法不同、资金实力不同、销售规模不同，所需的设备、耗材都会有所不同。适合自己的才是最好的，请按需选用。

第二篇

内功修炼实战：卖家管理网店的标配技能

标配是指基本的装备，符合最低标准，也指标准的配备。买了智能手机，要上网，Wi-Fi 或 4G/5G 流量是标配；开汽车上路，驾驶证和行驶证是标配……

在淘宝开了网店，商品管理、交易管理、物流管理是标配知识储备，"千牛"是标配沟通工具，团队运营的店铺权限管理标配工具是"子账号"。开网店是一个不断遇到问题并不断解决问题的过程，那么解决问题的能力也是一项标配技能……

万丈高楼平地起，将商品卖出之前，必须把基础知识学扎实。本篇包含"第 5 章 开店必备沟通工具'千牛'使用详解""第 6 章 团队运营的店铺必备工具'子账号'使用详解""第 7 章 商品管理、交易管理、物流管理""第 8 章 快速提升解决问题能力的技巧"共四章内容，全部学会并熟练掌握后，能为你接下来做网店运营增加更多"底气"。

第 5 章
开店必备沟通工具"千牛"使用详解

5.1 什么是"千牛"

在淘宝上买卖商品，沟通必备专用工具是阿里旺旺。它与微信、QQ 类似，属于即时聊天工具。较早以前，阿里旺旺分为买家版、卖家版，随着技术的发展，原本基于电脑操作且仅有单一聊天功能的阿里旺旺已无法满足卖家随时随地管理网店的需求，鉴于此，阿里旺旺卖家版在 2014 年 1 月后正式升级为千牛。

千牛是阿里巴巴官方出品的卖家一站式工作台，分为 PC 和手机两个版本，其核心作用是为卖家整合店铺管理工具、经营资讯消息和商业伙伴关系，借此提升卖家的经营效率，促进彼此间的合作共赢，让卖家可以更加便捷和高效地管理店铺。简单理解就是，千牛除了拥有原阿里旺旺卖家版的功能，还增加了其他管理店铺的功能。目前最新版本为：阿里旺旺买家版（买家专用）、千牛（卖家专用）。

淘宝官方出品的软件要从淘宝官网下载，切记不要从一些未经认证的途径下载，当心被植入电脑病毒，窃取你的个人隐私信息，造成财产损失。

启动浏览器，打开千牛官网，如图 5-1 所示。如果是卖家，就单击"我是卖家"按钮。在电脑上使用，就下载 PC 版；在手机/平板电脑上使用，就下载手机版。淘宝网的卖家会员既能卖东西，也能买东西，只下载千牛也能实现购物。如果只在淘宝上买东西，不开店，单击"我是买家"按钮，下载阿里旺旺买家版即可。当然，使用买家会员账号也可以登录千牛，但与卖家相关的功能会被隐藏。

第 5 章 开店必备沟通工具"千牛"使用详解　73

本书会重点讲解卖家版千牛的使用方法，请你自行了解阿里旺旺买家版。

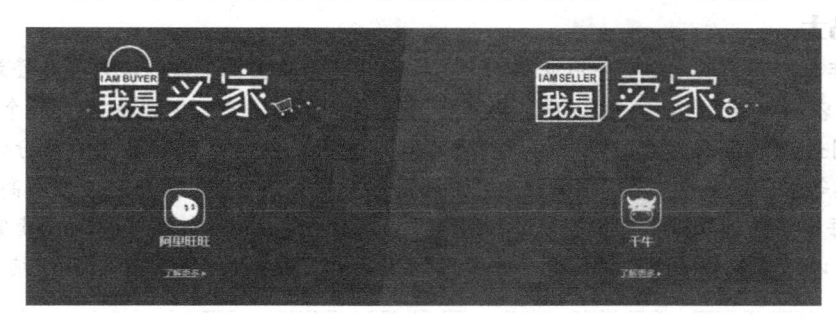

图 5-1

　　成功下载和安装千牛后，电脑的桌面会新增一个名为"千牛工作台"的快捷图标，双击该快捷图标，软件启动界面如图 5-2 所示。默认使用淘宝会员账号登录，输入你之前在淘宝网注册并完成开店实名认证的卖家会员账号和密码即可。也就是说，用浏览器登录卖家中心和登录千牛的是同一个卖家账号。

　　如果你开的是阿里巴巴店，在登录千牛时，请单击图 5-2 中标示❶处的箭头，切换为"1688"，账号和密码是你在阿里巴巴采购批发网上开店认证的会员账号和密码。单击图中❷处的二维码，可以用手机版千牛扫码后登录。

图 5-2

> **小贴士**
> 1. 非自己常用的电脑、公用电脑或者无法确认是否安全的电脑，请勿勾选登录界面中的"记住密码"和"自动登录"。很多卖家会开通"子账号"，开通后店铺会有一个主账号，安全级别最高，登录后卖家中心的所有内容皆可查看，包括支付宝绑定的身份信息、银行卡信息等，一旦账号被盗，损失巨大，特别是每天销售额很大、交易资金流水高的卖家。
> 2. 每个正常的店铺都可以开通"子账号"，为不同岗位的员工授予不同的卖家中心访问权限，以保障店铺安全，关于"子账号"的用法，下文第6章会细讲，请继续往后看。

除了上文提及的手机版千牛的下载方法，还可以在手机/平板电脑的"应用商店"中搜索"千牛"下载并安装。当然，这里一定要使用智能手机，比较早的手机（类似小灵通之类的）或者老人机是没办法安装的。

登录手机版千牛依旧用与 PC 版一样的淘宝卖家会员账号和密码。

5.2 PC版"千牛"使用详解

PC 版"千牛"比早期阿里旺旺卖家版的功能更多，熟练掌握其两个工作界面（千牛工作台、阿里旺旺客服工作台）、一个快捷菜单"悬浮条"和一个"系统设置"界面的用法，有助于提升你与买家的沟通效率。

千牛会不定期更新升级，只要不涉及彻底更新换代，每一次小的更新升级变化较小，因此你只要学会了一个版本的用法，今后更新升级的版本也能顺利使用。接下来详细介绍 PC 版"千牛 7.21.00N（05586）"的用法（笔者写作时更新到此版本）。

5.2.1 千牛工作台使用详解

双击电脑桌面上的"千牛工作台"快捷图标，打开登录界面，输入卖家账号和密码，成功登录后默认同时显示千牛工作台和悬浮条，如图 5-3 所示。请注意，千牛工作台和悬浮条是两个独立的界面，笔者截图时为了排版考虑才将二者叠在一起。

❶千牛工作台：相较升级前的版本，本书讲解的版本最大的一个变化就是其功能更接近浏览器，如果你在登录 PC 版千牛以前，已经使用浏览器登录过卖家中心，现在再看到千牛工作台

的操作界面会非常熟悉。千牛这款软件的研发团队希望尽量缩短卖家学习使用软件的时间，新版千牛工作台完全为卖家打造，汇聚了网店管理的大多数功能入口。

作业：打开电脑，登录你的卖家账号，把每一个入口都打开看看，这个操作有助你快速掌握千牛工作台的各种入口和功能。图5-3右上角画框处是常用功能入口，将鼠标光标移动至图标上会弹出功能名称，请牢记接待中心（即客服工作台）的入口。

❷悬浮条：从左往右依次是阿里旺旺的状态（默认"在线"，单击头像右下角的小圆，在展开菜单中勾选相应图标，可将状态切换成"忙碌""离开""隐身"）、接待中心（单击可打开客服工作台）、消息中心（单击可打开系统推送的订阅消息）、工作台（单击可打开千牛工作台）、搜索（单击可显示搜索框）。

如果不想显示悬浮条，可以在悬浮条上方任意位置单击鼠标右键，在弹出的菜单中勾选"隐藏悬浮条"。或者将鼠标光标移至悬浮条的名称（比如图5-3中的杰灵精品）处，再长按鼠标左键将其拖动至电脑桌面的左、上、右任意一边，松开鼠标左键，悬浮条将贴边隐藏；再次将鼠标光标移至此处，悬浮条显示。

温馨提示：一台电脑上可以登录多个千牛账号，只需多次双击电脑桌面的"千牛工作台"快捷图标，用不同的卖家账号或者子账号登录即可。

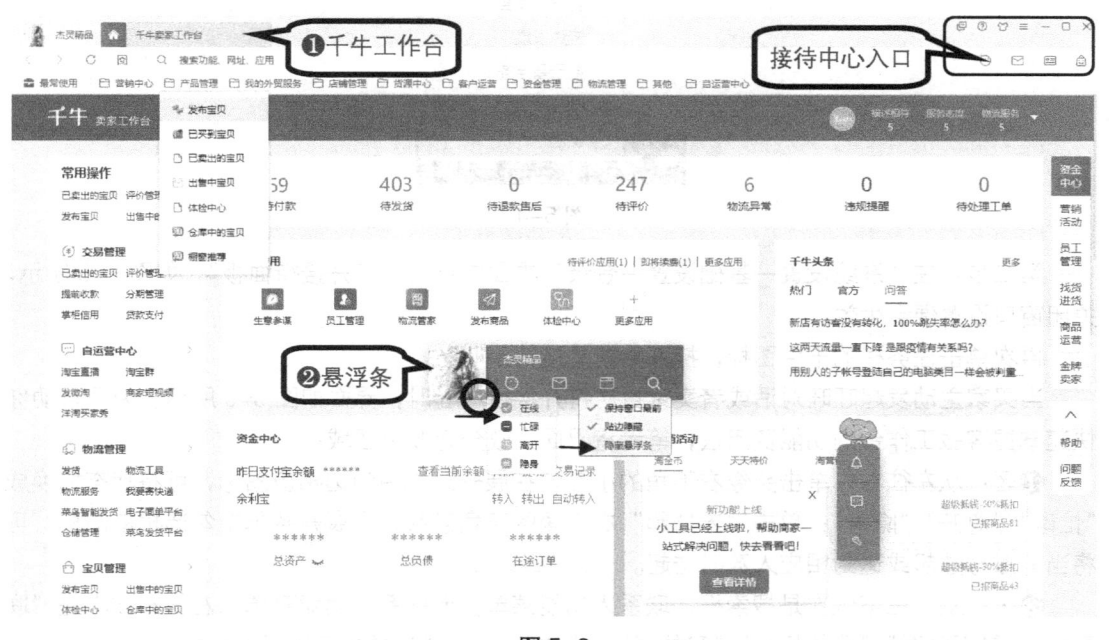

图5-3

5.2.2 千牛接待中心使用详解

千牛工作台的主要作用是供卖家管理网店后台，悬浮条的主要作用是方便卖家快速打开工作台、接待中心等常用窗口，而千牛接待中心的主要作用则是供买卖双方、卖家团队之间沟通联系。

打开"接待中心"界面有三种方法：第一、在千牛悬浮条中单击"接待中心"图标；第二、在千牛工作台右上角单击"接待中心"图标；第三、单击电脑桌面右下角任务栏中的千牛图标。

使用第三种方法要先简单设置一下，否则默认单击打开的是千牛工作台，设置步骤如下：

第一步：右击任务栏中的千牛图标，展开菜单如图 5-4 所示，然后单击"系统设置"。当然也可以在此处切换阿里旺旺状态、打开千牛工作台、显示悬浮条、注销或退出软件。

图 5-4

第二步：在"系统设置—基础设置—登录"界面中单击"打开接待面板"，如图 5-5 所示，关闭窗口设置便会生效。

再次单击任务栏的千牛图标，打开的就是接待中心了。

当买家主动发起旺旺对话或者卖家自己打开接待中心时，界面如图 5-6 所示。为了帮助你快速掌握客服工作台的功能及用法，笔者将界面大致分为 5 个区域：

❶区：从左往右，单击头像右下角的小圆，在展开菜单中勾选相应图标，可将状态切换成"忙碌""离开""隐身"；单击"未挂起"右下角的三角箭头，在展开菜单中勾选相应图标，可将当前账号挂起或达到相应人数时挂起。

❷区：从上往下依次是搜索框、联系人功能菜单。而联系人功能菜单从左往右依次是"联系中""最近联系""我的好友""我的群""我的团队"，通过单击可以相互切换。

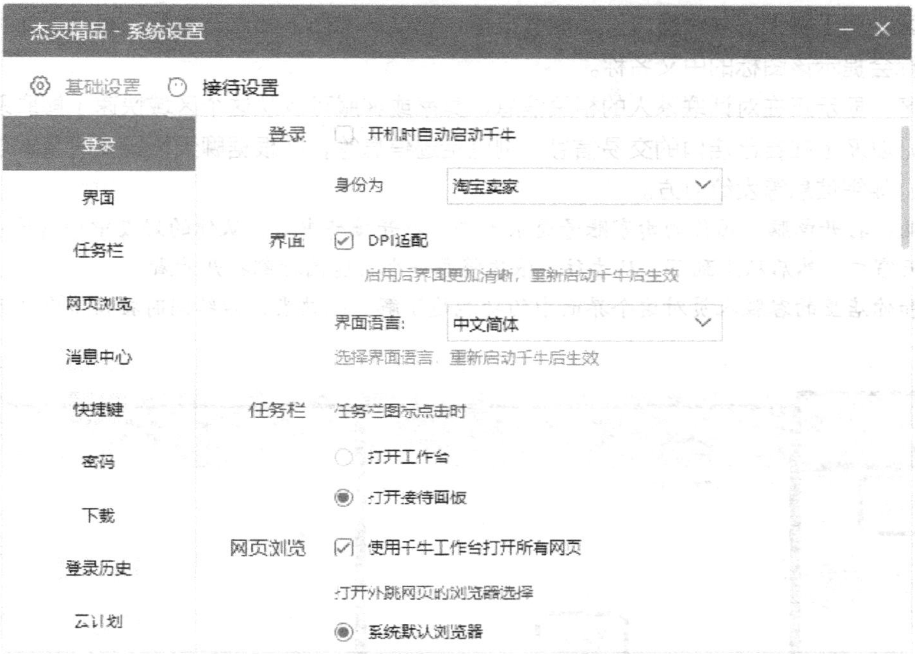

图 5-5

"联系中"显示正在对话的淘宝会员列表。

"最近联系"包含"最近星标""咨询未下单""咨询未付款""最近联系""最近联系群"五个分组，方便快速统计查找接待信息。

"我的好友"默认包含"未分组好友""陌生人""黑名单"三个分组，在分组名称上右击，激活右键菜单，可以进行添加组、添加子组、重命名组、删除组、向组员群发消息等操作，建议将与你对话过的淘宝会员都添加好友并分组，有利于后期做店铺营销。如果是发广告的"小号"，直接拉进黑名单，将不再收到对方的骚扰消息。

"我的群"分为"我管理的群""我加入的群"两个组，千牛是融合了阿里旺旺的聊天功能，它与微信、QQ 类似，也可以创建群、加入群。

"我的团队"是指在自己店铺内创建的子账号团队，如果没有创建，这里不显示。关于子账号的创建及应用继续往后看第 6 章。

❸区：从左往右依次是"更多""交易管理""出售中的宝贝""我的店铺""卖家中心""工作台"。单击"更多"图标，在展开菜单中有"系统设置"入口，单击其他几个图标会在新窗口中打开对应界面。

❹区：用于聊天的对话窗口，功能有很多，建议从上往下都点开看看，将鼠标光标移动至对应图标会提示该图标的中文名称。

❺区：显示正在对话联系人的相关信息，卖家或客服可以从这个区域快速了解联系人的基本信息，以及他在自己店内的交易信息、浏览足迹信息等，并根据聊天情况及时将本店相关商品链接、促销信息等发给对方。

作业：打开电脑，用你的卖家账号登录千牛，打开接待中心，从你的好友中任意选中一个，激活聊天窗口，然后从上到下、从左往右依次将每一个功能图标都打开看看。

你和你店里的客服人员对这个界面中的功能越了解、越熟悉，后续同时接待多个买家的效率会更高。

图 5-6

5.2.3 千牛系统设置使用详解

千牛系统设置可以帮助你更顺畅、更随心地使用软件，打开方法有三种：一、右击电脑桌面右下角任务栏中的千牛图标，在展开菜单中单击"系统设置"；二、在接待中心（即阿里旺旺客服工作台）聊天窗口左下角单击"更多"图标，在展开菜单中单击"系统设置"；三、单击千牛工作台右上角的"三"设置按钮，在展开菜单中单击"系统设置"。

第 5 章 开店必备沟通工具"千牛"使用详解　　79

在千牛软件的使用过程中经常会遇到以下三类问题：

问题一：我在认真工作时，不想被信息的"叮咚"声打扰；咨询商品的人太多，"叮咚"声不断，导致电脑系统卡顿，怎么办？

原因分析：千牛默认设置收到即时消息、联系人上线/下线等都会有声音、弹窗、闪动提醒，只需关闭即可。

解决方法：打开"系统设置"，依次单击"接待设置—声音—设置提示音"，弹出"声音"设置菜单，如图 5-7 所示，将不需要提醒的声音类型取消勾选，关闭窗口后设置生效。

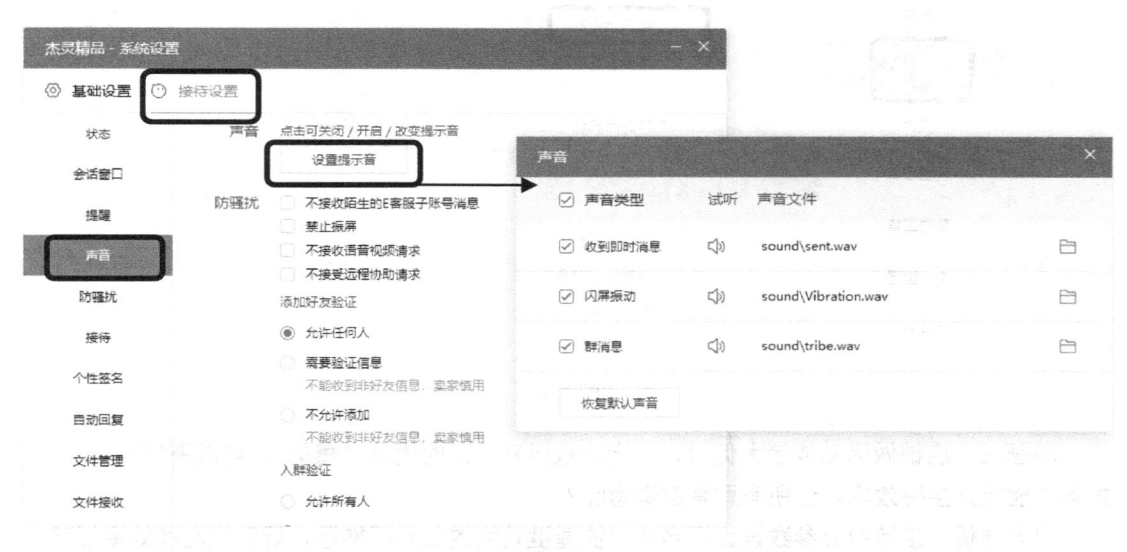

图 5-7

问题二：为什么我的千牛天天在线，店内访客、流量数据都不错，就是没人使用旺旺咨询问题呢？

原因分析：选择了错误的好友验证方式。

解决方法：打开"系统设置"，依次单击"接待设置—防骚扰"，继续选中"添加好友验证"的第一种方式"允许任何人"，如图 5-8 所示，关闭窗口后设置生效。

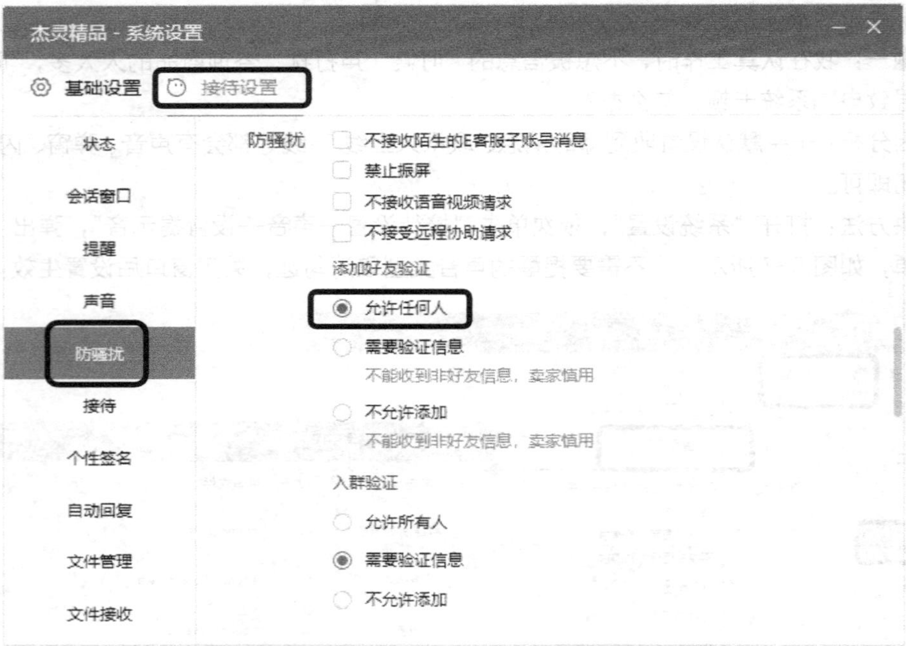

图 5-8

问题三：店铺做活动或者大促时，咨询人数飙升，即时消息"爆屏"，电脑系统快崩溃了，如何才能提升接待效率，让所有顾客都满意呢？

原因分析：接待中心参数设置不当或对快捷键功能的使用不熟悉，导致慌乱和效率低下。

解决方法：打开"系统设置"，单击"接待设置—接待"，建议参照图 5-9，将"接待"右侧的四项参数全部勾选。

在大促期间，咨询买家数会高于平常，建议设置成顾客 5 分钟后未回复自动关闭接待会话窗口；按接待能力设置自动挂起人数，比如当接待人数达到 50 人时自动挂起，第 51 人开始有咨询时自动转接至店内其他在线客服。当然，开通了子账号的店铺建议勾选，没开通的就不要勾选了。

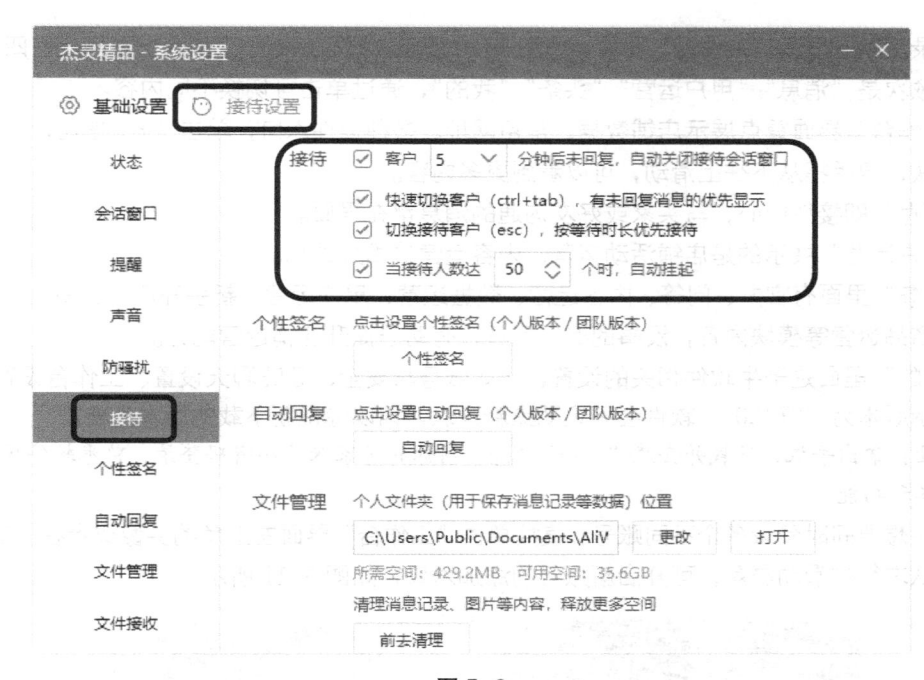

图 5-9

小结：

1．只要熟练掌握 PC 版千牛的两个工作界面（千牛工作台、接待中心）、一个快捷菜单"悬浮条"和一个"系统设置"界面的相互切换，以及它们各自的功能，便能随心、灵活地使用这个软件。请看完本节内容后，打开电脑，用你的卖家账号和密码登录，多操作练习，加深印象。

2．千牛是阿里巴巴系（淘宝、天猫、1688、全球速卖通）卖家最重要的与买家沟通的工具，建议同时安装 PC 版和手机版，特别是无法守在电脑边的时候，使用手机版千牛接收和回复买家消息，必要且重要。

5.3 手机版"千牛"使用详解

在智能手机、平板电脑上使用的千牛统称为手机版千牛。

只要你学会了 PC 版千牛的使用方法，在使用手机版千牛时，一定会无师自通。在手机上成功安装"千牛"App 后，单击千牛图标，打开登录界面，用你的卖家账号和密码登录。

登录后默认显示"工作台"界面，如图 5-10 所示，界面底部"工作台"右侧还有四个功能菜单，依次是"消息""用户运营""头条""我的"，通过单击可切换不同内容。

"工作台"界面重点展示店铺数据、常用网址、各种插件入口，单击"+"按钮，可以添加更多模块，用手指从下往上滑动，可以看到更多内容。

"消息"即接待中心，与买家或好友沟通的消息都在里面。

"用户运营"展示的是店铺活动运营、内容运营的相关数据。

"头条"里面有官方、问答、内容运营、数据运营、用户运营、新手开店、交易处理、流量运营、商品运营等模块内容，没事的时候看看，有助于提升店铺运营能力。

"我的"里面是千牛软件相关的设置，比如账号与安全、旺旺聊天设置、工作台设置等。当前演示版本为"V7.8.0"，软件会不定期更新升级，请以你最新下载的版本为准。

作业：拿出手机，下载并安装"千牛"App，用你的卖家账号和密码登录，熟悉软件操作界面并熟记各种功能。

如果想要同时登录多个不同账号，直接单击"工作台"界面左上角的头像或者在"工作台"界面上从左往右滑动屏幕，可开启新账号的添加入口，如图 5-11 所示。

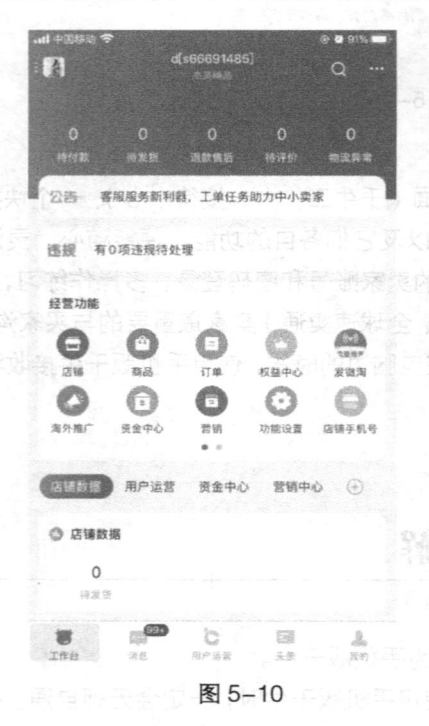

图 5-10   图 5-11

5.4 网店客服必须熟练掌握"千牛"的6个技巧

学会 PC 版和手机版千牛的使用方法仅是第一步,对网店客服人员而言,利用这个软件高效接待买家、提升买家满意度、提升询单转化率才是终极目的,因此还需熟练掌握一些接待技巧,提升与接待相关问题的处理能力。

本节我们将围绕客服日常工作中常遇到的与千牛使用相关的 6 类问题讲解处理技巧:

第一、学会分析买家信息,提升询单转化率

"知己知彼,百战不殆",当买家发起旺旺对话时,快速了解买家信息,有助于我们在接待过程中灵活解决买家疑虑。

快速查看买家信息入口:在千牛的接待中心的阿里旺旺对话窗口右侧"智能客服-首页",如图 5-12 所示。下面我们自上而下从用户基础信息、用户足迹、用户订单三个角度细看。

❶**用户基础信息**:"买家信用"为 0、"注册时间"距离对话的时间较近、未"认证",这个买家极有可能是淘宝网新用户,对购物流程不熟,客服接待时应该更耐心;如果买家的"发出好评率"比较低,说明其容易给出中差评或者动态打分低,应该耐心接待。

当然也不排除资深买家刚注册新号购物,除了查看基本信息,还可以通过与其对话来大致判断买家的状态,在接待时随机应变。

"店铺消费""平均客单价""最近交易"三项数据为 0,表示该买家未曾在我们店铺购物,应该按本店新买家的标准接待;反之,按老买家的标准接待。如果你的店铺创建了淘宝群,并且显示"未入群",可以单击"邀请入群",以便进一步维护。

❷**用户足迹**:多数买家发起旺旺对话时已经有看中的商品,在购买前有疑问急待客服解决。在图 5-12 中"用户足迹"处能看到蛛丝马迹,如果提示"该用户没有本店商品浏览记录",可以根据买家的咨询情况,按需推荐。

当买家咨询某个商品的具体参数时,比如问某种颜色或尺码有没有货、想一次购买 50 件库存够不够等,我们应该快速查询对应商品情况后再准确回复,查询方法就是从"用户足迹"右侧的搜索框快速搜索查询。

❸**用户订单**:买家在网店购买商品后,看到的订单分为待付款(已下单未付款)、待发货(已付款未发货)、待收货(卖家已发货,待买家确认收货)、评价(交易成功,待买家评价)共四种状态。而卖家或客服在千牛接待中心的阿里旺旺对话窗口看到的订单分为全部(买家在店内的所有订单)、未完成(含待付款、待发货、待收货的订单)、已完成(含交易成功已评价、交易成功未评价的订单)、已关闭(含不同原因关闭交易的订单)、疑似异常(含纠纷、退换货、售后等问题的订单)五种状态。

如果买家在我们店铺购买过商品，在图 5-12 中标注为"❸用户订单"的位置能看到订单详情，建议你在接待买家时优先看一看，再根据实际情况精准解决买家疑问。

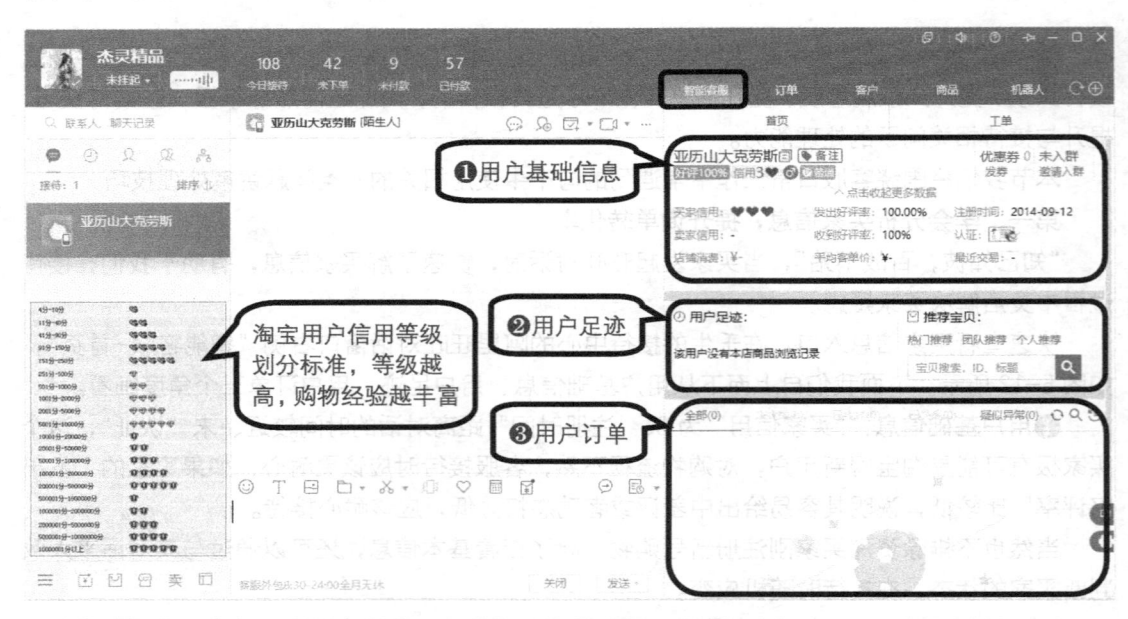

图 5-12

第二、快速查单技巧，谨防钓鱼网址，避免损失

网购的买家千人千面，骗人之心不可有，防人之心不可无。正常买家遇到订单相关问题，你要正常接待。如果你遇到买家发送的消息与图 5-13 类似，一定记住不要轻易单击对方发来的链接。正确做法是：先核对这个买家有没有在自己的店铺内拍下商品，再根据查询结果决定要不要单击对方发来的链接。

步骤如下：

第一步：在快速查看对话窗口中"智能客服"标签右下角是否有与聊天窗口中会员名一致的订单。记住一定是在"智能客服"标签内才有订单信息，因为对话窗口右侧除了"智能客服"，还有其他标签，比如"商品""机器人"等。

第二步：快速单击对话窗口左下角的"千牛工作台"图标，在新开窗口中继续单击"交易管理-已卖出的宝贝"，再次核对是否有与我们对话这位买家同名的订单。

如果查无此人，那么千万不要点击对方发来的可疑链接，一旦打开，你或将面临严重的财产损失，木马病毒链接可能瞬间盗走你的账号并转移资金。

重要强调：在非平台大促和重要活动期间，遇到此类问题，完成上述两步便可解决。如果是在618、双11、双12等大促活动期间，平台会采取部分应用限流的方式保障交易峰值期间的稳定性。因此，这时除了快速完成上述两步，还需继续完成第三步：启动浏览器，推荐使用谷歌浏览器或者360急速浏览器（兼容性好、速度快），打开淘宝网首页，用卖家账号和密码登录，在卖家中心单击"交易管理-已卖出的宝贝"，核对买家订单，因为大促期间千牛接待中心或者工作台插件（智能客服其实就是插件，以数据调取的方式接入千牛）的数据可能延迟或打不开。

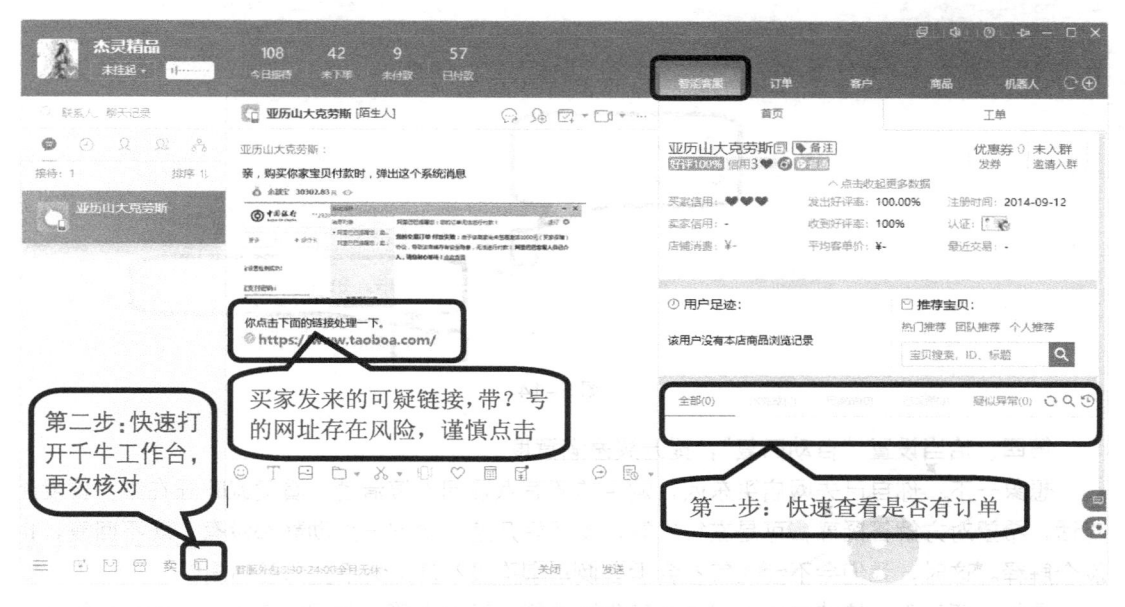

图 5-13

第三、巧妙设置"快捷短语"，提升接待效率

很多时候买家咨询的很多问题，回复的答案都差不多，比如店内举行活动时可享受的优惠、包邮条件、关于赠品/优惠券的使用方法等；购买前的商品尺码、商品库存、商品质量等相关问题；购买后的发货时间、快递信息等，以及售后的退换货流程。可以提前编辑成快捷短语，当买家问到对应问题时，可以快速从快捷短语列表中找到对应答案。先单击一下短语内容，再单击"发送"按钮即可，非常方便。

快捷短语的设置入口如图5-14所示，在对话窗口中单击"快捷短语"图标，在窗口右侧会显示"+新建"入口，已经添加的短语会罗列展示，并且支持短语内容导入或导出。

主账号开启子账号功能，有"个人"和"团队"两个标签；没开通子账号的话，只有"个人"标签。

图 5-14

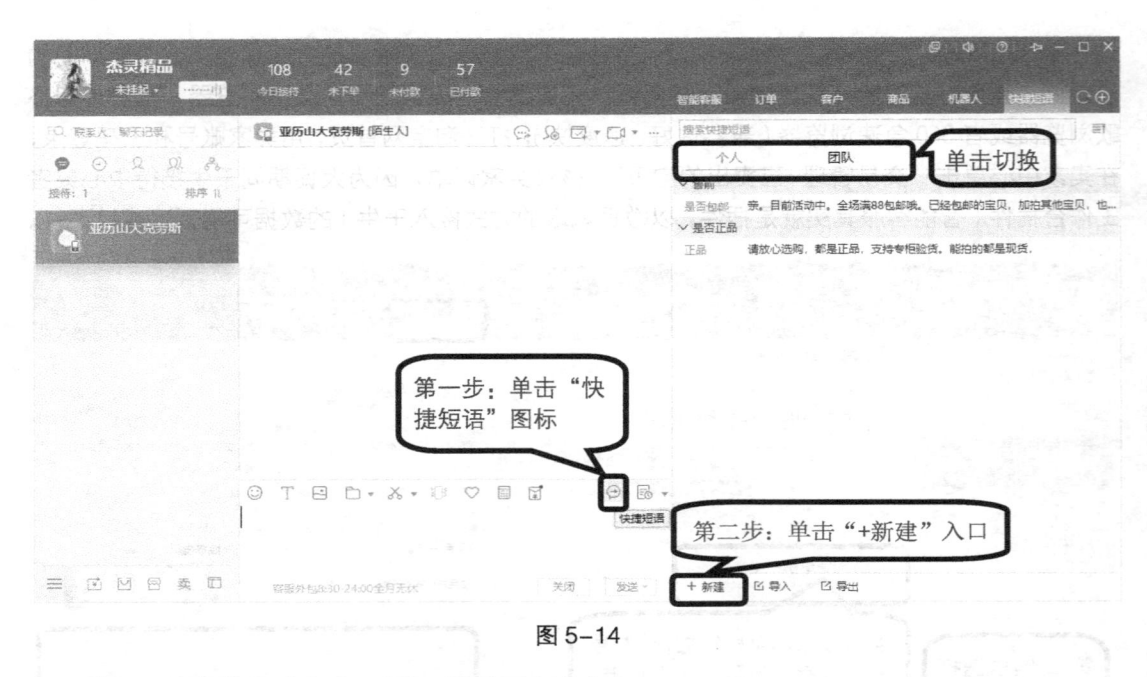

第四、恰当设置"自动回复",提升买家满意度

想象一下：你自己去网店买东西,购买前还有点疑问没搞清楚,看卖家旺旺在线,便发起对话,希望对方解答疑惑,可是左等右等,发了好几遍,卖家一点动静都没有,既不回复,也没个解释。这时,我们会不会生气？会不会换别家购买？甚至会不会骂脏话呢？

是的,巧用千牛接待中心的"自动回复"功能,可以在第一时间安抚买家,给买家好的第一印象,即使无法第一时间回复,也可以给买家一个愿意等待的理由。

建议设置当天第一次收到买家消息时自动回复、当状态为"忙碌""离开"时自动回复、当正在联系人数超过 N 个时自动回复,设置步骤如图 5-15 所示。

第一步：单击接待中心对话窗口左下角的"更多"图标,在展开菜单中单击"系统设置"。

第二步：在弹出的"系统设置"窗口中依次单击"接待设置-自动回复-自动回复"。

第三步：在新开的"自动回复"窗口中单击"设置自动回复",按图示勾选并单击"修改"按钮,分别添加回复内容。

设置完成后,依次关闭"自动回复"和"系统设置"窗口,修改效果生效。

开通了子账号,才能同时有"团队版本"和"个人版本"；没开通子账号,只有"个人版本"。

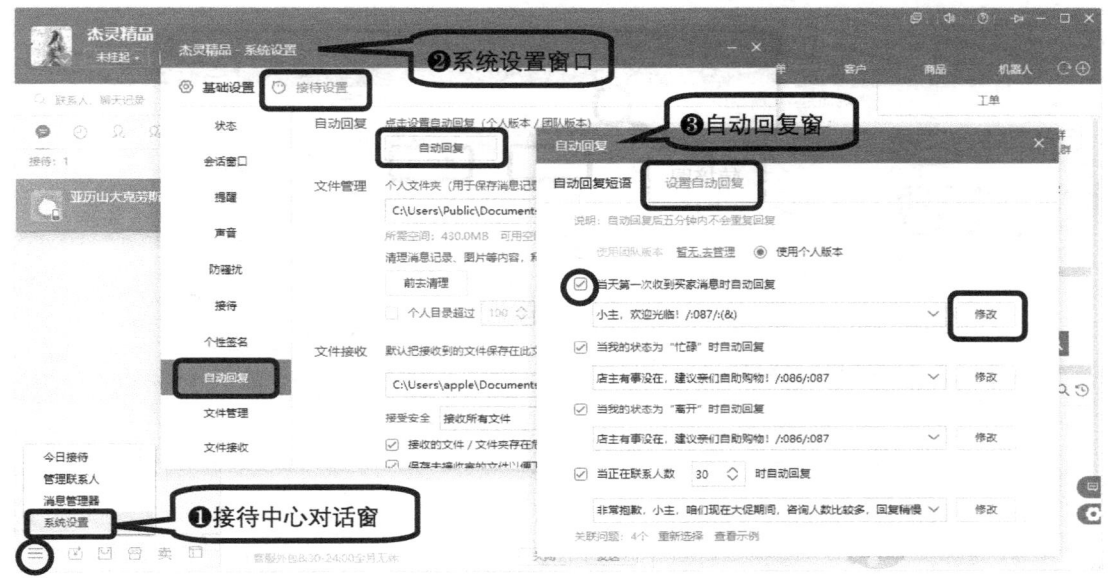

图 5-15

第五、有客服团队的快速转接技巧

子账号有一个客服分流功能,可以将买家按我们设置的规则分配给不同的在线客服人员接待。

有时后台的分流设置并不能百分百地解决买家分流问题。比如买家咨询售后问题,恰巧这个时间点售后客服人员都没上线,买家便会被分到主账号或者不负责解决售后问题的售前客服人员,这时就需要你手动将买家转接到其他客服人员的账号上。

转接步骤如图 5-16 所示,单击接待中心聊天窗口中的"转接消息给团队成员"图标,在弹出窗口中可以选择"转发到人"或"转发到组"。

注意:此功能仅支持开通子账号的店铺,没开通子账号的店铺没有该转接入口。

第六、不遗漏每一个买家的问题处理,巧妙使用接待中心的"任务"功能

有些问题可能无法即时处理,或者需要多部门沟通协调后处理,千牛客服工作台有一个"创建任务"功能,可以实现指定时间提醒客服处理指定问题。

在接待中心对话窗口中单击"新建任务"图标,如图 5-17 所示。在展开的下拉菜单中继续单击"添加任务",弹出"添加任务"窗口,依次设置"任务类型""任务内容""处理人""提醒时间",单击"保存"按钮。

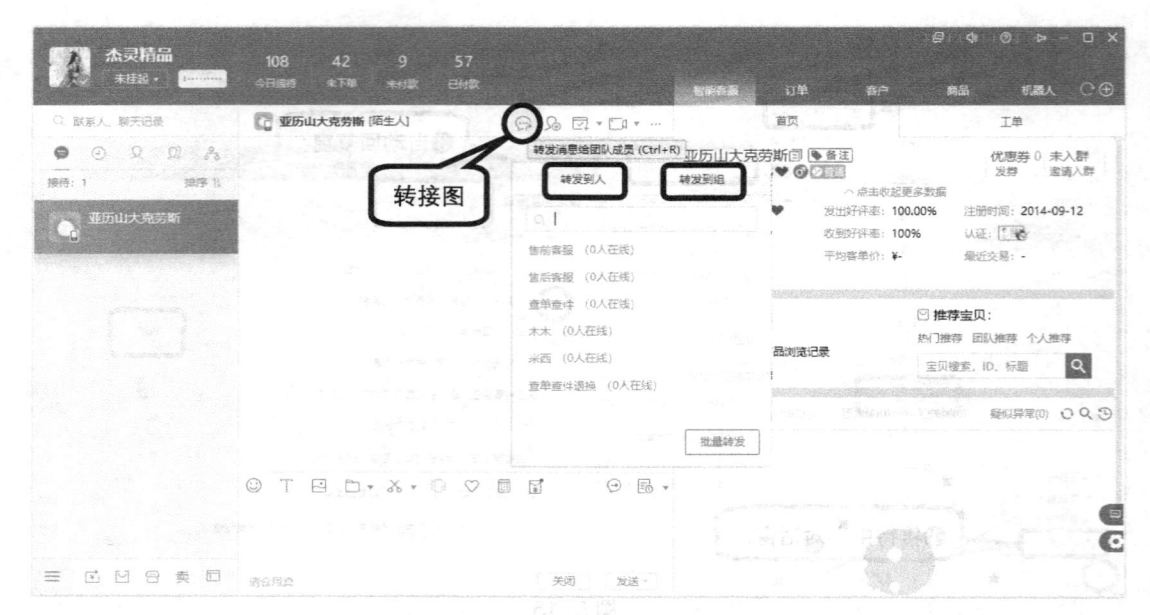

图 5-16

图 5-17

小结：

1. 在千牛的接待中心里，有好几个重要功能是针对团队运营的，需开启"子账号"功能方可使用，比如快捷短语、自动回复、转接、新建任务等。关于什么是"子账号"请继续往后看第 6 章，建议看完之后再回来复习本章的知识点。

2. 本章留的作业比较多，因为软件是立体、动态的，笔者无法仅通过图片、文字给你全方位的展示和介绍，需要你亲自动手去操作，才能更快速、完整地学会使用。建议你看完后，立即登录千牛软件，按步骤设置，马上就能学会。

第 6 章
团队运营的店铺必备工具,"子账号"使用详解

6.1 什么是"子账号"

对网店卖家来讲:一个人开淘宝店,用一个卖家账号登录和使用卖家中心的所有功能就够了,自己负责账号、店铺数据和资金安全,出了什么问题也怨不得别人。但如果一个团队做网店运营管理,团队里每一个成员都只用一个相同的卖家账号登录,一旦发生账号被盗、店内交易数据泄露、资金被转移等问题,很难追责。鉴于此,阿里巴巴官方开发了子账号功能。

子账号是淘宝、天猫提供给卖家的一体化员工账号服务,老板使用主账号(即开店实名认证的原始账号,如杰灵精品、梦幻衣柜女装)创建员工子账号并授权后,子账号可以登录千牛接待买家咨询,或登录卖家中心帮助管理店铺,并且主账号可对子账号的业务操作进行监控和管理。

一般是老板或店长拥有店铺管理的最高权限(即管理主账号和密码),客服、售前客服、客服主管、运营、美工、财务等员工分别拥有对应的岗位权限(一人一个子账号和密码),如此一来出现任何问题,便能使责任到人。

子账号能解决卖家店铺账号的安全问题,比如主账号权力太大,店铺机密信息易泄露(支付宝信息、店铺基本信息和数据);主账号操作不可控,高危操作易进行(删除商品、修改商品价格等);主账号操作不可查,责任无法对应操作人(主账号所做操作无法对应到员工)。子账

第 6 章 团队运营的店铺必备工具，"子账号"使用详解

号还能帮助卖家高效管理员工（清晰的组织结构，更详细的员工权限分工，提高员工管理效率）。

子账号开通步骤：启动浏览器，打开淘宝网首页，用卖家账号登录卖家中心，单击左侧"店铺管理-子账号管理"，或者在浏览器地址栏输入子账号首页网址并打开，如图 6-1 所示。单击"免费领取"按钮，不同信誉级别的淘宝卖家、天猫商家、品牌商/供应商、摄影市场服务商，子账号有不同的免费数额，以子账号首页显示数量为准。

开启子账号后，不想用了也可以关闭，单击图中的"关闭"按钮即可。

创建子账号分为 4 步：设置部门结构 → 添加员工 → 修改岗位权限 → 设置旺旺分流。此外，子账号的操作方法、实人认证流程等，在子账号首页有相关提示和超链接入口，建议你花点时间认真查看并根据步骤设置。

图 6-1

6.2 跨店管理之"多店绑定"操作详解

有些企业或者个人同时开了多家店铺，每一家店都是独立的管理后台，在店铺运营过程中，生意参谋数据几乎是每天都要看的。子账号中的"多店绑定"功能，可以实现主店绑定多家分店，解决跨店铺的管理问题，最多可绑定1000家分店。

目前该功能只适用于生意参谋跨店管理。例如，小红有三家店A、B、C，将A作为主店，B、C作为分店，多店绑定具体设置步骤如下。

第一步，启动浏览器，打开生意参谋首页，用A店卖家账号登录，单击页面右上角的"个人中心"，进入如图6-2所示界面。继续单击"基本信息"下方的小铅笔图标，将"企业名称"修改为A店的店铺名称。

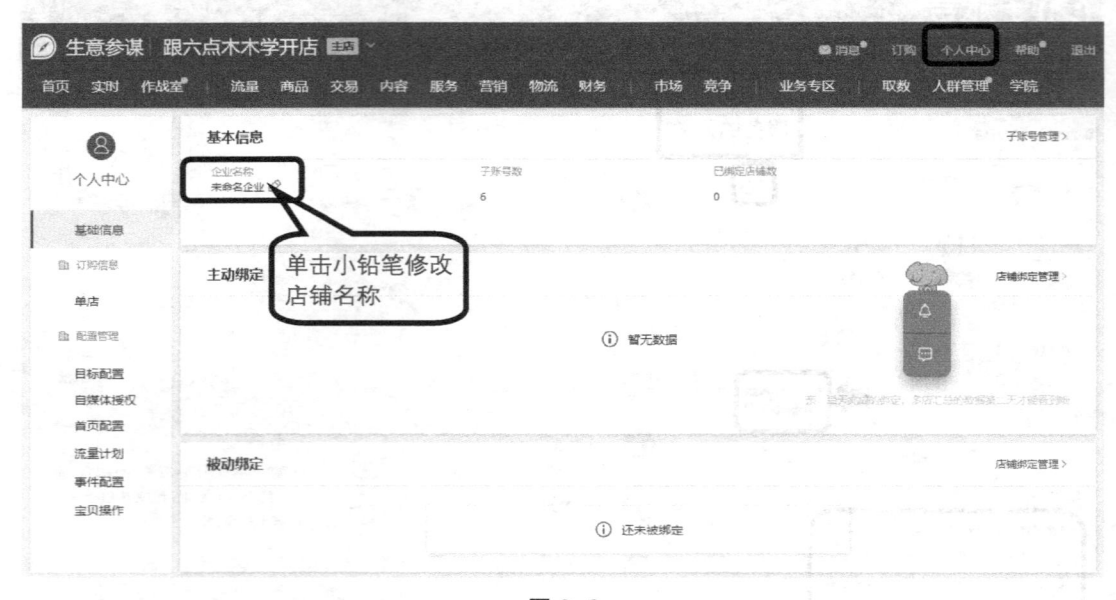

图 6-2

第二步，在浏览器中新开标签页，打开子账号首页，用A店卖家账号登录，单击"多店绑定"按钮，如图6-3所示。继续单击"+添加绑定"按钮，在弹出窗口中输入"分店首页链接""主账号名称"或"店铺名称"（即B店首页链接、B店的卖家账号名称或B店的店铺名称），单击"下一步"按钮，完成授权申请。

将C店绑定的步骤与B店一样。

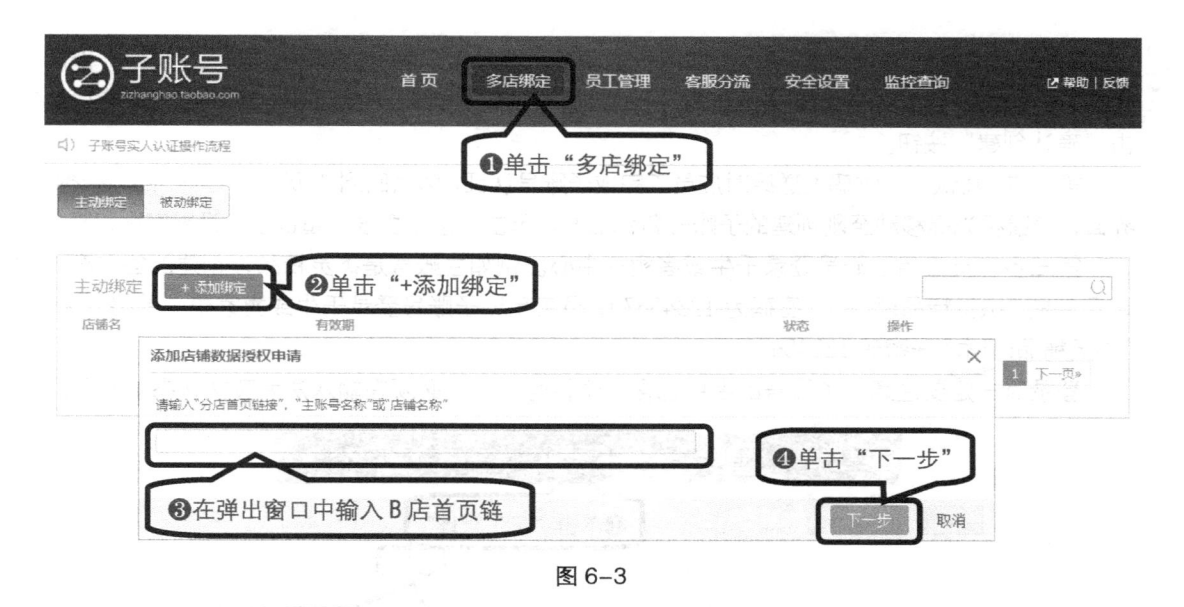

第 6 章　团队运营的店铺必备工具，"子账号"使用详解　　93

图 6-3

第三步，分别用 B 店和 C 店的卖家主账号登录子账号首页，依次单击"多店绑定—被动绑定—同意"，完成设置。

主动绑定是指作为主店去绑定其他分店；被动绑定是指被其他店铺绑定为分店。

第四步，回到第一步中 A 店生意参谋的个人中心界面，可以看到主动绑定的店铺列表。系统自动完成多店铺的数据同步，在第二天上午 9 点左右可以看到 B 店和 C 店的经营概况、类目分析、品牌分析、商品分析、属性分析、售后分析、物流分析等数据。

6.3　子账号使用详解之"员工管理"

在子账号管理后台，阿里巴巴官方默认的岗位部门有客服主管、客服、运营、美工、财务、线下导购员等。除了这些，卖家还可以新增部门并自定义岗位，依次单击"员工管理 – 岗位管理 – 新建自定义岗位"，根据页面提示，完成添加即可。

如何为店铺中某个岗位的某位员工创建子账号呢？

比如小华店铺有 1 名客服主管、3 名售前客服、1 名售后客服、1 名运营总监、1 名美工、2 名库管，他需增加 9 个子账号。以新建售前客服子账号为例，创建步骤如下：

第一步，启动浏览器，打开子账号首页，用拥有最高权限的开店账号和密码登录（注意：

仅主账号和拥有管理员权限的子账号才能创建新的子账号），然后依次单击"员工管理 – 部门结构 – 新建员工"，新开界面如图 6-4 所示。加*的是必填项，其余选填，全部填写完成后单击"确认创建"按钮。

第二步，将认证二维码发送给对应员工完成子账号认证，然后回到" 员工管理 – 部门结构"界面，将鼠标光标移动至刚创建的子账号名称上方，单击"修改权限"超链接，设置客服权限。

第三步，员工用子账号登录千牛或者卖家中心。例如主账号是杰灵精品，创建的售前客服账号名是"杰灵精品:啊木"，密码为 12345678，员工用该子账号登录千牛或卖家中心的格式为："杰灵精品:啊木"+密码 12345678。

登录时一定要注意：子账号的名中包含一个冒号（:），必须在输入法为英文状态下输入。

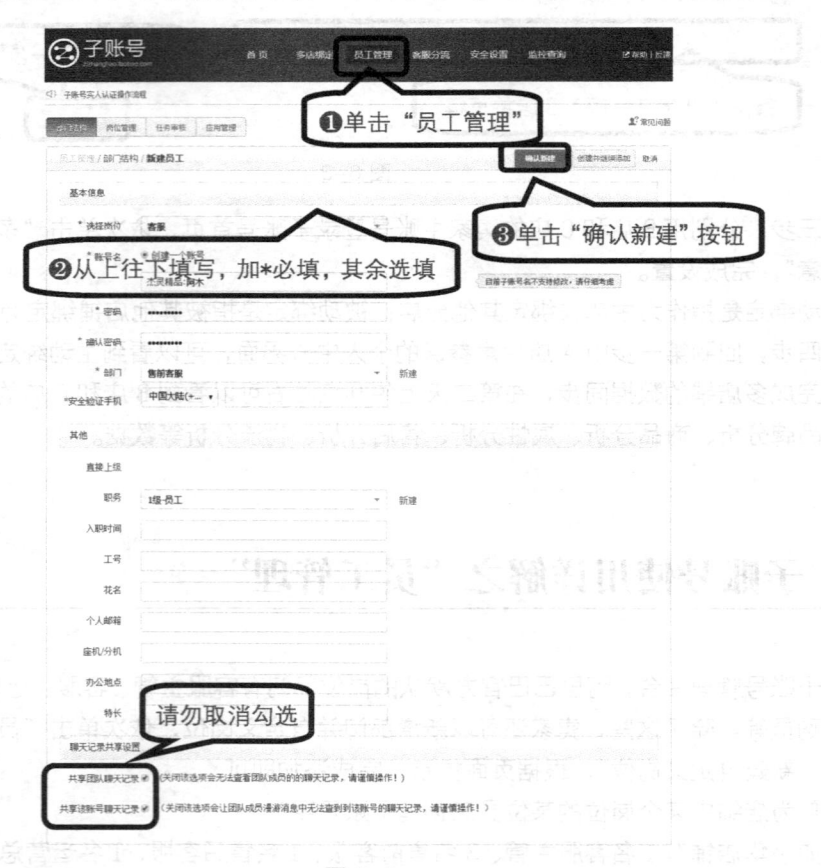

图 6-4

6.4 子账号使用详解之"客服分流"

当一个店铺有多个账号时,会存在"买家消息发给谁看"的问题,这就需要客服分流。买家发送的消息分流规则如图6-5所示。

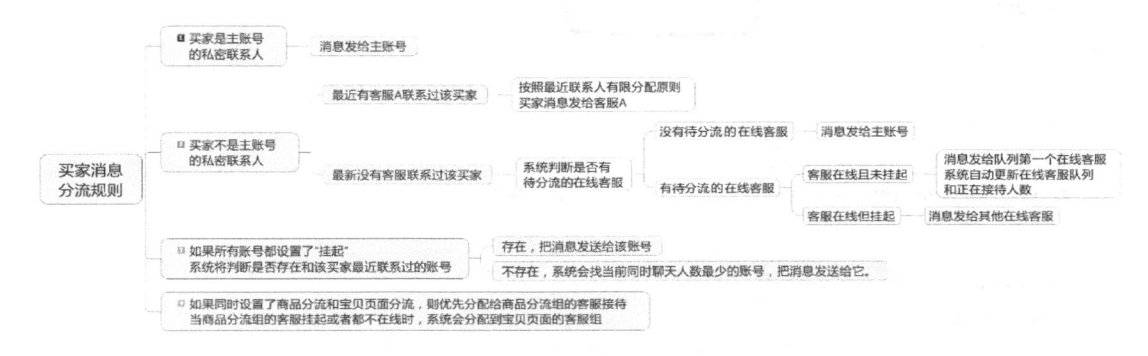

图 6-5

开启客服分流入口:

启动浏览器,打开子账号首页,用拥有最高权限的开店账号和密码登录,然后依次单击"客服分流"–"设置",如图6-6所示。客服分流设置包含四类(店铺服务助手、商品绑定分组、手机分流、离线分流),请仔细阅读注意事项,按需设置。

温馨提醒:

登录千牛后接待中心阿里旺旺的状态分为四种(在线、忙碌、离开、隐身),当状态为"隐身"时,收到的买家消息会被分流。除了主账号的私密联系人,当主账号设置为隐身时,发给主账号的消息也参与分流。

图 6-6

6.5 账号安全无小事，卖家必知子账号安全设置

【案例】小伙"卧底"天猫店当客服5天卖出1万多条顾客信息（摘自钱江晚报）
原文链接见配套素材包。

李先生在某天猫店花了65元买了一件衬衫，下单付款后等待卖家发货，不料却等来了冒充商家客服的诈骗电话。由于对方熟知交易细节，李先生放松了警惕，点击了对方发来的"钓鱼"链接并填写自己的银行卡号、身份证号等个人信息，导致账号金额被盗50668元！随后，李先生立即联系这家天猫店，客服人员说，衬衫会正常发货，李先生这才反应过来自己被骗了！

这家天猫店陆续接到成百上千起顾客投诉，都说有人利用"退款"向他们骗钱！经过多方调查后发现竟然是刚入职的客服贺某，利用公司电脑登录第三方管理系统后台导出顾客信息并非法出售。

贺某是个"90后"，一心想找一家大网店做客服。看起来，这个小伙还蛮有目标的，可是谁也没有想到，他只是想在网店做"卧底"。所谓的"卧底"，就是每天盗取顾客的交易信息，短短5天，贺某向诈骗团伙非法出售1万多条顾客信息，牟取暴利！

子账号安全设置入口：子账号—安全设置。

【安全提醒】：

1. 对店铺员工定期做好防止顾客交易信息泄露的相关培训和教育。
2. 坚决执行一人一账号，使用子账号认证功能，对员工做好身份管理，降低不明身份人员入职店铺的可能性。
3. 加强子账号权限管理，对订单信息导出、下载等高危功能谨慎授权。
4. 定期检查订单信息导出的行为日志，及时发现异常情况。
5. 留心观察员工是否有异常行为（如非工作时间上班等）。
6. 如果遇到交易信息泄露、买家被诈骗的情况，请及时反馈给淘宝。

6.6 子账号操作日志、聊天记录、服务评价、监控查询

当员工越来越多以后，每天哪些人在后台操作了什么、客服在工作时间有没有跟买家闲聊、买家对客服评价如何，都可以用主账号查看。

入口：子账号 - 监控查询，如图6-7所示。

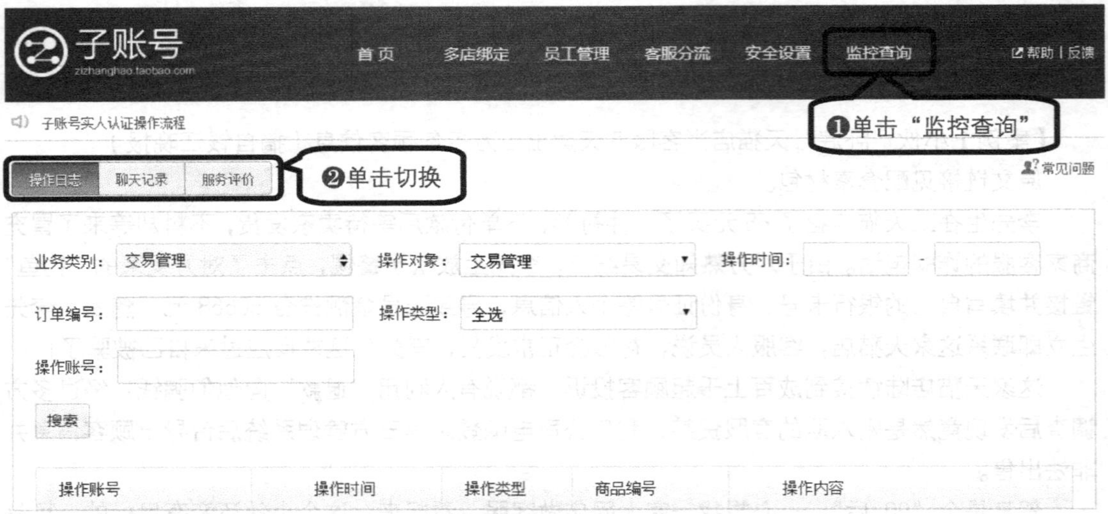

图 6-7

第 7 章

商品管理、交易管理、物流管理

7.1 联系快递或物流确定运费,创建运费模板

寄快递及物流工具使用技巧

淘宝网支持在线下单,对喜欢网购的人和网店卖家来说非常方便,在家坐等快递员上门取件。启动浏览器,打开卖家中心页面,依次单击"物流管理-我要寄快递",如图 7-1 所示,填写寄件人/收件人地址→选择快递公司→完成预约。按页面提示依次填写即可,加*的是必填项。

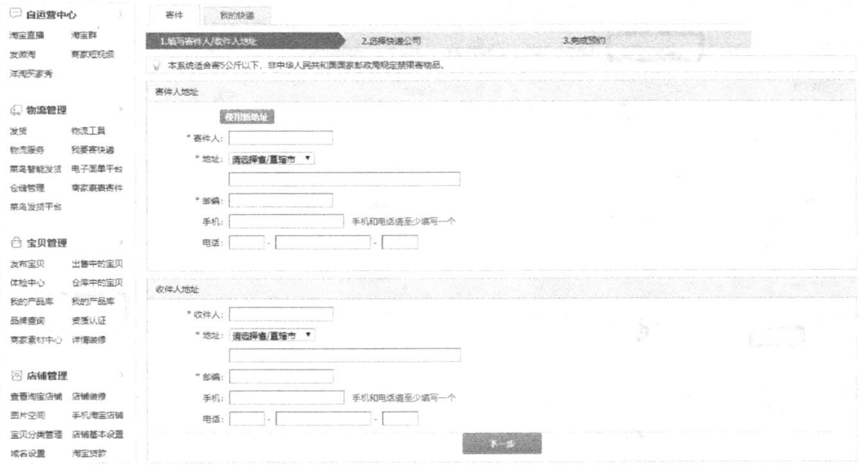

图 7-1

快递公司有上百家，与淘宝达成战略合作的快递公司也有几十家，每一笔实物订单在发货时，都需填写快递单号，如果不开通快递服务商，在填写快递单号时都要从列表中众多的快递公司里去找需要的那家，这个过程非常容易出错。如果开通了快递服务商，发货时优先显示，其他没开通的全部隐藏，能大大提升发货效率和正确率。

单击"卖家中心-物流管理-物流工具"，服务商开通入口如图7-2所示。默认显示"服务商设置"界面，比如你合作的快递公司是韵达，在列表中找到它，并单击右侧的"开通服务商"按钮。下次换了合作的快递公司，回到该界面，单击"取消"按钮即可。

单击"运费模板设置"标签，可以新增、修改或删除运费模板。

单击"物流跟踪信息"标签，输入已经发货的订单编号，可以搜索和查询物流跟踪信息。

单击"地址库"标签，添加新的发货地址、退货地址，最多可以添加20条地址。已经添加的地址信息也可以修改或者删除。

单击"运单模板设置"标签，可以新建、编辑、删除运单模板。自定义运单模板适用于发货量大且使用批量发货软件的卖家，需自己批量打印。比如与韵达快递合作，韵达快递会提供格式统一的运单，如果卖家想对运单格式进行修改，希望把每一笔订单的备注打印在上面，就需要自己新建运单模板。没有这类需求的话，可以不创建。

图 7-2

发布商品必备的"运费模板"创建技巧

淘宝、天猫实物类商品的发货都需要物流派送,卖家发货时有四种发货方式:限时物流、在线下单、自己联系、无须物流。

限时物流:为了对物流的时效进行约束而产生的一种新型物流方式。它是指淘宝与快递公司签订协议,令快递公司保证在约定时间内把卖家的商品送给买家。如若延时或者超时,将对快递公司做出罚款等相应处罚。目前支持三种限时方式:当日达、次晨达、次日达。根据交易地区的不同,可供选择的限时方式也会不同。目前,在淘宝物流平台上提供限时物流服务的有以下物流公司:韵达快递、联邦快递、圆通速递、百世物流。

在线下单:卖家线上预约,快递公司安排就近网点的快递员上门取件。

自己联系:卖家自己跟当地快递公司联系,商谈价格、取件/送件时间、让快递公司提供快递单,每天在固定时间自己送件或者快递员上门取件。

无须物流:指不用快递派送。如果卖实物类商品,偶尔几单可以采用这种方式,多了可能会被判为虚假交易而遭到扣分、删评价、删销量、封店等处罚。比如卖家与买家是同城交易且不通过物流运输,双方自行提货或送货,卖家在发货时选择"无须物流",一定记得保管好与买家的旺旺聊天记录及见面交易签收凭证。一方面是避免后续因买家不诚信而导致的损失,另一方面是万一后续淘宝排查订单说你涉嫌虚假交易时可以举证避免处罚。

现在发布商品必需关联运费模板,建议先创建好运费模板,再发布商品。创建运费模板的入口:"卖家中心"–"物流管理"–"物流工具"–"运费模板设置"–"新增运费模板"。

单击"新增运费模板"按钮,其设置界面如图7-3所示,从上往下每一项参数填写技巧如下:

"模板名称":最少由1个字组成,最多不能超过25个字。可任意填写,创建多个模板时名称用于区别,只有卖家在后台看得到,买家看不到。例如与韵达快递公司合作,模板名称可以写"韵达运费模板"。单击"模板名称"右侧的"运费计算器"超链接,会跳转至与淘宝合作的物流公司的"运费/时效查看器",其主要作用是帮助卖家了解最近一周各种物流服务平均价格及派送时效,从这里可查询不同快递公司的服务均价,有助于卖家高效筛选快递公司,比如经营店铺过程中多数买家反映快递太慢,从这里了解行业平均水平后,可以考虑是否换其他快递公司。

"宝贝地址":建议填写货源所在地。有些卖家做代销,自己与供货商不在一个城市,比如卖家在上海,供货商在广州,那么建议宝贝地址填写广州,不然宝贝详情页显示地址在上海,而物流跟踪信息显示从广州发出,买家会认为有什么问题,下次不敢再到你店里购物了。

"发货时间":按实际情况选择。发货时间越短越有助于成交,在淘宝规则里,买家可以发起"未按约定时间发货"投诉,淘宝网核实投诉成立,卖家店铺会被扣分且赔付买家,建议不要选做不到的发货时间,比如4小时内发货。淘宝规定的默认发货时间是72小时(即3天),

正常情况推荐选择3天内；如果选择大于3天，比如8天内或10天内，建议在宝贝详情描述中再次注明为什么要这么久才发货，高效购买是绝大多数买家的诉求，发货时间太久了买家可能不愿意等。节假日或特殊情况需要延迟发货的，一定记得修改发货时间。

"是否包邮"：分为"自定义运费"和"卖家承担运费"。选择"自定义运费"，可以对全国各地设置不同运费价格，或者设置部分地区包邮，部分地区不包邮；选择"卖家承担运费"，全国所有地区运费将设置为0元，即运费由卖家出，全国包邮。

"计价方式"：分为按件数、按重量、按体积。每天发货量不大，建议选择"按件数"，更简单方便，快递公司一般是按1公斤算首重，只要商品重量不超过1公斤，无论件数多少只算一个首重。比如买家一次选购5件商品，总重量不超过1公斤，收一个首重的费用。如果选"按重量"和"按体积"，每次都要对单件商品称重或者算体积，流程上会烦琐一些。当然不同类目的商品属性不一样，比如大家电、家具等商品发物流就要按体积算，绝大部分类目下的小件商品按件数算是最方便的选择。

"区域限售"：分为不支持、支持。当"是否包邮"选择"自定义运费"时，"区域限售"可以修改为"不支持"或"支持"；当"是否包邮"选择"卖家承担运费"时，"区域限售"只能选择"不支持"。如果支持区域限售，商品只能在设置了运费的指定地区销售。

"运送方式"有三种：快递、EMS、平邮，只有当"是否包邮"选择"自定义运费"时，每一种运费方式才可以单独设置运费。当"计价方式"选择"按件数"时，"运送方式"中的所有设置均按件数收费。同理，当"计价方式"选择"按重量"和"按体积"时，"运送方式"中所有的设置均按重量、体积收费。网上开店面向全国甚至全世界的顾客，EMS和平邮是中国邮政的，全国主要城市、偏远地区及乡村都能送达，而大部分快递公司的网点只到一/二/三/四线城市、县、镇。考虑时效性及网点覆盖范围，建议设置以快递为主、EMS/平邮为辅。

以"计价方式——按件数"和"运送方式——快递"的设置为例，如图7-4所示。"默认运费"表示全国各地首件多少钱，续件多少钱，只设置"默认运费"，会出现某些地方运费多收而偏远地区运费少收的情况。解决办法就是同时设置"为指定地区设置运费"，除指定地区外，其余地区的运费采用"默认运费"。

单击"为指定地区城市设置运费"超链接，新增列表"未添加地区"，再单击其右侧的"编辑"超链接，在新开弹窗中勾选地域，比如上海市、江苏省、浙江省，单击"保存"按钮。继续填写"首件数/续件数"为1，"首费/续费"为具体价格。

前文提到自己联系快递，需与快递公司商谈运费价格。大部分快递公司提供的价格都按省计算，比如韵达快递在湖北省首重1件10元，表示所寄包裹到达湖北省境内任何一个韵达网点都是10元，不再划分省内的市、镇。所以不同地区按快递公司提供的价格表勾选城市，并设置"首费/续费"即可。

图 7-3

如果要设置部分地区包邮，部分地区不包邮，只需将包邮地区勾选后设置"首件数/续件数"为 1，"首费/续费"为 0；勾选不包邮地区，填写"首件数/续件数"为 1，"首费/续费"为具体价格。寄往港澳台以及海外地区的运费较高，出入境商品都会严格查验，如果你卖的商品销往这些地方，先问清楚快递公司能不能正常寄达，不然尽量在详情描述中加一句"港澳台/海外不发货"，提醒这些地区的买家不要购买。

> **小贴士**
>
> "运送方式"可以勾选一个，也可以勾选两个或三个。每一种方式都可以同时设置"默认运费"和"为指定地区城市设置运费"，或者只设置"默认运费"。"EMS"和"平邮"的设置步骤与"快递"一样。

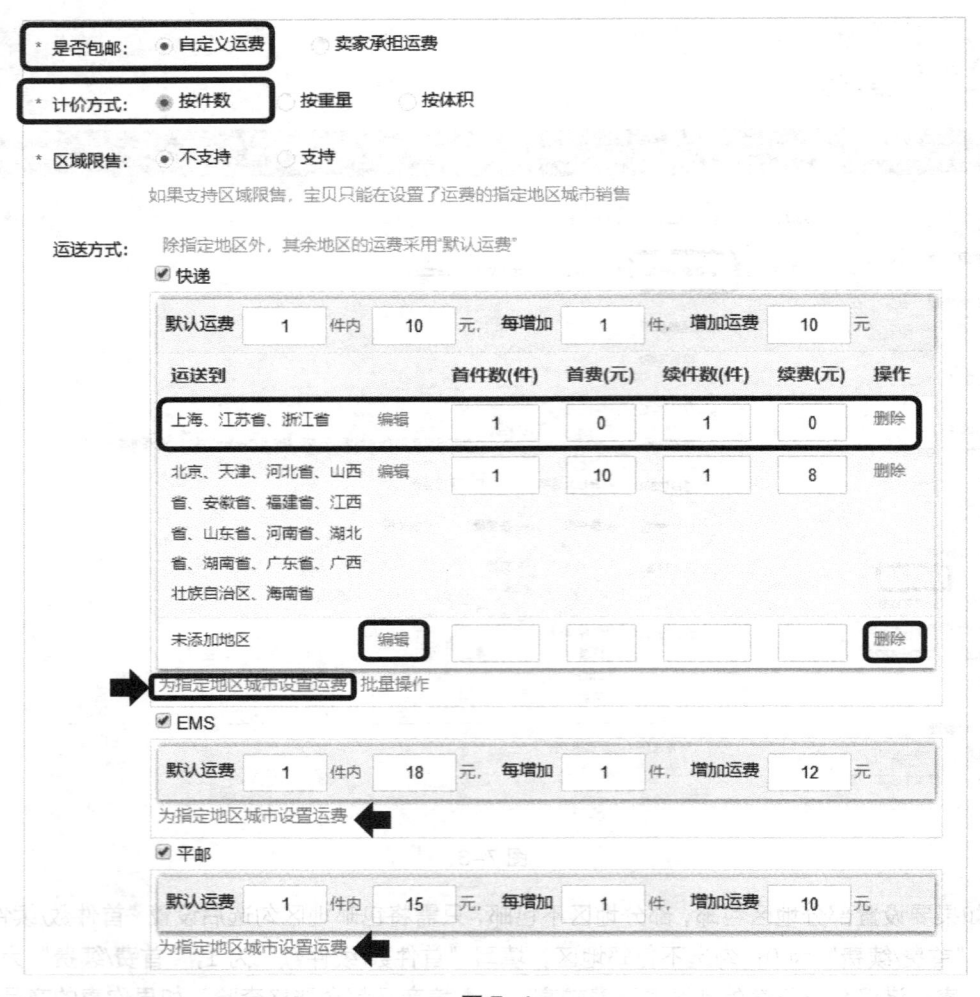

图 7-4

"指定条件包邮":是新增功能,可选项,也是卖家店内促销工具之一,合理设置能有效提升客单价,建议设置二次优惠时核算好成本,避免亏本。勾选后可设置不同地区用不同的运送方式、设置不同的包邮条件。

"指定条件包邮"与"运送方式"是互相关联的,只有勾选并设置了"运送方式"中"快递/EMS/平邮"的一个或多个,"指定条件包邮"中的"选择运送方式"才生效。如图 7-5 中设置的参数代表的含义是:原本需要首重 8 元续重 6 元的"浙江沪"地区的买家,购满金额 58 元后免快递邮费;原本需要每件首重 10 元续重 10 元的北京/天津等地的买家,购满 3 件商品可免去快递运费；原本每件首重 20 元续重 18 元的内蒙古/西藏/新疆等偏远地区的买家，只需购满 3 件且金额在 288 元及以上可以免 EMS 邮费。

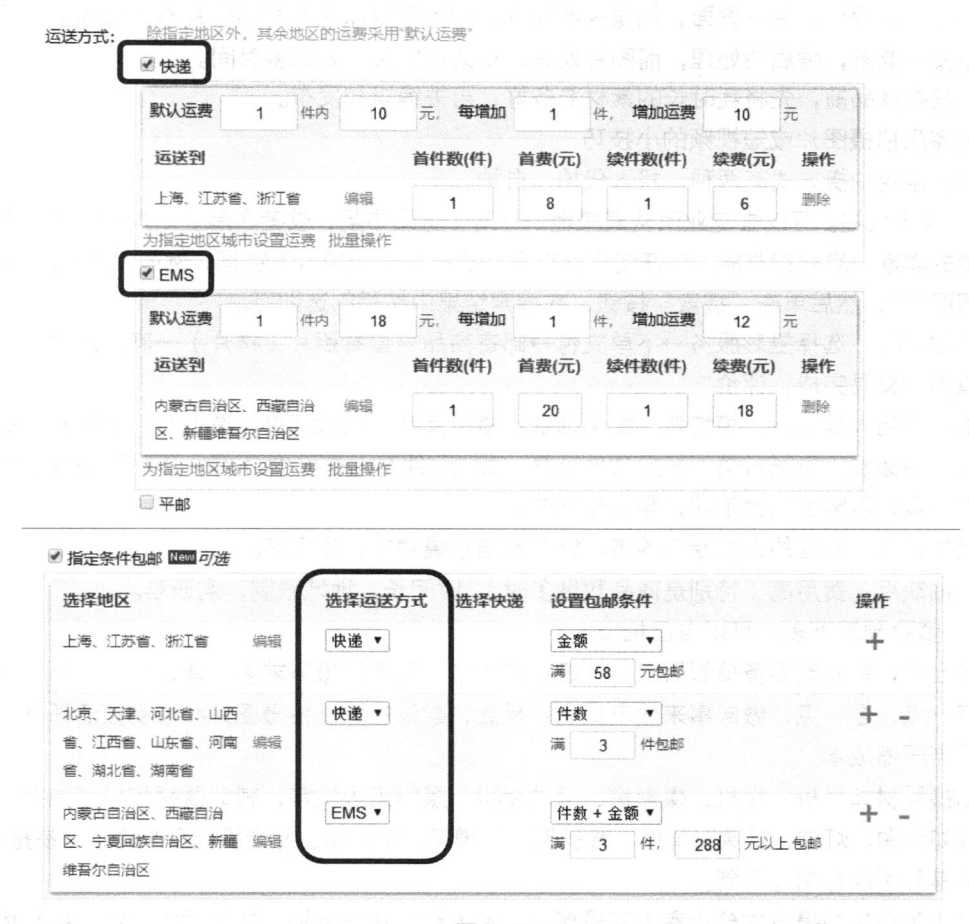

图 7-5

7.2 拍摄商品图片并后期处理，为发布上架做准备

自产自销、有实体店或者有自己进货渠道的开店流程：注册淘宝店铺→为商品拍照→发布

上架商品→装修店铺→推广销售→售后发货维护。店铺正式营业之前，为商品拍照、拍视频是关键。一方面，将线下的商品"搬"到互联网上，让全国甚至世界各地的买家看到，必须将商品图片化、视频化；另一方面，拍摄需要时间，加上拍摄原图和视频短片不符合淘宝、天猫网店商品发布要求，需后期处理，而图片处理、视频剪辑又需要更多时间。

建议：发布商品前，先将耗时长的素材准备好，再去编辑和发布。

为商品拍摄图片或短视频的小技巧

网店常用拍摄方式有两种：找人代拍、自拍。

1．找人代拍。可以去专业团队聚集地——淘宝摄影市场；或者在淘宝站内搜索专门承接商品拍摄的卖家。启动浏览器，打开淘宝网首页，在搜索框中输入关键词，例如"商品拍摄""商品拍照服务"，然后单击"搜索"按钮，在搜索结果中按需筛选即可。

代拍流程：选择摄影服务→下单支付→邮寄商品→查看照片（样片）→确认照片，使用成片及原图→交易完成，评价。

拍摄费用大致包括：模特费、摄影师费、搭配师费、化妆师费、造型费、场地费、后期处理费用、快递费。市场行情一般是按件计算，30元/件至上千元/件不等；不同类型商品拍摄风格不同，具体所需价格也不同，需洽谈细节。

代拍优点：专业的人做专门的事，针对网店拍摄需求，效果好。

代拍缺点：费用高（特别是商品数量多时），时间长，地域限制，沟通难。

2．资金预算不多，可以自己拍摄。

自己拍，首先要准备摄影器材、搭建拍摄场景。如果拍摄需求多，建议增加预算，使设备质量好一点、全一点，做起事来效率更高；反之，建议在保证拍摄图片和短视频清晰度的前提下，适当压缩成本。

拍摄器材如手机、相机、摄影机、运动相机、摄影无人机等，辅助器材和搭建拍摄场景用的道具如光源、灯架、灯头、背景、背景架、三脚架、柔光箱、反光板、反光伞、简易摄影棚、摄影台等都可以在淘宝买到。

网店常用的拍摄方式分为室内实景棚拍、室内纯色背景棚拍、外景拍摄、室内摄影棚平铺拍/挂拍、室内摄影棚静物摆拍等，请根据你自身的情况按需选用，建议再回顾前文"第4章 开网店所需硬件设备"。

其次要学会布光、布景、拍摄构图、取景成像，让拍出来的图片、视频视觉"舒服"，加上一些后期处理，让买家爽快买单。

拍摄图片的后期处理标准

淘宝卖家、天猫商家在发布商品时，商品详情描述页所需的图片有三种类型：颜色分类图、电脑端宝贝图片/手机端商品图片、电脑端描述图/手机端描述图，各自的后期处理标准不同。

第 7 章 商品管理、交易管理、物流管理

以淘宝卖家在"女装/女士精品>>连衣裙"类目发布商品为例：

1．颜色分类图："销售信息"中的"颜色分类"是必填项，如图 7-6 所示。每一个"颜色分类图"建议制作成 800 像素 x800 像素的正方形，品质大小不超过 300KB，图像格式为.jpg 或.png。

图 7-6

2．电脑端宝贝图片/手机端宝贝图片："图文描述"中的"电脑端宝贝图片"是必填项，如图 7-7 所示。最多可以添加 5 张，第一张"宝贝主图"是必填项，后四张选填。"宝贝主图"大小不能超过 3MB；上传 700 像素 x700 像素及以上的图片后，宝贝详情页自动提供放大镜功能；第五张图添加商品白底图，可增加在"手机淘宝" App 首页曝光机会。将商品图片中的一张图设为淘宝直通车推广创意时，更新此图片会同步至淘宝直通车创意，淘宝直通车创意图的尺寸是 800 像素 x800 像素，因此笔者建议：将五张电脑端宝贝图片都处理成 800 像素 x800 像素，每张图的品质大小不超过 300KB，图像格式为.jpg 或.png。

"宝贝长图"虽然是选填项，但建议上传，制作成 2：3（即 800 像素 x1200 像素）的长图，品质大小不超过 300KB，图像格式为.jpg 或.png。若不上传，搜索列表、市场活动等页面的竖图模式将无法展示商品。

当"主图视频比例"选择"1∶1或16∶9"时,"电脑端宝贝图片"与"手机端宝贝图片"共用,无须另外上传。

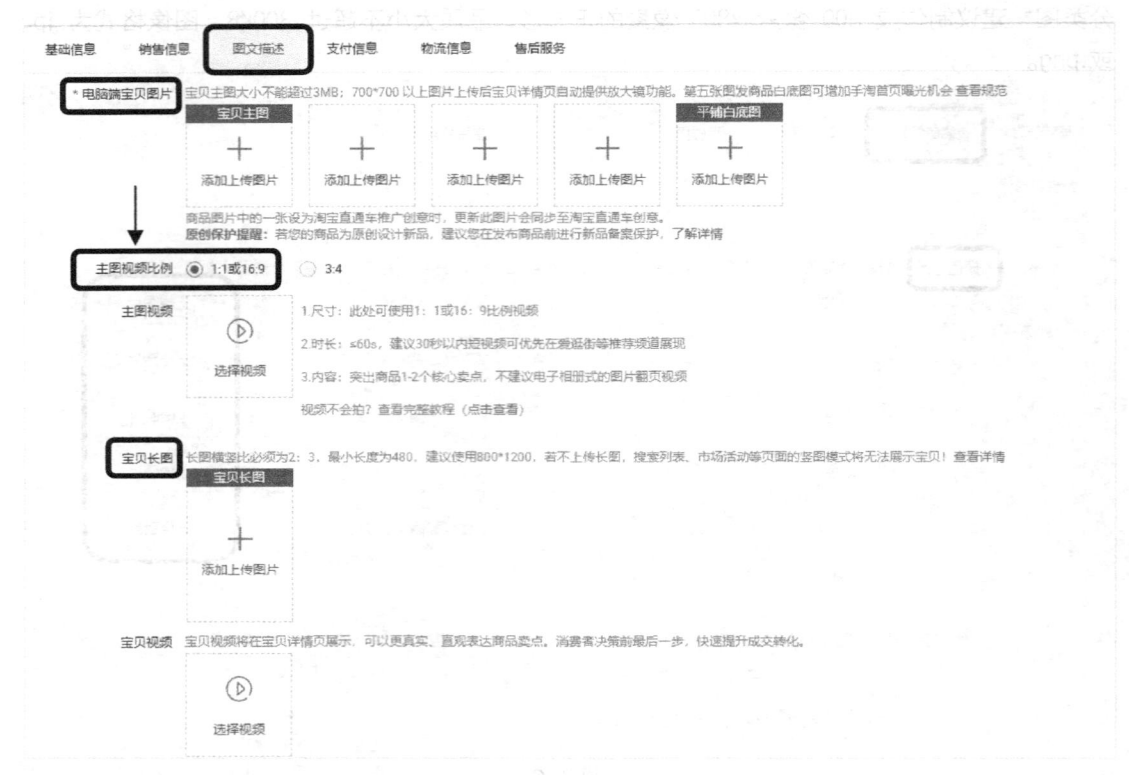

图 7-7

当"主图视频比例"选"3∶4"时,需单独上传"手机端宝贝图片",如图 7-8 所示。也就是说当"主图视频比例"选"3∶4"时,需制作五张"电脑端宝贝图片"(尺寸为 800 像素x800 像素)和五张"手机端宝贝图片"(建议尺寸为 750 像素 x1000 像素),每张图的品质大小不超过 300KB,图像格式为.jpg 或.png。

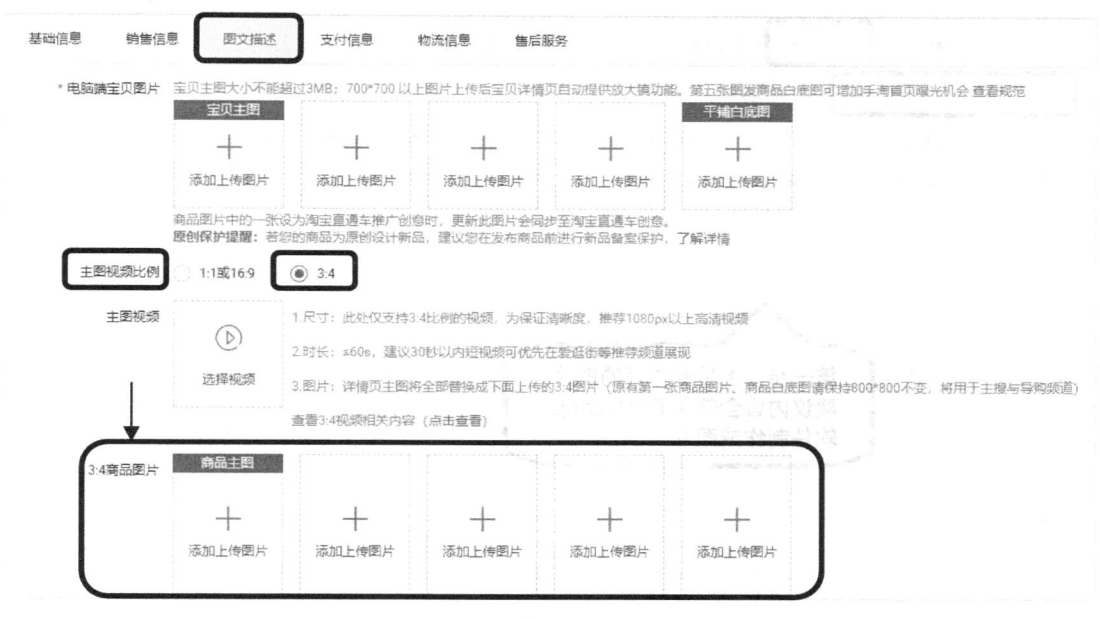

第 7 章 商品管理、交易管理、物流管理

图 7-8

3. **电脑端描述图/手机端描述图**：填写界面如图 7-9 所示，虽然电脑端描述是加*的必填项，手机端描述是没加*的选填项，但现在淘宝 80%以上的成交来自手机端，因此为了提升成交转化率，笔者建议手机端描述也必须添加。

电脑端描述和手机端描述都有两种添加方式：使用文本编辑、使用旺铺详情编辑器。区别在于前者完全免费，灵活随心，内容符合要求即可，修改起来也方便简单；后者属于套用模板，模板有免费和付费两种，按需选用。另外，不同模板中所需图片的尺寸复杂多样，如果没有 Photoshop 图片处理基础的话，修改起来比较麻烦，一旦模板更新变化，已经发布的宝贝详情页也要更新，修改起来烦琐且易出错。

笔者建议：电脑端描述、手机端描述都使用文本编辑；综合两端对图片尺寸的要求，将内容做成一样的；编辑时，先在"电脑端描述"的空白框中依次上传制作好的图片，再在"手机端描述"中单击"导入电脑端描述"按钮，将图文内容同步到手机端即可。这种做法既高效，又便于后期修改。

两端同步的图片标准：每张图片的宽度统一设置为 750 像素，单张图片的高度≤1200 像素；单张图品质大小不超过 300KB；所有图片品质不超过 10MB（1MB=1024KB），图像格式为.jpg 或.png。

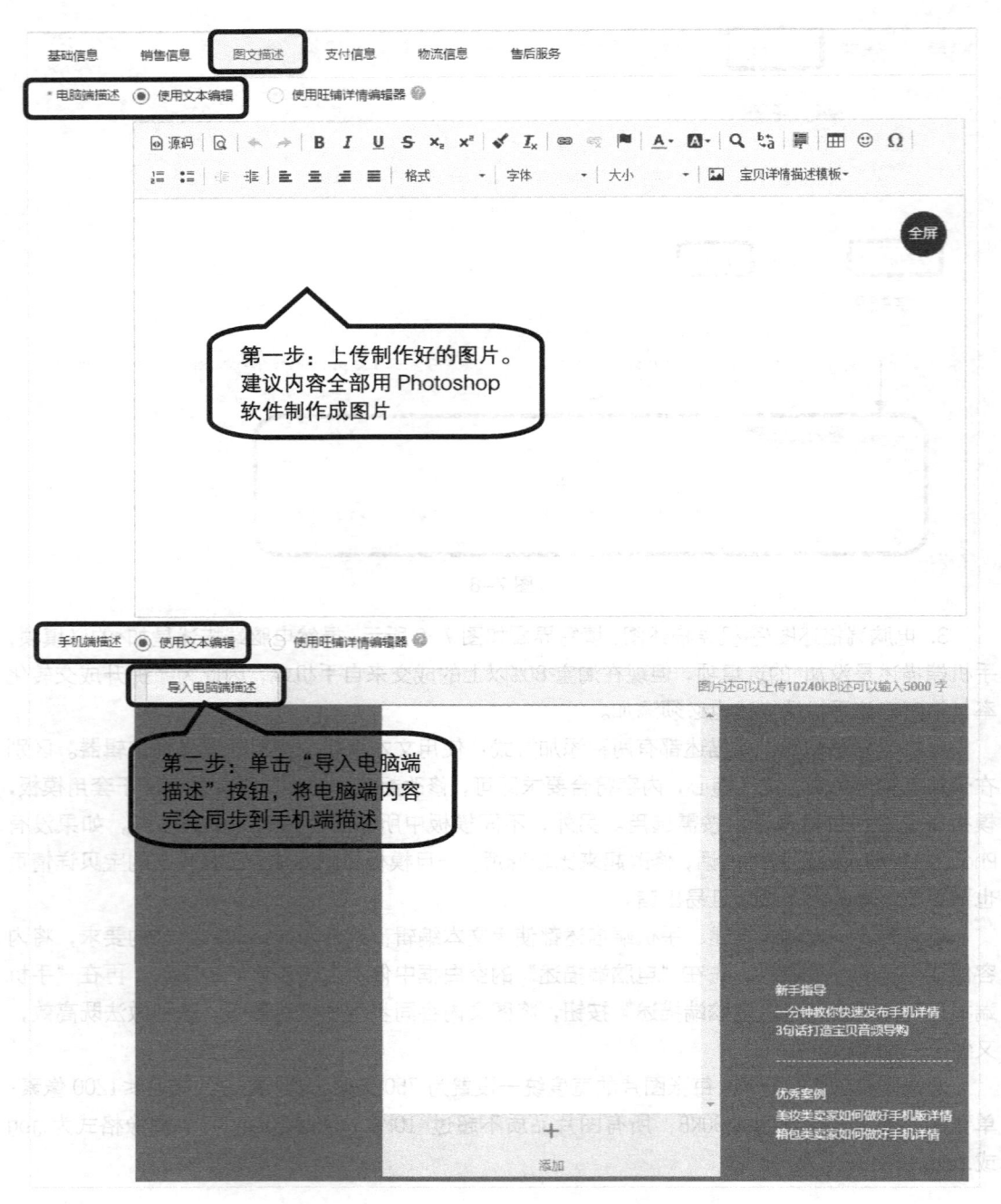

图 7-9

拍摄后期视频剪辑标准

在淘宝、天猫的宝贝详情页中，视频类型包含主图视频（比例为1:1、16:9或3:4）、宝贝视频。

主图视频的制作标准：视频比例为1:1、16:9或3:4；时长≤60秒，30秒以内可优先在爱逛街等推荐频道展现，能获得更多流量；内容突出商品1~2个核心卖点，有助于提升成交转化率，不建议使用电子相册式的图片翻页视频；建议视频分辨率为1080P；视频大小≤200MB；视频格式为wmv、avi、mpg、mpeg、3gp、mov、mp4、flv、f4v、m4v、m2t、mts、rmvb、vob、mkv。

宝贝视频的制作标准：以前需付费订购才能使用，展示在宝贝详情页内电脑端描述或手机端描述内容的上方；现在有主图视频后，已经不再开放订购。添加了主图视频，没必要再添加宝贝视频。

小贴士

1. "摄影"是一项技术，也是一门艺术，应用范围非常广，比如静物摄影、人像摄影、记录摄影、艺术摄影、商业摄影、水墨摄影等，如果想精通某个摄影领域，必须投入大量的时间、精力和金钱。现实情况是非常多的网店卖家既没有专业摄影器材，也请不起专业摄影师，更没有属于自己的摄影团队，而卖家们的诉求大多都是希望"短、平、快"地解决前期商品拍摄、修图、修视频、上传、发布等相关问题，进而把更多的时间和精力投入到运营推广和销售环节，实现快速回本和盈利，因此先掌握发布商品所需图片类型/标准、视频类型/标准的知识，再去做时，方向清晰、目的明确，即便是投入时间、精力和金钱，也非常清楚自己要什么，而不至于偏离初衷。

2. 本书不会深入讲解Photoshop图片处理、视频剪辑等技巧，建议选购笔者的另外三本图书《Photoshop淘宝天猫网店美工一本通：宝贝+装修+活动图片处理》《淘宝天猫网店美工一本通：Photoshop+Dreamweaver+短视频》《人人都会网店运营：淘宝天猫网店运营一本通》，与本书内容互补，由浅入深、互成体系、没有重复，能助你轻松解决经营网店过程中图片处理、运营引流等问题。淘宝、天猫、京东等正规书店有售，搜索书名即可。

7.3 发布商品的具体流程与注意事项

发布商品的入口

推荐卖家们从以下两个入口发布商品：

入口一：用开店的卖家账号登录"千牛"，打开"千牛工作台"，依次单击"宝贝管理"－"发布宝贝"。

入口二：启动浏览器，打开淘宝网首页，用开店的卖家账号登录，依次单击"千牛卖家中心"－"宝贝管理"－"发布宝贝"。

发布商品的具体流程

第一步：熟悉平台与发布宝贝相关的规则，避免违规处罚。

淘宝发展到今天，很多问题已经上升到国家职能部门管辖的层级。作为卖家，在淘宝的生态系统里，除了遵守平台本身的规则制度，还要遵守国家法律法规。

发布商品之前应该先了解相关规则，做到不违规、不售假、不侵权、不盗图、不发布禁限售商品、不滥发违规商品，需准入资质的类目按要求提交资质材料。

淘宝网规则频道、天猫商家规则、淘宝平台规则总则、淘宝网市场管理与违规处理规范全文详见本书配套素材包。

很多卖家，特别是新手，仅以自己的好恶去发布商品，必须纠正这一点，发布的每一个商品不是给自己看的，而是给淘宝平台看的，给买家看的。

给淘宝平台看，商品必须不违规（不售假、不侵权、不盗图、不在禁限售之列、该要的资质材料都具备）、符合淘宝搜索排序规则（正确填写商品标题、合理上下架、橱窗推荐；精准选对类目，属性填写完整、正确；SKU价格不作弊、不玩超低价；商品主图无"牛皮癣"；不炒信，不刷单）。否则还在起跑线就被淘汰了，后续的推广运营和销售工作都没法继续进行。

给买家看，我们必须看透买家心理，知道他们喜欢什么样的商品。比如商品定位准确；符合买家需求；描述相符、收到的商品与详情介绍的内容一致；卖家守信，及时高效发货；卖家服务好，有任何疑问响应快，解疑迅速；优惠促销力度大，质优价廉等。

第二步：熟悉发布商品的流程，搞清楚相关标准规范，将耗时长的素材提前准备，然后编辑和发布。

正确发布商品有两个核心步骤：精准选择类目，填写商品信息。

以网页卖家中心发布为例，启动浏览器，打开淘宝网首页，用开店的卖家账号登录，进入卖家中心，依次单击首页左侧"宝贝管理"－"发布宝贝"，选择类目，如图7-10所示。以女装为例，依次单击"女装/女士精品"－"连衣裙"。

将商品放在正确类目，有助提升曝光概率，使精准的买家群体更容易看到，更有助于提高成交量。放错类目则会被强制下架、删除、扣分、屏蔽等。

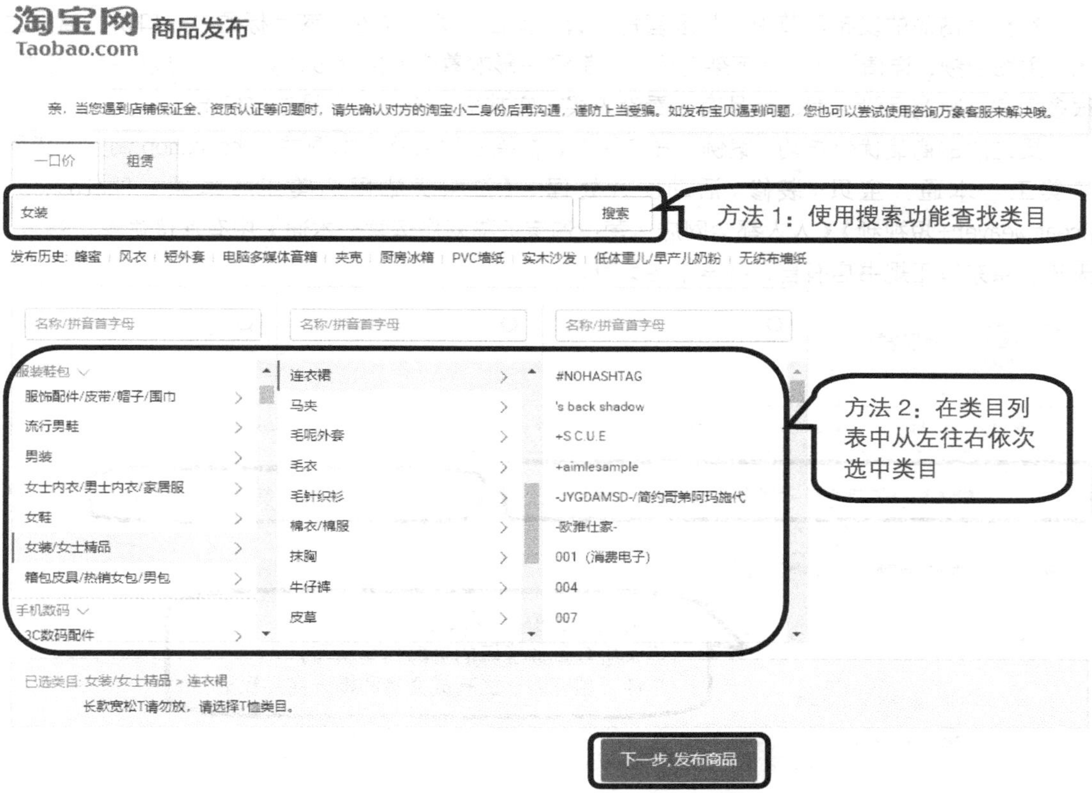

第 7 章　商品管理、交易管理、物流管理

图 7-10

单击"下一步，发布商品"按钮，进入详情填写界面，如图 7-11 所示。从上往下共有 6 类（基础信息、销售信息、图文描述、支付信息、物流信息、售后服务）参数需填写，加*的是必填项。建议能填的全部都如实填写，这些属性对商品的搜索排序非常有帮助，越完整详细，被买家搜索到的概率越大，获取曝光的机会越大，成交的概率也越大。

在所有参数中，颜色分类图、电脑端宝贝图片/手机端宝贝图片、主图视频、电脑端描述/手机端描述需提前处理好，建议全部准备好后，一气呵成填写完成。在"售后服务"中的"上架时间"选择"立刻上架"，单击"提交宝贝信息"按钮，系统审核通过后买家就可以购买了。

商品发布成功后，会生成一个具有唯一性的商品详情页地址，以后可通过该地址随时查看和购买商品。

不同类目的商品详情填写界面的具体参数会有差异，比如"宝贝定制"和"预售设置"，有些类目有，有些类目没有，请以自家商品所在精准类目为准。

在整个商品的发布环节中，从运营角度看，类目、类目属性、商品标题、一口价、商品主图、主图视频、详情描述、上下架时间等，都深深影响着商品的获取流量能力、成交转化能力。很多卖家反映商品没人看、商品有人看没人买，究其根本原因，正是这些细节没有优化到位。

更进阶的商品优化技巧、案例实操步骤等，在笔者的另外三本图书《Photoshop 淘宝天猫网店美工一本通：宝贝+装修+活动图片处理》《淘宝天猫网店美工一本通：Photoshop+Dreamweaver+短视频》《人人都会网店运营：淘宝天猫网店运营一本通》中有深度讲解，淘宝、天猫、京东等正规书店有售，搜索书名即可。

图 7-11

第 7 章　商品管理、交易管理、物流管理

> **小贴士**
>
> 1. 没有缴纳消费者保障服务保证金的卖家，无法在消保类目发布全新商品。比如"大家电>>冰箱>>厨房冰箱"属于消保类目，没交保证金会在"宝贝类型"正下方提示"该类目需要缴纳保证金，才能发布全新宝贝，立即缴纳。"单击"立即缴纳"超链接，按页面提示完成缴纳后，重新回到商品信息填写页面即可发布"全新"商品。
>
> 2. 保证金不是交给淘宝，而是冻结在卖家的支付宝账号内，冻结期间为不可用余额，以后不开店了，可以申请解冻，提现到自己银行卡。
>
> 3. 多数类目保证金额度是一千元，个别类目是二千元、三千元、五千元、八千元，也有类目是一万元、二万元、五万元，以你销售商品所在类目为准。
>
> 4. 保证金只需缴纳一次，若店铺中销售的商品覆盖多个类目，那么保证金不需要分别缴纳，例如：卖家 A 既销售玩具又销售童装，那么保证金只要缴纳一千元。
>
> 5. 重要提醒：当有人以"淘宝小二、淘宝工作人员身份"用旺旺聊天通知你，你的消保冻结有问题，并截图让你按步骤操作时，切勿轻易相信，切记不要轻易点击对方发来的链接。缴纳消保唯一入口为"卖家中心-淘宝服务-消费者保障服务"，发布商品页面"立即缴纳"的提示也是跳转到这里的。其他任何人说的其他任何入口都不要信，淘宝官方工作人员在非特定条件下是绝对不会主动打电话或者用旺旺对话联系你的。之前很多新卖家特别执着地相信骗子，结果被骗走成千上万元后追悔莫及。
>
> 6. 淘宝网将商品按行业分为十几个类目，绝大多数类目的商品按正常流程发布即可，销售书籍杂志报纸、音乐影视明星音像、彩票、酒类制品、成人用品等，必须取得特殊行业经营资质方可发布全新商品，而有些商品哪怕再有钱、有资质也坚决禁止销售。"特殊行业经营资质"申请入口为"卖家中心"-"店铺管理"-"店铺经营许可"。
>
> 7. 目前，除了成人、音像、书籍、酒类制品、彩票、公益类目，淘宝没有限制同一个店铺中同时经营商品的种类，比如卖女装的店铺同时也可卖男装和化妆品等。但是不同类目、不同信用等级的卖家，可发布全新商品的数量有限制，少则一百种，多则成千上万种，以自己店铺的数量为准。

发布商品的注意事项

注意事项一：发布商品时不要出现以下六种问题：

第一种，不要夸大、过度或虚假承诺商品效果及程度。

1. 出现全网"最高、最低、最优、最热"等最高级的夸大描述。
2. 对商品的实际使用效果进行不符的宣传。
3. 其他夸大宣传的描述。

第二种，不要虚假宣传，与实际情况不符。

1. 商品标题、图片、详情等区域出现的商品资质信息（如吊牌、水洗标、中文标签等）、店铺基础信息、官方资质信息等与实际情况不符。比如店铺实际信誉为三星，但标题写"四皇冠"；未参加聚划算、淘抢购等活动但在商品标题中加了"聚划算""淘抢购"等关键词。

2. 通过店铺装修的方式遮挡、篡改相关店铺、商品的基础信息或官方资质信息，使之与实际情况不符。如恶意装修店铺自定义区，对店铺的信誉等级、评价详情、商品成交、举报入口、官方资质等进行遮盖或者篡改。

3. 商品在发布时填写的条形码信息与实际情况不符。

第三种，不要重复铺货或者重复铺货式开店。

即店铺中同时出售同款商品两件以上的，或者开设两家以上店铺且出售同样商品的。

判定标准：发布的商品若在标题、图片路径、详情描述、价格等商品的重要属性上完全相同或高度相似，属于重复铺货。

第四种，不要利用 SKU 低价引流作弊。

拆分商品的正常规格、数量、单位，或滥用 SKU、邮费价格等进行低价引流的发布，是一种流量作弊行为。包括但不限于：

1. 利用 SKU 低价引流：将不同品类的商品放在一个 SKU 中售卖；将不同材质、规格等属性值对应价格不同的商品放在一个 SKU 中售卖；将常规商品和商品配件放在一个 SKU 中售卖；将不存在的 SKU（指这个 SKU 的商品实际并不存在）与常规 SKU 放在一起售卖；将常规商品和非常规商品放在一个 SKU 中售卖。

2. 以非常规的数量单位发布商品。

3. 商品邮费偏离实际价格。

第五种，不要发布不以成交为目的的商品或信息。包括但不限于：

1. 将心情故事、店铺介绍、仅供欣赏、仅联系方式等非实际销售的商品或信息，作为独立的商品页面进行发布。

2. 在供销平台外发布批发、代理、招商、回收、置换、求购类商品或信息。

3. 除了站内淘宝客及淘宝提供的友情链接模块，发布本店铺以外的其他淘宝店铺、商品等信息。

第六种，不要发布易导致交易风险的外部网站的商品或信息。

如发布社交、导购、团购、促销、购物平台等外部网站的名称、LOGO、二维码、超链接、联系账号等信息。

只有搞清楚本质问题，接下来做的工作才在正路上，才能获得更多流量和曝光机会，才有助于店铺的良性发展。

注意事项二：发布商品后为什么店铺内不显示。

发布商品后店铺内不显示，请先进入"卖家中心"–"宝贝管理"–"出售中的宝贝"中查看是否有该商品，找准原因，解决问题不难。不显示的话有如下两类情况。

第一类，"出售中的宝贝"中有该商品，但店铺里搜索不到，解决方法如下：

1. 将此商品链接发送给任意好友，如果好友能正常打开，是因为淘宝商品数据库更新滞后，导致店铺里没同步显示，成功发布商品后，通常30分钟后才会在店铺、分类、搜索中显示，建议晚些时候再查看。

2. 若将此商品链接发送给好友后，好友打开看到提示"很抱歉，你的宝贝可能下架或者被转移"，此时，商品为被监管状态，需要审核，同时需要你自查商品，如果是由于商品价格偏离市场行情或标题描述等违规而被淘宝监管或者违反商品发布规则，建议调整后重新发布。

3. 店铺装修用了自定义模板或者删除了首页商品展示模块，这种情况要重新装修店铺，将商品展示出来。

第二类，"出售中的宝贝"中没有该商品，解决方法如下：

1. 若在"宝贝管理–仓库中的宝贝–商品回收站"里面看到该商品，可能是你不小心删除了该商品。只需选中删除商品，单击"恢复到仓库"按钮，该商品将立刻恢复。商品链接、销量等所有商品信息都将和删除前一致。商品恢复后将进入"宝贝管理–仓库中的宝贝"。同一商品7天内只能恢复一次，删除时请谨慎！

2. 若在"宝贝管理–仓库中的宝贝–历史宝贝记录"里看到该商品，是因为删除超过31天或90天未编辑的商品都会从"回收站"和"仓库中"自动移动到"历史宝贝记录"。成为历史宝贝后，该商品无法做编辑、恢复等操作，仅作为记录供你查看。若还要继续出售，需要你重新发布商品。

3. 若在"宝贝管理–仓库中的宝贝–被下架的违规宝贝"里查看到该商品，是因为该商品违规被处罚，建议先查看处罚原因，再根据处罚结果处理。

4. 在"宝贝管理–仓库中的宝贝–滞销下架宝贝"里查看到该商品，是因为淘宝规定90天无成交、无浏览、无编辑的商品为滞销商品，会被下架处理。滞销下架的商品可以编辑后上架，滞销下架90天后，商品将移动至商品历史库，无法重新编辑，只能重新发布。

有时候发布的商品不满意，已经在卖家中心删除了，为什么店铺内还有呢？这个主要是同步问题，什么都不用做，耐心等待更新即可，过半小时至2小时同步完成后就没有了。

7.4 支付宝担保交易流程详解与注意事项

淘宝、天猫支付宝担保交易流程详解

淘宝、天猫的商品交易由买家、卖家、支付宝公司三方参与。支付宝公司属于第三方，起担保作用，买家看中卖家的商品，拍下后付款到支付宝公司，买家收到卖家发的货后确认没问题，钱从支付宝公司转到卖家账户上。如果买家付款后又不想要了或者收货后不满意申请退货退款，钱会从支付宝公司退还给买家。

从买家拍下商品创建订单到交易完成，整个支付宝担保交易流程如图 7-12 所示，新开店卖家要特别注意，订单状态为"等待买家付款"时切记不能发货，否则钱货两空。当有人在旺旺上与你对话并截图告诉你"已经付款了，请立即按某某地址发货"，或者用截图告诉你"已经付款但不想要了，直接支付宝转账退款"，切勿轻信！这时应该立即打开"卖家中心-已卖出的宝贝"界面，在右侧搜索框里填写"买家昵称"（买家昵称就是对方的会员账号）搜索，看看此人在店内是否有过订单，订单状态是什么，核实后再处理，避免上当受骗。

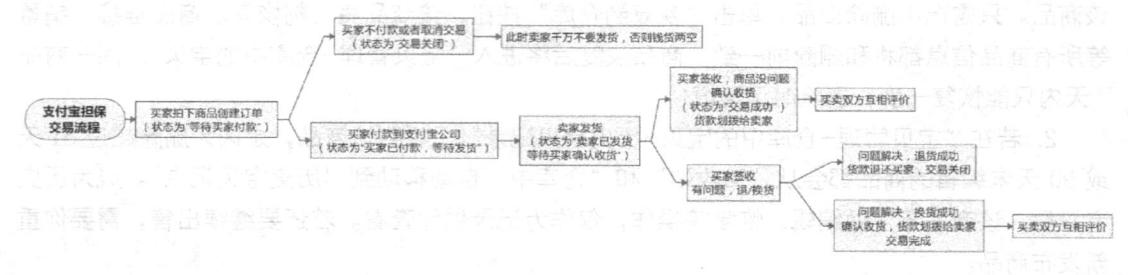

图 7-12

当订单状态为"等待买家付款"时，除了注意防骗、不要发货，还有一个重要功能是修改价格。改价入口在"等待买家付款"状态时才开放，其他订单状态是不能改价的。比如一件衣服原本不包邮，买家跟卖家沟通后答应包邮，在"卖家中心-已卖出的宝贝"该买家订单右侧会有"修改价格"字样，将鼠标光标移动至其上并单击，按提示操作完成改价即可。 如果买家已经付款，可以让其发起退款申请，理由为退运费。或者交易完成后用支付宝实时转账，退款给买家。

卖出第一单，如何快速发货（熟悉发货流程）

卖出第一单是非常令人激动的事情，但有些卖家在激动之余对发货流程还是有点手忙脚乱，不知道先做什么后做什么，这里就给大家梳理一下发货流程。

1. 买家购买商品前的准备工作。

虚拟商品和电子兑换券商品无须物流，相对简单，多是自动发货。下面以实物发货为例进行介绍。

a. 注册拥有淘宝店铺。

b. 发布商品且为上架状态，只有出售中的商品才能被买家正常浏览购买。

c. 选择快递公司，协商好运费，在"卖家中心-物流管理-物流工具"中设置服务商，创建运费模板并关联到所有商品，在地址库中添加默认发货地址和默认退货地址；准备好快递单、打包工具（胶带、包装袋、纸箱等）。

d. 为了提升成交转化率，建议装修好店铺、优化好商品详情页。

2. 熟知支付宝担保交易流程。

买家拍下商品创建订单（简称买家下单）→买家付款到支付宝（付给支付宝公司而非付给卖家）→卖家发货→买家确认收货（把货款从支付宝公司转到卖家账户上）→交易完成→评价。

3. 从买家创建订单到交易完成互评，在整个交易流程中要非常清楚哪些能做哪些不能做。

当买家拍下商品创建订单且未付款时，订单状态为"等待买家付款"，如果你跟买家协商好，要增加或者减少价格，单击"修改价格"链接，在新开弹窗中按提示操作即可；在整个交易流程中只有状态为"等待买家付款"才能改价。在淘宝规则中，买家拍下商品可以 72 小时内付款，72 小时后还没付款的话，系统会自动关闭交易。虽然在"等待买家付款"状态的订单卖家可以关闭交易，但是建议卖家不要在没取得买家同意的前提下关闭订单，否则可能被买家投诉。

在买家成功付款后，订单状态为"买家已付款，发货"，若是人工手动操作，单击订单右侧的"发货"按钮，在新开页面中按提示填写快递单号，完成发货即可。如果订单比较多，人工发货出错率高，建议订购相关软件实现批量自动发货。如果发货前，买家告诉你收货地址填错了，单击订单内的"详情"链接，在新开页面中单击"修改收货地址"按钮，根据买家提供的信息重新填写后再发货。建议在买家付款后，第一时间主动联系买家核对收货消息，有错误及时修改纠正，避免售后退换货、召回包裹等问题。买家在付款后收货前，任何时间都可以申请退货退款或者只退款不退货等，此时一定跟买家沟通清楚具体原因是什么，根据实际情况处理，一方面避免财货两空，另一方面避免得到中差评或者超低动态评分，新店经不起中差评和超低动态评分的折腾，请卖家慎重对待。

当卖家完成发货后，订单状态为"卖家已发货"，实物类商品在平时正常状态，发快递的派送时间大多是 2~7 天。如果买家收到货后手动确认收货，之前付到支付宝的钱转到卖家支付宝账号上；如果买家没有手动确认收货，订单默认 10 天自动打款到卖家支付宝账号上。如果是全网大促活动，比如"双 11""双 12"等，会按需延长确认收货时间。

不论是买家手动确认收货还是时间到了自动确认收货，该笔订单交易完成。淘宝卖家店铺信誉累积是通过交易完成后买卖双方互相评价后产生的，好评加 1 分，中评不得分，差评扣 1 分。因此，在开店初期，建议每个交易环节都做好用户体验，维持良好健康的店铺状态。

7.5 巧妙提高发货能力，提升卖家满意度和店铺竞争力

成功始于口碑，服务决定未来。做企业不是打仗，不要持有"跟谁比、超越谁"的想法，做好客户服务才是做企业的关键，更是企业生存的真谛。

较早以前，电商拼的是流量，现在拼的是服务、细节、执行力。开网店，销售能力、服务能力、发货能力一个都不能少。

卖家发货问题分析

售后最容易导致中差评、低评分，投诉的原因包括：发错商品、颜色不对、数量不对、发货不及时、包装不好、快递态度差、超卖等。订单量少，各种问题都不明显，一旦订单量激增，各种问题都冒出来了。

你是否遇到过以下问题呢？

一个订单却要发到不同的收货地址；不同订单又要合在一个地方收货；买完感觉不合适又想换货；在一天不同时段拍了多个订单，要合到一块儿发货；动不动就被差评要挟……

发货流程不清晰，拣货时手忙脚乱，商品订单对应不上。

库存不准，导致超卖或者有货无法卖。

发货顺序混乱，早买了的买家，迟迟没发货。

发货错误率高，快递单与包裹无法对应。

发货能力不足会严重拖店铺后腿：买家满意度下降 → 中差评增加 → 退款率上升 → 售后服务成本增加 → 销量不断减少……最终店铺维持不下去，惨被淘汰。

如何提高发货能力

关于店铺的发货速度，很多人都觉得是快递的问题，店铺自身问题是不存在的，如果你也这样想，那就错了！要提升发货能力，除了选择高效率的快递公司，提升店铺自身能力也很重要。

首先，货源是否充足：这是一个非常关键的问题，你的店铺销售额很不错，出货很快，但货卖完了，你有没有随时补货的途径和能力，如果一批货卖完，下一批的到货时间不确定，发

货速度自然就低了。

其次，当天的货是否能当天发走：卖实物类商品的卖家都知道，与快递公司合作，量不大、不够整车时，快递公司是不会随叫随到来取货的，一般都是下午3到6点取货，将所有收来的货统一装车，如果你的货当天发不走，就要等到第二天下午再发。快递没取货就在卖家中心点"发货"按钮，网上会查不到快递跟踪信息，客服也没有事先告知买家，等买家查件时，售后问题就来了，会觉得你不诚实，进一步还可能影响心情并降低对你的信任。所以，能在当天把货发走，订单内有快递揽件信息，也是提升发货能力的关键！

最后，货源充足，也能保证当天发货，店内订单标准化处理、减少差错、提升效率就是重中之重。

淘宝建议的中小卖家标准发货流程：订单确认 → 发货单打印 → 拣货 → 打印快递单 → 二次分拣（配货） → 验货 → 打包 → 称重发货。

在实际执行时，你的店铺走标准化流程了吗？我们来看看大卖家的经验。

当不清楚发货流程时，成功经验：走标准发货流程（打印发货单→打印快递单→配单→验货发货），拒绝随意。

当拣货时手忙脚乱，商品订单对应不上时，成功经验：条码管理，多台打印机同时批量打印（根据不同快递公司、不同发货单、不同发货地区等用不同打印机）。

当发货错误率高，快递单与包裹无法对应时，成功经验：自动配单、人工验货。

当库存不准，导致超卖或有货无法卖时，成功经验：库存灵活（本地库存与网店库存分离管理）、自动扣减（销售时自动扣减、缺货时系统自动提示）、定时盘点（分类编号、条码盘点）、减少错漏。

当担心被买家投诉超卖时，成功经验：库存报警（设置库存报警数量→系统销售同步→自动报警→盘点入库）、随时关注。

当发货顺序混乱，早买的买家迟迟没发货时，成功经验：流水线处理，先买先发货。

在这些成功经验中，提到很多概念，比如批量打印、自动配单、自动扣减、自动报警、流水线处理等，它们具体是如何实现的呢？请继续往下看。

针对买家千奇百怪的发货需求的处理技巧

当遇到买家千奇百怪的发货需求时，成功经验：积极沟通、随时备注、订单挂起、稍后处理。比如：

一个订单却要发到不同收货地址，成功经验：对于多个地址，分拆订单（涉及邮费问题时，在售中客服接待时应该提前备注，增加邮费）。

不同订单又要合在一个地方发货，成功经验：对于相同地址，合并订单，用一个快递单号。

买完感觉不合适又想换货，成功经验：先查询库存，再换货。

……

当订单不多时，这些人工都可以做到，但遇到订单激增，如双11、双12这样的活动，一天有成千上万个订单时，如何快速处理并不出错呢？

看到这，相信你已经想到了，这些都可以用电脑软件实现。那么问题来了，用什么软件来实现，去哪里找这些软件呢？网店的事情已经足够多了，我们不希望找来的软件还需另外花时间和精力去学习，不希望被要求安装这个或那个软件，不希望软件成本很高。希望软件有先进的设计理念，最好根据网店量身定制，希望简单方便、易操作、成本低。

答案在这里：处理卖家发货问题的软件都可以在淘宝卖家服务市场找到。启动浏览器，打开淘宝卖家服务市场首页，在分类中找到订单管理，包含进销存、订单分析、订单处理等，需要哪类就选购哪类。

建议选择使用人数多、有"淘拍档"打标且入驻天猫聚石塔的软件。有些好的软件同时有多种功能，不明白的可以咨询软件开发商。

巧选物流服务，提升买家满意度和店铺竞争力

快递公司、物流公司比较多，多数卖家通过就近原则选用快递物流公司，或者看谁家运费报价低就选择谁，这在一定程度上使售后发货成为薄弱环节。通过数据调研，日均买家对配送快递不满占到交易量的40%左右，如果我们能选择使用更高效的配送服务，对提升买家满意度和店铺竞争力都有优势。

首先，建议开通电子面单服务，选用支持电子面单发货的快递公司。

其次，建议开通时效性更高的物流服务。比如橙诺达、货到付款、指定快递、生鲜配送。开通入口：卖家中心 - 物流管理 - 物流服务，如图7-13所示。

第三，在能力范围内开通尽量多的放心淘服务，比如破损补寄、免费卖家运费险、免费送装、免费换新、上门安装等。

开通入口：启动浏览器，打开淘宝网首页，用开店的卖家账号登录后，单击界面右上角的"千牛卖家中心"超链接，进入千牛卖家工作台，继续依次单击界面左侧的"淘宝服务"-"加入服务"，如图7-14所示。

第 7 章　商品管理、交易管理、物流管理　123

图 7-13

温馨提醒：

1. 除了全网通用的"基础消保"服务，加入其他任何一个服务，都需满足对应条件，建议单击"资质自查"，看看是否满足条件或者是否有必要加入该服务。

2. 每多加入一项服务，代表你愿意为买家提供这项服务，加入的服务越多，责任越大，如果加入服务后却做不到，店铺会被处罚。因此，请三思而行。从规则上讲，能加入尽可能多的买家承诺或保障服务，更有利于提升店铺权重、增加店铺和商品的曝光机会（使引流能力更强），增强买家信任，进而提升商品的成交转化率。

3. 官方会不定期更新、升级可加入的服务类型，请以你在千牛卖家中心工作台看到的为准。

图 7-14

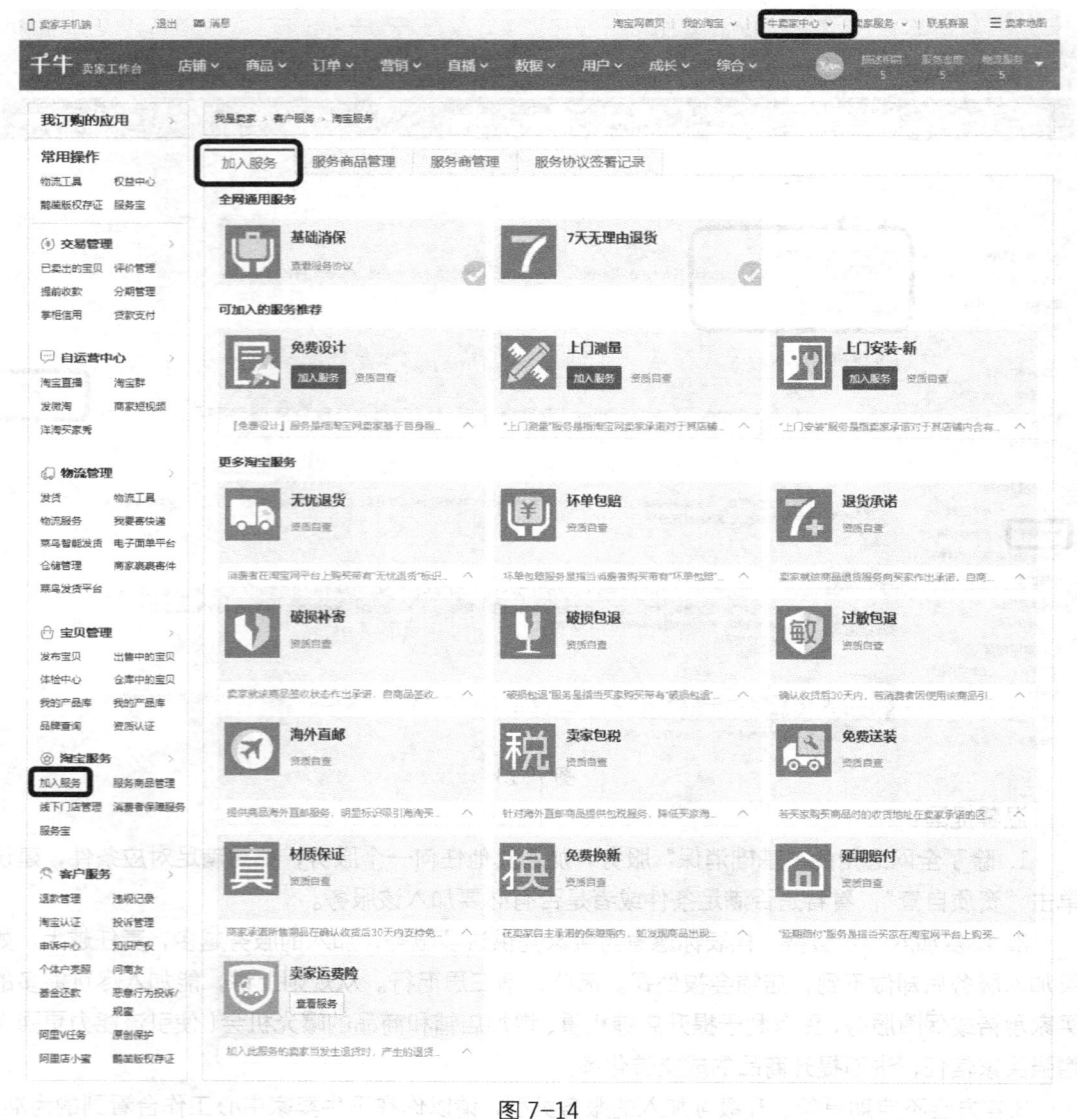

第 8 章
快速提升解决问题能力的技巧

8.1 淘宝掌柜必须具备的六大能力

淘宝掌柜这个词，不同的人有不同的理解，放在不同规模的店铺或企业中要做的事情也不同。不管你的店铺当前是什么规模，以下六大能力你都不可或缺。

一、资源管控能力，包含供应链、资金链、采购、风险控制四个方面。

网店销售的商品主要有两大类：第一类、看得见摸得着的商品；第二类、根据买家需求提供的服务。服务类商品相对简单，而实物类商品回归到本质，源头的货源供应链、资金链、采购和风险控制是决定店铺生死的核心问题。作为淘宝掌柜，多数时候属于最高决策者，资源管控是必备能力之一。

二、市场分析能力。不管卖什么，整店营收是最终指标，竞争无处不在，为了提升营收，除了全面了解自己，还应该时刻分析行业动态、分析消费群体，所谓知己知彼才能百战不殆。分析方向如图 8-1 所示。

三、员工管理与培训能力。团队明确分工、各司其职，效率高且不易出错。淘宝掌柜要做的就是带领并管理一支能"打仗"的队伍。在网店团队配置中多数标配运营专员、美工专员、客服专员、仓库专员，淘宝掌柜应该结合自身店铺实际情况制定各岗位工作职责，根据店铺发展阶段实时培训。

四、店铺管理能力。店铺管理按运作流程大致分为三个阶段：售前、售中、售后。作为淘宝掌柜不用事必躬亲，但对每个环节应该做哪些事情一定要有统筹意识，并且能正确分配每个岗位的员工做对应的工作,如图 8-2 所示。

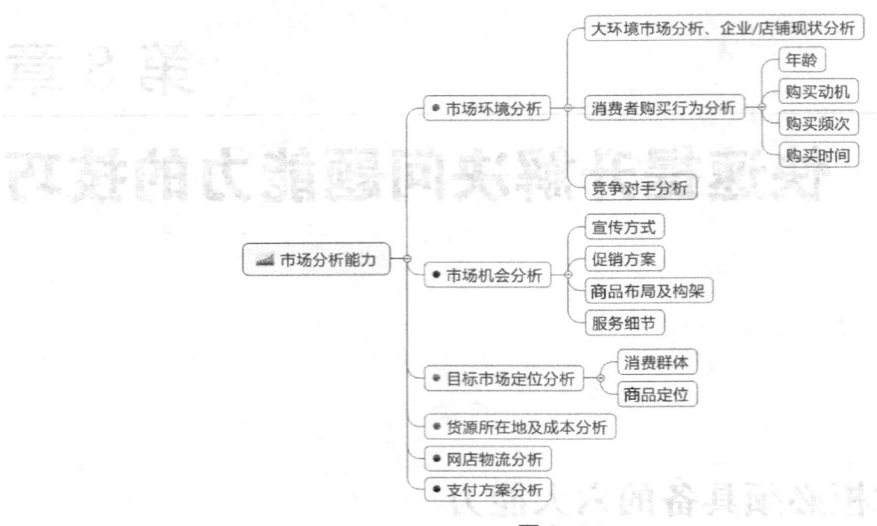

```
                            ┌─ 大环境市场分析、企业/店铺现状分析
                            │                    ┌─ 年龄
              ┌─ 市场环境分析 ┼─ 消费者购买行为分析 ┼─ 购买动机
              │             │                    ├─ 购买频次
              │             │                    └─ 购买时间
              │             └─ 竞争对手分析
              │             ┌─ 宣传方式
              │             ├─ 促销方案
市场分析能力 ──┼─ 市场机会分析 ┤
              │             ├─ 商品布局及构架
              │             └─ 服务细节
              │                        ┌─ 消费群体
              ├─ 目标市场定位分析 ──────┤
              │                        └─ 商品定位
              ├─ 货源所在地及成本分析
              ├─ 网店物流分析
              └─ 支付方案分析
```

图 8-1

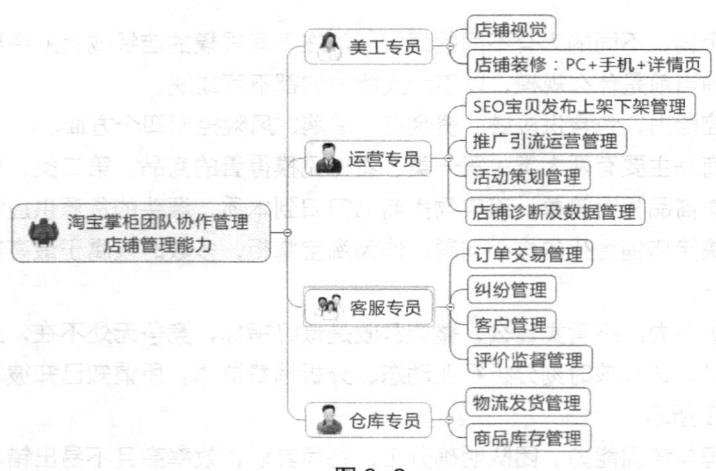

```
                                        ┌─ 店铺视觉
                            ┌─ 美工专员 ─┤
                            │           └─ 店铺装修:PC+手机+详情页
                            │           ┌─ SEO宝贝发布上架下架管理
                            │           ├─ 推广引流运营管理
                            ├─ 运营专员 ─┤
                            │           ├─ 活动策划管理
淘宝掌柜团队协作管理         │           └─ 店铺诊断及数据管理
店铺管理能力 ────────────────┤           ┌─ 订单交易管理
                            │           ├─ 纠纷管理
                            ├─ 客服专员 ─┤
                            │           ├─ 客户管理
                            │           └─ 评价监督管理
                            │           ┌─ 物流发货管理
                            └─ 仓库专员 ─┤
                                        └─ 商品库存管理
```

图 8-2

五、统计与库管能力。一般团队配置完整的企业都有财务和库管专员,如果你所在的店铺中没有这样的人,作为淘宝掌柜要学会使用简单的表格统计店铺每天的收入和支出,记账方法可以不按专业要求,但一定要自己能看懂,明白是赚了还是赔了,有多少库存积压,了解库存余量,确定哪些商品已经缺货,以便将该商品及时下架。定期盘点库存,推出相应的促销活动来清仓,核算有多少资金可以周转和进货,以及还有多少利润可以用于店铺的再发展。统计明

细如图 8-3 所示。

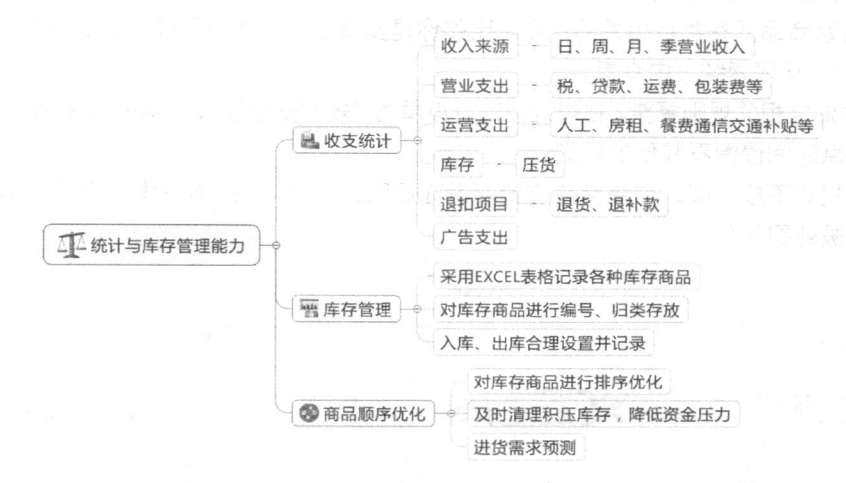

图 8-3

六、学习和创新能力。别以为开网店是一个没有技术含量的工作，其实这里需要学习的东西太多了。淘宝的游戏规则，几乎每年都在变，稍有怠慢，就可能被淘汰出局。未来，玩转网店的门槛将更高，需要更强的综合能力和经济能力，当然尤其需要很好的学习能力和创新能力。

成为一名优秀的淘宝掌柜，应该站在更高的位置，多维度提升自己的能力。

8.2 在开店过程中所需资源类型及入口

熟悉淘宝规则，避免违规处罚

淘宝网发展到今天，已经非常成熟，各种规则条款也比较完善，作为卖家，熟知淘宝规则是必修课。查看淘宝规则的入口：方法一，在淘宝网首页右上角单击"规则"按钮；方法二，启动浏览器，直接输入淘宝规则频道的网址。

新版淘宝规则频道首页如图 8-4 所示，在众多规则中先看哪些呢？

建议先看以下规则：

1. 淘宝平台规则总则：市场管理与违规处理、行业管理规范、营销活动规范、消保争议及处理、信用及经营保障、特色市场规范、内容市场规则。

2. 与发布商品相关、虚假交易相关、评价相关的规则。使用规则频道顶部的搜索功能，在搜索框中直接输入关键词"发布商品""虚假交易""评价"后,从搜索结果中查看。

3. 与自家商品所在类目相关的规则。比如你是卖食品的,在规则频道顶部搜索框中输入关键词"食品",从搜索结果中查看。

4. 关注淘宝相关规则更新。在规则频道首页单击"规则众议院",近期更新的规则都在这里。每天抽点时间慢慢看其他的规则。

所谓无规矩不成方圆,在淘宝开店就要遵守规则、守纪守法,熟知规则能有效避免店铺在经营过程中被处罚扣分!

图 8-4

卖家开店过程中所需资源入口

在整个店铺运营环节中,或多或少会涉及某些细节需要找人帮助处理,比如商品拍摄、装修定制、商品详情定制、客服外包等。当需要这些人才时,卖家应该知道从哪里去找。

第一类、淘宝摄影服务市场,为卖家提供专业的商品摄影服务、视觉营销服务(含视频制作、详情页设计、图片精修、Banner 设计、主图制作、加水印、抠图等)。

第二类、淘宝服务市场，为卖家提供专业的内容互动、客服外包、店铺装修、店铺管理、营销推广、企业服务、仓储服务等，按需选用。

第三类、淘宝装修市场，为卖家提供手机端店铺模板、PC端店铺模板、装修设计定制等。

第四类、淘宝内容市场，为卖家提供短视频服务、视频制作、内容/视觉营销策划定制、AR/VR/H5/C2B定制、WEEX定制等。

第五类、营销活动中心（需用卖家号登录才能访问），是淘宝官方营销活动中心，不定期举行各类目的行业活动、品牌活动、无线手淘活动等，卖家可根据自己商品的情况、店铺的营销节奏报名参加官方活动。这也是一种非常有效的引流渠道。

8.3 在开店过程中遇到问题，如何快速解决

网店要赚钱需符合哪些条件

基础条件：注册淘宝店铺→解决货源（品牌定位、店铺定位、商品定位；品质有保证、质优价廉最好）→上架商品（定价，扣除所有的成本后有得赚；商品"包装"，提高流量升转化率）→装修店铺（按营销级别装修）→推广销售（多渠道引流，越多越好）→客服接待（售前、售中、售后接待能力）→售后发货（发货速度、包装、快递）。

深入条件：懂店铺整体运营→在商品大卖时有资金支持→会定价、设置促销、引流、转化。

将上述每个环节落到实处，把细节做到位，制订自己的店铺发展计划，打造一个赚钱的网店就不难。

网店不赚钱的几种可能性

可能性一：店主自身问题，没条件或不努力。

店主选了不合适自己的网店形式，或者货源、资金上条件欠佳。比如平时很忙的上班族，选择卖要自己打包发货的商品，特别是只有晚上才上线，没多少时间去接待买家、联系快递发货等，自然是没有方法做好网店的。

店主太懒，不去落地执行。这个没办法解决，哪怕告诉你那是个金块，你懒得去捡，没用。

解决方法：

1. 如果兼职开店，可考虑分销代销；
2. 资金上不充裕，前期可以少量进货，不囤货；
3. 分析自己的不足，找对方向，勤学习，增强执行力。

可能性二：网店流量太小。

流量小是最主要原因。对一个网店来说，不宣传必然没生意。特别是在当今大环境下，卖家多，商品多，要主动推广引流才行，坐等顾客上门的时代已经过去了。推广引流不是一朝一夕的事，要制度化、流程化，持之以恒才行。

解决方法：

1. 多途径获取流量：淘宝站内资源、淘宝站外资源、各种活动报名；

2. 推广后多分析总结；

3. 执行力是关键。

可能性三：销售转化率太低。

做了推广，浏览的人多，却没人下单。买家从进入你的店铺，到咨询、购买，有着一个系统化的流程。如商品价格、商品主图、商品卖点、商品文案详情描述、店内活动、店内关联入口引导、整店装修、商品质量、售后包装发货流程预演、各种承诺保障等。

解决方法：

1. 商品详情优化：定价、主图、卖点、文案、质量保障承诺、包装发货流程预演。

2. 店铺装修优化：店内关联入口引导、活动呈现、整店装修。

3. 店内活动策划：找理由做活动、报名活动等。

可能性四：商品利润太薄。

一是定位中低端市场；二是定价低、利润低，就算是一天卖上几十上百单，除去运营成本，可能还赔钱。非常多的卖家是从卖身边的商品开始的，如杯子、袜子、小玩具等。背后的道理是：卖利润为 5 元的商品，和卖利润为 500 元的商品，花费的精力是差不多的，但是利润却相差 100 倍。同样卖 10 单，利润差距很大。

解决方法：

1. 尽量找利润相对高的商品；

2. 学会科学定价，不打价格战。

可能性五：不会定价，不会设置促销。利润还可以，商品也不错，不会科学定价，不会设置折扣。

解决方法：

1. 学会科学定价，合理规划促销价格；

2. 学会对商品进行价值包装。

可能性六：不坚持。

绝大部分的卖家在开店前一月感觉很新鲜，随后发现遇到的问题越来越多，逐渐倦怠，再往后，看到自己的店铺就怕，甚至看到就讨厌，任其自生自灭。

解决方法：

1. 坚持。找对方向，按照自己的计划一步一步去做，坚持到最后，只要用心去做了，一定会有回报；

2. 培养自己不断解决问题的能力。

在开店过程中遇到问题，如何快速解决

在开店过程中通常会遇到三类问题：淘宝开店、买卖相关问题；支付宝相关问题；天猫相关问题。不同的问题有不同的解决方法。

1．淘宝开店、买卖相关问题解决方法。

在"卖家中心""我的淘宝"页面中找到"常见问题"提示、阿里万象智能机器人、人工云客服等，单击"咨询"按钮或自助搜索答案。从淘宝网站导航、卖家地图中搜索答案；从淘宝网服务中心中搜索答案。电话咨询，淘宝商家热线：0571-88157858，服务时间：周一至周日9:00~21:00。

2．支付宝相关问题解决方法。

从支付宝服务大厅中搜索答案。

3．天猫相关问题解决方法。

从天猫帮助中心中搜索答案，在天猫首页底部各类问题解决入口搜索答案。电话咨询，天猫商家热线：4008-608-608，服务时间：周一至周日9:00~21:00。

开店其实就是一个不断遇到问题，不断解决问题的过程。熟知解决问题的途径和方法才能快速进步。

第三篇

店铺装修实战：卖家"留客+提升客单价"标配技术

许多新手卖家对淘宝店铺装修有着错误的认识，以为创建店铺后第一件事就是装修，实则不然，建议把店铺装修放在发布商品后进行。因为没有商品或者商品为下架状态，不会在店铺中显示，此时去装修相当于做无用功。

店内上架商品后，买家能正常购买，不就已经营业了吗？为什么还要装修店铺呢？

相信大多数人开网店的初衷是赚钱，装修店铺的最终目的是提升转化率、提升客单价，从而提升销售额，实现盈利。所谓"人靠衣装马靠鞍"，规范的店铺色彩搭配、设计合理的购物引导路径、制作精美的店铺排版，既能让买家轻易找到想要的商品，也能让买家轻松享受愉悦的购物过程。

店铺装修就应该直奔这种"让买家赞不绝口、记忆犹新、流连忘返、爽快买单"的效果。当然要达到这种效果，除了完全掌握淘宝旺铺的各种功能，也与图片处理、店铺运营密不可分。

淘宝发展壮大经历了十多个年头，承载淘宝卖家店铺的"淘宝旺铺"也经历了多次重大改版。始终活跃在淘宝一线、精通旺铺装修之道的笔者会在第9章至11章教你恰当地选择适合自己店铺的旺铺版本、免费的淘宝旺铺PC端基础版+手机端基础版的装修技巧，用实例演示如何轻松装修出"高大上"的店铺效果，大大节约装修成本，为提升销量营造良好的店铺氛围。

重要提醒：第三篇内容的实操性非常强，建议边学边对照淘宝旺铺后台操作！

第 9 章

网店装修"旺铺"必不可少

9.1 网店要不要装修,装修后有没有用

网店要不要装修

带有下述标签的店铺一般不装修:"做一锤子买卖""捞一笔就撤""没打算长久经营""卖一些坑蒙拐骗的商品"……

反之,把网店当作事业、全职开店、用心开店、做正经生意、月销 10 万件以上的店铺,一定会装修店铺,并且会随着运营节奏更新装修效果。至于装修后的效果是否"高大上",与图片视觉、店铺排版、Photoshop 图片处理等技术相关,是另一回事。

网店装修后有没有用

对于懂网店运营的人来讲,这个问题就是废话,因为正常运营的店铺一年四季很多文字描述、图片、活动等都是变化的,需及时替换更新。而多数新手和不懂运营的人,确实纠结于此。

道理很简单:一方面,装修是对买家的尊重和重视,你把买家当回事,反过来买家也会把你当回事;另一方面,装修店铺能体现你的实力和档次。

如果商品的价格上了三位数,视觉呈现(商品详情+店铺装修)跟不上,除非是知根知底的老顾客,你看看销量会不会下降。如果商品的价格上了四位数,还不装修店铺,咨询你的买家有一半以上会问同一个问题:"是正品吗?"

开网店,如果脱离运营谈"装修有没有用",那是自我安慰。当你认真运营网店时,无须废话,埋头去干,把店铺视觉结合商品做到极致。不想装修或听不懂、听不进"运营语言"的人,

说再多都没用！

装修店铺是一种态度！至于装修到什么水平，要根据商品定位区别看待。我们不仅要装修店铺，还要用"运营思维"装修，巧妙设计购物路径，促成店内更多商品销售，提升客单价。

当然，许多新手卖家对淘宝店铺装修有着错误的认识，以为创建店铺后第一件事就是装修，实则不然，建议把店铺装修放在发布商品后进行。只有成功发布的商品才能生成链接地址，而实现点击必须添加商品链接。另外，上架状态的商品才会在店铺中显示，仓库中的商品不显示，没发布商品就去装修，相当于做无用功。

成功发布商品且为上架状态，买家能正常购买，不就已经营业了吗？为什么还要装修店铺呢？不装修行不行？店铺装修不是强制项，不装修是你的自由。然而，因为同行竞争+平台优胜劣汰+买家见异思迁，建议你要装修店铺！

店铺装修的本质是展示商品，展示的商品目的在于促成交易。不管是淘宝，还是天猫，从卖家中心发布商品并上架，会自动同步到店铺内展示，如果不手动改变店内的排版结构，默认的呈现效果非常糟糕且混乱。

此外，相信大多数人开网店的初衷是赚钱，装修店铺的最终目的也是为了提升购买转化率、客单价，进而提升销售额，实现盈利。所谓"人靠衣装马靠鞍"，规范的店铺色彩搭配、设计合理的购物引导路径、制作大气的店铺排版，既能让买家轻易找到想要的商品，也能让买家享受轻松愉悦的购物过程。

我们做店铺装修就应该直奔这种"让买家赞不绝口、记忆犹新、流连忘返、爽快买单"的效果。即使当前不买商品，也尽量让他们将其收藏、加入购物车，把买家"圈"在店铺周边，后续有计划地推送信息，再次促成交易。

9.2 卖家必备重要工具"旺铺素材中心"使用详解

旺铺素材中心是做什么的

"旺铺素材中心"由"图片空间"更名而来，"图片空间"这个名字伴随了卖家很多年，官方担心更名后有些卖家不习惯，找不到入口，因此在一些核心入口还保留着"图片空间"这个名称。比如在卖家中心左侧"店铺管理"标签下，单击"图片空间"超链接，打开的页面就是更名后的"旺铺素材中心"。

在短视频被广泛应用之前，卖家展示网店商品最常用的形式是图片和文字，更名前的"图片空间"就是官方专门为卖家开发的，是用来存放网店内一切需要的图片的存储工具，包括商品详情图（含颜色分类图、PC端商品图片/手机端商品图片、PC端描述图/手机端描述图）、店铺装修图（含店招图、分类图、海报图、个性化商品展示图等）、活动图（报名参加官方活动所需图）、淘系内的推广运营图等。

后来，随着无线互联网技术、短视频技术、直播技术、在线音乐技术、在线动图（mp4格式的短视频）技术的发展，卖家展示商品的形式越来越丰富多样，除了图片，像视频、音乐、动图这些也被广泛使用，因此官方也顺势发展，将"图片空间"更名为"旺铺素材中心"，供卖家存储网店所需图片、视频、音乐、动图等素材。

重要提醒：在旺铺素材中心中被引用的图片、视频、音乐、动图等一旦被删除，店铺内、商品详情内或其他引用渠道将不再显示，切记一定不能删除被引用的素材。

旺铺素材中心的常用入口

卖家可以通过下面五种方式访问旺铺素材中心：

第一种，使用浏览器登录卖家中心，依次单击页面左侧的"店铺管理"－"图片空间"。

第二种，打开千牛工作台，依次单击首页左侧的"店铺管理"－"图片空间"。

第三种，在旺铺装修后台能上传图片的位置访问旺铺素材中心，比如在"店铺招牌"模块插入图片、在"图片轮播"模块添加图片、为"店铺分类"添加分类图片等位置。

第四种，执行"卖家中心"－"宝贝管理"－"发布宝贝"－"添加宝贝图片/插入宝贝描述图"操作；或者执行"卖家中心"－"宝贝管理"－"出售中的宝贝"/"仓库中的宝贝"－"编辑宝贝"－添加宝贝图片/插入宝贝描述图"操作。

第五种，卖家工具（比如千牛、淘宝助理）中的图片空间链接。

旺铺素材中心的重要功能详解

打开卖家中心，依次单击"店铺管理"－"图片空间"，进入旺铺素材中心首页，如图9-1所示。为了帮助你快速熟悉其各种功能，笔者在图9-1中从左往右依次标注了8个序号：

❶素材类型切换入口，默认显示"图片"，分别单击"视频""音乐""动图"可切换至相应的界面。

❷文件夹创建入口，在旺铺素材中心可以创建文件夹，方便分类存放图片，特别是很多时候，图片要分文件夹存放，便于后期快速查找，卖家按需使用。图中有三个地方可以创建文件夹，分别位于左上角、左下角、右上角。左上角的这处，需在已有文件夹的名称上右击，在展开菜单中单击"新建文件夹"。已创建的文件夹也可以重命名、移动、删除。

❸图片回收站，卖家删除的图片保存在这里。回收站为买卖保存7天内删除的文件，超时后系统将自动清除。回收站中的图片不占存储空间。

❹文件排序切换入口，默认按"上传时间降序排列"，单击此处可以切换其他排序条件。

❺搜索框，当有很多的文件夹和素材图时，可以用搜索功能快速查找。

❻更多设置入口，单击此处，在展开菜单中包含"授权店铺管理""水印设置""网店秀"三个功能入口。

❼上传按钮，单击此处可以上传图片至旺铺素材中心。为了保证图片的正常使用，旺铺素材中心仅支持 3MB 以内 jpg、jpeg、gif、png 格式图片上传。支持选择多张图片上传，支持拖动文件夹上传。为了提升页面加载速度，特别是店铺首页、商品详情页，建议单张图不超过 500KB。

❽升级空间按钮，免费空间 1GB，超过空间大小需付费，订购入口就在单击"升级空间"后打开的页面。批量清空本账号所有的图片和删除本账号所有未被引用的图片的入口也在这里，请谨慎操作，一旦批量删除，将无法恢复。

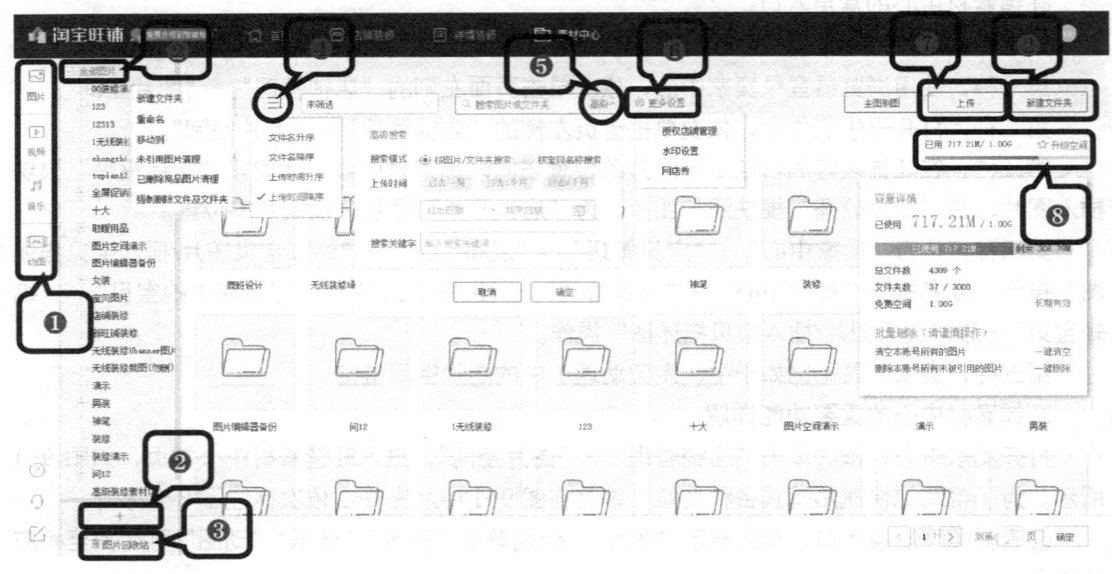

图 9-1

将鼠标光标移动到已上传的图片并勾选，可以激活更多功能键，如编辑、复制（复制图片、链接、代码）、删除、替换、移动到、适配手机，如图 9-2 所示。这些功能在网店中都比较常用，请牢记入口。

第9章 网店装修"旺铺"必不可少

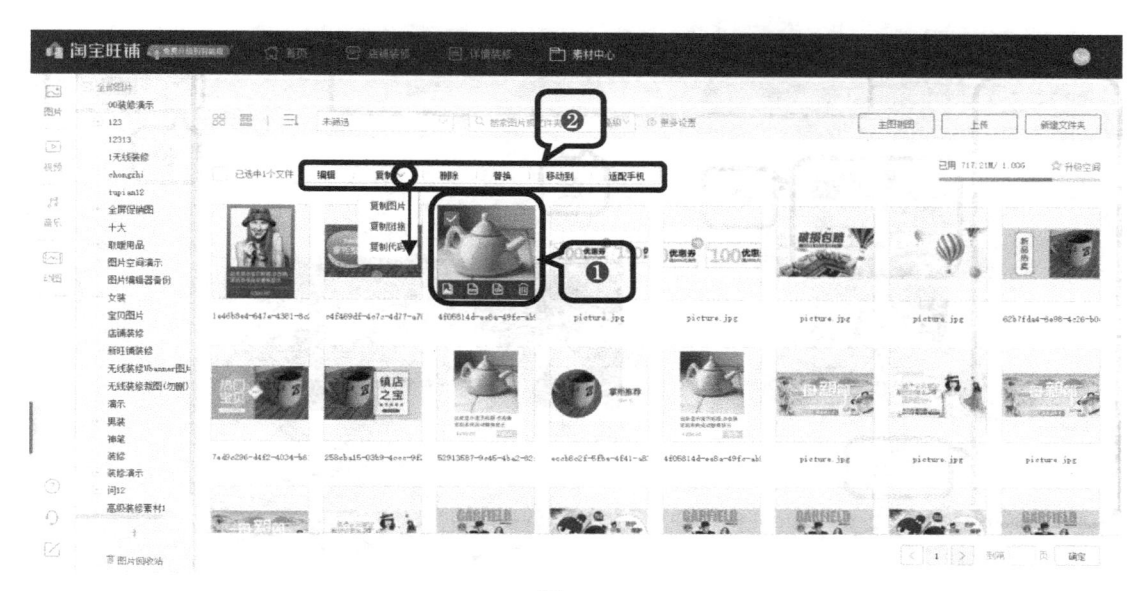

图9-2

在旺铺素材中心首页依次单击"更多设置"-"水印设置",弹出窗口如图9-3所示。添加文字水印或者图片水印之后,新上传的图片会自动添加水印。设置水印之前上传的图片无法自动添加。

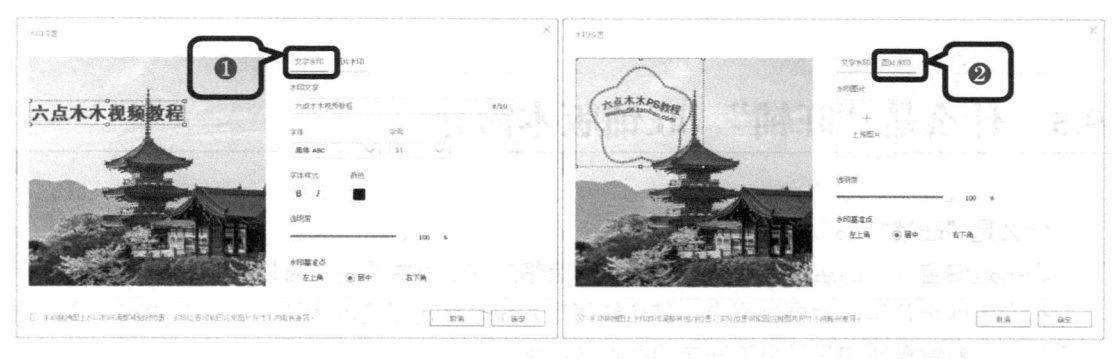

图9-3

"网店秀"是旺铺素材中心专属的在线图片编辑工具,依次单击"更多设置"-"网店秀",新开界面如图9-4所示。使用方法很简单:第一步导入图片,第二步编辑,第三步保存到图片空间或导出。建议你打开这个界面,操作几遍导入图片,熟悉界面各种功能。

注意:在界面左侧"立即升级"上方的都是广告,需付费订购后才能使用,无须理会。

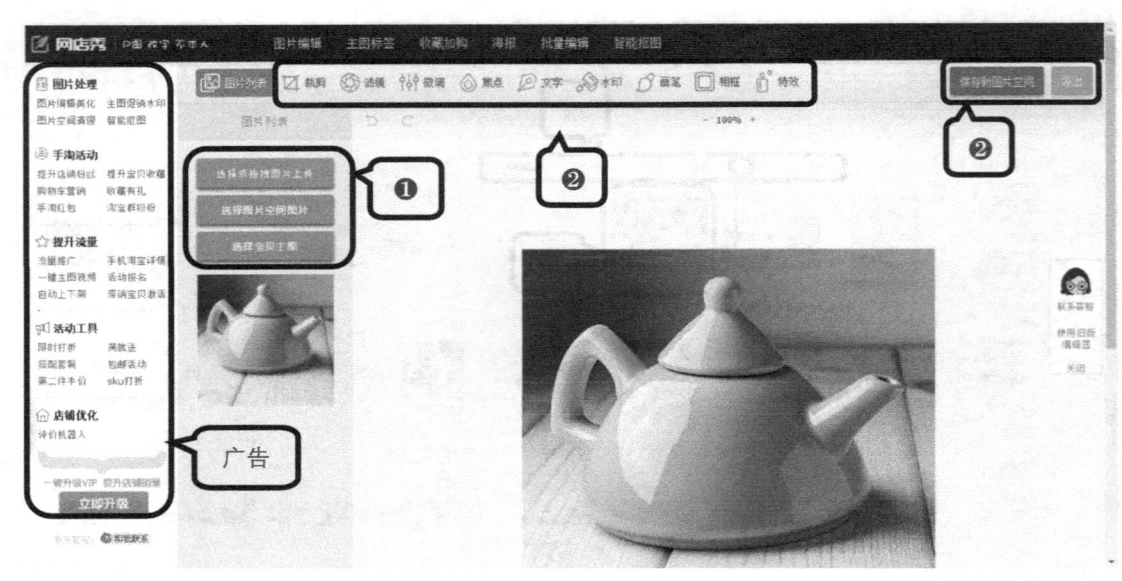

图 9-4

小结：

旺铺素材中心是卖家必备且重要的存储工具，建议花点时间认真熟记各种功能，后续在网店经营过程中会经常用到。

9.3 什么是"旺铺"，旺铺版本简介

什么是"旺铺"

旺铺是淘宝官方的店铺装修产品，是卖家装修店铺的承载平台，可以将其想象成实体店。

在淘宝网十几年的发展过程中，其店铺管理系统也经历了几次大改版，作为卖家，顺应市场变化，不断掌握新知识是当下开店的必备技能之一。

淘宝、天猫是两个不同的网站，旺铺分为淘宝旺铺、天猫旺铺。天猫商家使用旺铺天猫版。淘宝旺铺又因行业特性分为普通店铺使用的版本（比如服装鞋帽、母婴、化妆品等普通网店）和特殊行业店铺使用的版本（比如生态农业、理财行业等特殊网店）。普通店铺使用的旺铺分为PC端旺铺和手机端旺铺，PC端旺铺分为基础版、专业版、智能版，手机端旺铺分为基础版和智能版。

不同旺铺及其版本之间的逻辑关系如图 9-5 所示。

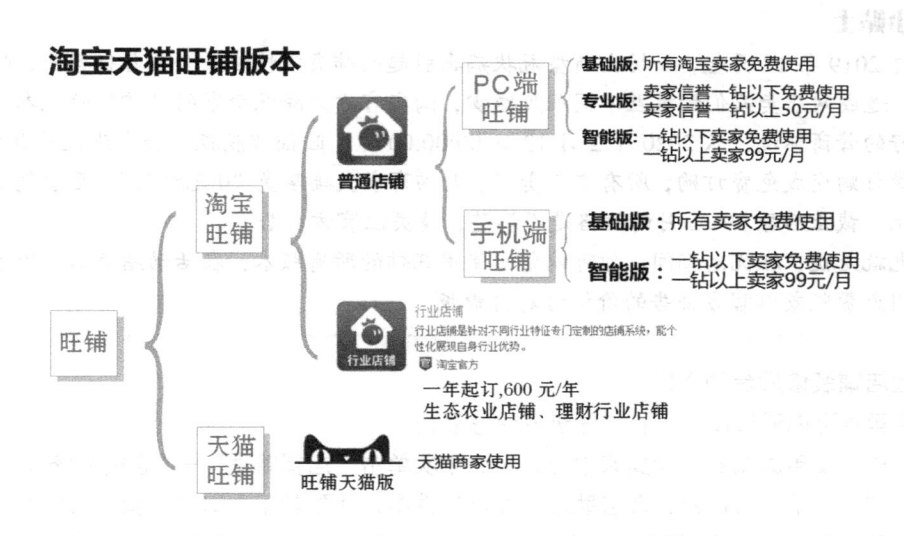

淘宝天猫旺铺版本

- 旺铺
  - 淘宝旺铺
    - 普通店铺
      - PC 端旺铺
        - 基础版：所有淘宝卖家免费使用
        - 专业版：卖家信誉一钻以下免费使用
          卖家信誉一钻以上50元/月
        - 智能版：一钻以下卖家免费使用
          一钻以上卖家99元/月
      - 手机端旺铺
        - 基础版：所有卖家免费使用
        - 智能版：一钻以下卖家免费使用
          一钻以上卖家99元/月
    - 行业店铺
      行业店铺是针对不同行业特征专门定制的店铺系统，能够优化展现自身行业优势。
      淘宝官方
      一年起订,600元/年
      生态农业店铺、理财行业店铺
  - 天猫旺铺
    - 旺铺天猫版　天猫商家使用

图 9-5

版本这么多，淘宝卖家如何选择

每一个开店成功的淘宝卖家，其店铺都同时拥有 PC 端旺铺和手机端旺铺，接下来的问题是：如何选用旺铺的版本？

淘宝卖家店铺信誉一钻（即 251 个好评）是分割线：

一钻以下，有三种选择：第一种，免费使用 PC 端旺铺基础版+手机端旺铺基础版；第二种，免费使用 PC 端旺铺专业版+手机端旺铺基础版；第三种，免费使用 PC 端旺铺智能版+手机端旺铺智能版。

一钻以上，也有三种选择：第一种，免费使用 PC 端旺铺基础版+手机端旺铺基础版；第二种，50 元/月订购 PC 端旺铺专业版+免费的手机端旺铺基础版；第三种，99 元/月订购智能版，包含 PC 端旺铺智能版+手机端旺铺智能版。也就是说，PC 端旺铺智能版和手机端旺铺智能版是捆绑在一起的，只需订购一次。

生态农业店铺、理财行业店铺除了可以使用旺铺基础版、专业版、智能版，还可以选择订购行业店铺。

> **小贴士**
> 自 2019 年 12 月起，一场由新型冠状病毒引起的肺炎疫情波及全国各行各业，受疫情影响，造成网店卖家们的收益不同程度减少，淘宝官方为降低卖家的日常运营成本，提供了更好的营商环境，从 2020 年 2 月 12 日 00:00:00 起，旺铺智能版（含专业版所有功能）由收费订购变成免费订购，所有淘宝卖家、天猫商家直接享受"0 元订购"。至于免费至何时截止、截止后原 99 元/月的价格是否调整，请关注官方公告。
> 也就是说，在优惠期间，你可以免费使用旺铺的所有版本；在活动结束后，你可以继续使用免费版或以官方公告的价格订购付费版。

淘宝店铺装修后台的入口

淘宝卖家可以通过以下三种方法进入装修后台：

第一种，使用浏览器登录卖家中心，然后依次单击"店铺管理"－"店铺装修"。

第二种，在千牛工作台、淘宝助理等卖家软件中，找到常用入口"店铺装修"并单击。

第三种，启动浏览器，打开自己的店铺首页，用卖家账号和密码登录，单击页面右上角"装修此页面"按钮。使用这种方法要注意，打开别人店铺页面没有"装修此页面"按钮。

9.4 淘宝旺铺 PC 端页面结构详解

淘宝旺铺 PC 端装修必须清楚四个概念：一，旺铺版本（基础版、专业版、智能版）；二，装修模板（每一种旺铺版本后台都内置永久免费的装修模板，只是数量不同；也可以到装修市场订购付费模板）；三，页面结构（PC 端店铺的页面框架）；四，模块（构成模板的元素）。

旺铺版本、装修模板、模块三者都有免费和付费之分，按需选用。

淘宝旺铺 PC 端页面结构

以淘宝旺铺 PC 端基础版为例：

打开卖家中心，依次单击"店铺管理"－"店铺装修"－"PC 端"，装修后台首页如图 9-6 所示，默认显示"页面"。单击"模板"按钮，可以查看当前旺铺版本内置的免费模板和订购的付费模板。

基础页包含首页、店内搜索页，将鼠标光标移动至对应位置会浮出"装修入口"，单击"装修页面"按钮，可以对页面进行装修。分别单击宝贝详情页、宝贝列表页、自定义页、大促承接页、门店详情页，可以依次对其进行更进一步的操作，比如装修、新增、删除等。

淘宝旺铺 PC 端的三个版本（基础版、专业版、智能版），其装修后台首页布局是一模一样的，只要掌握其中一个版本的装修流程，另外两个版本的装修流程类似。

图 9-6

其实每一个淘宝店铺都是相互独立的小型网站，这个小型网站在 PC 端的页面结构如图 9-7 所示，包含基础页（首页、店铺搜索页）、宝贝详情页（默认宝贝详情页、新增的宝贝详情页）、宝贝列表页（默认宝贝分类页、新增的宝贝分类页）、自定义页（可新增多个）、大促承接页（比如"双 11"大促承接页，成功报名参加"双 11"活动且活动期间才有，平时没有）、门店详情页（绑定了实体店的卖家才有）。

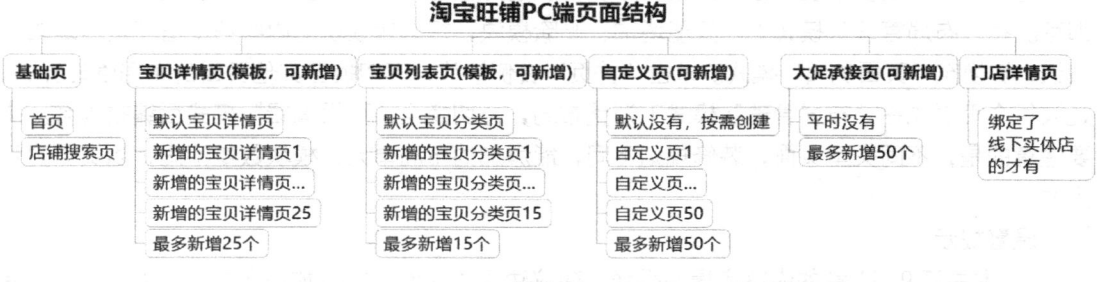

图 9-7

淘宝旺铺 PC 端三个版本（基础版、专业版、智能版）的页面结构也是一模一样的，只是版本不同，个别页面可以新增的数量不同。比如三个版本都有一个"默认宝贝分类页"，但是基础版不能创建新的页面，而专业版和智能版可以。至于其他区别，请以你使用的版本所对应的装修后台的标示为准。

淘宝旺铺 PC 端页面装修规则

掌握页面结构之后，下一步便是了解每一个页面的装修规则，以"首页"为例：将鼠标光标移动至"基础页-首页"的标题上方，浮出两个功能按钮，单击"装修页面"按钮，在新开页面继续单击"布局管理"按钮，如图 9-8 所示。首页从上往下由店铺页头、布局单元、店铺页尾三部分组成。

店铺页头全店通用，最多添加两个模块，并且只能是"店铺招牌"模块和"导航"模块。"导航"模块高度为 30 像素，不能删除，店铺页头最大高度为 150 像素（专业版、智能版与其一样）。

首页布局单元最多添加 5 个，在每个布局单元中只能添加 190、750 两种尺寸的模块（专业版能添加 190、750、950 三种尺寸的模块；智能版能添加 190、750、950、1920 四种尺寸的模块）。

190、750、950、1920 分别代表模块宽度，单位为像素。模块尺寸与布局尺寸对应，与布局单元尺寸不匹配的模块无法添加。比如基础版中有 1920 的"全屏轮播"模块和"全屏宽图"模块，但基础版中没有 1920 的布局单元，这两个模块便不能使用。再比如"图片轮播"模块支持 190、750、950 三种尺寸，但基础版中没有 950 的布局单元，只能使用 190、750 两种尺寸。

有些模块支持多种布局，有些模块仅支持一种布局；有些模块可以同时添加多个，有些模块只能在指定位置、指定布局中最多添加一个；不同旺铺版本、不同模板中，模块种类略有差别，增加、删除、编辑布局单元和模块时，请以自己使用的旺铺版本为准。

店铺页尾最多添加一个模块，淘宝旺铺基础版 PC 端页尾无法编辑（专业版和智能版页面模块可以个性化编辑）。

每一个页面由多个模块组合而成，添加模块的方法也很简单，直接将左侧模块拖动至右侧即可。在"布局管理"模式下，只能增加、删除模块，想编辑模块的内容请单击"页面编辑"按钮，切换至"页面编辑"模式。单击"首页"右侧箭头，可切换至其他页面的布局管理界面，建议每个页面先在"布局管理"模式下调整布局，再切换至"页面编辑"模式后编辑内容。需要注意的是，不同类型页面，装修规则不同，能添加的布局单元、模块数量不同，以页面提示为准。

温馨提示：

1. 本书第 9~11 章的内容实操性很强，建议边看边操作，既能加深印象，也能对淘宝旺铺 PC 端基础版/专业版/智能版的页面结构、页面装修规则、增加/删除/编辑模块等了解得更透彻。

2. 建议练习时重点关注每一个页面的布局单元的增减/移动、"布局管理"模式下模块的增减/排序、"页面编辑"模式下模块的增减/编辑/排序。

3. 建议练习时把"基础模块"中的每一个模块都拖动至右侧，分别了解它们的增减方法以及编辑规则，重点看看每一种模块可以实现什么样的展示效果。特别是可以添加图片的模块，需搞清楚图片的尺寸要求。

4. 店铺装修只能在电脑上操作，在手机上无法装修店铺。

图 9-8

9.5 淘宝旺铺手机端页面结构详解

淘宝旺铺手机端装修也要先弄清楚四个概念：一，旺铺版本（基础版、智能版）；二，装修模板（手机端基础版默认拥有一套淘宝官方的排行榜模板和一套官方自定义页模板，免费使用；也可以到装修市场订购付费模板）；三，页面结构（手机店铺的页面框架）；四，模块（构成模板的元素）。

淘宝旺铺手机端页面结构

以淘宝旺铺手机端基础版为例：

打开卖家中心，依次单击"店铺管理"-"店铺装修"-"手机端"，淘宝旺铺手机端基础版装修后台首页如图9-9所示。与PC端只有一个"首页"不同的是,手机端可以创建多个首页,单击"+新建页面"按钮,按提示操作即可。将鼠标光标移动至"店铺首页"上方,浮出"装修页面"入口。

图9-9

在淘宝旺铺手机端基础版装修后台首页,其页面结构如图9-10所示,每一个页面的装修规则差别较大,建议你登录淘宝旺铺手机端基础版装修后台首页,从左侧页面结构导航列表中依次单击查看各个页面的装修规则,熟记每个页面的编辑入口、装修规则。

淘宝旺铺手机端基础版首页装修规则

打开淘宝旺铺手机端基础版装修后台首页,将鼠标光标移动至"店铺首页"上方,单击浮出的"装修页面"按钮,进入首页装修界面,如图9-11所示。装修逻辑是:先编辑"店招"模块,再按需新增其他模块(含宝贝类、智能人群类、图文类、其他类、默认分组、营销互动类)并编辑模块内容,最后保存、立即发布或定时发布。

模块的操作方法很简单:将左侧模块拖动至中间,单击模块,激活模块的功能键,如编辑、上下移动、删除等。

基础版与智能版的主要区别是:标注"智"且背景为灰色的模块,基础版不能用;标注"智"且背景为白色的模块,部分功能基础版不能用。智能版的装修后台、页面的布局与基础版一模一样。建议看到这里,立即在电脑上打开这个界面,立即熟悉各种模块的增减、编辑、排序等操作。

单击"店铺首页"右侧箭头，可以切换至其他页面继续装修。

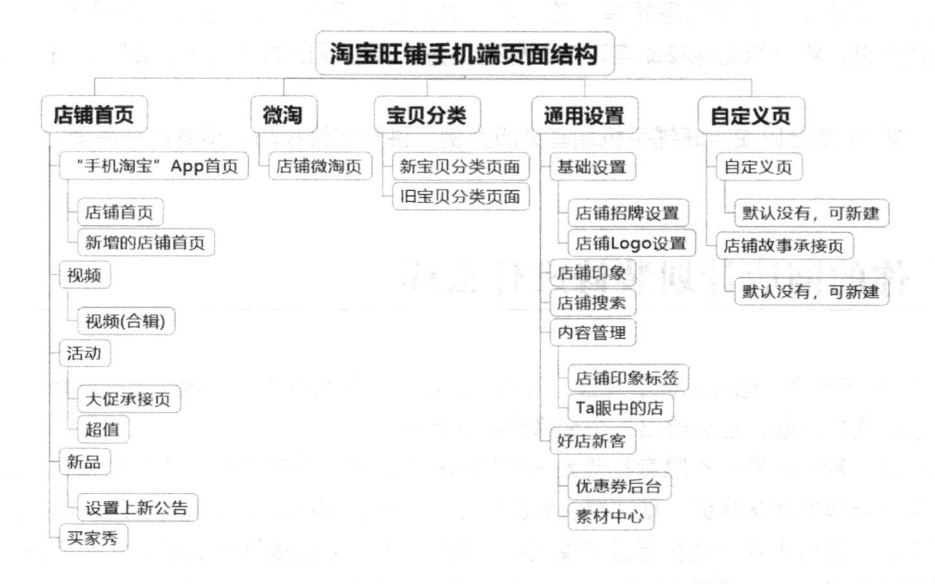

图 9-10

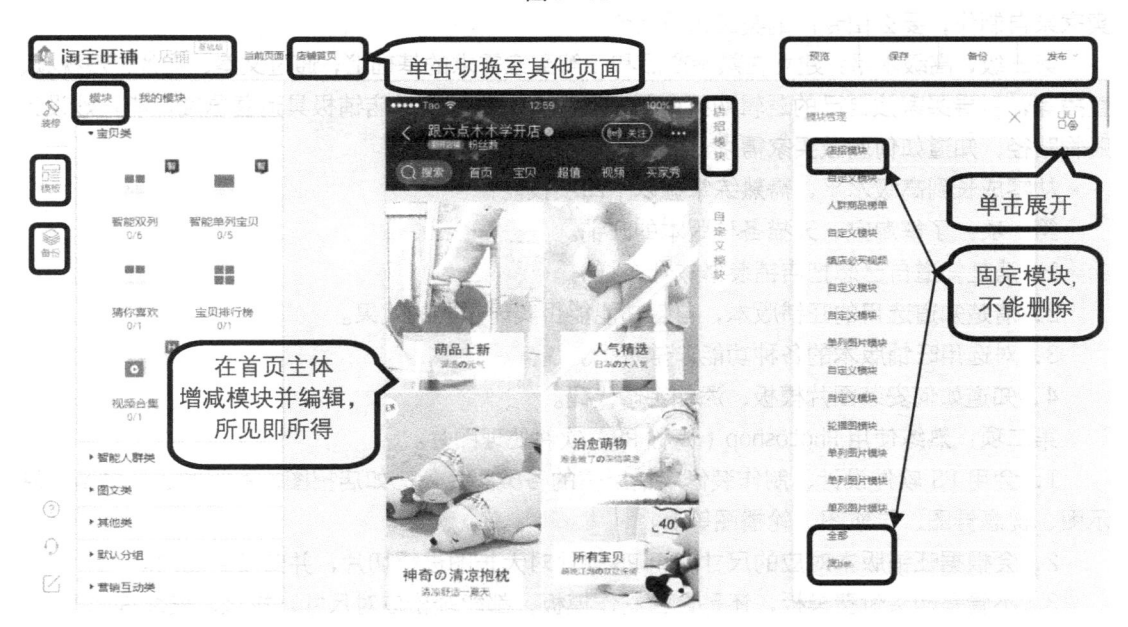

图 9-11

小结：

淘宝旺铺手机端装修的逻辑是：第一步，进入装修后台；第二步，选中要装修的页面，比如店铺首页，将鼠标光标移动至该页面标题上方，单击浮出的"装修页面"按钮，进入装修界面。

本书第11章会以淘宝旺铺手机端基础版为例，讲解装修技巧，请继续往后看。

9.6 你的网店计划装修成什么样

从2009年至今，笔者见证了淘宝、天猫旺铺近十次重大改版和无数次更新升级，结合多年装修店铺的实战经验，汇总得出三个装修店铺的水平层级：

第一级，基础水平：不愿意花费太多时间和精力装修，或者不会装修的卖家，往往发布商品后，会将店铺内默认模板、默认模块重新设置，以便使商品展示得相对规范、整齐。

第二级，进阶水平：根据运营节奏+买家喜好，个性化排版展示商品。此类店铺，一般都是重新设计店铺首页，根据店铺装修规则制作图片和排版，店铺展示规范、个性、大气。要么卖家亲自制作，要么由专门的美工人员制作。

第三级，高级水平：建立在熟悉商品和了解买家需求的基础上，通过文案、图片、短视频、直播等，引导买家按自己的逻辑购买商品，掌握主动权。此类店铺极具运营思维，能巧妙设计购物路径，知道如何刺激买家需求。

从零成长到高级水平，需熟练掌握以下四项技能：

第一项：了解淘宝、天猫各种版本的旺铺。

1．清楚知道自己想把店铺装修成什么样。

2．清楚知道选用的旺铺版本，自带功能能否实现想要的效果。

3．对选用旺铺版本的各种功能非常熟悉。

4．知道如何安装图片模板、添加装修代码。

第二项：熟练使用Photoshop（简称PS）软件处理图片。

1．会用PS软件设计、制作装修店铺所需的各类图片，比如店招图、海报图、个性商品展示图、优惠券图、导航图、轮播图等。

2．会根据旺铺版本对应的尺寸，用PS软件对大长图进行切片，并安装到店内。

3．不管是购买付费模板，还是自己制作模板，都能轻松应对尺寸、排版、安装等问题。

第三项：熟练使用Dreamweaver（简称DW）软件进行网店支持的网页排版。

1．不需要掌握太高深的排版知识，熟悉常用的 HTML 标签即可。
2．用 Photoshop 软件切片，导出代码，在 Dreamweaver 软件中修改加链接，并安装到店内。
3．能看懂 DIV+CSS，会参照修改或套用。

第四项（加分项，运营型美工必备）：会网店活动运营，熟练掌握网店各类促销工具的订购、使用方法，并能按需设置、制作活动图，比如优惠券、淘金币抵扣工具、限时打折、搭配套餐、满就减、店铺红包等。

每一个淘宝、天猫网店都有两个旺铺，一个 PC 端，一个手机端，因为访问终端不同，装修后台不同，需分别装修。

建议运营型美工装修店铺时，要考虑运营层面和目标人群层面，做到以下 5 点：

1．使用当前最新的装修策略：重点装修手机店铺，PC 端店铺视觉效果与手机端尽量保持一致。
2．让两端店铺首页排版设计每屏有重点，引导买家多挑多选。
3．巧妙设计购物路径，让买家快速熟悉你的网店。
4．重点装修 PC 端和手机端全店通用的关键位置。
5．让店铺装修得"活"和"热闹"。"活"至少体现四个方面：店铺状态正常；有人打理，不定期更新变化；店内有【出售中】的商品；旺旺在线，开门迎客。"热闹"至少也体现四个方面：有活动、有动态、有变化；有人买、有更多的人买，生意好；有"声"，店铺音乐、短视频、直播；店铺视觉呈现排版配色方面"丰富多彩"。

此外，建议装修手机店铺时，进一步侧重装修手机店铺首页；重点呈现"互动+动态（短视频、直播、微淘）+粉丝运营（淘宝群、会员体系）"；重点优化顶部和底部常驻菜单；尽量用大图、海报图、个性化排版展示店内商品；在多位置醒目提醒关注/收藏店铺，以便吸引更多粉丝，在后期精准营销。

建议装修 PC 端店铺时，重点装修店铺首页、商品详情页（模板）；重点装修全店通用的店铺页头（含店铺招牌+导航模块）；尽量使用全屏海报、大图海报、不规则个性化排版呈现商品；有意识地将买家引导至手机端店铺；在多位置布点，让尽量多的买家收藏/关注店铺，以便吸引更多粉丝，在后期精准营销。

> **小贴士**
>
> 本书篇幅有限，各种旺铺版本功能以及更多个性化的装修效果呈现，可以联系笔者，选择学习笔者的旺铺装修视频教程。

你的网店计划装修成什么样

你的网店计划装修成什么样？实际上是问：店铺的 PC 端和手机端首页从上往下依次放置什么内容？除了首页，其他页面要不要装修？要展示哪些内容？

再次强调：装修店铺的终极目的为展示商品，让进店买家不仅买，而且多买，尽量提升转化率和客单价；即使当前不买，也尽量让他们收藏或加入购物车，把买家"圈"在你的店铺周边，后续有计划地推送信息，再次促成交易。

重要建议：先发布商品，再装修店铺。只有成功发布的商品才能生成商品链接地址，而实现买家点击必须添加商品链接地址。另外，上架状态的商品才会在店铺中显示，仓库中的商品不显示。

笔者根据多年运营经验，建议店铺首页放置以下内容：

1．新品推荐。
2．活动推荐、活动商品推荐。
3．热销款、爆款、进店必买款推荐。
4．类目引导（店铺分类，比如外套、衬衣、卫衣、牛仔裤等）。
5．促销优惠信息展示（优惠券、打折、满减、包邮、会员卡、搭配套餐、专享价等）。
6．互动模块（直播、微淘、淘宝群、互动游戏、买家秀等，PC 端店铺和手机端店铺的互动模块不同，按需选用）。
7．各种形式的专题页（用自定义页、店铺故事承接页）……

PC 端店铺推荐全店装修步骤如下：

第一步：装修最重要的店铺首页（必选）。
第二步：装修影响转化、影响访问深度的"详情页模板"（必选）。
第三步：装修商品列表页、其他页（自定义页、活动页等）（可选）。

手机端店铺推荐全店装修步骤如下：

第一步：装修最重要的手机店铺首页（必选）。
第二步：装修影响访问深度的"商品分类页"（必选）。
第三步：装修顶部和底部的常驻菜单（必选）。
第四步：开启视频页、活动页、新品页、买家秀页、促销页、自定义页等（可选）。

因本书篇幅有限，无法深入讲解淘宝旺铺 PC 端和手机端各个版本的功能以及各种"高大上"装修效果的操作步骤，需要深入学习的读者，可以联系笔者（微信/QQ 同号：870558022）为你推荐与旺铺版本匹配的视频教学课程。

第 10 章
免费的淘宝旺铺 PC 端基础版装修详解

10.1 淘宝旺铺 PC 端基础版整店装修思路

淘宝旺铺 PC 端基础版的功能、内置模板、页面结构重要知识点回顾

基础版内置 1 套免费模板，5 个配色方案。

基础版不能单独对页头、页面添加背景色或背景图，只能用代码扩展的方式添加页头背景图。

基础版可以新建"自定义页"和"宝贝详情页"，但不能新建"宝贝列表页"。

基础版没有 950 布局单元，只能添加 190px、750px 的模块，不能添加 950px 的模块。没有设计师模块，但可以用代码实现类似专业版、智能版那种 950px、1920px 的全屏效果。

基础版不能编辑店铺页尾。

PC 端店铺推荐全店装修步骤如下（基础版、专业版、智能版通用）

第一步：装修最重要的店铺首页（必选）。

第二步：装修影响转化、影响访问深度的"详情页模板"（必选）。

第三步：装修宝贝列表页、其他页（自定义页、活动页等）（可选）。

PC 端店铺装修时的重要建议：

- ◆ 重点装修店铺首页、宝贝详情页（模板）。
- ◆ 重点装修全店通用的店铺页头（含店铺招牌+导航模块）。
- ◆ 尽量使用全屏海报、大图海报、不规则个性化排版呈现商品。
- ◆ 有意识地将买家引导至手机端店铺。
- ◆ 在多位置布点，让尽量多的买家收藏/关注店铺，以便吸引更多粉丝，在后期精准营销。

淘宝旺铺 PC 端基础版首页全局装修思路：

当店铺信誉达到一钻（即 251 个好评）时，如果不花钱订购专业版或智能版的话，只能使用免费的基础版。虽然基础版功能相对较少，但掌握方法后依旧能装修出高端大气的效果。

PC 端基础版首页装修规划正确思路：❶ 确定旺铺版本 → ❷ 确定使用哪套模板 → ❸ 确定模板色系 → ❹ 熟悉选用的模板中有哪些模块，每一个模块可以实现哪些效果；确定店铺首页从上往下添加哪些内容 → ❺ 确定要添加的内容使用哪些尺寸的页面布局和模块承载 → ❻ 按承载模块尺寸制作所需图片 → ❼ 编辑模块内容 → ❽ 保存发布，完成装修 → ❾ 备份装修效果。

再次强调：建议先发布商品后装修店铺。因为成功发布的商品才能生成商品链接地址，上架状态的商品才会在店铺中显示。

下面以 PC 端基础版内置的免费官方模板为例，详解上述 8 步的具体操作方法，付费模板从淘宝装修市场订购，本文不做介绍。

❶ 确定旺铺版本。淘宝旺铺 PC 端基础版。

❷ 确定使用哪套模板。打开卖家中心，依次单击"店铺管理"—"店铺装修"—"PC 端"，将鼠标光标移动至"基础页-首页"上方，单击浮出的"装修页面"按钮，在新开页面中继续单击"模板管理"，基础版内置了一套淘宝官方免费模板，如图 10-1 所示。

这套模板有 5 种配色方案，按需选用。单击"备份和还原"按钮，可以对已经装修好的效果进行备份，或者将装修效果还原至较早的装修版本。如果你的店铺装修经常换风格，建议养成备份习惯。

图 10-1

第 10 章 免费的淘宝旺铺 PC 端基础版装修详解   151

❸ 确定模板色系。依次单击"页面装修"-"配色"-"基础版天蓝",完成模板颜色修改,如图 10-2 所示。模板色系主要影响首页效果,如果用"自定义区"模块个性化装修首页,选择什么颜色不重要。

图 10-2

❹ 熟悉选用的模板中有哪些模块,每一个模块可以实现哪些效果,确定店铺首页从上往下添加哪些内容。具体做法如下:

第一步,熟悉基础版首页的"布局管理"和所有模块的增减和编辑方法。

第二步,草拟首页从上往下的排版大纲。以销售包包为例,店铺装修风格简约时尚,首页从上往下添加以下内容:自定义店铺招牌、1920 海报、通栏优惠券、分类导购、个性化客服中心、950 通栏海报、950 个性化宝贝推荐、190 个性化分类图。

❺ 确定要添加的内容使用哪些尺寸的页面布局和模块承载。比如第 4 步草拟的排版大纲需要的布局单元分别是:950、1920 尺寸用"950/1920(通栏)布局单元",190、750 尺寸用"190/750 布局单元"。由于基础版中没有"950/1920(通栏)布局单元",可以在"190/750 布局单元"中添加扩展代码实现 950/1920(通栏)效果。

需要的模块分别是:

自定义店铺招牌对应"店铺招牌"模块+页头背景。

1920 海报、通栏优惠券、950 分类导购、950 个性化客服中心、950 通栏海报、950 个性化宝贝推荐,这几种效果都对应"190/750 布局单元"中右侧 750 的"自定义区"模块,用代码可扩展至 950。

190 个性化分类图对应"190/750 布局单元"中左侧 190 的"自定义区"模块。

❻ 按承载模块尺寸制作所需图片。比如将"图片轮播"模块添加到 950 布局单元中,其宽度为 950 像素,高度为 100~600 像素,制作图片的宽高尺寸为 950 像素(100~600)像素,推荐 950 像素 x600 像素。

笔者建议装修前先用 PS 软件按模块尺寸要求制作出首页整体模板图,再对模板整图进行切片后分别安装到提前确定好的模块内,利用 PS 软件制作整体模板图的尺寸建议参考图 10-3。特别重要的技巧点是:精准确定尺寸排版,这样店铺最终的装修效果与用 PS 软件制作的模板一模一样。

PC 端基础版首页整体模板图的尺寸建议

整体宽1920像素

高150像素 店招图宽950像素
店铺招牌图片尺寸950像素×150像素
页头与页面主体10像素的间隔

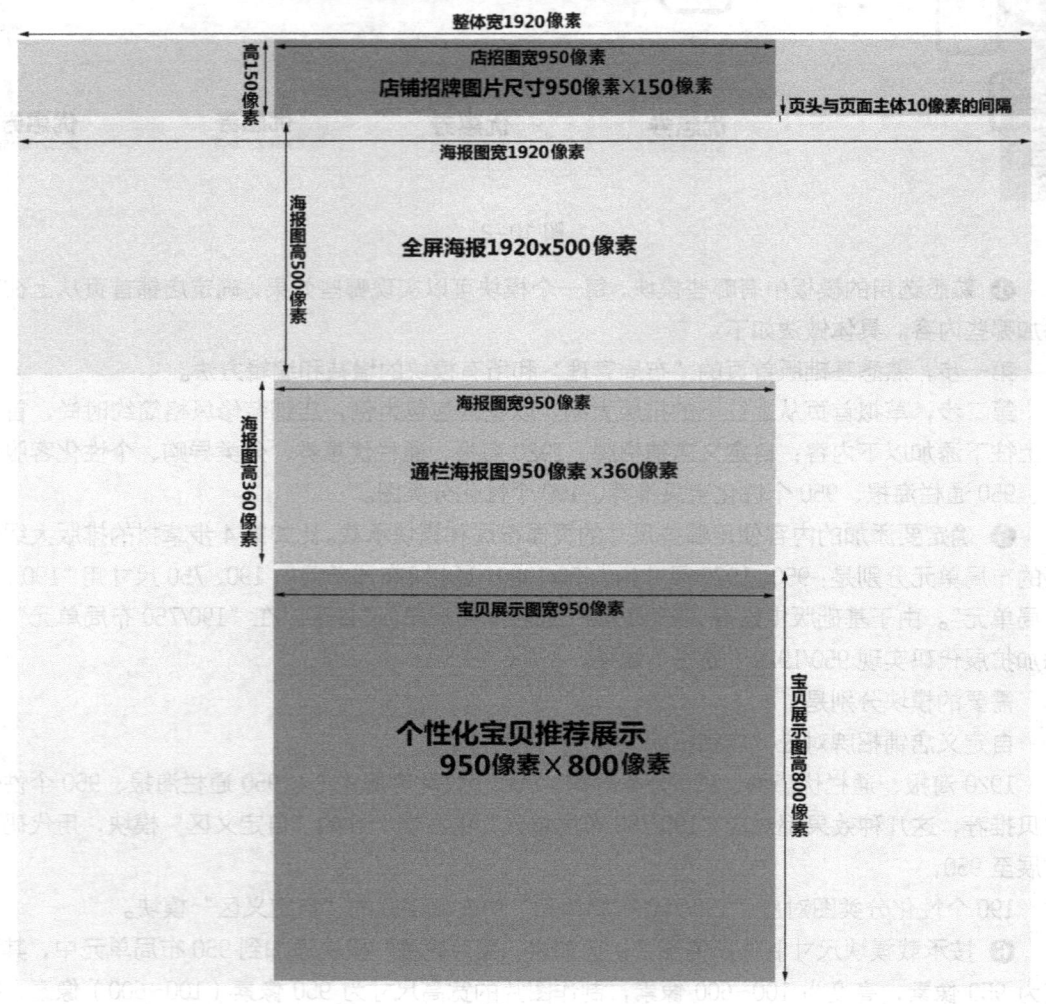

海报图宽1920像素
海报图高500像素
全屏海报1920x500像素

海报图宽950像素
海报图高360像素
通栏海报图950像素 x360像素

宝贝展示图宽950像素
宝贝展示图高800像素
个性化宝贝推荐展示
950像素×800像素

图 10-3

❼ 编辑模块内容。把第 6 步制作好的图片，分别安装到对应模块。

❽ 保存发布，完成装修。装修后台的所有操作只有发布成功后，才会在店铺前台中展示，否则买家无法看到装修效果。全部装修完成后，单击装修后台右上角的"发布站点"按钮。支持立即发布和定时发布。

❾ 备份装修效果。单击首页右上角的"备份"按钮，在弹出的"备份与还原"窗口中"备份"标签下依次填写"备份名""备注"，单击"确定"按钮，完成装修效果的备份。

后续可以再次单击"备份"按钮，在弹出的"备份与还原"窗口中单击"还原"标签，选中某个时间点的备份，单击"应用备份"按钮，将装修效果还原至当时备份的状态。还可以选中一个或多个时间点的备份，单击"删除备份"按钮，将其删除。

> **小贴士**
>
> 1. 想法不同，排版不同，装修效果就会不同。因 PC 端基础版功能有限，想实现 1920 和 950 的效果，必须使用代码扩展，本章 10.2 至 10.5 节会教你利用代码免费扩展实现 1920 全屏页头、1920 全屏海报、950 通栏海报、950 个性宝贝展示的方法，请继续往后看。
>
> 2. 在本章 PC 端基础版的装修过程中，涉及图片设计制作的地方都不展开深度讲解，会用制作好的现成图片演示步骤，如果你还不会利用 PS 软件制作图片，建议继续学习笔者的另外两本美工书籍《Photoshop 淘宝天猫网店美工一本通：宝贝+装修+活动图片处理》《淘宝天猫网店美工一本通：Photoshop+Dreamweaver+短视频》，与本书内容互补、由浅入深、互成体系，淘宝、天猫、京东等正规书店有售，搜索书名即可。

10.2 不花钱，免费实现 1920 全屏页头效果

淘宝旺铺 PC 端基础版内置的免费模板不支持类似专业版、智能版的页头背景图添加方法，只能通过扩展代码在"导航"模块和"店铺招牌"模块中编辑来实现。具体操作步骤如下：

第一步：用 PS 软件制作一张 1920 像素 x150 像素的页头背景图、一张 950 像素 x150 像素的店铺招牌图。将两张图上传到旺铺素材中心，分别选中图片并复制链接备用，如图 10-4 所示。

第二步：将以下代码源文件中的"页头背景图"五个字替换成第一步复制的 1920 像素 x150 像素页头背景图的链接地址，其他地方不要改。

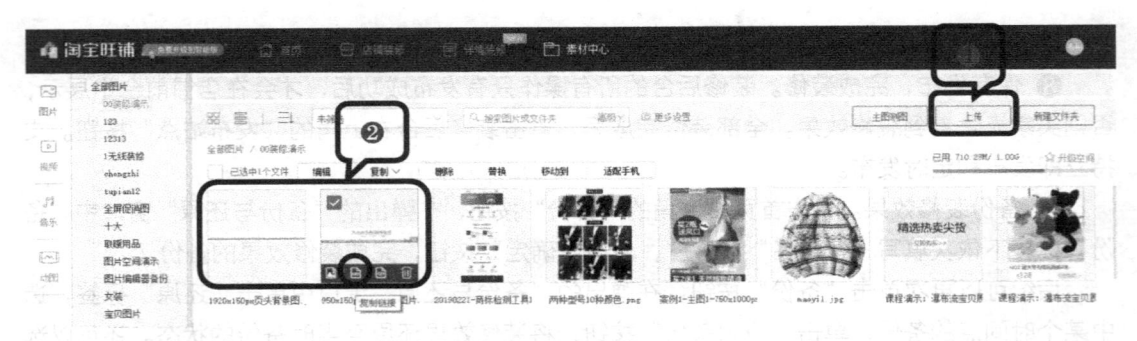

图 10-4

代码源文件：

div.skin-box-bd{position:relative;top:-150px;left:-500px;width:1920px;height:30px;padding-top:150px;line-height:150px;background:#FFFFFF url(页头背景图);padding-left:500px;}

替换后：

div.skin-box-bd{position:relative;top:-150px;left:-500px;width:1920px;height:30px;padding-top:150px;line-height:150px;background:#FFFFFF url(https://img.alicdn.com/imgextra/i3/2360652719/TB2s0LZmYXlpuFjy1zbXXb_qpXa_!!2360652719.jpg);padding-left:500px;}

第三步：复制第二步替换后的代码，将其粘贴至"导航"模块 – "显示设置"的空白框中，如图 10-5 所示，然后单击"确定"按钮。

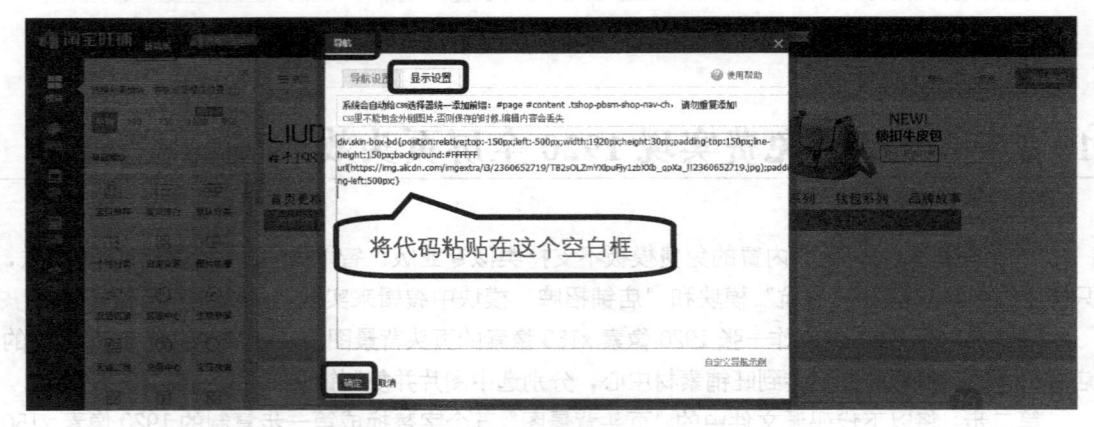

图 10-5

第四步：将以下代码源文件中"这里放你的店招代码"九个字替换成店铺招牌图链接的代

第 10 章 免费的淘宝旺铺 PC 端基础版装修详解　155

码，其他地方不要修改。

代码源文件：

　　这里放你的店招代码

替换后：

　　<a href="http://mumu56.taobao.com/" target="_blank"><img src="https://img.alicdn.com/imgextra/i4/2360652719/TB2A6AlpEhnpuFjSZFEXXX0PFXa_!!2360652719.jpg" width="950" height="150" border="0"></a>

第五步：复制第四步中替换后的代码，将其粘贴至"店铺招牌"模块"自定义招牌"的"源代码"模式下的空白框中，将店铺招牌"高度"修改为 150 px，如图 10-6 所示，然后单击"保存"按钮。

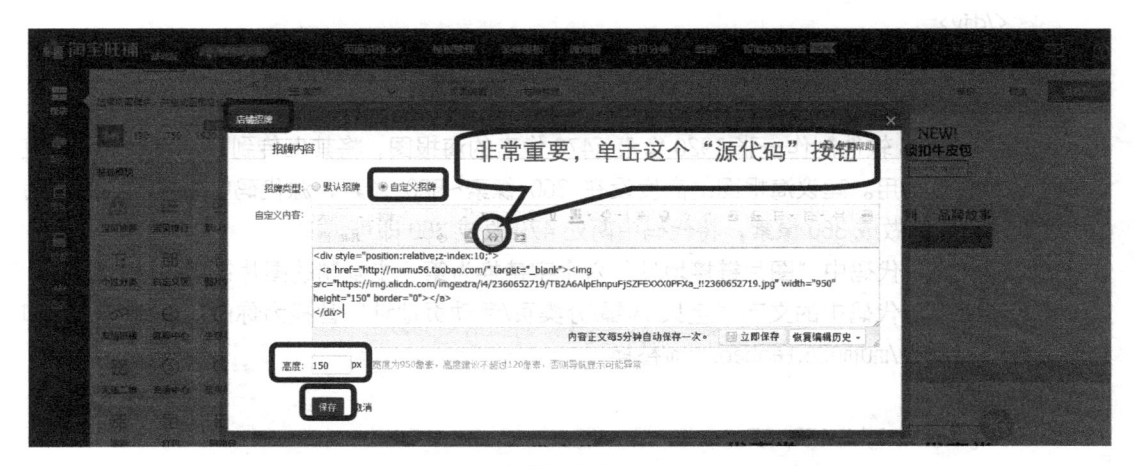

图 10-6

第六步：在装修后台右上角单击"发布站点"按钮查看效果。至此，全屏页头效果设置完成。

> **小贴士**
>
> 1. 淘宝旺铺 PC 端基础版 1920 全屏页头扩展源代码和练习素材图在本章配套素材文件夹内，请下载后按上述步骤安装使用。
>
> 2. 请保存好扩展源代码，可反复使用。

10.3 店铺首页免费实现 1920 全屏海报效果

淘宝旺铺 PC 端基础版没有"950/1920 布局单元",想实现 1920 全屏海报效果也是用代码扩展的。

基础版专用 1920 宽屏海报效果扩展源代码如下:

```
<div style="height:470px;">
    <div class="footer-more-trigger" style="left:50%;top:auto;border:none;padding:0;">
        <div class="footer-more-trigger" style="left:-960px;top:auto;border:none;padding:0;">
            <a href="宝贝/店铺/分类页/活动页地址" target="_blank">
                <img src="图片链接地址" width="1920px" height="470px" border="0" />
            </a>
        </div>
    </div>
</div>
```

具体操作步骤如下:

第一步:用 PS 软件制作一张 1920 像素 x470 像素的海报图,将其上传到旺铺素材中心,复制图片链接地址备用。建议海报图的高度设在 360 像素~520 像素,源代码中海报图的高度为 470 像素,比如你做成 360 像素,将代码中两处 470 改成 360 即可。

第二步:将源代码中"图片链接地址"六个字替换为第一步复制的图片链接。

第三步:将源代码中的文字"宝贝/店铺/分类页/活动页地址"替换为你的店铺地址。比如用首页地址 https://mumu56.taobao.com/替换。

替换后:

```
<div style="height:470px;">
    <div class="footer-more-trigger" style="left:50%;top:auto;border:none;padding:0;">
        <div class="footer-more-trigger" style="left:-960px;top:auto;border:none;padding:0;">
            <a href="https://mumu56.taobao.com/" target="_blank">
                <img src="https://img.alicdn.com/imgextra/i4/2360652719/TB2qzHWm80kpuFjy1zdXXXuUVXa_!!2360652719.jpg" width="1920px" height="470px" border="0" />
            </a>
```

```
        </div>
    </div>
</div>
```

第四步：先在首页"布局管理"中添加"190/750 布局单元"，再从页面左侧"基础模块"中将"自定义区"模块拖动至右侧 750 布局内，如图 10-7 所示。

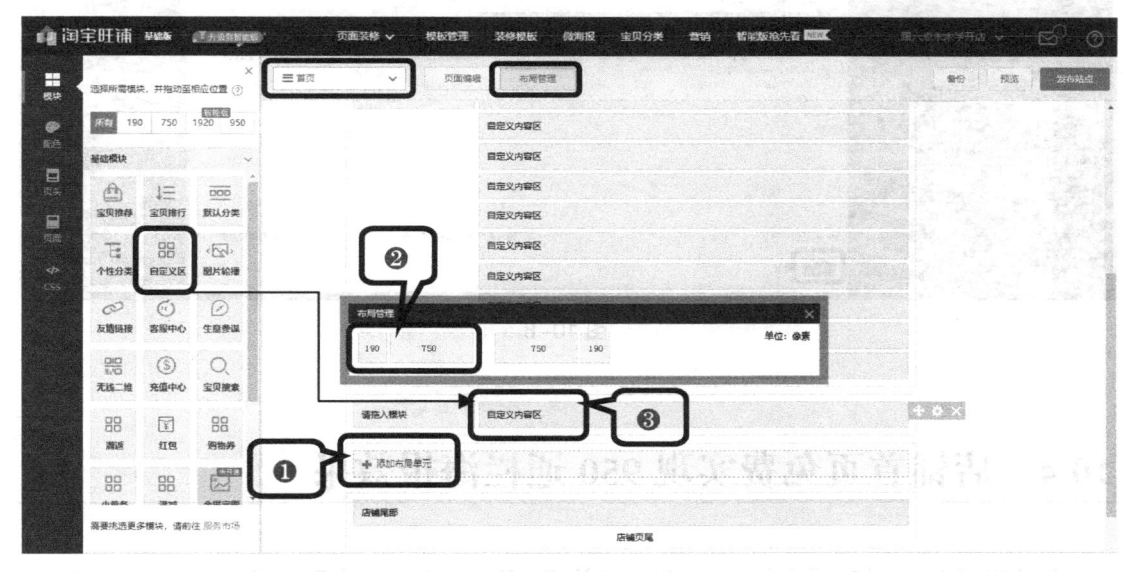

图 10-7

第五步：单击"页面编辑"按钮，回到首页的页面装修界面，找到刚才添加的布局单元和模块，将鼠标光标移动至"自定义区"模块上方，单击右上角的"编辑"按钮，新开窗口如图 10-8 所示。选中"不显示"标题，将复制的第三步修改好的代码粘贴到"自定义区"模块的"源代码"模式下，单击"确定"按钮。至此，全屏海报效果设置完成。单击右上角"发布站点"按钮，查看效果。

重要提醒：在左侧 190 布局中不要添加任何模块，否则海报图会被遮挡。

> **小贴士**
> 淘宝旺铺 PC 端基础版 1920 全屏海报扩展代码源文件和练习图在本章配套素材文件夹内，请下载后按上述步骤安装使用。

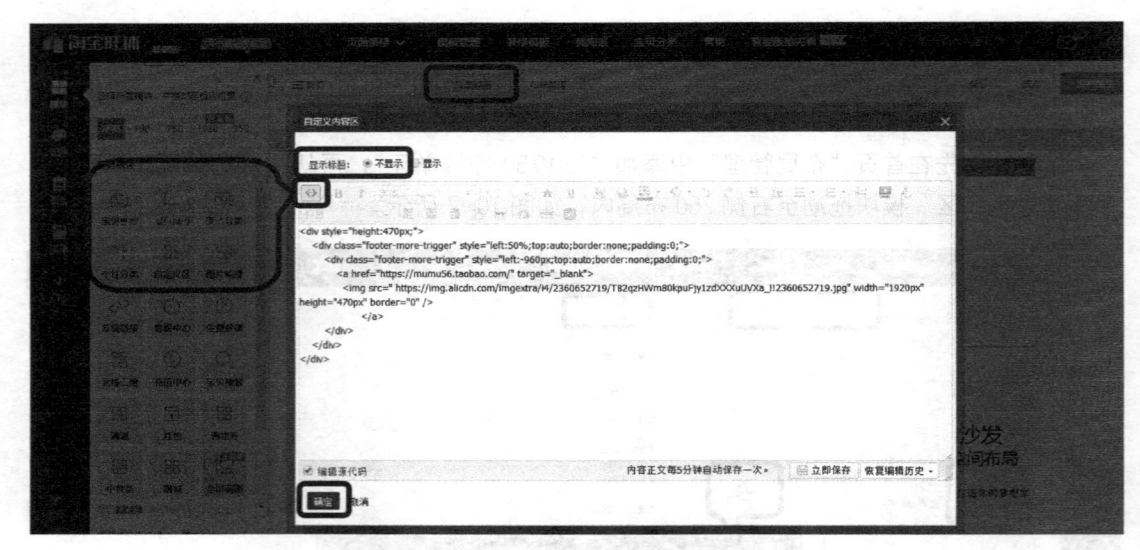

图 10-8

10.4 店铺首页免费实现 950 通栏海报效果

淘宝旺铺 PC 端基础版没有 950 像素布局单元，不能增加 950 像素的模块，我们可以将 750 像素的"自定义区"模块向左扩展 200 像素以达到 950 像素的模板效果。

扩展源代码如下：

<div style="height: 420px">

  <div style="left:-200px;top:0px;border:none;　padding:0;" class=footer-more-trigger>

  <div style="width: 950px; overflow: hidden">

    <a href="宝贝/店铺/分类页/活动页地址" target="_blank">

    <img src="海报图链接地址" width="950px" height="420px" border="0" />

    </a>

  </div>

  </div>

</div>

源代码中海报图的尺寸为 950 像素 x420 像素，海报图的高度可以修改，比如做成 780 像素，只需将源代码中两处 420 改成 780。源代码中自定义代码的含义是一图一链接，只要是淘宝框架内支持的表格图文代码都可以替换使用。如果不会编写代码，你可以继续学习笔者的图书《淘宝天猫网店美工一本通：Photoshop+Dreamweaver+短视频》。

修改源代码的步骤如下：

第一步：用 PS 软件制作一张 950 像素 x420 像素的海报图，将其上传到旺铺素材中心，复制该海报图链接地址备用。

第二步：将源代码中"海报图链接地址"七个字替换为第一步复制的地址。

第三步：将源代码中的文字"宝贝/店铺/分类页/活动页地址"替换为你的店铺地址，比如用首页地址 https://mumu56.taobao.com/替换。

替换后：

```
<div style="height: 420px">
  <div style="left:-200px;top:0px;border:none; padding:0;" class=footer-more-trigger>
    <div style="width: 950px; overflow: hidden">
      <a href="https://mumu56.taobao.com/" target="_blank">
        <img src="https://img.alicdn.com/imgextra/i4/2360652719/TB2D.ILpylnpuFjSZFgXXbi7FXa_!!2360652719.jpg" width="950px" height="420px" border="0" />
      </a>
    </div>
  </div>
</div>
```

第四步：在首页已经添加的"190/750 布局单元"中继续添加一个置于右侧 750 布局中的"自定义区"模块，将复制的第三步修改好的代码粘贴到"自定义区"模块的"源代码"模式下，单击"确定"按钮，如图 10-9 所示。至此，950 通栏海报效果设置完成。单击右上角的"发布站点"按钮，查看效果。

重要提醒：在左侧 190 布局中不要添加任何模块，否则海报图会被遮挡。

小贴士

淘宝旺铺 PC 端基础版 950 通栏海报效果扩展代码源文件和练习图在本章配套素材文件夹内，请下载后按上述步骤安装使用。

图 10-9

10.5 店铺首页免费实现 950 个性化商品展示效果

淘宝旺铺 PC 端缺乏 950/1920 布局单元，如果只用 190 和 750 的布局，整个首页的视觉冲击力会差很多。因此，除了使用前文教的 1920 全屏海报效果和 950 通栏海报效果展示商品，笔者建议用更多的 750 "自定义区"模块扩展成 950 通栏效果，用来个性化展示店内更多商品。

950 个性化商品展示效果所用到的扩展源代码如下：

<div style="height: 高度 px">

  <div style="left:-200px;top:0px;border:none; padding:0;" class=footer-more-trigger>

    <div style="width: 950px; overflow: hidden">

      一图多链接代码

    </div>

  </div>

</div>

修改源代码的步骤如下：

第一步：用 PS 软件制作一张 950 像素 x550 像素的商品展示图，将其上传到旺铺素材中心，复制图片链接地址备用。

第二步：用 DW 软件为商品展示图制作一图多链接代码，如图 10-10 所示。

第三步：将源代码中"高度"两个字改成图片的高度"550"，将源代码中"一图多链接代码"七个字替换为第二步生成的一图多链接的所有代码。

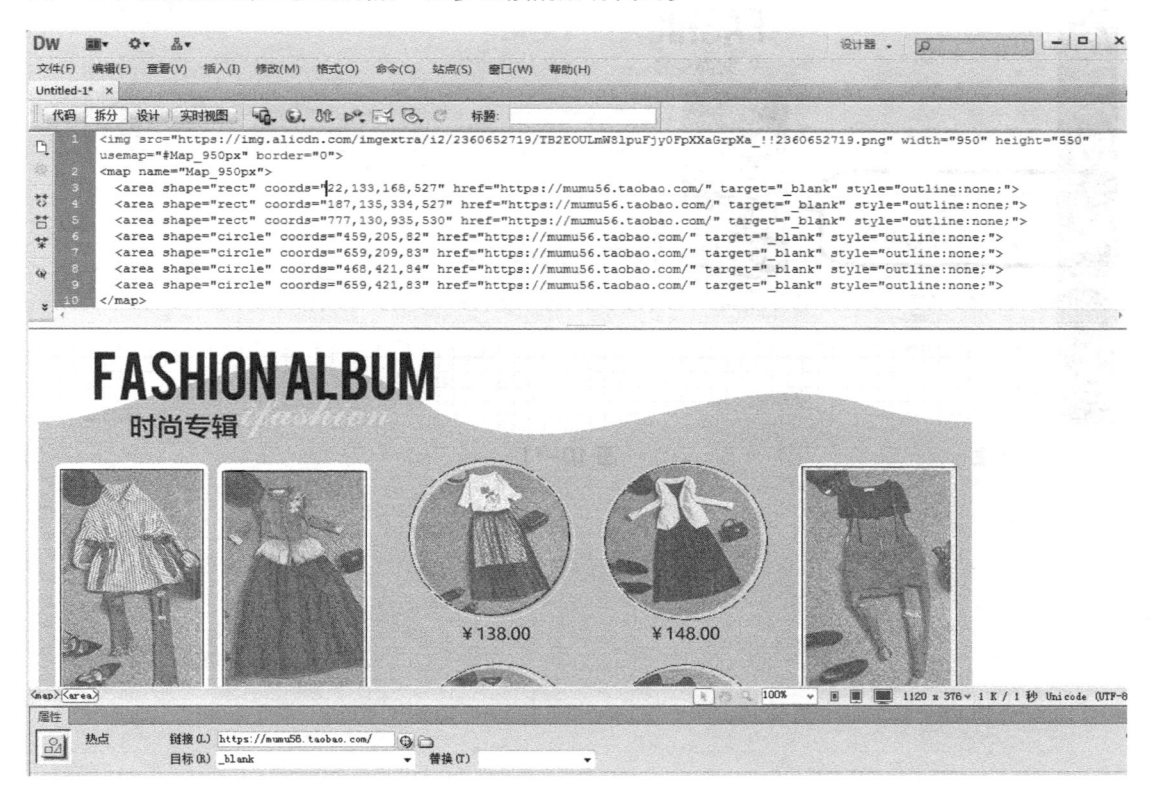

图 10-10

第四步：在首页已经添加的"190/750 布局单元"中继续添加一个置于右侧 750 布局中的"自定义区"模块，将在第三步复制的修改好的代码粘贴到"自定义区"模块的"源代码"模式下，单击"确定"按钮，如图 10-11 所示。至此，950 个性化商品展示效果设置完成。单击右上角"发布站点"按钮，查看效果。

温馨提示：在左侧 190 布局中不要添加任何模块，否则个性商品展示效果会被遮挡。

小贴士

淘宝旺铺 PC 端基础版 950 个性化商品展示效果扩展代码源文件和练习图在本章配套素材文件夹内，请下载后按上述步骤安装使用。

图 10-11

第 11 章
免费的淘宝旺铺手机端基础版装修详解

11.1 手机端装修入口，装修后在哪里看效果

虽然买家可以用智能手机或平板电脑访问卖家的手机端店铺购买商品，但是卖家无法用智能手机或平板电脑完成对手机端店铺的装修，只能在电脑上操作。

淘宝旺铺手机端装修后台入口

淘宝旺铺手机端分为基础版、智能版，所有卖家都可以免费使用基础版，智能版 99 元/月，订购后才能使用。受新型冠状病毒引起的肺炎疫情影响，从 2020 年 2 月 12 日 00:00:00 起，旺铺智能版（含专业版所有功能）由收费变成免费订购，所有淘宝卖家、天猫商家可直接享受"0 元订购"。至于免费至何时截止、截止后原 99 元/月的价格是否调整，请关注官方公告。

新版的装修后台是将 PC 端和手机端融合在一起，卖家进入手机端店铺装修后台的入口与 PC 端一致，常用以下三种方法进入：

第一种，使用浏览器登录卖家中心，然后依次单击"店铺管理"－"店铺装修"。

第二种，在千牛工作台、淘宝助理等卖家软件中，找到常用入口"店铺装修"并单击进去。

第三种，使用浏览器打开自己的店铺首页，用卖家账号和密码登录，单击页面右上角的"装修此页面"按钮。使用这种方法要注意，打开别人店铺页面没有"装修此页面"按钮。

淘宝旺铺手机端店铺装修完成后在哪里看效果

装修后台仅卖家能看到，当卖家将装修效果成功发布后，买家才能看到。在完成 PC 端店铺装修后，卖家和买家都是在浏览器中访问查看店铺；在完成手机端装修后，卖家可以在装修后

台看到大致效果,想看到完整的效果必须在"手机淘宝"App中查看。操作步骤如下:

第一步,在智能手机的应用商店或App Store中搜索"手机淘宝"App并成功安装。

第二步,扫描二维码查看装修效果。使用浏览器登录卖家中心,依次单击"店铺管理"–"店铺装修",将鼠标光标移动至"店铺首页"上方,单击浮出的"装修页面"按钮,新开页面如图11-1所示。

图11-1

预览装修效果的方法有两种:方法1. 单击"预览"按钮,弹出一个二维码窗口,打开"手机淘宝"App,单击首页左上角的"扫一扫",扫描屏幕上的二维码即可预览首页装修效果,请注意,未发布的装修效果仅卖家可见;方法2. 依次单击"发布"–"立即发布"按钮,在弹出窗口中也有一个二维码,同样使用"手机淘宝"App扫码可以看到完整的装修效果。买家只要通过"手机淘宝"App访问你店铺,就能看到成功发布的装修效果。

当然,除了智能手机,平板电脑、智能电视等也能成功安装"手机淘宝"App,也可以访问卖家的手机端店铺。

11.2 手机端基础版整店全局装修技巧

手机端店铺推荐全店装修思路步骤如下（基础版、智能版通用）
第一步：装修最重要的手机店铺首页（必选）。
第二步：装修影响访问深度的"宝贝分类页"（必选）。
第三步：装修顶部和底部的常驻菜单（必选）。
第四步：手动开启视频、活动、新品、买家秀、自定义页"等（可选）。
装修手机端店铺时的重要建议：

◆ 进一步侧重装修手机店铺首页。
◆ 重点呈现"互动+动态（短视频、直播、微淘）+粉丝运营（淘宝群、会员体系）"。
◆ 重点优化顶部和底部常驻菜单。
◆ 尽量用大图、海报图、个性化排版展示店内商品。
◆ 在多位置醒目提醒关注/收藏店铺，以便吸引更多粉丝，在后期精准营销。

淘宝旺铺手机端基础版首页全局装修思路

淘宝旺铺手机端只有基础版和智能版，它们的装修后台入口一样、装修后台页面结构一样、装修逻辑一样，区别较大的一个点是：在6组模块（含宝贝类、智能人群类、图文类、其他类、默认分组、营销互动类）中，有"智"字角标的模块只能用于智能版。

基础版中的这些免费模块，掌握正确的装修方法后也能装修出高端大气的效果。毕竟基础版永久免费使用，当你的网店还未步入正轨之前，可以将订购付费版旺铺和付费模板的钱用于更重要的引流环节。

手机端基础版首页装修规划正确思路：❶ 确定旺铺版本 → ❷ 确定使用哪套模板 → ❸ 熟悉选用的模板中有哪些模块，每一个模块可以实现哪些效果；确定店铺首页从上往下添加哪些内容 → ❹ 确定要添加的内容使用哪些模块承载 → ❺ 按承载模块尺寸制作所需图片、短视频（手机端特有，PC端不支持）→ ❻ 编辑模块内容 → ❼ 保存、发布、完成装修 → ❽ 备份装修效果。

再次强调：先发布商品，再装修店铺。只有成功发布的商品才能生成链接地址，上架状态的商品才会在店铺中显示，手机端的很多模块在编辑时商品链接是必填项，不填就无法保存模块的编辑效果。

下面以手机端基础版内置的官方免费模板为例，详解上述8步的具体操作方法，付费模板从淘宝装修市场订购，本书不多介绍。

❶ 确定旺铺版本。旺铺版本为淘宝旺铺手机端基础版。

❷ 确定使用哪套模板。淘宝旺铺手机端基础版内置一套永久免费使用的官方模板，如图 11-2 所示。卖家无须手动切换，在没有购买其他付费模板的情况下默认"正在使用"，本节重点讲解这套免费模板的使用方法。

图 11-2

❸ 熟悉选用的模板中有哪些模块，每一个模块可以实现哪些效果；确定店铺首页从上往下添加哪些内容。淘宝旺铺手机端基础版内置 6 类模块，如图 11-3 所示。右上角有"智"字标且背景为灰色的模块是智能版专用的，基础版无法添加；右上角有"智"字标但背景为白色的模块表示该模块的部分功能是智能版专用的。

添加模块的步骤在前文"9.5 淘宝旺铺手机端页面结构详解"中已经讲过，请一定要打开这个界面，亲自动手增减或编辑模块，熟悉每一个模块的展示样式。因为手机端店铺首页添加模块的总数有限，所以先熟悉模块再按需选用，可以实现你想要的装修效果，并且效率更高。对所有模块的熟练掌握程度直接决定接下来的装修效果是否令买家满意。

温馨提示：

图 11-3 中的模块仅供参考，官方会不定期调整模块名称、增减模块，请以你登录手机端装修后台看到的为准。

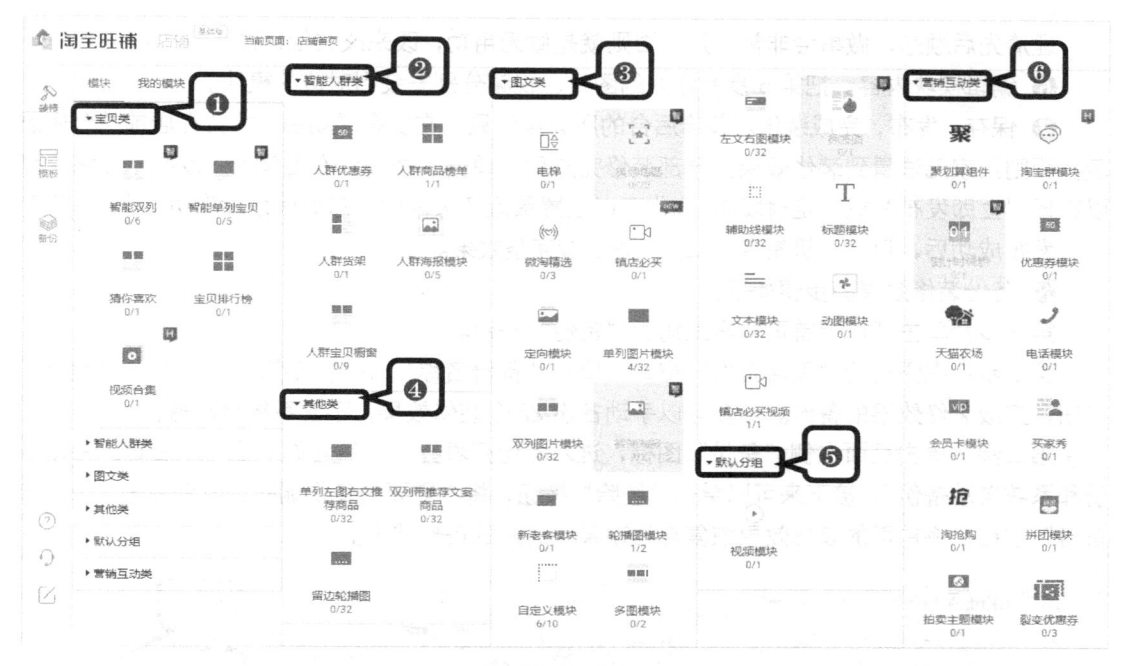

第 11 章 免费的淘宝旺铺手机端基础版装修详解 167

图 11-3

❹ 确定要添加的内容使用哪些模块承载。

笔者建议在手机端店铺重点呈现"互动+动态（短视频、直播、微淘）+粉丝运营（淘宝群、会员体系）"；尽量用大图、海报图、个性化排版展示店内商品；在多个位置醒目提醒关注/收藏店铺，以便吸引更多粉丝，在后期精准营销。

这些内容的承载模块包含但不限于：宝贝类-智能单列宝贝、视频合集，智能人群类-人群优惠券、人群宝贝榜单、人群货架、人群海报模块、人群宝贝橱窗，图文类-微淘精选、镇店必买、镇店必买视频、新老客模块、单列图片模块、轮播图模块、自定义模块、动图模块，其他类-留边轮播图，默认分组-视频模块，营销互动类-淘宝群模块、优惠券模块、买家秀模块、会员卡模块、拼团模块、裂变优惠券。当你的店铺参加了聚划算或淘抢购活动，请记得添加聚划算组件、淘抢购两个模块，活动信息会自动同步展示。

❺ 按承载模块尺寸制作所需图片、短视频（手机端特有，PC 端不支持）。

与"淘宝旺铺 PC 端布局单元、模块尺寸相对标准"不同的是，手机端模块需求的图片尺寸、视频尺寸更多样化，因此第 3、第 4 步切勿偷懒，当你确定了要使用的模块后，请把每一个模块中需要的图片尺寸、图片格式、视频尺寸、视频大小、视频格式等重要参数记录下来，然后按照这些要求和标准去设计制作图片、拍摄剪辑短视频。

理清先后顺序，做事会非常高效，否则就是做无用功，改来改去很麻烦。

❻ 编辑模块内容。把第5步制作好的图片、视频分别安装到对应的模块。

❼ 保存、发布，完成装修。装修后台的所有操作只有在发布成功后，才会在店铺前台中展示，否则买家无法看到装修效果。全部装修完成后，单击装修后台右上角的"发布"按钮，可以选择"立即发布"或"定时发布"（你可以设置最近7天内的任意时间段发布页面）。

发布成功后，用"手机淘宝"App扫码查看完整效果。

❽ 备份装修效果。步骤如下：

第一步：单击"店铺首页"右上角的"备份"按钮。

第二步：在弹出的"页面备份"窗口中填写"备份名称"（10个汉字以内），单击"确定"按钮，完成装修效果的备份。最多可以手动备份22个装修效果，不含系统自动备份。

第三步：单击页面左侧"备份"图标，进入备份列表界面（包含你以往写了名称的手动备份和系统自动备份），接下来可以单击"删除"按钮，将不需要的备份删除；或者单击"恢复该备份"按钮，将首页的装修效果恢复至往期某个时间的备份状态。

图 11-4

小贴士

1. 想法不同，排版不同，装修效果就会不同。手机端基础版官方免费模板内置的免费模块越来越丰富，只要使用得当，便能组合出非常多的装修效果，足够承接日常运营所需的店铺装修更替需求。

2. 有些读者会问：自己与别家用了同一种模块展示相同的商品，为什么别人的看起来精致、美观、有购买欲望，而自家的看起来就像"地摊货"？这个问题的关键点在于同一个商品的视觉呈现效果（图片、视频）。你仔细对比看看，你的图片在拍摄前的补光、布景、构图，在拍摄后期的校色、调色、合成是否比别人做得好？你的视频前期拍摄与后期剪辑是否也优于别人？如果没有，请从根本上解决问题，否则无法摆脱"地摊货"式的现状。

3. 本章没有深入讲解图片设计制作、图片拍摄等相关技巧，如果你想继续学习，请从淘宝、天猫、京东等网上正规书店选购笔者的另外两本美工书籍《PS 淘宝天猫网店美工一本通：宝贝+装修+活动图片处理》《淘宝天猫网店美工一本通：PS+Dreamweaver+短视频》，与本书内容互补、由浅入深、互成体系，在淘宝、京东、当当直接搜索书名即可。

11.3 两招学会手机端基础版首页"自定义"装修布局

手机端店铺首页"自定义"装修布局，在这里是指"不按套路出牌"，不用内置的"中规中矩"的模块对商品进行横平竖直的排版，比如智能双列、智能单列宝贝、宝贝排行榜、单列图片模块，要么图片尺寸被限定，要么标题样式被限定，无法实现更加个性化的样式排版。假如想做成如图 11-5 所示不规则的排版效果，如何操作呢？

答案就是选用图文类"自定义模块"进行自定义排版，如图 11-6 所示。淘宝旺铺手机端基础版首页最多可以添加 10 个"自定义模块"，排版样式非常灵活。编辑步骤如下：

第一步：从左侧"图文类"模块列表中找到"自定义模块"，并将其拖动至中间。

第二步：单击"通用模式"下方的"编辑版式"按钮，在弹出的"自定义模块编辑器"中编辑拼图版式，按尺寸制作图片并上传和添加链接，全部排版完成后，单击"完成"按钮，关闭弹窗。

第三步：单击"保存"按钮，完成对"自定义模块"的排版。

图 11-5

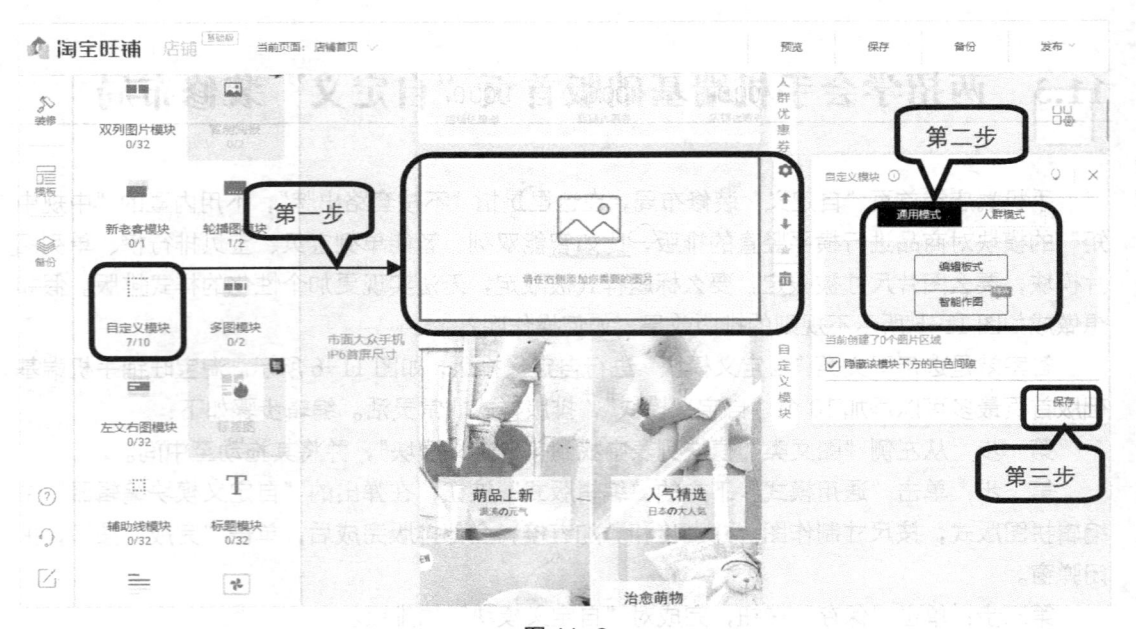

图 11-6

第 11 章 免费的淘宝旺铺手机端基础版装修详解

温馨提示：

1. 如果你已经熟练掌握使用 PS 软件处理图片的技能，笔者推荐选用"自定义模块"的"编辑版式"功能，如图 11-7 所示。在"自定义模块编辑器"中可以看到其水平方向有 8 个格子，每个格子对应的尺寸为 80 像素 x80 像素，选定一个或多个格子的区域尺寸就是要上传的图片的尺寸，比如图 11-7 中横 4 竖 4 共 16 个格子对应的图片尺寸为 320 像素 x320 像素。

2. 笔者建议：在使用"自定义模块"的"编辑版式"功能时，先按你的排版预想选定所有格子，以确定每个格子对应的图片尺寸，再根据尺寸规范使用 PS 软件将所有图片制作完成（这一步需要很长时间），最后回到"自定义模块编辑器"，依次上传图片，完成排版。图 11-5 中的排版效果就是使用这种思路做出来的。

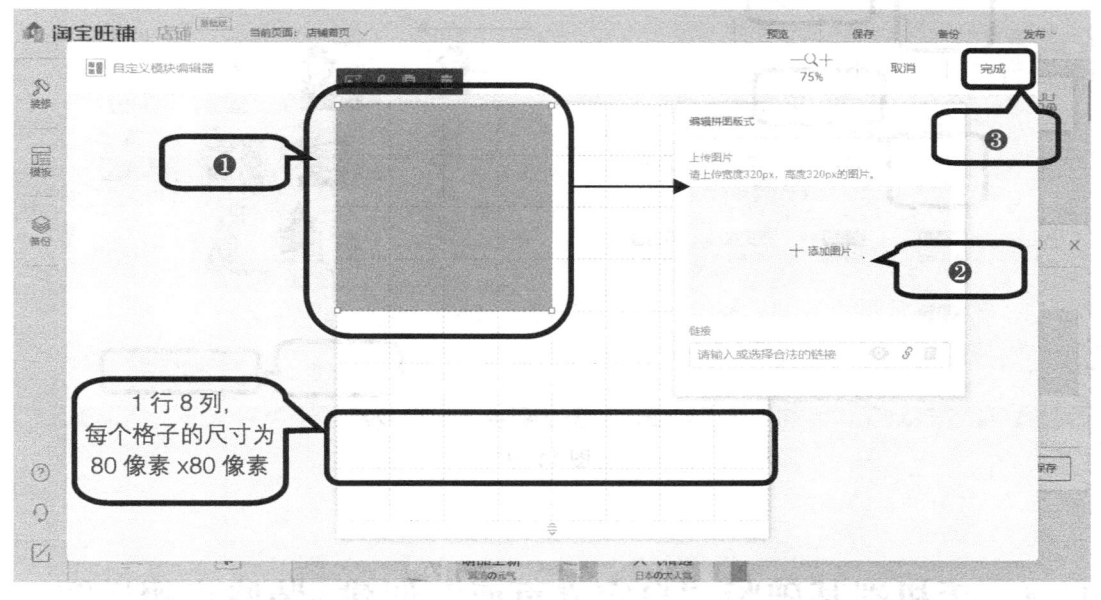

图 11-7

3. "自定义模块"的"通用模式"和"人群模式"都有两种编辑方式可选："编辑版式"或"智能作图"。"编辑版式"更加灵活，卖家完全可以按自己的想法排版作图；而"智能作图"则是由"鹿班"提供现成的框架，如图 11-8 所示。卖家完成三步即可实现限定框架内的个性化排版：第一步，按要求上传 2~9 个商品素材图（要求干净的透明底图、白底图、无文字的场景图）；第二步，选择场景；第三步，单击"立即生产"按钮。

笔者更倾向选择"编辑版式"，毕竟不同店铺装修风格不同、设计用色不同，使用"编辑版式"可以更好地统一装修风格。虽然"智能作图"从步骤上看更整洁，实际上不管对前期图片拍摄，还是对后期图片处理要求都更高，因为套用框架后的效果是否"高大上"，完全取决于你上传的透明底图、白底图、场景图。另外，可套用的场景模板太少，现有的场景模板不一定能与你的装修风格相融合。

当然，对于有 PS 图片处理基础的卖家或美工专员来讲，两种方式都可以实现个性化排版，按要求处理制作图片都不是难事，按需选用即可。

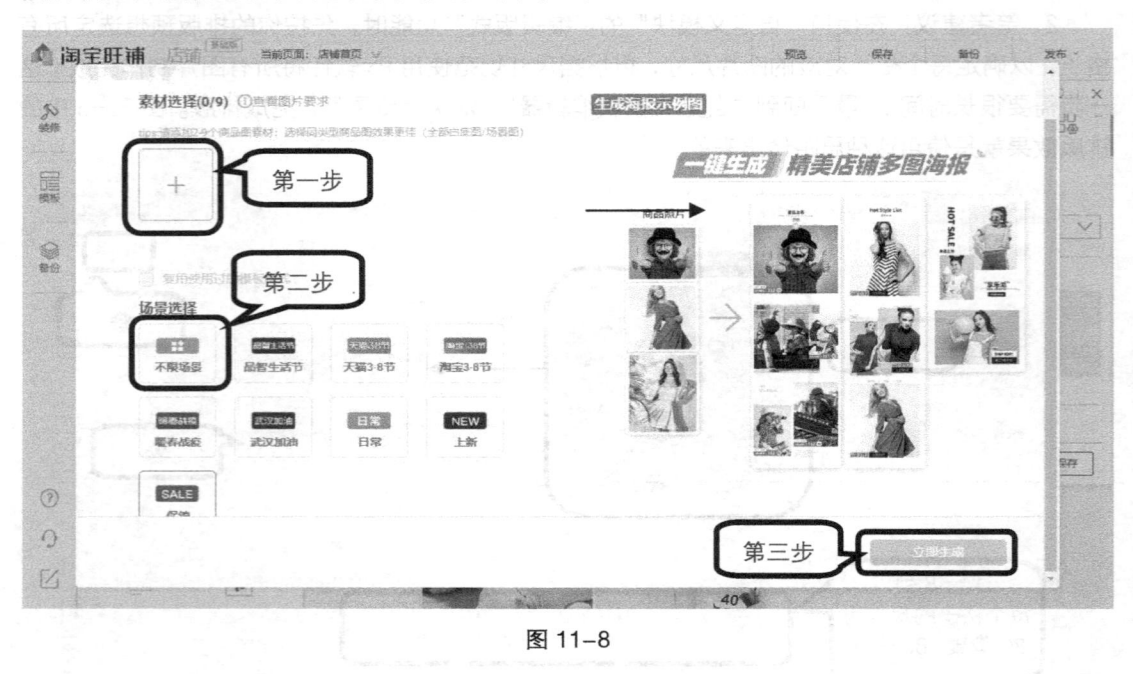

图 11-8

11.4 手机端基础版"自定义页面"创建+装修步骤详解

自定义页面与首页、商品详情页类似，一旦创建便有独立链接地址。它的应用范围非常广，如清仓专题、打折专题、上新专题、活动专题（会员专享、会员节、粉丝节、周年庆等）。也就是说，卖家可以根据网店运营需求，随时创建一个相对独立的自定义页面，用于短期或中长期的商品汇总宣传。

自定义页面的创建入口如图 11-9 所示，依次单击"自定义页"-"新建页面"，在弹出窗口中输入"页面名称"，比如"VIP 报名流程"，单击"确定"按钮，完成自定义页面的创建。

第 11 章　免费的淘宝旺铺手机端基础版装修详解　173

图 11-9

将鼠标光标移动至新建的自定义页"VIP 报名流程"标题上方，浮出"装修页面"和"更多"两个功能按钮。单击"装修页面"按钮，新开自定义页面的装修界面如图 11-10 所示。自定义页面的装修与首页装修类似，不再赘述。装修完成后记得单击"发布"按钮，只有成功发布的自定义页面才能生成可以访问的独立链接。

单击"更多"按钮，在下拉菜单列表中可以复制短链、复制地址、重命名、删除页面。

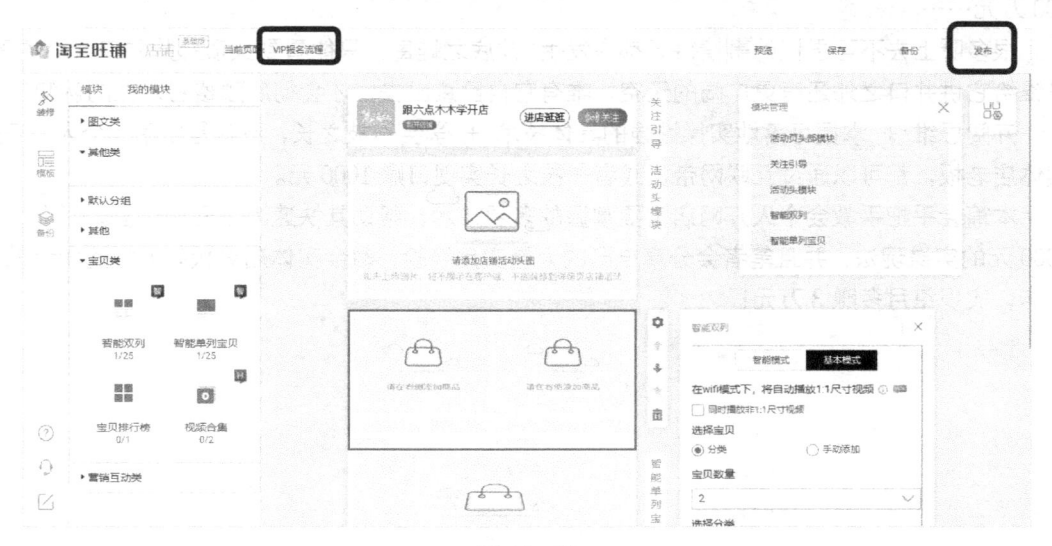

图 11-10

4

第四篇

运营实战：日赚 1000 元的实操玩法

互联网，特别是移动互联网技术的高速发展，增加了太多利用技术变现的可能性：有人花 1 小时写了一篇文章，48 小时阅读量突破 500 万次，单篇文章收益突破 1.5 万元；也有人制作了 1 条 1 分钟的短视频，播放量突破 1600 万次，带货 7.5 万件；更有人一晚上直播 5 小时带货 200 万元……

很多听上去不可思议的事情每天都在发生！井底之蛙每天只能看到头顶那片井口大小的天，没谁给它讲井口之外还有更广阔的天空，唯有它自己跳出去，才会彻底颠覆它以往的认知！

开阔思维 + 掌握可落地实操性强的具体技术 + 学会一技之长，不管是新手、个人，还是实体店老板，都可以通过互联网带货或者一技之长实现日赚 1000 元。

本篇会手把手教会个人开网店需要掌握的多项技术，帮助其快速上手网店运营，学会日赚 1000 元的实操玩法；并且笔者会分享自己的大量实用经验，教会实体店老板如何快速学会兼营网店，实现每月多赚 3 万元！

第 12 章
个人开淘宝店，如何日赚 1000 元

国家统计局公布的 2019 年全国平均工资数据显示，全国城镇非私营单位就业人员年平均工资为 90 501 元，全国城镇私营单位就业人员年平均工资为 53 604 元。一天赚 1000 元，一个月赚 3 万元，一年赚 36 万元，远超全国平均工资。本章将手把手教你日赚 1000 元的战略和战术。

12.1 阿里巴巴重点打造"淘宝神人"，你准备好了吗

"淘宝神人"和"淘宝神人计划"是什么

"淘宝神人"是一批已经初步具备品牌定位、品牌建设，以及消费者运营能力的个体。他们擅长粉丝社群的运营以及情感纽带的打造，有能力更好地满足消费者的个性化需求，如铠甲修复师、金缮师、情感治愈师、商品检测师……每一个普通人只要有一技之长，不管是会验房、化妆还是穿搭，就有可能通过淘宝影响上百万名消费者，成为"淘宝神人"。

2019 年 8 月 26 日，2019"淘宝神人"IP 发布会在杭州举行。会上淘宝平台事业部负责人宣布：阿里巴巴将持续 3 年投入 5 亿元打造"淘宝神人"IP；在 1 年内，为 1000 个来自各行各业的顶级"淘宝神人"打造个人 IP，并寻找 1 万个商家合伙人，与 50 家 MCN 机构成为紧密合作伙伴。

"淘宝神人"背后的商家扶持策略

数据显示，最近 3 年的淘宝新商家，年成交额已突破 5000 亿元，而新开店商家的平均年龄仅有 26 岁，在 Top 店铺中新商家占比 10%。虽然这些新商家擅长消费端的 IP 建设、价值观输

出、社群运营，但他们并不擅长解决商品供应链的问题。同时，内容生产的稳定性和可持续性也是困扰创意型"淘宝神人"的另一个严重问题。

换句话说，"淘宝神人"需要有人替他们解决供应链和其他资源方面的问题，淘宝平台事业部负责人在"2019淘宝神人IP发布会"上也透露，将从以下三个方向对商家进行扶持：

方向一、重建商家社区，强化平台联系，让每个新商家得到有针对性的帮助。

方向二、平台赋能+商友合作，让每一个有一技之长的人在淘宝赚到钱。

方向三、拓展特色商家矩阵，拓展蓝海市场，将线下的"造物节"常态化。

淘宝网从创立至今，竞争者前赴后继，今天的淘宝平台比十年前对新进者更为友好，可以说，生于互联网时代的年轻人只要有一技之长，想要在这样的大型平台上创业，技术门槛要远远低于十年前。

打造"淘宝神人"的发力点

在一定程度上，"淘宝神人"的出现实际上也是特色商品、特色市场发展到一定规模后的必然结果：在特色市场自身足够繁荣的情况下，会有更具竞争力的头部选手出现并逐渐壮大；在受众群体规模化的情况下，能够有能力将消费者转化为粉丝的人，则能成为具有"淘宝神人"潜质的IP。

淘宝目前有2000多个聚合了新兴垂直品类的"特色市场"，比如大码女装、二次元、男士美妆、国潮等，有近10万个特色卖家，创造了一个万亿元级别的新市场，并围绕特色市场聚集起"强互动"的文化圈。以原创设计市场为例，淘宝上的原创设计师超过5万人。近一年，新增的青年原创设计店铺超过1万家，又以服饰、文创、首饰、家居行业居多。

在资源方面，目前淘宝已经有包括必买清单、有好货、爱逛街、淘宝头条、淘宝直播、映象淘宝、微淘、淘宝群等一系列的内容矩阵，并支持图文、短视频、直播等全媒体内容的发布，从内容生产到分发，都将成为"淘宝神人"在站内的支持来源。

在货源和供应链方面，"入淘"从来都不缺货，阿里巴巴采购批发网汇聚了全球各行业厂商。

此外，还有重要的线下推介渠道——淘宝造物节。

淘宝造物节是继"双11"购物狂欢节之后淘宝针对年轻人推出的另一个节日，是淘宝首次举办的超大规模的线下活动，在阿里巴巴经济体里，淘宝造物节就是用户发现创新体验和商品的舞台。该活动将有故事的店主聚集在一起，展示有创造力的"神物"，孵化了超过10万个极具创造力的"神人"和"神店"，已经成为全球最大规模的青年创意盛会。

机会来了，你准备好了吗

淘宝网的商品库经历了三个重要阶段：

第一阶段是2003~2005年，这几年是淘宝网的起步阶段，商家不多，商品品类不多，商品价格主要与线下对比，推崇"极致性价比"。

第二阶段是 2006~2015 年，淘宝商品库迅速增长，行业品类越来越完善，商品数量增至十几亿个，官方曾用"万能的淘宝"来形容，随着淘宝商城（后更名为天猫）的创立，越来越多线下和国际品牌商品入驻，商品价格、品质也更多元化，用户在淘宝不仅能买到质优价廉的商品，也能买到大牌、奢侈品、高价格商品。

但随之而来也有很多新问题，如商品同质化严重、网购消费人群越来越趋于年轻化、中国互联网的高速发展让我国生于互联网时代的年轻人对网购有越来越多个性化的需求，致使原本用了十几年才好不容易形成的线上运营方法被颠覆。

第三个阶段是 2016 年至今，淘宝开始汇聚有创造力的年轻人进行"造物"，这便有了淘宝特色市场和淘宝造物节，现在已初具规模。

淘宝平台对商品的分发机制和卖家店铺运营商品转化的方式也经历了三个重要阶段：

第一阶段，谈流量。在流量时代，"坑位"大于一切，有曝光就有销量，线上商品的竞争对手主要来自线下，电商的运营策略重点是"多维度引导用户对比线上和线下购物，让其极致体验线上购物的优势"。在这个流量时代，淘宝平台为商家提供了直通车、钻展这样的流量工具。

第二阶段，谈价格。入淘的商家越来越多，商品越来越丰富，站在消费者角度，可以对比、挑选商品的空间越来越大，"性价比"大于一切。在这个阶段，卖家们逐渐意识到，做促销才有销量。在这个阶段，淘宝平台分发商品的机制也由原来的"搜索推荐"转变为"猜你喜欢"和"千人千面"，给店铺、商品、人群各自打上标签，争取为人群提供更精准的推荐，以提升成交转化率。此外，促销活动变得越来越日常化，有天天特卖、淘抢购、聚划算这样的品牌促销，更有年初的"新势力周"、年中的"618"和年末的"双11""双12"这样的流量集中释放活动。

第三阶段，谈内容。在这个时代，淘宝平台对商品分发的关键已经由过去的流量、价格，变成了内容。从 2015 年淘宝无线化转型，到微淘改版、淘宝头条/淘宝短视频上线、映象淘宝超级 IP 入淘计划，再到淘宝直播、淘宝造物节、淘宝神人 IP 计划，淘宝平台的内容生态已极具规模，为卖家们提供了如微淘、短视频、淘宝直播、淘宝群、品牌号、客户运营平台这样的内容运营工具。作为卖家，你只需快速学会这些工具的使用方法，学会利用内容"种草"，学会推荐，学会立人设、讲故事，提升内容的趣味性，便能提升商品的销量。

从谈流量，到谈价格，再到谈内容，其实在当下的淘宝生态里，这三者是共荣共存的关系。如果你精力有限，建议重点投入到增长趋势更明显的内容运营，如果你有团队、店铺规模较大，流量运营、活动运营、内容运营可以齐头并进，全面开花。

如果你是新手，适合多数个人在淘宝开店的新契机已经到来，你准备好了吗？你也可以快速学习，赶上官方流量、资源扶持的红利期，成为下一个"淘宝神人"！

12.2 这样做，日赚1000元指日可待

在淘宝上赚到钱的是哪些人

任何行业，不管是实体店，还是网店，有赚钱的，也有更多不赚钱的。与其浪费时间抱怨赚不到钱，不如好好研究如何才能赚到钱。

在淘宝开网店，先分析哪些人赚到了钱，再快速学会他们的赚钱技巧，你也可以成为赚钱小能手。

前文介绍了六种网上卖货的方式（零售、批发、渠道、分销、淘宝客、分享赚），接下来笔者会一一剖析使用这六种卖货方式赚到钱的是哪些人。

1. 做"零售"赚到钱的是哪些人？

零售是指将商品或服务直接出售给最终消费者的销售活动。这里谈的是网上零售，通过互联网渠道将商品或服务出售给消费者。

阿里巴巴集团旗下的淘宝店、天猫店、全球速卖通店都是做零售生意，以个人对个人或者企业对个人的方式进行零售，将商品卖往全国，甚至卖往全世界。

全球速卖通有一个"国货出海项目"，平台推出系列专属支持资源、全方位解决方案，为有意愿开拓电子商务出口业务的淘宝卖家、天猫商家提供专属服务，助力国内品牌"出海"。

淘宝店、天猫店共存共荣，很多运营玩法相似，赚到钱的是以下一批卖家：

他们时刻关注官方消息，了解平台的发展方向，关注或参加与平台战略相关、与卖家相关的发布会，并以此为依据实时调整自己的店铺运营方向。比如前文提到的，淘宝平台对商品的分发机制和卖家店铺运营商品转化的方式经历了"流量→价格→内容"的三个重要阶段，在每个阶段，卖家的店铺运营策略和运营工具完全不同。

第二，他们时刻关注自己行业的动态，保持自己的竞争优势。任何行业都存在竞争，模仿、被模仿在互联网的生态里被发挥得淋漓尽致，比其他人领先一点、下手快一点、执行力强一点、细节做到位一点，就能持续保持竞争优势。

第三，他们拥有良好的"空杯心态"，不抵触、排斥新生事物，比他人优先学会并熟练掌握新技术，然后将其应用到自己的网店运营中（空杯心态是指做事前有良好的心态，如果想学到更多学问，先把自己想象成一个空着的杯子，怀着否定或者放空过去的态度，融入新环境，或对待新工作、新事物）。记住一点：淘宝最大的不变就是时刻在变。拥抱变化并时刻学习进步是网店卖家必备的基本素质之一。

第四，他们非常了解自家商品所对应的目标人群，拥有良好的服务观念，善于收集整理消费者需求，及时更新调整服务策略，善于用技术、工具管理网店客户。

第五，他们的执行力超强，迎难而上，永远在行动中发现问题、解决问题。

2. 做"批发"赚钱的是哪些人？

国内颇具规模的线上批发平台非阿里巴巴采购批发网莫属，它是全球领先的采购批发平台。批发与零售最大的区别在于：不直接面对普通的个人消费者。

批发业务大致分为三类：原材料批发、来料加工、成品批发。有些企业既做来料加工，又做成品批发；有些企业只做原材料批发或者成品批发；还有很多大型集团集研发、生产、销售、服务于一体。

不管做哪种类型的批发业务，"人脉"是核心要素。

以某童鞋厂家为例，虽然其业务范围包含贴牌定做、一件代发、微商供货、跨境贸易，但是从业务类型上看，也分为来料加工（贴牌定做）和成品批发（一件代发、微商供货、跨境贸易）两种。为其带来生意的"人脉"包含两部分：一是有贴牌、定做需求的童鞋零售商/批发商/代理商；二是做零售的童鞋卖家/微商等。假定该童鞋厂家每月的产能是10万件，如果他手上有稳定的零售商、微商、代理商、批发商200人，那么只需每人每月订购500件，他家每月10万件的产能便被轻松消耗。

如果放在互联网不发达、交通不发达、物流不发达的年代，厂家手上要维护好200个稳定的分销商是一件非常难的事情。但是，这件事放在今天，即便是维护1000个也不难。

所以，利用互联网做批发赚钱的人就是那些善于用互联网工具找到并维护住零售商、微商、代理商、批发商的人。

3. 做"渠道"赚钱的是哪些人？

做渠道的起点更高，适用那些源头厂商或者有实力的供货商。做渠道也可以看成做批发的一个分支，其核心在于建立"分销人脉网"。比如入驻阿里巴巴采购批发网后，进一步认证为实力商家，继续入驻淘货源市场，专为各大电商平台（如淘宝、天猫、拼多多、京东、唯品会等）的卖家、各社交平台的微商供货。再比如入驻天猫供销平台成为供货商，为天猫超市供货，或成为淘小铺供货商等。

做"渠道"赚钱的人有三个特点：第一，自身实力强、有清晰定位；第二，非常熟悉主流电商平台的调性，懂运营，善于用"互联网语言"（图文、短视频、直播等手段）调整自家商品，以适应电商平台要求和目标消费群体需求；第三，有强大的服务能力，能迅速辅助分销商、代理商解决店铺运营问题。

4. 做"分销"赚钱的是哪些人？

这里说的分销是指零售分销，与做零售类似，区别在于货源渠道。前文讲到那些做批发、渠道的工厂、供货商会在各大电商平台、社交平台招募代理商、分销商，那么有一部分人就会专注做分销，即成为工厂或供货商的代理商、分销商。比如阿里巴巴采购批发网的淘货源频道，平台负责审核入驻的供货商资质，公司或个人想做分销的话，直接打开淘货源网页，挑选供货商，然后申请成为其代理商即可，一键上架、一件代发、自动分润，代销采购不花钱，信用好的话还可以免费赊账。

做"分销"赚钱的人擅长三件事：

第一，会选供货商，供货与分销，就像招聘与应聘，是双向选择，找到优质供货商，能为接下来网店运营带来非常多的便利。如果你还不会挑选供货商？请再回到本书 3.3 节，把"如何寻找可靠的一件代发供货商"的六要素反复多看几遍。

第二，会定位，会选品，擅长商品目标人群分析，熟练使用图文、短视频、直播等技术，将商品呈现到目标买家面前。

第三，擅长一种或多种引流手段，懂"流量池思维"和买家/粉丝运营。

> **小贴士**
>
> 不管是做零售，还是做分销，店铺视觉呈现、源源不断地为店铺引流以及买家/粉丝运营是最重要的三件大事，三言两语说不清楚，请继续学习笔者所著的《人人都会网店运营：淘宝天猫网店运营一本通》，此书会手把手教会你圈建自家流量池，构建运营闭环，源源不断引流+信任成交+持续回购+裂变传播。淘宝、天猫、京东等网上书店有售，搜索书名即可。

5. 做"淘宝客"赚钱的是哪些人？

淘宝客是一种按成交计费的推广模式，也指通过推广赚取收益的一类人。

淘宝客无须自己开店，只要从淘宝客推广专区（即阿里妈妈旗下的淘宝联盟）获取商品代码，任何买家经过其推广（链接、个人网站、博客或者社区发的帖子）进入淘宝卖家店铺完成购买后，就可得到由卖家支付的佣金。

在淘宝客这种模式中，有推广平台、卖家、淘宝客以及买家客四个角色，他们都是不可缺失的一环：

（1）推广平台：比如阿里妈妈淘宝联盟，帮助卖家推广商品；帮助淘宝客赚取利润，从每笔推广的交易抽取相应的服务费用。

（2）卖家：佣金支出者，他们提供需要推广的商品到淘宝联盟，并设置每卖出一个商品愿意支付的佣金。

（3）淘宝客：佣金赚取者，他们在淘宝联盟中找到卖家发布的商品，并且推广出去，当有买家通过其发的推广链接成交后，那么就能够赚到卖家所提供的佣金（其中一部分佣金需要作为推广平台的服务费）。

（4）买家，即末端消费者，从淘宝客的推广链接购买卖家的商品。

成为"淘宝客"很简单，步骤为：在手机上下载"淘宝联盟"App或者在电脑上访问淘宝联盟网址，注册账号并登录，进入淘宝联盟后台，依次单击"推广管理-推广资源管理-导购管理-新增导购推广"，然后进行推广渠道备案 → 挑选卖家商品 → 生成推广链接 → 根据推广资源准备推广物料（比如文案话术、图片、短视频等）→ 投放。

做"淘宝客"赚钱的人，手上有两种核心"武器"：

一是推广资源，如拥有自己的网站、App、导购渠道、软件。

二是善于针对自家推广渠道的目标人群选品，一年四季精细化运营，不断在"提升转化"上下功夫。

> **小贴士**
>
> 做"淘宝客"赚钱的人手上的四类推广资源细分类型如下：
>
> 网站，包含但不限于返利、休闲娱乐、影视、音乐、笑话、游戏、动漫、IT数码、设计、小说、论坛社区、社交、生活服务、美食、快递、天气、女性时尚、教育、综合门户、地方门户、军事、交通旅游、健康、母婴、财经、导购分享、体育、房产家居、垂直行业、浏览器、工具类、其他。
>
> App，包含但不限于娱乐、健康、财务、视频、游戏、商业、教育、音乐、生活、天气、美食、社交、体育、工具、旅行、医疗、阅读、网址导航、返利、分享导购、新闻资讯、手机厂商、浏览器、壁纸锁屏、应用市场、直播、其他垂直类。
>
> 导购渠道，包含但不限于聊天工具（QQ、微信、YY、飞信、易信、Skype、来往）、分享（微博、博客/空间/圈子/动态、邮件、社区/论坛/问答/其他、支付宝）、线下渠道（便利店、3C数码、餐饮食品、生活服务、电器、校园实体店）、竞价推广（百度推广、腾讯广点通、360推广、搜狗推广、其他竞价推广平台）、站外达人/机构（站外达人、站外机构）、信息流（内容信息流、广告信息流、内容详情推荐）、其他导购类型（TV/电视盒子）。
>
> 软件，包含但不限于安全厂商、系统维护、影音工具、办公软件、浏览器、网络工具、图形图像、桌面工具、游戏娱乐、效率工具、装机系统、联盟分发、其他。

6. 做"分享赚"赚钱的是哪些人？

没有货源、不想囤货压货、不想打包发货、不想管售后、不想开公司、不想注册个体户开店，但是有时间，想在网上卖东西，大学生、上班族、自由职业者、退休后的大爷大妈都可以零门槛、轻松在淘小铺上拥有一家自己的小店。

"分享赚"的核心在于"分享"，要有一个或多个转化高的分享渠道。做"分享赚"赚钱的人就是能玩转导购的人。导购类型包含但不限于聊天工具、分享平台、线下渠道、竞价推广、站外达人/机构、TV/电视盒子导购等。

除了上述六种人，还有一种人也是赚钱小能手，那便是达人和达人机构。

有一批人，之前没在淘宝开店，但他们一直活跃在互联网，专注写作、摄影、拍视频、分享细分领域知识等，有属于自己的粉丝，在各自领域有一定影响力，当他们利用互联网技术转战电商时很成功。这批人就是我们常听的知名媒体、自媒体、达人、大V、红人、主播、淘女郎、买手等。

早在2016年阿里巴巴就成立了内容服务平台"阿里V任务"，将这些达人、达人机构（又称"MCN机构"，签约多个达人）聚集起来，用他们的专业能力为淘宝卖家、天猫商家提供图文推广、短视频推广、直播推广等内容推广服务。如果你擅长图文写作、制作短视频、直播，可以独立达人身份入驻阿里V任务或者签约某达人机构，进而实现技能变现。

个人想在淘宝上赚钱，该怎么做

第一步：确定发展方向。

电商变现模式绕不开零售、批发、渠道、分销、淘宝客、分享赚这六种，阿里巴巴集团旗下店铺类型分为阿里巴巴批发店、淘宝个人店、淘宝企业店、天猫店、全球速卖通店、淘小铺店（六种店铺入驻的步骤详见本书第2章）。你打算从哪种店铺类型做起？因为店铺类型不同，所需资质、门槛条件、后续运营重点等各不相同。

第二步：定一个小目标。

初步规划一下做什么，在多长时间内做多大，做到什么规模。比如开一个淘宝个人店铺，卖25~40岁女性服装，以场景套装（约会、上班、郊游、逛街、带娃）为主，半年内做到月营业额稳定在5万元以上……

第三步：分析自身实际情况和可能遇到的困难，并逐一解决。

做任何事情，都会遇到困难，只是不同的人，资源、实力、起点不同，遇到的困难不同而已。解决问题的能力越强，把一件事做成功的概率就越大，并且任何商业活动都讲求"投入和产出"，建议你执行自己的决定之前，结合第一步的方向和第二步的小目标，认真地分析你有哪些优势，计算一下投入和产出，然后把可能遇到的困难罗列出来，并一一给出解决方案。

第四步：快速学习并为开店做准备。

在这个阶段要解决两件大事：一是快速学习，开网店也好，利用互联网赚钱也罢，是一个不断遇到问题并不断解决问题的过程，必须为实现小目标时刻准备着。二是为开店做准备，不同类型的店铺，从注册网店，到选品，再到确定供货商，需要的时间各不相同，可以一边准备一边快速学习。

第五步：执行。万事俱备只欠东风，这波"东风"就是强大的执行力。

很多人都有"拖延症",明明知道阻碍自己做成一件事情的困难就在那里,但就是无法克服内心的恐惧,拖延着不去完成。碰到困难,首先会想到退缩,在大脑里萌生负面的认知,阻碍自己去克服困难。

其实道理谁都懂,把"我要赚到钱"这个想法变成现实,"执行"是关键。你要做的就是:找一处安静的空间,给自己至少1小时,先思考你想学习哪类人的赚钱模式(做零售、批发、渠道、一件代发分销、淘宝客、分享赚),再按上述五个步骤认真思考和规划你的网店。

12.3　开淘宝店=电商变现,先给自己定位

开淘宝店=电商变现,这是常识。当你准备开一个淘宝店时,一定会给自己进行定位。

如何定位呢?

定位其实就是做两件事:一是把开网店限定在一定的范围内;二是在限定的范围内执行具体细节时不断做出选择并及时总结、改进。

以淘宝个人开店为例:

第一步:注册店铺。从六种店铺类型(阿里巴巴批发店、淘宝个人店、淘宝企业店、天猫店、全球速卖通店、淘小铺店)中选择淘宝个人店。

有了店铺后该兼职还是全职?选择全职。

> **小贴士**
> 开网店的推广手段各不相同,所需时间、精力、财力、物力也各不相同。笔者建议如果你满足于当前的稳定工作,每天又有很多业余时间,兼职即可;当兼职收入大于稳定工作的收入且有向好发展的趋势后,再考虑全职。反之,可以考虑全职开店,但要做好心理准备,因为全职开网店从某种意义上讲等同于创业。

第二步:解决货源。从哪里进货?从五种常用的货源渠道(详见本书3.2节)选择从阿里巴巴采购批发网进货。

没多少启动资金,囤货还是分销一件代发?从阿里巴巴淘货源平台认真挑选一件代发的供货商(挑选技巧详见本书3.2节),做分销。

该卖什么?解决哪类人群的什么需求?本书3.2节通过案例分析得出"能解决目标人群需求+目标人群基数大+重复购买率高的商品好卖"。那么就卖中学生的必需穿戴用品,比如服装、

鞋帽、内衣、手表手环、书包等（要注意：中学生很少自己买，购买决策人群往往是其父母、长辈，因此卖家在后期详情描述和卖点挖掘时，应该侧重打动这些人）。

卖低端商品走量为主？还是卖利润高的中高端商品？在起步阶段，可能引流能力欠佳，以卖利润款为主。

面向不同消费层级的人群，"选品"定位时请参考这三点建议：①切忌贪大求全，你做不了所有人的生意；②认清自己的能力和实力，切忌盲目；③商品和人群需求匹配，做起来才轻松。

第三步：发布商品。在发布商品前需先为其拍摄图片、短视频，再根据网店发布要求处理图片、剪辑短视频，最后在卖家中心依次单击"宝贝管理-发布宝贝"，进入宝贝详情编写界面，按要求填写完成后发布。

第四步：装修店铺。店铺装修的本质是展示商品，展示商品的目的在于促成交易。把网店当作事业、全职开店、用心开店、月销10万件以上的店铺，一定会装修，并且会随着运营节奏更新装修效果。

每一个开店成功的淘宝卖家，其店铺都同时拥有PC端旺铺和手机端旺铺。

PC端旺铺分为基础版、专业版、智能版，选用哪个版本？选免费的基础版。

手机端旺铺分为基础版、智能版，选用哪个版本？选免费的基础版。

第五步：网店运营、推广引流。前四步都是准备工作，只有把商品卖出去了，才能变现。因此运营、推广引流是决定商品销量的重要环节。

运营包含以下8种：

① 商品运营 → 商品供应链、商品盘点与进销存、物流供应链。

② 视觉运营 → 含商品详情页视觉呈现、店铺装修视觉呈现、商品包装视觉呈现等。

③ 活动运营 → 全网大促（如新势力周、618、双11、双12、特色市场品牌活动如聚划算、淘抢购、淘金币、天天特卖）、行业类目活动（如T恤节、家装节、春茶节）、无线手淘活动、商家自己的店铺活动（如周年庆、会员节）。

④ 促销运营 → 含促销策略制定、促销工具选用。

⑤ 客服运营 → 人工客服、AI智能机器人客服阿里店小蜜、客服外包。

⑥ 数据运营 → 本店数据、行业竞品或竞店数据、客服/物流数据查询分析。

⑦ 流量运营（即推广引流）→ 促销活动引流、图文/短视频/直播等内容引流、通过打造IP引流、通过软件/工具/技术引流。

⑧ 买家/粉丝运营 → 全网营销引流（吸引粉丝，拉新）；用工具将粉丝"装"起来，围绕在商家身边，使其不取消关注、不脱粉；让粉丝活跃起来，不成为"僵尸粉"，使其形成回购；让粉丝行动起来，分享传播，创造更多价值，形成裂变。

第六步：销售、发货、售后维护。买家购买后，打包、联系快递发货，售后维护。做一件代发分销的，不用自己打包发货，但售后有问题时需在供货商与买家间协调。

在营销界有个被广泛使用的"四四二法则"，由直销大师艾德·梅尔（Ed Mayer）提出：成功，40%取决于定位，40%取决于商品和定价，20%取决于营销。

40%定位

定位和商品本身同样重要，我们经常逛淘宝会发现，同样的商品，有的店里评价好，有的店里评价不好，是因为不同店铺的顾客生态圈不一样。有的时候，不是商品不好，而是没把它卖给对的人。定位就是要把对的商品卖给对的人，让对的人爱上你的商品。

检验自己的店铺是否定位成功，答案就是没有特别突出的爆款，但纵观全店销量喜人的商品有很多。爆款往往是因为买家短期内偏好某一个商品的性价比，当店内每个商品都销售不错时，说明买家真正爱上了这个店铺或者这个品牌。

选品定位时可参考以下维度：客户定位、客户细分、标准化、品牌正品、价格、易于体验、使用频率、回购率、不易购买、区域特征、方便配送、引流商品、普通商品、利润商品。

40%商品和定价

随着淘宝各方面的成熟，最终一定会回归市场本身，让始终坚持做好商品的卖家越来越好，让投机取巧的卖家销声匿迹。在大环境下，商品是根本，好商品不单指质量，它有一个衡量标准，就是让买家离不开你。"离不开是让买家产生一种"没你不行，不会轻易被替代"的依赖感，就是所谓的"用户黏性"。而带来这种依赖感的，是好的用户体验，从用户需求出发，把需求点做到极致，给其超出预期的体验，用户想到的，你帮他做到，甚至用户没有想到的，你也帮他想到了，总有一天，用户会离不开你的商品。

定价通常是影响交易成败的重要因素，其目标是促进销售，获取利润。既要考虑成本，又要考虑消费者对价格的接受能力。对于商品定价，没有统一标准，只要你能让买家觉得物超所值，那就是成功的。从数据测试来看，价格和转化率往往不是简单的正比关系。常见的定价策略有折扣定价、心理定价、差别定价、地区定价、组合定价、新商品定价。只要在利润和买家接受度上找到平衡点，就是成功的。

20%营销

淘宝运营万变不离其宗，几乎所有方法都是基于商品和市场的，没有一本放之四海而皆准的通用运营手册，因为不同行业、不同商品、不同定位，里面的细节都会有很大的不同。其核心是不断寻找新买家，在找之前，先要知道对于你来说最有效的新买家入口在哪？是站内搜索、直通车、淘宝客、微淘图文、短视频、直播、老买家回购、站内活动，还是站外其他。一开始你也不知道哪个最合适、最有效，建议所有常规入口都做，然后将主要精力放在最适合自己的流量获取途径上。

12.4 卖货道路千万条，有一技之长能帮你迅速脱颖而出

想赚钱，至少有一技之长

一技之长是指有某种技能或特长，一个能养活自己的手艺。引申出来也包括知识型、技能型、创新型劳动者所具备的能力，如摄影师、设计师、程序员、厨师、教师、工程师、美发师、汽车修理师、智能楼宇管理师、花卉园艺师、健体指导师等。

俗话说"千金在手不如薄技在身"，一个人如果掌握了一技之长，走到哪都能好好地生存下去。作为普通人，一技之长会给你带来什么呢？至少有以下七个好处：

好处一、培养个人核心竞争力，打造优势，让你在同类人群中脱颖而出。

好处二、深耕于专业领域，不断投资和增值自己，增加财富引擎（是指能够给拥有它和控制它的人带来财富收入的经济引擎）。换句话说，你在某个细分领域专注越久，赚钱的可能性越大，赚钱机会越多。

好处三、陶冶情操，滋养心灵，让自己免于无事可做。

好处四、应对变化，为自己的未来做一个准备。

好处五、让你成为一个有趣的人，有更多、更好的社交关系。

好处六、掌握一个技能后，很容易触类旁通，让你在其他领域也迅速得到发展。

好处七、开发潜能，遇见自己。人，除了物质需求，还要有精神追求。

有一技之长的人，因为可以轻松地靠特长生活，所以他一般不会为了一点蝇头小利而铤而走险。有一技之长的人，会把更多时间交给他的事业，还能从他的事业中找到乐趣和优越感，因此更容易满足。

适合在电商领域快速变现的 8 类技能

第一类，熟练使用并精通一些平面设计软件，常用的如图 12-1 所示。可胜任的工作如网店美工、电商视觉设计、详情页设计、主图制作、图片精修、Banner 设计、商品图修图、网店装修、平面设计、广告摄影、影像创意、网页设计、后期修饰、界面设计、书籍/杂志版面编排、印前工艺、包装设计、UI 设计等。

第 12 章 个人开淘宝店，如何日赚 1000 元

图 12-1

小贴士

1. Photoshop，简称"PS"，是由 Adobe 公司开发和发行的图像处理软件，主要处理由像素所构成的数字图像。

2. Adobe Illustrator，简称"AI"，是一款非常好用的矢量图形处理工具。主要应用于印刷出版、海报书籍排版、专业插画、多媒体图像处理和互联网页面的制作等。

3. Lightroom，是 Adobe 公司研发的一款以后期制作为重点的图形工具软件，是当今数字拍摄工作流程中不可或缺的工具。其强大的校正工具、组织功能以及灵活的打印选项可以帮助你加快图片后期处理速度。

4. CINEMA 4D，简称"C4D"，拥有极高的运算速度和强大的渲染插件。C4D 在制作的各类电影时表现突出，随着其技术愈加成熟，受到越来越多的电影公司的重视。

5. CorelDRAW，是矢量图形制作工具软件，这个图形工具给设计师提供了矢量动画、页面设计、网站制作、位图编辑和网页动画等多种功能。

6. SpeedGrade，是 Adobe 公司推出的专业调色工具，它提供了图层色彩校正及视觉设计等调色功能。与其同类型软件相比，其最大的优点是丰富的调色功能，SpeedGrade 除了自带简单的颜色调整功能，还具有一二级调色及跟踪调色功能。

7. Dimension，是一款专业的 3D 图形制作软件，用户通过 Dimension 中文版能够将普通的 2D 图像转化为 3D 图形，这样能够为相关行业的用户带来极大的便利，并且操作简单、界面整洁，能轻松上手。

8. Affinity Photo，是一款由英国公司 Serif 开发的专业级矢量图形处理软件。

9. Capture One，是一款功能强大的图像处理软件，主要用于对数码相机拍摄的 RAW 照片进行读取、编辑、转换、打印等。

第二类、熟练使用并精通一些影视动画软件，常用的如图 12-2 所示。可胜任的工作如视频剪辑、影视后期、动画制作、电影特效、广告创意、录音/混音/调音、电影/电视/视频调色。

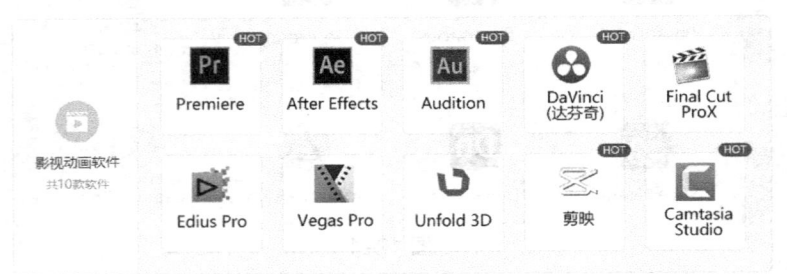

图 12-2

> **小贴士**
>
> 1．Premiere，是一款常用的编辑画面质量比较好的视频编辑软件，有较好的兼容性，可以与 Adobe 公司推出的其他软件相互协作。目前这款软件广泛应用于广告制作、电视节目制作、视频剪辑。
>
> 2．After Effects，简称"AE"，是 Adobe 公司推出的一款图形视频处理软件，适用于从事设计和制作视频特效的机构，包括电视台、动画制作公司、个人后期制作工作室以及多媒体工作室。
>
> 3．Audition，是 Adobe 公司开发的专业的音频编辑和混合软件，前身为 Cool Edit Pro。Audition 中文版专为音频和视频专业人员设计，可提供先进的音频混合、编辑、控制和效果处理功能。
>
> 4．DaVinci Resolve（达芬奇），是一款适用于 macOS 和 Windows 操作系统的视频调色软件。
>
> 5．Final Cut Pro，是苹果公司开发的一款专业视频非线性编辑软件，也是 macOS 平台上最好的视频剪辑软件，Final Cut Pro X 为原生 64 位软件，基于 Cocoa 编写，支持多路多核心处理器，支持 GPU 加速，支持后台渲染，可编辑从标清到 4K 的各种分辨率视频，ColorSync 管理的色彩流水线则可保证全片色彩的一致性。
>
> 6．Edius，是一款制作专业视频的非线性编辑软件，拥有完善的基于文件的工作流程，提供了实时、多轨道、多格式混编、合成、色键、字幕和时间线输出功能。
>
> 7．Vegas，是一款专业影像编辑软件，被誉为最佳的 PC 入门级视频编辑软件。剪辑、特效、合成、Streaming 可以一气呵成。其无限制的视轨与音轨，更是其他影音软件所没有的特性，更提供了影视合成、进阶编码、转场特效、修剪及动画控制等功能。

8. Unfold 3D，是一款非常专业的模型 UV 编辑软件，可以帮你在三维设计上更好地进行操作，其更新的 UV 打开功能，更能提高你的工作效率。

9. 剪映，由抖音官方出品，是一款非常实用的免费手机视频剪辑软件，可以非常轻松地制作出非常有趣的短视频，其提供了切割、变速、倒放、画布、转场、特效等视频处理功能。

10. Camtasia Studio，是专业的屏幕录像和编辑的软件套装，其提供了强大的屏幕录像、视频的剪辑和编辑、视频菜单制作、视频剧场和视频播放等功能。使用本软件，可以方便地进行屏幕操作的录制和配音、视频的剪辑和过场动画、添加说明字幕和水印、制作视频封面和菜单、视频压缩和播放。

第三类、熟练使用并精通一些编程开发和数据分析软件，可胜任如电商美工、电商网店模板设计师、电商数据分析师等工作，如图 12-3 所示。

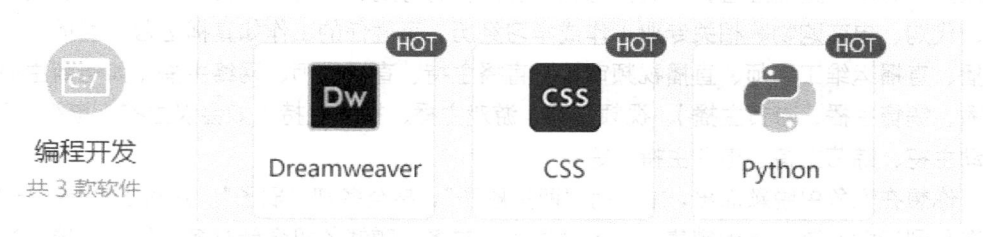

图 12-3

小贴士

1. Dreamweaver，简称"DW"，是集网页制作和管理网站于一身的所见即所得网页代码编辑器。支持 HTML、CSS、JavaScript 等内容，设计人员和开发人员可以在几乎任何地方快速制作网页和进行网站建设。

2. Python，是一种面向对象、直译式计算机程序设计语言，具有简单、易学、免费开源、可移植性、可扩展性等特点，又被称之为"胶水语言"。它整洁的语法使得即使编写数十行代码也可实现"爬虫"功能，可以获取海量互联网数据。

3. Cascading Style Sheets，简称"CSS"，是一种用来表现"HTML"或"XML"等文件样式的电脑语言。"CSS"不仅可以静态地修饰网页，还可以配合各种脚本语言动态地对网页各元素进行格式化，建议电商网店模板设计师学会该语言。

第四类、熟练使用并精通图片拍摄、视频拍摄方法，可胜任如摄影师、摄像师、摄影助理等工作，为电商卖家提供图片拍摄服务、主图视频/店铺视频拍摄服务。

第五类、擅长并熟练使用电商推广引流工具，如阿里妈妈旗下的淘宝客、淘宝/天猫直通车、超级推荐、智钻、品销宝，还有微博广告投放、腾讯广告投放、百度推广、今日头条巨量引擎广告投放、抖音/头条商业智能交易平台星图等，可以胜任电商公司的网店运营岗位，如运营专员、运营助理、运营主管、运营经理、运营总监等。

第六类、擅长短视频脚本编撰，会统筹、调度、控制短视频拍摄，会视频后期制作与剪辑，有"镜头感"，精通构图审美等，可胜任短视频运营、短视频编导、剧情短视频编导、短视频编剧、短视频策划推广、短视频策划导演等工作。

第七类、热爱表演，有一定的表演天赋和表演欲望，敢于表现，形象好，有良好的镜头表现力，可以胜任短视频演员、短视频模特等工作。

第八类、形象好，素质高，性格活泼开朗、思维敏捷，具有很强的语言表现能力和现场操控能力，有网络直播经验，有镜头感和表现欲，有导购、导游、播音主持、模特、演员、设计师、代购、电商购物等相关专业工作或学习经历，可胜任的工作如直播运营、直播导购、声音直播、直播运维工程师、直播视频审核、直播主持、直播讲师、网络主播（如电商主播、抖音主播、销售主播、带货主播）、视频主播、游戏主播、播音主持（如会议主持、电视节目主持、活动主持、综艺主持、电台主持）等。

你想在竞争中脱颖而出，就得有"两把刷子"，甚至多把"刷子"。开网店也是一样的道理，从选品到运营引流，再到销售，你的"刷子"越多，赚钱的机会就越多。很多时候，当机会出现时，大家的起跑线一样，如图 12-4 所示，但是随着个人掌握的"刷子"不同，最后的结果就大相径庭。

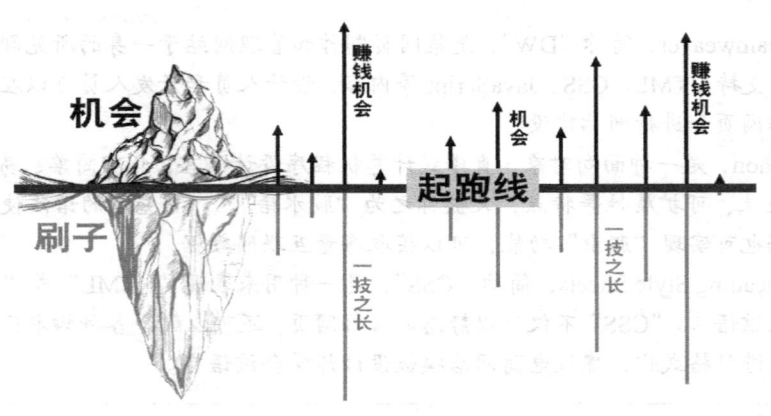

图 12-4

拿网店商品的视觉呈现来说，随着内容运营的普及，图片拍摄、视频拍摄、图片处理、视频剪辑几乎成了网店卖家的标配技能。如果不会，找别人做，花钱是肯定的；反之，自己会，不仅省钱，甚至可以凭借这些技能赚钱。

12.5 阿里巴巴旗下最不缺的就是货，新手卖这些更赚钱

新手不知道如何选品，怎么办

在本书 3.2 节里，笔者带你简单梳理了一下"人一生的生命轨迹以及大概需求"，并且推荐了两个数据分析平台（阿里指数和生意参谋），只要认真看完后，结合自身实际情况并打开网页分析对比过，选到适合自己卖的商品并不难。

阿里巴巴集团旗下有全球领先的采购批发平台，最不缺的就是货。下面笔者再次以"基于目标人群基数选品"举一个案例，详细分解选品步骤：

第一步：确定做男性还是女性的生意？确定：做女性的生意。

第二步：确定年龄段。确定：13~18 岁的女中学生。这个人群的特点：穿校服的时候多，舒服、便捷是选购时首要考虑的因素。购买决策人群多是其父母、长辈。

此外，初三、高三是冲刺阶段，与中考、高考相关的商品的需求量会比较大。

第三步：看预期年龄段内有哪些类目的商品适合销售。

适合 13~18 岁女中学生的商品类目大致有 13 种：

①女装类（推荐），比如套装、裙装、裤装、外套、内搭、应季类服装。

②内衣类（推荐），比如背心、抹胸、无痕文胸、内裤、袜子、家居服、睡衣等。

③鞋靴类（推荐），比如凉鞋、休闲女鞋、帆布鞋等。

④箱包类（推荐），比如书包、双肩背包、钱包、手机包、旅行箱包等。

⑤运动服饰、运动装备类（推荐），主要考虑体育课的穿戴用品，比如运动内衣、运动套装、运动鞋、游泳衣等。

⑥办公文教类，比如学习用品类、相册、同学录、贺卡等。重要提醒：此类目商品单价低、商品细分品类多，除非有比较稳定的出货渠道，不建议新人做。

⑦美容化妆类，比如祛痘、洁面、唇膏等。建议：天猫店铺做。

⑧3C 数码类，比如手机、平板电脑、电脑等。该类目成本高、投入高，建议：天猫店或有渠道优势的淘宝店，能获得品牌代理的内行人做。

⑨安全防护类，比如防护眼镜、耳塞耳罩、口罩、反光服等。重要提醒：该类目比较小众，如果能找到特别的商品，可以顺带销售，不建议专营。

⑩乐器类，比如钢琴、电钢琴、吉他、尤克里里、小提琴、萨克斯、古筝、二胡、葫芦丝、架子鼓、口琴等。这些商品专业性强、单价高，建议：内行人做。

⑪游戏、动漫、影视类，比如游戏、动漫周边、热门影视周边等。建议：懂知识产权、能获得授权、有一手货源的内行人做。

⑫礼品类（推荐），比如生日礼品、朋友/师长礼品、情侣礼品等。

⑬图书音像类，比如模拟试题、备考攻略、各类辅导书等。该类目有准入资质，建议：天猫店做。

第四步：筛选类目后，继续深入筛选具体商品，并制定店铺的运营玩法。常用的有单店玩法和店群玩法两种。

①单店玩法。淘宝规则：同一个店铺，只要是非专营类目，可跨行业跨类目。单店玩法有两种：

玩法一、专注某一个类目，并只在该类目下选品，比如从女装、内衣、鞋靴、箱包、运动服饰、礼品等某一个类目下选品。建议：款式不用太多，必要性强、关联性强的款式转化率高，并且容易搭配销售，提升客单价。

玩法二、同一个店，跨类目经营，比如女装、内衣、鞋靴、礼品等一起卖。选品时，注重商品与商品之间的搭配。

②店群玩法。核心：针对同一群人的不同需求，跨类目选品，一个店主营一个类目。比如，目标人群是13~18岁的中学女生，同时选5个类目的商品在5个不同店铺内销售。

精力有限的读者，建议先专注一个类目，再慢慢基于目标人群需求扩大；有能力的读者，起点可以定得高一些，多个店铺一起做。

第五步：估算【初定商品】的人群基数。比如确定女装、内衣、运动服饰类目，只要选定的具体商品尺码能覆盖13~18岁的中学女生，那么人群基数就是全国所有13~18岁的中学女生的数量。

第六步：确定推广渠道，估算可利用资源量。比如确定女装、内衣、运动服饰类目，在这三个类目下的商品，淘宝内95%以上的引流资源都可以用（比如天天特卖/淘金币/淘抢购/聚划算等促销活动引流、微淘图文/短视频/直播等内容引流、淘宝客/直通车/智钻/超级推荐/品销宝/微博粉丝通等推广工具引流），也可以用淘宝外的很多推广资源（比如腾讯广告、百度营销、今日头条巨量引擎等）。

第 12 章 个人开淘宝店，如何日赚 1000 元

> **小贴士**
> 在选品时，推荐安装"1688 找货神器"，阿里巴巴官方出品，淘宝店主、跨境电商、小店批发必备工具，可以从几亿商品库中快速寻找到优质商品的供货商，只要是淘宝卖家，可享受特价拿样、包邮、复购折扣，可以在淘宝/天猫商品页查看其进货渠道，也可以查看商品在淘宝上的销量等机密数据。

适合新手销售的 10 类高利润商品

第一类、口袋打印机。相关商品名称的关键词：错题打印机、口袋相机、学生打印机、便携迷你打印机。现在网课越来越盛行，此类打印机已经成为学生必不可少的一件工具，人群基数规模很大。

在淘宝网搜索关键词"口袋打印机"，在搜索结果中共有 4561 件商品（与其他行业如服装、化妆品相比，已经算很少的了，属于需求高、竞品相对少的商品类目），搜索结果第一页相关数据如图 12-5 所示。最低价为 99 元，最高价为 998 元，平均价为 386.31 元，销售额最高的类目是"热敏/热转印打印机"，销售占比 91.72%。经过分析，销量最高（超过 2 万件）的商品的受众定位是学生群体，解决"学生作业纠错改错、无须手抄、便携打印"等需求，该商品所在类目是销售额最高的类目——办公设备/耗材/相关服务>其他打印设备>热敏/热转印打印机。

这类商品在阿里巴巴采购批发网的拿货价区间与销售价区间成正比，比如进价为 99 元，零售价为 258 元，利润很可观。个人做的话，每天销售十来台，一个月纯利润达两三万元很轻松。

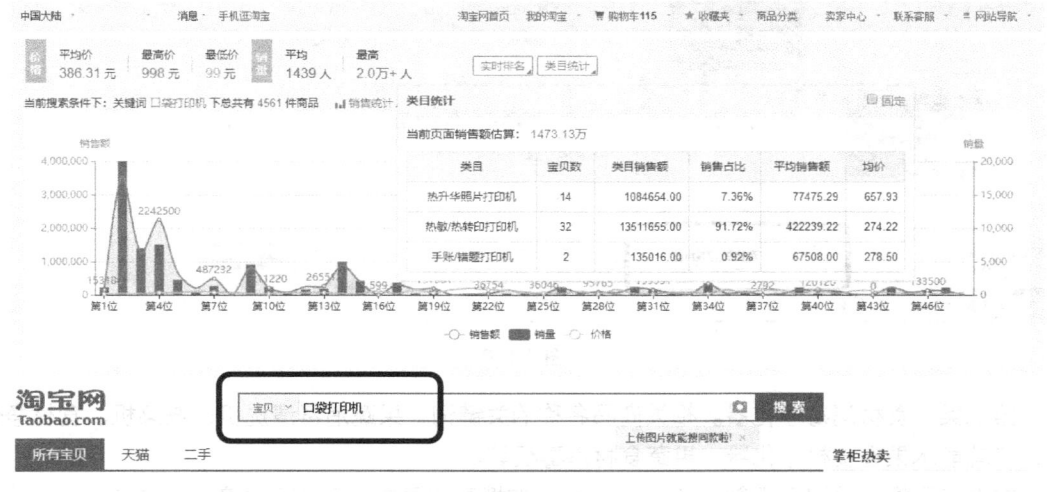

图 12-5

第二类、宠物智能喂食器、宠物饮水器。相关商品名称的关键词：宠物喂食器、狗狗自动喂食器、猫咪自动喂食器、宠物自动喂食器、定时喂食器、狗狗饮水器、自动饮水器、宠物自动饮水器、猫饮水器等。

《2019年中国宠物行业白皮书》（消费报告）显示，2019年全国城镇宠物犬猫数量达9915万只，城镇宠物犬猫消费市场突破2000亿元，整体消费规模达到2024亿元，比2018年增长18.5%。城市里的年轻人更偏爱潮、酷、富有科技感、方便省事、卫生，喜欢在社交平台分享自己的养宠日常等，因此，与宠物智能喂食器相关的商品有较大的市场规模和人群基数。

在淘宝网搜索关键词"宠物智能喂食器"，在搜索结果中共有793件商品（与其他行业的商品数相比很少，属于需求高、竞品少的商品类目），搜索结果第一页相关数据如图12-6所示，此类商品的售价有高有低，主要取决于目标人群的消费能力。

新手卖的话，既可以选择低价商品，运营策略以"低价、低利润、走量"为主，比如图12-6中第10位的商品，价格为67元、月销量为3579件、销售额约为23.9万元。也可以选择优质高价的商品，运营策略以"赚取利润"为主，比如图12-6中第1位的商品，价格为169元、月销量为683件、销售额约为11.5万元。

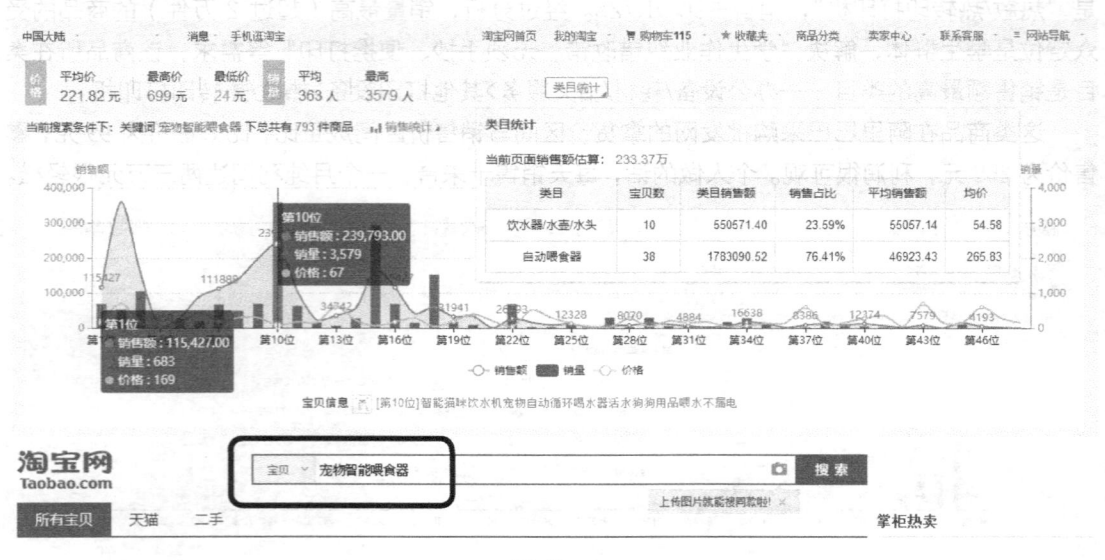

图12-6

第三类、食材消毒净化器。相关商品名称的关键词：果蔬消毒清洗机、洗菜机、食材净化机、多功能水果肉食材净化器、果蔬食材消毒机等。

在淘宝网搜索关键词"食材消毒净化器"，在搜索结果中共有485件商品（与其他行业的商品数相比非常少，属于高客单价、高利润、竞品少的商品类目），搜索结果第一页相关数据如图 12-7 所示。最低价为 139 元、最高价为 7599 元、平均价为 2464.90 元，最高月销量为 763 件，平均月销量为 88 件。也就是说，这类商品有市场需求，并且不低。

从阿里巴巴采购批发网上看，售价为 999 元，采购价为 300 元~460 元，单件的利润约为 500 多元，月销量为 100 件左右，纯利润有四五万元。销售单价越高的商品，纯利润会越高。

当然，这类商品不是价格越低越好卖，新手建议卖价格为市场均价（220 元左右）的商品。

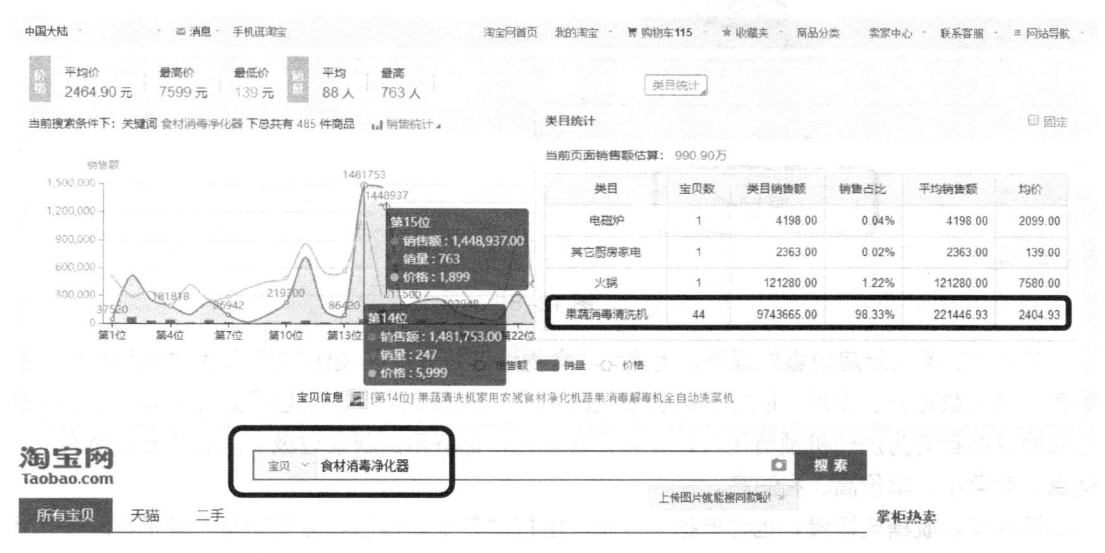

图 12-7

第四类、家用免安装洗碗机。淘宝、天猫网店将此类商品发布在"厨房大电>洗碗机"类目。

家用洗碗机适用于家庭，按安装方式分为独立式、嵌入式、台式和免安装式；按结构分为台式、柜式、水槽一体式、集成式；按控制方式分为机电式控制、电子式控制；按洗涤方式可分为喷淋式、涡流式；按传送方式可分为揭盖式、篮传式、斜插式、网带平放式。

使用洗碗机洗涤餐具，可大大减轻烦琐的手工劳动。其实洗碗机从国外引进已经 30 多年了，只不过早些年主要应用于商用领域，最近几年才流行家用。

很多家庭在装修时没想过或没考虑到要安装洗碗机，因此与嵌入式相比，免安装的洗碗机更受欢迎。在淘宝网搜索关键词"免安装洗碗机"，搜索结果第一页的数据如图 12-8 所示，销售平均价格为 2564.38 元，月销量为 324 件，属于竞争小、单价高、利润高的商品。建议淘宝企业店或天猫店做，个人的话，做分销更合适。

图 12-8

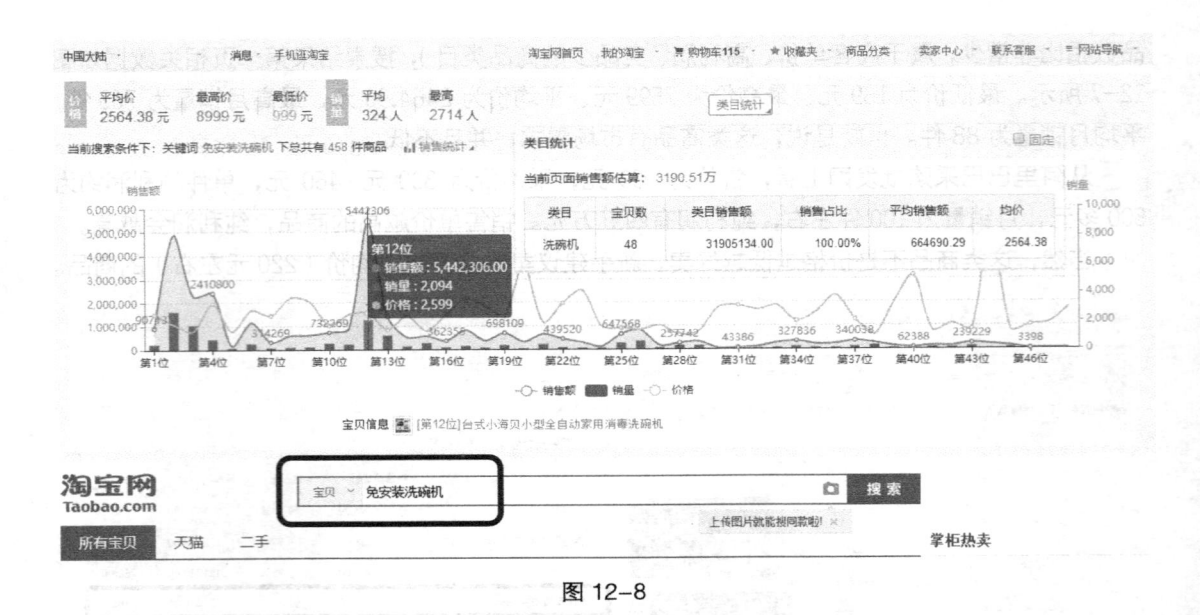

第五类、家用厨房垃圾处理器，也称为"食物垃圾处理机"。建议与第四类洗碗机组合搭配销售。通过数据分析发现，以往购买洗碗机的用户，多数会反馈厨余垃圾处理问题，很多厨房垃圾处理器都有为洗碗机预留接口，二者结合使用，都不用倒厨余垃圾了。此类商品也有三个优点：竞争小、单价高、利润高。

第六类、脱糖电饭煲，也称低糖电饭煲。主打"养生"特色。主要功能为煮米饭时使米汤分离，降糖但不降养分。电饭煲每家每户天天都要用，像这种兼顾养生的、有科技含量的电饭煲，很畅销。

淘宝上销售均价为 1100 元左右，月销量为 600 多件，商品总数量也只有 1000 多种，零售价为 1000 元左右的脱糖电饭煲，在阿里巴巴采购批发网上代发价为三四百元，单件纯利润也有四五百元。

第七类、消毒液制造仪，也称消毒水生成机。淘宝上的销售均价为 340 元左右，最高售价为 1299 元，最低售价为几十元。这是一款因新型冠状病毒肺炎疫情而被广泛关注的商品。在疫情初期，消毒液等物品紧缺，难买不说，价格还贵，有了这台设备，消费者可以只用水和食盐就能随时随地自制次氯酸钠消毒液（即 84 消毒液），可用于果蔬、玩具、宠物、毛巾衣物、出行、室内等消毒。

第八类、鞋膜机或鞋套机。淘宝上的销售均价为 720 元左右，最高售价为 6600 元，最低售价不到 100 元。

当家里来客人时，换鞋是困扰家里打扫卫生的一个大问题。很多人好客，经常请客人到家做客，有了鞋膜机或鞋套机，这些问题都能迎刃而解。人群基数有了，新手抓住这些客户需求，将这类商品展示到目标人群面前，成交不难，利润也可观。

第九类、便携干衣机。相关商品关键词：便携干衣器、便携干衣架、便携干衣盒等。此类商品适用场景包含但不限于家用、旅行、宿舍、学生、商旅出差等。

随着出行旅游人数越来越多，一款不占空间、方便携带的干衣机已经是很多人必不可少的好助手。住校学生、住房面积较小的家庭等人群多会存在晾晒不方便等问题，这类商品可以很好地解决这些痛点。这是个"蓝海"品类，早下手早赚钱。

第十类、殡葬类商品（骨灰盒、寿衣）。这类商品，很多人要么忌讳不做、要么没想到、要么想到不敢做、要么想做找不到货源，与前面提到的商品相比，它才是真正的"暴利大佬"，理由有三：

①伴随我国人口老龄化的问题，殡葬用品的需求量在未来二三十年是增长的。

②我国大部分城市已经完成殡葬改革，施行火化，骨灰盒是必不可少的物件。

③省掉原本用于土葬的大量开销以后，一个"体面"的骨灰盒是大多数人的主要选择。

淘宝上售价为 1000 元的骨灰盒，代发成本也只有 400 元左右，利润空间很大。如果善于建立"地域壁垒"和"信息差壁垒"，利润空间还可以更高。

小结：

上述十类仅是众多高利润商品的缩影，对于会运营的人来讲，商品可能不是最重要的，但凡能抓住有精准需求的人群，便能把商品卖出去。而新手在运营能力欠佳的时候，先从高利润的商品着手，更容易快速做出成绩。

12.6 店和货都有了，下面帮你快速提升卖货能力

不管技术与商业模式如何变革，零售永远离不开三个基本要素——货、人、场。货，指交易的商品；人，指消费者；场，指消费场景。

淘宝、天猫网店属于零售，注册店铺、选品的问题解决了，下一步便是着重解决"人"和"场"的问题。

让"人"（即消费者）一眼看中商品，"包装"（即视觉呈现）必不可少

在现实生活中，人与人接触，第一印象看外表仪容，深度交往则是在第一印象基础上，看其为人处世的方式、口才、个人能力等。

在网上购物，人与商品接触，第一印象看卖家发布的商品图片或短视频，感兴趣了，是否购买则取决于买家自身需求、商品价格、卖家给出的购买理由等因素。

因此，站在卖家角度，将商品适度"包装"必不可少。那么，如何"包装"呢？

在淘宝、天猫店里，商品是以"宝贝详情页"的形式展现的，在详情页里可以添加文字、图片、短视频等内容，卖家要做的就是通过"包装"，将商品介绍得更有吸引力，让买家有购买的欲望和冲动。做到这种层次的核心是：买家想看什么，就描述给他看什么；买家担心什么，先为其解决担忧。即围绕买家从认识商品到最终购买的心理变化，打造能促进成交转化的"攻心"详情描述页。

在现今的淘宝生态里，"流量运营""活动促销运营""内容运营"三者是共荣共存的关系，不管使用三者中的哪种运营方式，商品视觉呈现有一个共同点：利用"技术"，将线下的商品"搬"到网店。

卖家将商品从线下的"实物"形态"搬"到互联网上，以"虚拟"形态呈现的"包装"技术包含但不限于图片文字（简称"图文"）、短视频、直播。图文技术已成为"标配"（即每个卖家都要学会），短视频、直播技术正在成为"标配"。

以图文技术为例，将商品从实物形态转换成可以在网页展示的虚拟形态，需先拍摄（用手机、相机、摄像机等），再做后期处理（用 Photoshop 等软件），最后在卖家中心将其发布到网店。卖家要学会为商品拍摄图片、对图片进行后期处理、从卖家中心编辑和发布宝贝详情页这三项技能（关于拍摄和后期处理两个环节，有不同的处理方式，既可以找人做，也可以自己做，如果货源是分销或一件代发的话，这两个环节都可以省略）。

快速卖出商品，选对"场"（即消费场景）是关键

"消费场景"是站在消费者角度的一种说法，比如买家在淘宝直播间看直播时买了一支口红，那么买这支口红的消费场景就是直播；又比如买家看完微信朋友圈信息购买商品，消费场景就是微信朋友圈；再比如买家在抖音看短视频，喜欢上一件外套进而购买，消费场景就是抖音短视频。以消费场景为导向的话，商品的消费者经常出现在哪儿，你的运营策略就该指向哪儿。

以前，网上购物的渠道首选淘宝、天猫；现在，除了淘宝、天猫，还有很多选择，比如拼多多、抖音、微信等。购物渠道的变化，其实就是消费场景的变化。每个人的时间和精力有限，功能相同的消费场景（如淘宝、天猫、京东、拼多多、唯品会等，都是线上综合零售平台），多数人都会在对比、筛选之后，留下自己最喜欢或习惯的那个场景。作为新手卖家，当你不具备自建平台的能力时，选择依附用户基数庞大的平台为自家商品导流，是比较明智的决定，比如在淘宝开店，去抖音引流等。

互联网态势瞬息万变，淘宝卖家、天猫商家颇有"内忧外患"之感：

对内：淘宝直播、微淘、短视频、淘宝群、内容化店铺、客服号、品牌号等全新的商品和工具频出，在完全没摸清楚玩法的情况下，网店的运营方式已经从运营"流量"转为运营"人"，从"营销拉动成交"转为"会员精细化运营带动复购和黏性"，从单一商品转为 IP、内容、商品多元化运营。好似一夜之间，淘宝、天猫的整个玩法全变了。

对外：新的消费场景、购物入口如雨后春笋般层出不穷，如自媒体平台（百家号、头条号、企鹅号等）、拼多多、抖音、快手、小红书、微信及其朋友圈/公众号/小程序等，消费者网购的注意力被转移、分散，淘宝、天猫内部的玩法还没弄明白，外面的世界更是看不懂！

作为卖家，你急需选对消费场景、选用恰当的运营工具。在运营圈流传一句话："不要在一种引流渠道上吊死"，也不要重度依赖付费流量，更不要让别人来决定你能不能赚到钱！有实力的卖家，可以"霸屏"互联网；精力有限的卖家，可以精研其中的一两种渠道，做大后再扩大布局。说得直白一点：人越多的渠道，提升商品销量的概率越大，不管是淘宝网内，还是淘宝网外，这个规律都适用。

三个技巧帮助你快速提升卖货能力

技巧 1：取长补短，让买家不在意你是新手、新店。

在淘宝网独创的信用评价体系中，在每笔交易完成后有一个评价环节，买家可以对此笔交易进行店铺动态评分（D 宝贝与描述相符、S 卖家的服务态度、R 物流服务的质量）并给出好/中/差评。卖家店铺信誉级别也与好/中/差评挂钩，好评加 1 分、中评不得分、差评减 1 分。

早几年不管是平台还是卖家，都很看重店铺信誉级别，特别是卖家，一方面觉得信誉级别越高越有面子，另一方面信誉级别越高，店内商品越好卖，更容易拿到推广资源，所以很多新卖家一开店便为了店铺信誉等级去"炒信刷单"，因为"卖家店铺信誉级别=好评数量=交易成功且买卖双方互评笔数"，所以稍微动点心思，用些方法就可以快速"上钻"，但平台禁止不正当竞争，希望所有商家诚信经营，在持续高压打击下，钻空子、抱有侥幸心理的店铺"死了"（被处罚封店）一大片。

越来越多的卖家意识到：如果开网店只一味追求店铺信誉级别，即使刷到皇冠（刷得越多，亏得越多，风险越大，随时可能被处罚封店），赚不到钱的话，也没有继续经营下去的意义和动力。

对网店来讲，真实买家数（直接影响销量和信誉级别）≤商品销售笔数（直接影响利润，一个买家可能购买多笔）≤独立访客数，一件商品不可能 100 人看到后都会购买，还要讲一个购买转化率，计算公式为：转化率=（产生购买行为的买家数 / 所有到达店铺的访客人数）× 100%。所以既想赚钱又想提升店铺信誉级别，在科学定价的前提下，要想尽办法提升真实买家数量和每个买家的购买件数，并且每笔交易完成后都得到好评。

如何才能提升真实买家数量和每个买家的购买件数呢？

从商品源头做起，做足内部功课，一方面多花点心思选品，选择优质的供货商；另一方面从视觉呈现上提升商品的转化率和客单价，打造进可"攻"（遵守平台发布规则，不违规、不侵权、不滥发信息、优化类目、属性、标题、主图、主图视频等,有利于扩大站内曝光渠道,获得更多流量),退可"守"(主图和主图视频"吸睛",用促销策略、"攻心"承诺、高清描述图、精炼文案等赢得买家青睐,有利于成交转化)的"攻心详情页"。只要做到了这些,单从商品详情页上看,已然不是新手水平,买家的关注重点自然会被转移到商品上,店铺信誉级别不高也没那么要紧了。

技巧2:多渠道引流,不要在一种引流渠道上"吊"死。

但凡能打造出爆款的淘宝、天猫店,一定非常精通一种或多种引流手段。前文多次提到,在现今的淘宝生态里,"流量运营""活动促销运营""内容运营"三者是共荣共存的关系,深知网店运营的卖家,都善于合理规划三者在自家店铺的投入比例。

比如很多成熟的淘宝头部网店和天猫店,都是在筹备开店时便注重内容运营(将微淘、淘宝短视频、直播、淘宝群、客服号、品牌号等工具充分利用起来,因为这些工具的数据需要积累,并不能一蹴而就),然后在开店初期以付费开直通车并拉升自然搜索为主,以淘宝客或超级推荐推广为辅(见效快),当数据(销量、评价、店铺评分等)起来后,再有目的、有规划地参加淘系内各种官方活动,降低推广成本的同时又能持续增加销量。

> **小贴士**
>
> 1. 流量运营,其实是技术运营、付费引流,淘系内典型代表便是淘宝网站内搜索优化(SEO)、淘宝客推广、直通车推广、智钻推广、超级推荐推广、品销宝推广等。当然也有站外推广工具,比如前文反复提到的腾讯广告、百度营销、今日头条巨量引擎等。
>
> 2. 活动促销运营,是以活动促销为主线,店铺或商品一年四季都在参加各种不同的活动。
>
> 淘宝、天猫网店有五种活动类型:全网大促,如618、双11、双12等;特色市场品牌活动,如天天特卖(原天天特价)、淘金币、淘抢购、聚划算等;行业类目活动,比如38女王节、家装节、春茶节、电器节等;无线手淘活动,比如微淘主题内容活动;店铺活动,商家根据自己的情况创造理由做促销,比如周年庆、会员粉丝节、老板结婚等。前四种是淘宝、天猫官方汇聚资源,主导运营,符合条件的卖家报名参加;第五种是卖家自己运营,完全由卖家主导。
>
> 3. 内容运营,核心是把"私域(指商家自运营阵地,比如卖家店铺内、商品详情页、自建的淘宝群、微淘、商家直播间等)流量池"打造出来,借助淘宝的各项工具、技术,把"公域(指更广阔的淘系资源位,比如手淘搜索结果页、淘宝直播、猜你喜欢、微淘推荐等官方场景)流量"逐渐转到"私域"存起来,通过促使老顾客复购等手段构建自己的流量池,进而持续变现。

> 4. 流量运营、活动促销运营、内容运营的具体玩法详见笔者另一本图书《人人都会网店运营：淘宝天猫网店运营一本通》，淘宝、天猫、京东等正规书店有售，搜索书名即可。

技巧 3：提升发货能力和服务能力。

"发货能力"深度影响整店能否良性循环，使店铺走得更远。如果你有本事销售几万件货，却没能力及时、高效、不出错地发货出去，售后的退款率、退货率、纠纷退款率、动态评分等影响店铺良性发展的重要数据会越来越难看，陷入恶性循环后将难以持续经营。

"服务能力"体现在客服环节的买家接待以及快递派送环节。买家花钱（不管钱多钱少）在你这能得到尊重和好的购物体验，无疑能大大提升口碑，实现回购和买家裂变推广不是难事。

小结：

"内功+引流+发货"是一个完整闭环，能理清并解决每一个环节的问题，即便是新手，开网店打造爆款、月入上万元并不难。

接下来，笔者将侧重讲解当前引流和转化效果都很好且非常热门的短视频卖货、直播带货玩法，请继续往后看。

12.7 淘宝店以短视频运营为主的三个实用技巧

短视频具有文字和图片所不具备的连续性和真实性。文字和图片可以作假，但是视频作假难度较大，相比文字和图片，其真实性更高，再加上都是连续的片段，不会造成视觉上太大偏差。对于消费者来说，视频输出的信息量更大，真实性更强。

短视频已经成为网店新的流量入口

随着智能手机的普及、移动互联网的发展、云计算技术的成熟等，促进了短视频的普及，加上中国整体网民的增长已经由 PC 端网民的增长转移到移动端网民的增长，间接推动了短视频行业的高速发展。

在短视频变现方面，"短视频+电商"在淘宝、天猫有天然优势。早在淘宝短视频业务上线之初，其负责人就明确表示：淘宝提供的是一个碎片化、泛导购、互动性强的实用型消费类短视频。简单来讲，淘宝短视频与消费、购物有很强的联系，是为了提升商品的成交转化率。

在技术层面，"手机淘宝"App 已经全面升级改版，实现 60%以上的内容化呈现。升级后的"手机淘宝"App 将提供整体的商品运营体系、数据驱动，以及内容营销场景的重新梳理。

卖家要做的就是围绕这些内容运营体系，输出（或购买）优质内容，实现品牌全域营销。利用短视频"种草→培育→拔草"，将是未来三五年间电商"内容运营"的常态！

一方面，淘宝平台通过 2017、2018 两年的布局、测试、优化、改进，到今天，整个"淘系内容生态"已经趋于成熟，内容化占比越来越高，很多场景都有短视频的身影，基于大数据 AI（人工智能）完全能做到"千人千面"精准推送。也就是说，你最近在"手机淘宝"App 上搜索过哪些关键词，看过哪些内容和商品，当你再次打开 App 时，首页展示的内容与你上次搜索和查看的类似。

另一方面，中国移动端网民快速增长、通信运营商提速降费、免费 Wi-Fi 越来越方便、各大手机厂商不断更新迭代终端商品、手机端视频类/直播类 App 兴起，使得普通百姓能够以实惠的价格快速、便捷地通过手机观看短视频。

消费者通过观看短视频产生购买行为的习惯已被养成，通过观看短视频产生购买行为的频率也越来越高。

在电商 2.0 时代，商品呈现更立体、真实、多维度，谁能用内容抢占最多买家的最久时间，谁的网店在淘宝平台的生命力就越强！

流量入口已被重新洗牌，作为卖家，不跟上节奏，非常容易被淘汰！

淘宝平台会给哪些短视频流量

在淘宝、天猫平台有四种角色：一是淘宝、天猫自身，提供平台、技术、整合资源；二是卖家，含个人、企业；三是入驻平台的服务商，专为卖家提供与运营网店相关的服务；四是买家，即大量的消费者。四者之间的逻辑关系是：服务商为卖家服务，卖家与平台一起为买家服务。

平台+买家+卖家=网购生态，平台是桥梁、控制者，通过技术或规范，自动或人工将卖家的商品、店铺、各种内容推荐给买家，让买家购买商品。

在这个生态里，要想可持续、良性地发展下去，买家是第一位，只有服务好买家，让买家"爽"，才会有越来越多的买家愿意持续购买，平台和卖家才都有钱赚。

平台要做的就是一件事：从卖家的商品里快速筛选，把买家想要的商品尽量准确地推荐到他们眼前。

卖家要做的事：一是发布商品、装修店铺，全方位符合平台推荐机制进行推广、运营、引流，获得更多的机会，被平台推荐到精准的买家面前；二是使尽浑身解数，在商品前期拍摄、后期处理、发布商品、装修店铺等环节，将每一个可能影响买家购物心情的视觉呈现细节优化到极致，让买家一眼看中你的商品，在你的店里有一个舒服的购物体验，多多购买商品且记住你的店，下次还来购买。

请记住一个万变不离其宗的核心要点：平台 + 卖家 + 服务商 + 买家，四方互利共荣，作为卖家，你只要做的任何事情既能迎合平台，又能让买家满意，你的网店便能做大做强！

在淘宝官方的内容化战略中，短视频是不可或缺的一环，从过去三年淘宝短视频日均观看量、内容创业者数量、商家短视频数量等维度的数据可以看出，短视频已经成为淘系内网店流量的重要入口之一。

因此，要搞清楚"淘宝平台会给哪些短视频流量""哪些短视频可以获得更多流量进而提升销量"，必须先弄明白"短视频在淘宝平台上是如何促成消费者购买商品的"。

在"手机淘宝"App（简称"手淘"）首页主要包含两类场景：导购型场景和搜索型场景。当买家打开手淘首页，会被不同场景的不同内容引导至不同商家的店铺或商品详情页，最终使其产生购买行为。买家从公域看见短视频到最终购买商品的流转路径如图 12-9 所示。

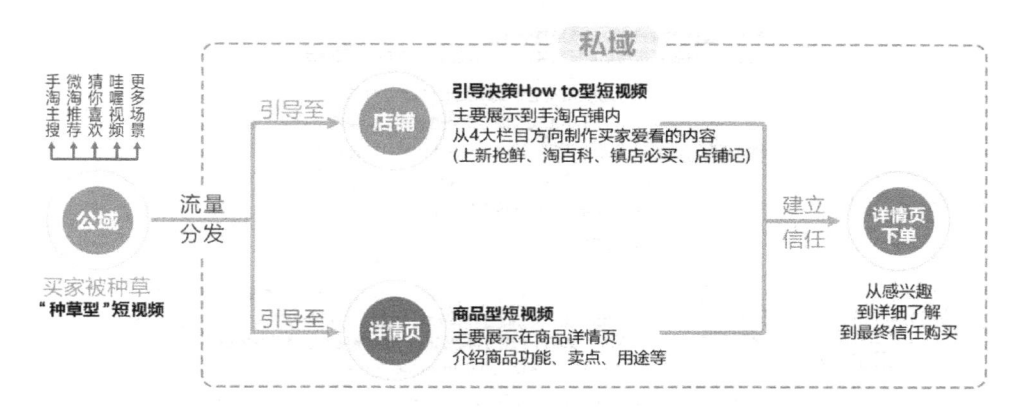

图 12-9

也就是说，卖家将制作的短视频投稿到公域，最终目的是希望短视频从公域吸引更多买家进到自家店铺或商品页面，促成交易。官方推荐卖家运营短视频，主要因为与图文相比，它在拉近买家距离、营造购物立体空间感、真实感方面更具优势，大大缩短了买家信任商品的时间。从图 12-9 的流量分发和引导路径也能看出，在不同场景下推荐不同类型的短视频，对于渐进式刺激购物效果更佳。由此可见，淘宝平台会给被推荐到公域的"种草"型短视频流量。

当卖家侧重店铺内容化运营时，在淘系内一定会反复看到两个词：公域、私域。它们是什么意思呢？

公域：是指更广阔的淘系资源位，比如手淘搜索结果页、淘宝直播、哇喔视频、猜你喜欢、微淘推荐等官方场景。公域是优秀商家的舞台，平台会给优秀商家的内容更多展现机会，进而获得更多新流量、新粉丝。

私域：是指商家自运营阵地，比如卖家店铺内、商品详情页、自建的淘宝群、微淘、直播等。简单理解，就是仅在卖家店铺内或周边展现。私域是商家自己的舞台，运营已有的粉丝。

私域是基础，做好了才有机会进入公域。进入公域的内容，有好的表现，平台会给你更多资源和流量倾斜，所以这是一个循环。而私域最关键的是引导决策的"How to 型"和"商品型"短视频。

淘宝卖家以短视频运营为主的三个实用技巧

技巧1：根据买家的购物阶段，以《淘宝短视频基础规范》为标准，分别从"购前、购中、购后"三个维度制作不同类型的商品短视频，以达到"种草"、促进成交、服务和维护等目的。首先，不管制作的短视频应用到淘宝站内哪个位置，都需符合《淘宝短视频基础规范》，如图12-10所示。

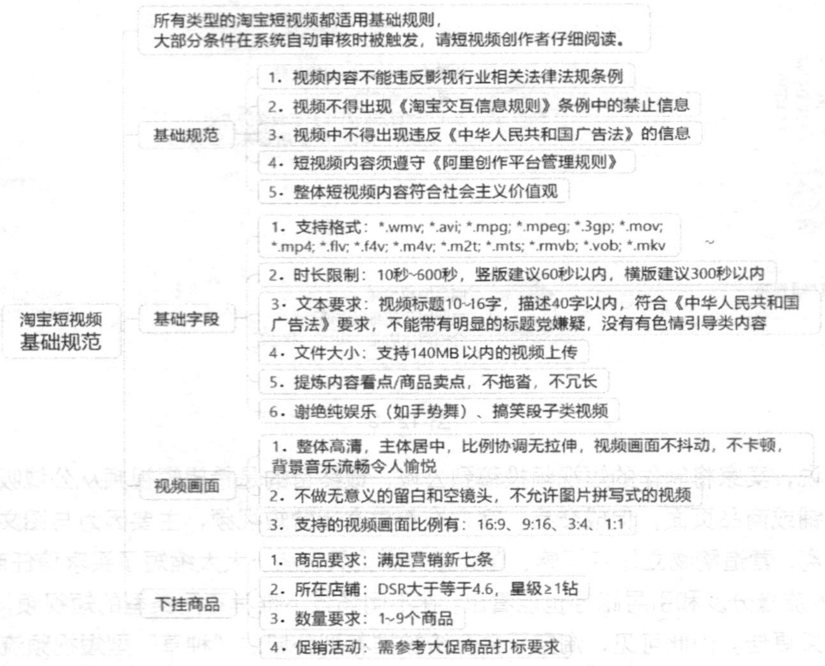

图 12-10

其次，任何一个发布到店铺的短视频，目的性一定要非常明确：要么"种草"、要么促进成交、要么注重服务和维护。前文说过，淘宝短视频与消费、购物有很强的联系，是为了商品成交，如果你的短视频脱离这些目的，转化效果一定不好。

购前，以"种草"型、内容型短视频为主。目的是"种草"、从公域获取流量、吸引粉丝、维护粉丝等。

购中，以 How to 型、商品型短视频为主。How to 型短视频的目的是获取流量、进一步促进信任、促成交易、粉丝运营、售后服务维护。商品型短视频的目的是从公域、私域吸引粉丝关注，促成购买。

购后，以服务型短视频为主。目的是辅助买家使用商品，增强客户黏性，促成二次回购，形成买家口碑裂变。

技巧 2：将制作图文时使用的挖掘商品卖点的技巧应用到短视频中去。

不论是图文视觉，还是短视频、直播间的视觉都是影响买家购买决策、商品成交转化率的重要因素。因此，平台给"有视觉呈现能力"的卖家更多推荐机会，让其获得更多流量。

越来越多的卖家为了赢得这些机会，努力提升自己的视觉呈现能力，最终受益和"被惯坏"的是买家，买家越来越见多识广，但忠诚度越来越低，如果你不从商品拍摄开始提升商品的视觉表现力，后期又不会修图技术，注定被"薄情"的买家抛弃。

在网店中，不同位置的图片或者短视频都有其使命，有的布局到流量入口吸引买家点击，有的布局到商品详情页促成交易。如果你还不懂这种利用视觉刺激和调动买家需求、影响买家购买决策、提升成交转化率的"套路"，现在弥补，还来得及！步骤如下：

第一步，挖掘提炼商品卖点。

不管是卖商品还是卖服务，都要给买家至少一个必须买的理由。那么，请拿着你的商品，反问自己：如果是我，为什么要买它？这个反问的过程，就是提炼卖点的过程。

什么是卖点？笔者认为，卖点是商品与生俱来的特点、特色，是区别于竞品，以及消费者为什么买它的理由。提炼商品的卖点都应该以商品本身为主体，不能脱离商品本身。任何夸大、虚假、违背事实的卖点描述一定会被消费者抛弃！这一点已经被无数案例印证。"与描述不符"是售后店铺低动态评分、中差评、退换货居高不下的罪魁祸首。

任何商品的卖点提炼都有规律可循，笔者建议你从以下维度提炼卖点：外形款式、人群、功能、使用体验、服务、促销、价格、风格、工艺、定位、历史、情感等。比如连衣裙，中长款、立领、春款、长袖、雪纺、蕾丝、镶钻、大码、中老年、OL、性感等都是它的卖点，而每一个卖点都有其特定的消费群体。

有的读者会问：老师，这个技巧是不是有点笼统？因为拿到一个商品，前期没有参与其设计、研发、选材、生产、加工等环节，挖掘卖点时依旧无从下手。

问这个问题的读者，一定是实战经验太少，或者刚涉足此类工作。那么笔者再教你一个更具体的做法：从卖家中心发布商品的"宝贝属性"中提炼卖点。

以"男装>夹克"为例：

启动浏览器，打开淘宝网首页，用卖家账号登录，单击"千牛卖家中心"超链接，进入卖家中心后台界面；继续依次单击界面左侧的"宝贝管理"－"发布宝贝"，打开新的选择类目界面，依次选中类目"男装-夹克"；单击"下一步，发布商品"按钮，进入宝贝详情填写界面；在"基础信息"中找到"类目属性"，如图12-11所示，罗列出来的每一项属性都是卖点。当你不太了解商品专业参数的时候，从这里提取是最快捷的方法。

这个方法适用所有淘宝卖家、天猫商家。你会发现用了这个方法后，一下子能提炼出很多卖点，建议把最具竞争力的卖点呈现在主图、主图视频上，其他的卖点在标题、宝贝描述等位置添加。

图 12-11

第二步，结合商品卖点，对商品进行前期拍摄。

如何拍摄呢？用智能手机、数码相机、摄像机、运动相机、航拍无人机等设备拍摄。

如何拍摄才能体现出商品卖点呢？推荐六个拍摄技巧：①拍摄整体图，含正面、侧面、背面、底部等；②拍摄细节图，比如外部细节、内部细节；③拍摄使用场景图，比如衣服用模特穿着实拍，扫地机器人拍开机运行状态等；④拍摄功能说明图；⑤拍摄拆解图、安装图、使用步骤引导图等；⑥多颜色、多尺寸、多规格等摆放在一起的对比图。这六个拍摄技巧同样适用于商品短视频拍摄。

第三步，对需要的图片，用 PS 软件按要求处理图片大小、重新构图排版、添加文字、抠图换背景、调色校色等；对需要的短视频，用 Premiere、After Effects 等软件进行剪辑、调色、配音、加字幕等。

第四步，上传和发布，再结合数据分析对图片或短视频进行优化改进。

技巧 3：熟练掌握淘系内卖家可以利用的短视频类型，并合理规划运营。

淘宝卖家、天猫商家可以利用的短视频类型有以下四类：

第一类、四大栏目短视频，包含上新抢鲜（内容定位：以视频形式推荐店铺上新商品）、淘百科（内容定位：围绕商品的知识科普内容）、镇店必买（内容定位：店铺尖货、爆款、营销活动款的盘点推荐）、店铺记（内容定位：个性店长、店铺故事、品牌故事、Vlog 等人格化、品牌化内容）。这些栏目是卖家内容型短视频的运营阵地，卖家根据官方栏目的内容方向，可以系列化、持续性地更新短视频内容。

四大栏目短视频的投稿入口：当卖家的"短视频层级"达到 V3/V4 后，可在"卖家中心→店铺管理→图片空间→视频"中看到入口。

商家短视频分层标准：V0→200 分以下；V1→201~400 分；V2→401~600 分；V3→601~800 分；V4→800~1000 分。V0~V1 没有投稿权限，V2~V4 透出投稿入口。新开店或者刚开始运营短视频，短视频层级是 V0，可以通过发布主图视频快速提升商家短视频层级。

> **小贴士**
>
> 提升商家短视频层级的运营建议：
>
> 1. 运营重点：添加主图视频，这是提升店铺短视频层级的必备基础。
>
> 2. 主图视频内容要求：展现商品的外观、功能、细节、多 SKU、模特展示等。注意把握整体节奏，头 5 秒镜头要有卖点，能够快速吸引消费者点击看完整个视频。
>
> 3. 重要数据指标：
>
>   a. 主图视频的数量和质量，直接影响商家短视频层级提升，层级越高享受到的权益越多；
>
>   b. 优质视频数据指标参考：在私域的播放 VV 次数（VV=Video View）、完整播放 VV 次数。
>
>   c. 视频在私域的转化效果（在视频中加入营销标签、引导性文案等，有助于提升转化率）。

第二类、微淘视频。在卖家微淘后台，发布内容的角色有两类：微淘号·商家和微淘号·达人。微淘视频规范包含标题、主视频、封面图、五秒贴片视频，用卖家账号登录后便可看到微淘短视频的发布规范。

第三类、主图视频。主图视频添加在商品详情页，有3种比例，分别是1:1、16:9、3:4。添加入口：卖家中心→发布宝贝→选择类目，比如男装>>T恤→图文描述→主图视频。

第四类、店铺视频。店铺视频是指添加到手淘店铺内的短视频，主要有两类：带货互动类短视频和店铺介绍/店铺故事短视频。

带货互动类短视频的添加入口有两个：一是手淘店铺首页-图文类-视频模块；二是手淘视频（合辑）页-带货视频。规范：视频最小尺寸为640像素x360像素，长度在2分钟以内。

店铺介绍/店铺故事短视频的添加入口：手淘店铺印象页-店铺介绍模块、店铺故事模块。

上述模块都在淘宝旺铺手机端装修后台。请回顾本书"第11章 免费的淘宝旺铺手机端基础版装修详解"。

短视频运营节奏：

日常栏目运营（定期更新+粉丝运营）→ 优质内容被分发至公域（哇喔视频+猜你喜欢等，通过播放数据、互动数据、引导转化数据等综合"赛马"）→ 每月榜单资源位（四大栏目内部"赛马"，频道固定资源透出、手机淘宝消息推送）→ 大促资源（获取入场资格，日常栏目内容进入"猜你喜欢"的内容分发流，根据日常栏目内容排名获取资源位投放资格）。

简单来说：想获得官方优质资源位的大量曝光，就要从日常短视频开始积累，一旦形成"马太效应"，越来越多的资源会向你靠拢！

短视频运营规划：

根据官方大促活动时间轴（新势力周→618年中大促→双11→双12→年货节），提前制作短视频，做好基础数据，为大促做好内容输出储备，根据往年经验，大促资源投放的内容需提前一个半月准备。

12.8 淘宝站外短视频卖货的速成玩法

短视频卖货的本质：将商品植入短视频内容，实现边看边买。

短视频卖货去哪个平台

短视频平台非常多，非专业MCN机构、中小规模的电商卖家很少有人能做到全网运营。因此，建议个人卖家先侧重运营头部流量大的平台，再按需扩大范围。

目前占据80%以上流量的第一方阵短视频平台如下：

百度系：好看视频、全民短视频。
阿里系：手机淘宝、土豆、新浪微博、秒拍。
腾讯系：微视、快手。
头条系：抖音、火山、西瓜。
网易系：网易戏精。
其他：小红书、美拍、梨视频、VUE Vlog、56视频、哔哩哔哩等。

除了上述罗列的平台，还有很多垂直细分领域的平台，你可以打开手机上的"应用商店"，按类目查找，凡是支持短视频上传的App都可以考虑。

短视频平台的选择，决定运营玩法

虽然拍摄、制作短视频的流程差不多，但是不同内容方向（比如美食、旅游、搞笑、萌宠、游戏、娱乐、才艺、家居、教育、健康、汽车、二次元等）的短视频在不同平台的运营侧重点不同，稍不留意便容易偏离初衷。电商卖家，特别是个人卖家需重点专注适合你所售商品的有利于变现成交的短视频内容制作。

每个人每天的时间、精力有限，特别是一个人开店的卖家，每天要做的事情有很多（如盘点商品库存、查看分析店铺日常运营数据、为商品拍照/拍视频、处理图片/剪辑视频、编辑发布商品详情页、做客服接待买家、报名活动、开直播、多渠道引流、监测分析引流数据、打包商品、联系快递发货等），更应该把有限的时间、精力高效利用起来。因此，恰当选择短视频平台和短视频内容方向非常重要。

淘宝卖家短视频运营要么在淘系内，要么在淘系外。淘系内短视频与消费、购物有很强的联系，不管是"种草"型短视频，还是引导决策的How to型和商品型短视频，都是为了成交；淘系外短视频运营就有很多了，如抖音、快手、火山、微视、小红书等。

如果你分身乏术，建议专心做淘系内短视频运营，将有限的时间合理安排以提升效率。

小贴士

如何将每天有限的时间合理安排，提升效率呢？

第一步：仔细梳理你网店的运营流程，看看你的网店现在最重要的事情是什么？急需解决什么问题？

前文介绍过，店铺类型不同、货源渠道不同、卖货方式不同，整个网店的经营方向和运营流程会有非常大的差异。此外，不同店铺阶段，侧重点也不同。

比如网店试运营阶段，包含三个时期：第一个是开店初期，要处理货源、拍照/拍视频、编辑/发布商品、装修店铺，在这些方面每天应该分配更多的时间和精力；第二个是"广撒网"并筛选引流渠道的时期，当拍照/拍视频、发布商品、装修店铺这些问题理顺了、常态化了,应该将更多的时间和精力放在引流环节上,并且必须有一个测试和筛选适合你家店铺引流方法的过程;第三个是稳定引流并协调好客服接待和售后发货的时期,当网店的流量增加了,销量会随之增加,此时,除了保证每天投入引流时间,还需分配一些时间做客服接待和售后发货。

即便是一件相同的事情,处理结果却因人而异,只有你自己知道你的问题在哪里,所以,请将每天要做的事情和急需解决的问题全部罗列并写下来。

第二步:重新梳理一遍你每天从早到晚、一周哪些时段是专注打理网店的,绘制出一个表格。

第三步:把第一步罗列出来的事情和问题依次写进第二步的表格里,接下来只需按表格里的计划高效执行。比如表12-1是一个全职开淘宝店、月销售额超过8万元的男装卖家一周工作安排表,他家店铺以直播和短视频运营为主,所以在整个计划中,侧重点都围绕商品上新、短视频和直播开展。此外,他还将数据运营、商品运营、粉丝运营制度化、常态化,店铺运营节奏控制得很好。

开网店最需要时间管理,如果不刻意去做这件事,你会发现一天好像什么事情没做就过去了。

表12-1

		周一	周二	周三	周四	周五	周六	周日
上午	8:00~9:00	发布头天剪辑的短视频	1.周二上午发布新品(含拍摄、后期处理、编辑发布) 2.优化完善PC端和手机端店铺装修 3.整理和准备下午直播 4.接待买家咨询	同周一	同周一	1.周五上午发布新品(含拍摄、后期处理、编辑发布) 2.优化完善PC端和手机端店铺装修 3.整理和准备下午直播 4.接待买家咨询	同周一	同周一
	9:00~10:00	1.接待买家咨询 2.收集素材,发布微淘动态 3.维护淘宝群 4.检查各种促销工具设置 5.收集整理买家对商品的反馈 6.与供货商沟通商品相关问题						
	10:00~11:00							
	11:00~12:00							
午休	12:00~13:30	午饭、午休,用手机千牛接待买家咨询							
下午	13:30~14:30	1.整理并准备晚上直播 2.接待买家咨询 3.维护淘宝客	1.13:00~16:30上新直播 2.打包发货 3.剪辑直播回放视频	同周一	同周一	1.13:00~16:30上新直播 2.打包发货	同周一	同周一
	14:30~15:30							
	15:30~16:30							
	16:30~17:30	1.打包发货 2.晚饭 3.用手机千牛接待买家咨询						
晚饭	17:30~19:30					晚饭 用手机千牛接待买家咨询		
晚上	19:30~20:30	2小时直播	提前下班休息	2小时直播	2小时直播		2小时直播	2小时直播
	20:30~21:30							
	21:30~22:30	1.剪辑直播回放视频并发布 2.盘点库存 3.查看并分析生意参谋中店铺各项运营数据 4.接待买家咨询		1.剪辑直播回放视频 2.盘点库存 3.查看并分析生意参谋中店铺各项运营数据 4.接待买家咨询	同周一	1.剪辑直播回放视频 2.盘点库存 3.查看并分析生意参谋中店铺各项运营数据	同周三	同周三
	22:30~23:30							

如果你的淘宝网店已经步入正轨，运营节奏控制得很好，就可以开始布局淘系外的运营，通过站外短视频布局，扩大流量来源。

淘系外短视频运营的两种玩法

玩法 1：自运营，即自己制作短视频内容、自己发布、自己维护粉丝、自己促成购买转化等。淘系外短视频自运营步骤如下，以抖音为例，其他短视频平台类似：

第一步：在手机上安装"抖音"App，注册账号。在熟悉其功能前，切勿盲目发内容，做到"二看一思考"：看抖音的各种功能入口；看其他人在抖音上发布的短视频内容是什么样的；思考你的抖音号里要发布什么类型的内容。

第二步：在垂直领域做精准定位，一个抖音账号只专注一个领域，比如女装、童鞋、好物推荐等。账号定位直接决定了人群精准度、涨粉速度、引流效果、变现能力（领域越垂直，账号越值钱、上热门概率越高，粉丝转化效果越好，掉粉率更低）。

第三步：从同行中发现和寻找运营秘密。查看同行的短视频内容，分析大数据报告。关注一个同行的内容可能没什么发现，但是如果关注 50 个、500 个、1000 个，其运营秘密就都知道了；市面上有专门分析行业、平台、用户的数据类网站，多看给出的大数据分析报告，思路一下就开阔了（这一步意义重大，看懂并花点时间去做，你的抖音号运营就成功了一大半）。

第四步：了解抖音平台的发布规则和算法。任何平台都有一套规则，什么都不知道、一问三不知就去做，被处罚封店、封号是常有的事。抖音规则查看入口：打开抖音→点击首页右下角"我"→点击页面右上角"☰"→点击"创作者服务中心"→点击"创作者学院"。

抖音算法中叠加推荐的影响因素：账号初始权重；初始流量池用户（200~300 个在线用户）反馈（点赞率、评论率、转发率、完播率和关注比例）以及持续反馈；账号已有粉丝反馈；外部真实账号激活（互赞、互评、互转一类）行为。

更完整的账号信息、更健康的"养号"行为、更垂直并且高质量的内容，获得系统叠加推荐的概率更高，或者说成为"爆款"的机会越高。

持续发布原创内容能提升账号权重；持续更新与账号定位相关的垂直领域视频作品，能让系统在推荐池匹配时，推荐给更精准的、具有相同属性标签的用户，即推荐池粉丝更精准；作品优秀，"转评赞以及完播率"数据表现更好，进而提升账号的活跃指数。这些都是视频都能获得数十万，甚至上百万推荐的原因。

第五步：按计划制作、发布内容，涨粉并变现。

发布上传建议：15 秒内、1 分钟内的短视频或 15 分钟内的长视频。做好开头设计、结尾设计、内容设计；上传时，封面最好能吸引粉丝眼球、抓住其好奇心、使其一眼看懂要讲什么；在标题中恰当添加话题、@好友；"谁可以看"设置为"公开"，如果要吸引本地粉丝就添加上"位置"。

发布时间：一天 24 小时的任意时间点都可以发布。但点赞、评论、转发是引爆内容的重要考核因素，因此建议在互动最佳时段（午饭之后和下班前）发布。此外，结合目标粉丝活跃的时间点发布，发布原创优质作品容易火。

内容更新频率：优质原创+日更是最厉害的节奏；建议每天不超过 5 条；以质取胜而非量的话，自己控制节奏即可。

优质原创视频内容本身就是涨粉利器，此外还有一些方式，比如话术涨粉、挑战涨粉、评论涨粉、私信涨粉、互动涨粉，都是在内容基础上的衍生操作。

玩法 2：提供商品和佣金，找短视频达人、网红等合作，让他们帮你卖。

如何寻找达人、网红？以抖音为例，有以下两种方法：

方法一：打开抖音，在任何一条短视频中单击右侧"头像"进入该视频作者首页，在个人介绍中寻找其微信号或电话号码。

方法二：在巨量星图平台寻找。

达人、网红是如何通过短视频卖货的？以抖音为例，有以下三种方法：

方法一：开通"商品橱窗"。完成实名认证、个人主页视频数（公开且审核通过）≥10 条、账号粉丝量（绑定第三方粉丝量不计数）≥1000 的抖音创作者可以开通商品分享权，限即开通商品橱窗功能（若开通条件有更新，请以官方公告为准），可以在短视频或直播中添加并分享第三方电商平台（包括但不限于淘宝、京东、考拉海购、唯品会、苏宁易购等）的商品。

作为卖家，希望通过这种方式与达人合作，你需要将自家商品添加到达人的选品库（在抖音称作"精选联盟"）。如何添加呢？以淘宝为例，卖家需开通淘宝客推广，然后将需要推广的商品佣金设置为 20%及以上。第一步：启动浏览器，打开阿里巴巴淘宝客联盟商家中心，用淘宝开店卖家账号登录；第二步：依次单击"营销计划"–"添加主推商品"，勾选需要推广的商品，设置推广佣金为 20%及以上（佣金 20%是入库的门槛指标之一，不同类目标准不同，请以你设置时官网提示的比例为准）。

方法二：开通小店。抖音创作者可以申请开通抖音小店，然后在短视频或直播中分享自己店铺的商品。开通入口：打开抖音→点击首页右下角"我"→点击页面右上角"≡"→点击"创作者服务中心"→点击"创作者学院"→点击"变现能力"中的"商品分享"→点击"开通小店"。

方法三：在巨量星图平台中接单。粉丝量＞10 万人，并且内容健康合法的抖音创作者可开通星图接单功能，发布收费任务。卖家可以直接在巨量星图平台寻找到这些达人。

> **小贴士**
>
> 在巨量星图平台中，排名靠前的达人、网红，粉丝基数大，他们一条短视频植入广告的费用，少则几百元，多则上百万元，选择时请量力而行。洽谈经验如下：

1. 用户精准度是关键。要熟悉和掌握自家商品的精准目标人群，挑选那些与自家商品垂直度匹配、重合率高的创作者合作。

2. 如果推广预算较少，可以挑选那些粉丝量相对较少，但短视频播放量/点赞量/转发量高的创作者。

3. 每个短视频平台的定位、规则、人群属性各有不同。比如娱乐类、游戏类短视频平台，即便创作者的粉丝很多，但商品成交转化效果不会很理想。

4. 如果发现合作的创作者有潜力，应该迅速如法炮制，寻找更多同类型创作者合作，增加带货渠道。同时建议与创作者签订一个排他协议，杜绝其接触和代言其他竞争对手、同类商品和一切与带货有冲突的商品和商家。

手把手教你速成短视频卖货

利用短视频卖货必不可少的六要素：商品、短视频脚本、短视频拍摄、短视频剪辑、商品购买路径、短视频发布渠道。依次解决这六要素的疑问，你也可以学会用短视频卖货。

疑问 1：什么商品适合用短视频的方式来卖？

从规则角度看，只要不涉及黄赌毒、不违反平台禁限售条款、不违反公序良俗、不违反国家法律法规的商品都可以用短视频的形式销售。

如果你已经有了商品，要思考的是：商品的目标人群是哪些、哪些短视频平台的人群与商品的目标人群匹配、不同平台用什么方式将商品植入短视频最合理、如何做才能提升商品销量等。

如果你还没确定卖什么，可以参考以下短视频带货的选品技巧，以抖音为例：

①适合在抖音销售的商品品类：

美妆护肤（面部护肤、美妆工具、香水彩妆、清洁用品、男士面部护肤）、服装鞋帽（男装、女装、服饰配件、家居服、内衣、帽子、袜子、流行男鞋、时尚女鞋）、3C 数码（电脑、电脑配件、摄影摄像、手机、影音娱乐）、日用百货（家居日用、个人护理、家纺、家具、厨具、家装建材）、书籍（教育、励志、童书、文艺、职场）、办公文具（办公用品、文具）。

母婴（奶粉、婴幼用品、营养辅食、孕妈必备、童鞋童装、童车童床）、食品饮料（休闲食品、饮料冲调、进口食品、粮油调味、酒类、茗茶、生鲜、食品礼券）、运动户外（户外鞋服、户外装备、健身训练、骑行运动、游泳用品、运动服饰、运动护具、运动鞋包、体育用品、轮滑滑板、垂钓用品、棋牌麻将）、家电（厨房小家电、厨房大家电、生活电器、视听影音、个护健康、家电服务、家电配件）、箱包皮具（潮流女包、精品男包、功能箱包、箱包皮具配件）。

钟表配饰（钟表、珠宝首饰）、萌宠生活（宠物食品、宠物玩具、宠物用品、宠物活体）、农资园艺（园艺用品、肥料、植物、种子）、玩具乐器（乐器、乐器配件、潮玩动漫、创意减压、绘画DIY、积木拼插、毛绒玩具、娃娃玩具、益智玩具)、游戏(游戏设备)、汽车(汽车用品、整车)、医药保健(保健器械、营养滋补、中西药品)、其他。

所有品类中又以食品饮料、服装鞋帽、美妆护肤、日用百货、3C数码类商品更畅销。

②在适合的品类基础上，性价比高、单价低于100元，特别是10元~50元的商品，更受欢迎。

③从抖音"好物榜"借鉴。入口：打开抖音→点击右上角"搜索"图标→点击"猜你想搜"右侧的"更多"标签→继续点击"好物榜"。

疑问2：如何写短视频脚本？

商品有了，接下来便是将商品以短视频的形式呈现出来。商品短视频化一般包含前期拍摄和后期剪辑制作两个环节。不论短视频内容或拍摄剪辑制作的流程是繁是简，建议先写一下短视频脚本。

短视频脚本是我们在视频前期拍摄和后期剪辑时的依据，什么时间、地点、画面中出现什么，镜头应该怎么运用，场景是什么样的，服化道(服装、化妆、道具)的准备，都是根据脚本来创作的。写脚本是为了提前统筹安排好在视频拍摄过程中以及后期剪辑时一切参与视频拍摄、剪辑的人员(包括但不限于摄影师、演员、服化道人员、剪辑师等)要做、怎么做的事情，它是为效率和结果服务的。

如果没有脚本作为依据，在拍摄时容易出现各种各样的问题。比如拍了一半发现场景不对，然后费尽心力重新去找新场景；又或者拍着拍着发现设备道具不齐全，无法继续完成拍摄；拍摄结束后，剪辑师不知道视频需要呈现什么效果等。如此一来，人力、物力、财力全部浪费。

用专业的视角将脚本简化是个人卖家拍摄、剪辑短视频必须学会的。因为带货短视频一般控制在60秒以内，尤其又以30秒、15秒的短视频居多，所以先花点时间把脚本写出来，再按照脚本执行，是不错的方法。

短视频脚本写作的核心步骤：

第一步：确定主题。不管是推荐商品、分享知识、日常Vlog、搞笑段子，还是小故事、小短剧，一定要在脚本开始写之前确定下来，只有主题清晰，后面的步骤才能继续。

第二步：围绕主题搭建内容框架。内容框架三要素：开头，在黄金4秒内引出主题，大部分买家在看视频时，在前4秒播放的内容会决定其是否继续观看；中间，灵活运用分镜，拍摄时多会用到远景、全景、中景、近景、特写等表现手法，能让整个视频更精致、耐看；结尾，留悬念或引导买家评论、留言。

第三步：挑选合适的背景音乐(请注意版权问题)。在视频中插入恰到好处的背景音乐是渲染剧情气氛的最佳手段和妙招。选择热门音乐，还能增加视频上热门榜的概率。表12-2是一个手环数据线商品的12秒短视频脚本，可供借鉴，你还可以在"镜头"一栏继续添加音乐、场景、机位、对白、人物动作及情绪等内容。

表 12-2

镜头	拍摄方法	时间	画面	文案（旁白）	备注
1	近景	3秒		你还在带这样的数据线吗 那你就out慢了	女生绕数据线 然后放进包里
2	近景	2秒		现在的网红小仙女 都在用这个手环数据线	翻转手臂两次 展示手环正面侧面
3	近景	3秒		一拉 一扣 轻松充电	1两手拉、扣，展示用法 2展示手机充电效果
4	近景	2秒		安卓、苹果、type-c 都能用	1两只手各拿一个展示细节 2演示戴在手上的方法
5	近景	2秒		轻便出门 走到哪充到哪 既时尚又美观	1演示戴在包上的方法 2戴好后手握包带，展示 戴在手上和包上的效果

小贴士

更容易上热门的短视频一般具备以下 9 个要素。
1. 利益：个人利益、群体利益、地域利益、国家利益。
2. 欲望：收藏欲、分享欲、食欲望、爱情欲。
3. 好奇：为什么、是什么、怎么做、在哪里、好神奇。
4. 知识：有用的资讯、有价的知识、有用的技巧。
5. 观点：观点评论、人生哲理、科学真知、生活感悟。
6. 感官：听觉刺激、视觉刺激。
7. 共鸣：价值共鸣、观念共鸣、经历共鸣、审美共鸣、身份共鸣。
8. 冲突：角色身份冲突、常识认知冲突、剧情反转冲突、价值观念冲突。
9. 幻想：爱情幻想、生活憧憬、移情效应。

疑问 3：如何进行商品短视频拍摄？

拍摄短视频之前应该先明确目的，即视频类型是什么、应用到什么渠道、目的是什么、期望达到何种效果，因为不同类型的短视频应用到不同渠道，其拍摄、制作的标准各不相同。

比如淘宝卖家发布商品时，在详情描述中添加的主图视频有三种比例（1∶1、16∶9、3∶4），要求时长≤60秒，视频大小≤200MB，卖家按要求拍摄制作并添加到详情页后，既有助于增加曝光，获得更多流量，也能快速吸引买家眼球，帮助买家迅速做出购买决策，提升成交转化率。再比如抖音带货短视频，五种比例都可以（9∶16、3∶4、1∶1、4∶3、16∶9，推荐9∶16），视频大小不超过4GB，时长在15分钟以内（转化率好的带货视频一般都是在60秒以内，特别是30秒以内和15秒内的短视频的完播率极高）。分辨率为720P及以上（要求高的卖家可以用1080P、2K、4K）。

明确了目的，也有了脚本，接下来就是用设备按计划拍摄。拍摄需求大、预算有限，可以自学拍摄，一劳永逸；反之，也可以找人拍摄。

疑问 4：如何剪辑短视频？

合格、优质的短视频一定会经过后期剪辑再发布，特别是分镜拍摄的短视频，更需剪辑合成。

Windows操作系统的电脑上常用的视频剪辑软件为After Effects（AE）、Premiere（PR），视频调色软件为DaVinci（达芬奇），声音处理软件为Audition（AU）。

macOS操作系统的苹果电脑上常用的视频剪辑软件为Final Cut Pro X，音频处理软件为Logic Pro X。

手机常用的免费剪辑软件分别是千牛淘拍和剪映。

疑问 5：如何设计短视频购买路径？

短视频购买路径是指买家在"看到短视频→对短视频展示的商品产生兴趣→咨询疑问→下单付款购买→复购"的整个流程中需要完成的步骤。对买家而言，从看到短视频到下单购买商品，步骤越少越好。步骤每多一步，买家迟疑、放弃购买的概率越大，跳失率越高。

常见的四类短视频购买路径如下：

①电商平台内的短视频，挂载平台内的商品链接，直接在平台成交。比如淘宝的主图视频，看完直接在淘宝内购买商品。

②短视频平台内的短视频，常用四种路径如下：

第一种、挂载短视频平台的商品链接，直接在短视频平台成交，比如抖音小店，短视频内的商品链接就是抖音小店的链接，买家看完视频直接在抖音小店购买。

第二种、挂载第三方电商平台的链接，比如淘宝、京东、唯品会等，买家看完视频后单击链接，跳转到第三方电商平台成交。

第三种、短视频内无链接，在创作者主页留下社交平台账号，比如微信号，引导买家添加微信，然后在微信里私聊成交或在微信小程序、公众号里成交。

第四种、挂载短视频平台支持的小程序链接，买家看完视频后直接在小程序里成交。

③自媒体平台内的短视频，常用以下两种路径成交：

第一种、在自媒体平台成交。

第二种、跳转到第三方电商平台成交。

④社交平台内的短视频以微信、微博为主。微信内的短视频卖货常在微信个人号、公众号、小程序内成交。微博的短视频卖货常跳转到淘宝、天猫等电商平台成交。

疑问 6：如何选择短视频发布渠道

结合疑问 5 中提到的四类短视频购买路径，建议个人卖家在时间和精力有限的情况下，在选择发布渠道时，优先考虑买家购买路径较短的渠道，因为购买路径越深，跳失率越高。比如深度运营淘宝平台内的短视频，可以直接挂载淘宝店铺链接或商品详情页链接。又比如运营抖音号时，开通商品橱窗，挂载淘宝店的商品链接。

12.9　如何快速制作带货力强的短视频

现在，流量在哪里，商业价值就在哪里，随着短视频成为全民娱乐的主流载体，短视频营销也成了商家掘金的新风口。

淘宝站内，带货力强的爆款短视频

淘宝平台会给被推荐到公域的"种草"型短视频流量，图 12-12 是截取的"手机淘宝"App 中"哇哦视频"的"今日精选"栏目下部分短视频封面，可以看到这些短视频的播放次数少则过万次，多则上千万次。除了图中展示的，"哇哦视频"频道还有更多有趣的带货短视频，你可以打开该频道继续查看。

哇哦视频入口：打开"手机淘宝"App，单击右下角"我的淘宝"，向下滑动找到"我关注的频道"，单击"去关注更多"，在新开界面顶部搜索"哇哦视频"，在搜索结果中点开即可。

再来看一组引导买家进店的短视频案例，如图 12-13 所示，都是从"哇哦视频"频道点开的视频详情页。在"手机淘宝"App 中，用一条不到 1 分钟，甚至不到 30 秒、15 秒的短视频引导几万、十几万、几十万名买家进店的案例不胜枚举。

所有这些具备强带货能力的短视频都有一些可以套用的核心点，请继续往下看。

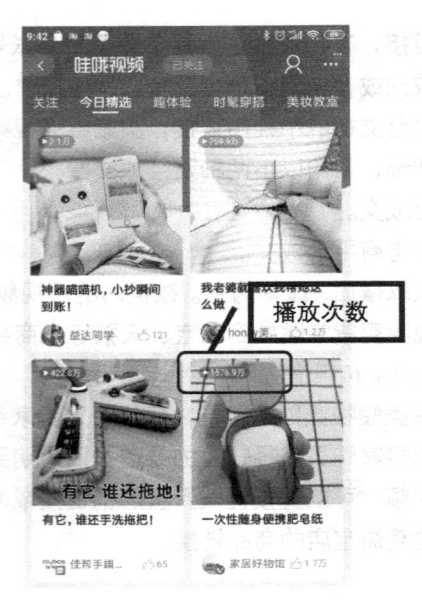

图 12-12

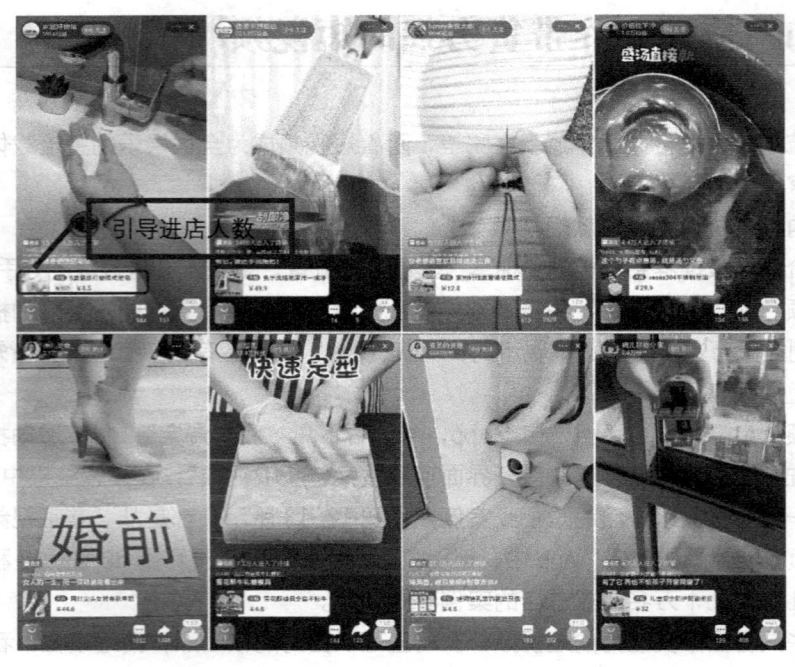

图 12-13

淘宝站外，以抖音为例，带货力强的爆款短视频

抖音的"人气好物榜"是根据商品分享热度自动生成的，每天 12:00 更新，在这里可以看到每天的热门带货视频，建议多看多借鉴。图 12-14 所示案例是泡泡机带货视频，两个账号发布类似视频，分别获赞 176.4 万次和 127 万次，每条视频的播放量保守估计是点赞量的 5 倍以上，即 882 万次和 635 万次（实际上很多爆款热门短视频的点赞播放比为 1:10 左右）。两条短视频同款泡泡机带货量都超过万件。

图 12-14

"人气好物榜"查看入口：打开"抖音"App→点击主页右上角"搜索"图标→点击"猜你想搜"右侧的"更多"标签→继续点击"好物榜"（若入口有变化，请以你查看时的 App 显示为准）。

除了从人气好物榜查看带货视频，也有一些数据分析平台可以查看。

全网通用的带货短视频类型

因本书篇幅有限，列举的例子数量有限，所以当你看完书中知识点后，还需多花时间查看更多案例。总的来说，不管是淘宝站内，还是站外，带货型短视频有以下三类：

第一类、探店打卡型，包含但不限于热门地点、热门城市、实体店打卡。属于线上和线下结合的模式，达人、网红、主播、短视频创作者等通过短视频或直播吸引全国各地甚至世界各地人们到店或到热门城市、地点旅游和消费。

第二类、品牌营销型。越来越多的品牌选择新媒体进行品牌宣传和营销，有的是为了增加品牌宣传力度，有的要兼顾品牌宣传和营销转化。短视频平台是多数品牌首选的运营渠道。

> **小贴士**
>
> **什么是新媒体？**
>
> **百度百科词条：** 新媒体是利用数字技术，通过电脑网络、无线通信网、卫星等渠道，以及电脑、手机、数字电视机等终端，向用户提供信息和服务的传播形态。
>
> 新媒体类型分为手机媒体、数字电视、互联网新媒体、户外新媒体。

第三类、"种草"带货型。这是人人都可以做的短视频类型，也是淘宝客们最喜欢的玩法之一。

带货能力强的短视频的核心点

不管哪个平台，带货力强的短视频一定是在对的时间通过正确的方式展示了对的内容。它们一般具备以下三个核心点：

第一、短视频投放的渠道流量规模较大。本章讲了淘宝站内短视频运营时的"公域"和"私域"，其实就是公域流量规模大，私域流量规模小。有两个重要技巧：1.将你的短视频投放到流量大的渠道；2.根据投放渠道的规则标准制作短视频。

第二、同一账号下发布的短视频领域专注度（即垂直度）高，商品所对应的目标人群精准度高，这样的短视频转化效果好。

第三、短视频的代入感强。体现代入感的方式有很多，比如单刀直入介绍商品卖点、商品开箱/测评、通过故事引入商品、商品使用方法演示、商品使用场景展示等。

新手如何快速制作带货力强的短视频

任何商品不会无缘无故大卖，大卖的商品都有迹可循。通过分析大量转化率高的带货短视频，笔者发现它们有两个共同点：

第一、迎合平台规则，平台不允许的一律不做。不管是淘宝、抖音、快手，还是其他大的主流短视频平台，哪些能做哪些不能做，其规则里都写得很清楚。多数平台的视频审核机制为"机器+人工"，第一道机器审核，主要是给视频打标签、归属领域或分类、初审是否符合规则、有无违规等；第二道是人工审核，再次判定是否违规、是否优质。

第二、迎合商品对应的目标人群。从选题、文案、人设、视频制作等多维度深挖目标人群的痛点和痒点，并给出解决方案。

> **小贴士**
>
> 1. 什么是"痛点"？
>
> 在电商里，"痛点"是一种需求，真正的痛点是商品或服务需要解决的问题，这种问题往往都是刚需。
>
> 2. 什么是"痒点"？
>
> 在电商里，"痒点"也是买家需要的东西，但不是刚需。比如手机壳，防摔的手机壳比普通不防摔的手机壳对手机保护得更到位一些，但买家在看到防摔手机壳出现之前，已经买了普通手机壳并且还能用一段时间，这里的"防摔"，就是痒点。
>
> 痒点不能解决买家刚需，但能够让买家感觉更方便、舒适、安全，体验上有升级但实际作用不一定很大。就像手臂上被蚊子叮了个包，有点痒，挠一下很舒服，不挠忍一忍也没事；但如果被蚊子叮了一大片包，不但痒还红肿，甚至有扩散趋势，这种情况可能是过敏或蚊子传播的疾病，必须就医，痒点变成了痛点。

新手如何快速制作带货力强的短视频呢？请牢记"一加二减三执行"这三个关键步骤：

第一步：做"加法"。核心点：不断学习新知识、新技巧，会模仿和举一反三。

新手缺乏经验，而快速弥补经验最便捷的方法就是模仿。在模仿之前一定要多看带货短视频案例，特别是与你商品相似的带货短视频。如果你是没任何经验的新手，看一个短视频可能还是不会，那就去看10个、50个、100个，看得越多，学得越快。

看短视频案例时，既要站在买家的角度去看短视频中有没有吸引你的点，也要站在运营者的角度从内容选题、标题文案、短视频文案/旁白/台词、账号人设、演员、配音、短视频拍摄场景、拍摄手法、视频剪辑技巧等维度反推该短视频的制作流程。

如何模仿呢？

从"选题、文案、人设、短视频制作"等维度模仿你认为优秀的、能为己所用的技巧点。比如清洁洗衣机的泡腾片，别人是展示泡腾片的包装，再将使用过程拍出来。如果你也卖这种商品，首先将该短视频下载或收藏，反复看10遍（观看次数按需增减）；然后将短视频拆解为拍摄脚本，拆解时要精确到秒，并做完整记录；接着准备素材、商品、拍摄场景等，分镜拍摄；最后根据脚本剪辑、配音、加字幕等。

模仿抓不住精髓，形似而神不似，怎么办？

其实这个问题的答案在前文已经讲过了，请将本章11.7~11.9三节内容多看几遍。记住：模仿不是目的，一开始不会的东西太多，模仿是为了快速进步。当你学会了，还要创新，制作属于自己的原创内容。

第二步：做"减法"。核心点：学会取舍，筛选最合适的技巧并应用到你的带货短视频中。

新手最容易犯的一个错误就是"堆砌"，殊不知堆砌得越多，不一定越好。还以清洁洗衣机的泡腾片为例，假如你在多个平台看了不下 60 条短视频，分别整理出 12 个拍摄脚本，接下来你要做的是汇总 12 个脚本，取其精华，留下适合自家商品的核心点，再结合自己手上的资源增减细节，最后得出一个最适合你自己拍摄的脚本。

学会做"减法"，是新手想要快速进步，制作出带货力强的短视频，在思维层面必须经历的一个重要过程。

第三步：强有力的执行。没有执行力，一切都是空谈！

"一流的点子加三流的执行力"不如"三流的点子加一流的执行力"，只需做好以下两件事：

第一件：确定目标。先给自己明确的愿景画像，再给自己设定一个完成目标的奖励。

第二件：分解目标，制定达成路径。拆解目标可以用到"SMART 法则"：Specific（明确具体的）、Measurable（可衡量的）、Attainable（可实现的）、Relevant（相关联的）、Time-bound（有时限的）。以淘宝新手卖家运营店铺微淘短视频为例，建议学会后按此框架制订可行性强的执行计划：

S 具体目标：一个月内将微淘短视频权益升级到五星。

M 目标可衡量：30 天内发布符合规范的优质短视频数量不低于 12 条，店铺上线 30 款以上带主图视频的商品。

A 目标可达到：依据可衡量的数字，拆解目标。每 2 天发布一条微淘短视频，每天上线至少 1 款带主图视频的商品或者为至少 1 款已经上线而无主图视频的商品增加主图视频。每天发布 2 条微淘内容。

R 目标相关性：深入研究微淘玩法，搞清楚微淘内容和微淘短视频的各种规范、审核规则、加权规则，提高图片处理水平，不断学习短视频拍摄剪辑技巧，提升短视频制作能力。

T 目标起止日期：7 月 1 日~7 月 31 日。

小贴士

1.用淘宝开店的卖家账号登录微淘号·商家运营后台即可。微淘系内容发布流程、短视频规范、审核规则等在登录后皆可查看。

2.微淘短视频星级分为 6 个阶段：入门→一星→二星→三星→四星→五星。星级评定规则及权益如表 12-3 所示（若规则有更新，请以微淘后台提示为准）。

表 12-3 微淘短视频星级评定规则及权益

短视频层级	活跃度要求	视频质量要求	自运营能力要求	星级权益(*)
入门	无	无	无	近30天单视频累计播放≥15进入审核
一星	本月发布视频数≥2	本月淘宝短视频采纳视频数≥1 或 累积淘宝短视频采纳视频数≥6	本月日均在线有主图视频商品数≥10 或 本月日均主图视频覆盖率≥10%（仅针对有店铺但未签约机构的账号）	近30天单视频累计播放≥10进入审核
二星	本月发布视频数≥4 本月有发布视频的天数≥2	本月潜力视频数≥1	本月私域（非主图场景）日均播放量≥20 或 本月日均在线有主图视频商品数≥20 或 本月日均主图视频覆盖率≥20%（仅针对有店铺但未签约机构的账号）	24小时内审核 v任务短视频专区 认证微淘种草达人优先审核
三星	本月发布视频数≥6 本月有发布视频的天数≥4	本月潜力视频数≥4	本月私域（非主图场景）日均播放量≥100 或 本月日均在线有主图视频商品数≥30 或 本月日均主图视频覆盖率≥30%（仅针对有店铺但未签约机构的账号）	14小时内审核 猜你喜欢流量加权（有机会） v任务短视频专区 潜力账号奖励 认证微淘种草达人优先审核 官方活动优先参与
四星	本月发布视频数≥6 本月有发布视频的天数≥4	本月潜力视频数≥4 本月潜力视频占比≥20% 本月热门视频数≥1 内容调性符合要求	本月私域（非主图场景）日均播放量≥250 或 本月日均在线有主图视频商品数≥30 或 本月日均主图视频覆盖率≥30%（仅针对有店铺但未签约机构的账号）	2小时内审核 猜你喜欢流量加权 v任务短视频专区 优先推荐品牌商家合作（有机会） 潜力账号奖励 认证微淘种草达人优先审核 官方活动优先参与
五星	本月发布视频数≥6 本月有发布视频的天数≥4	本月潜力视频数≥4 本月潜力视频占比≥40% 本月热门视频数≥3 内容调性符合要求	本月私域（非主图场景）日均播放量≥1000 或 本月日均在线有主图视频商品数≥30 或 本月日均主图视频覆盖率≥30%（仅针对有店铺但未签约机构的账号）	2小时内审核 哇哦视频加权（有机会） 猜你喜欢流量加权 v任务短视频专区 优先推荐品牌商家合作（有机会） 公域cps 认证微淘种草达人优先审核 官方活动优先参与

12.10 把你的第一次直播献给哪个平台

2019年年末，新冠疫情对我国经济和社会发展带来了巨大的冲击，零售、餐饮、住宿、旅游、娱乐休闲、教育、汽车等行业深受影响。在疫情期间，"无接触购物""无接触配送"是被重点强调和反复提及的核心关键词，此时具备无须出门、送货上门等优势的网购自然就成为人们购买生活必需品的首选渠道。

在众多的网上商品呈现形式（如图文、短视频、直播等）中，直播带货被接受的程度越来越高，明星、网红达人、企业家、媒体主持人、企业员工等纷纷上场进行直播带货，既振兴了经济，普通百姓又能以较实惠的价格买到商品，还有效抑制了疫情传播风险，一举多得。

未来几年，直播带货定会持续火热，请抓紧赶上这波"东风"！

哪些平台可以带货直播

带货直播，是一种通过互联网平台，使用直播技术进行商品展示、咨询答复、导购等的新型服务方式。核心点包含但不限于主播需露脸、在直播的过程中可以随时挂载商品链接、能实现边看边买。

卖家可以自己开通直播间卖货，也可以在别人的直播间卖货。"带货直播"互动性更强、亲和力更强，消费者可以像在大卖场一样，跟卖家进行交流，甚至讨价还价。

除了带货直播，还有娱乐秀场直播、游戏直播、教育直播、音频直播（即声音直播）、旅游直播等，它们与带货直播最大的不同就是直播间无法挂载商品链接。因此，你要搞清楚，选定的直播平台能不能带货！

那么，哪些平台可以做带货直播呢？可以带货的平台大致分为四类：

第一类：电商平台直播；比如淘宝直播、京东直播、拼多多直播等。

第二类：社交平台直播；比如基于微信的直播、基于微博的直播等。

第三类：短视频平台直播；比如快手直播、抖音直播。

第四类：自媒体平台直播；比如基于百度好看视频的直播等。

不同类型的直播平台，支持挂载的商品渠道不同，比如淘宝直播仅支持淘系内商品链接（即淘宝、天猫店铺的链接），抖音直播支持通过精选联盟添加并分享第三方电商平台（包括但不限于抖音小店、淘宝、京东、考拉海购、唯品会、苏宁易购等）的商品，百度好看视频直播的好看店铺目前仅支持淘宝、京东和度小店商品链接（各直播平台支持挂载的商品链接范围若有更新，请以官方公告为准）。

不管最终选用哪一类平台，发起一场带货直播的五个关键步骤如下：

第一步：确定开播平台；最好有公域流量，可以弥补私域流量不足导致直播冷场的尴尬，比如淘宝直播、抖音直播、快手直播。有些平台只提供直播工具，没有也不提供任何流量，需自己引流；如果没有任何粉丝基础，建议不要选单纯的直播工具，即使开播了也没人看。

第二步：快速学会并掌握该平台直播工具的使用方法，比如确定在淘宝开直播后，就要了解在哪里开淘宝直播、开播条件是什么、如何发布直播等。

第三步：为第一场直播做准备，包含但不限于直播选品、主播人选确定、直播设备调试、直播间场景布置、发布直播预告等。

第四步：准时开播。

第五步：直播结束后数据复盘，准备下一场直播。

你该把第一次直播献给哪个平台

如果你已经开了淘宝店或天猫店，建议优先把时间和精力投入到淘宝直播上。

淘宝直播定位于"消费类直播"，用户可边看边买，在电商卖货变现方面，它比其他平台的直播有优势，淘宝、天猫是卖货平台，优化到位，其直播间的转化率可以更高。从运营角度看，淘宝直播是一种全新且非常火爆的引流渠道，平台有扶持、有流量倾斜；从技术角度看，它也是一个直播工具。作为淘宝卖家、天猫商家，熟练掌握淘宝直播的玩法已势在必行。

如果还没开店，就该先想清楚：你做直播是为了什么。做任何事情，都该有目的，直播也一样。只有确定了"目的"，接下来才会有为了达到目的而制订的执行计划。

关于直播变现，说到底，其实就两种玩法：第一种，"圈人"，通过直播增长粉丝、将粉丝引导到私域（比如微信），只要有粉丝，变现的可能性就有很多，如培训、招收代理、接广告、卖商品、粉丝打赏等；第二种，直接在直播间卖货变现。

淘宝直播的开播步骤

买家从哪里看淘宝直播？有两种方法：一、在智能手机的应用商店搜索并下载"手机淘宝"App，打开后单击首页的"淘宝直播"。二、在应用商店搜索并下载"淘宝直播"App。

①卖家如何在电脑上开直播？步骤如下：

第一步：开通直播发布权限。从手机"应用商店"搜索并下载"淘宝主播"App，用卖家账号登录，完成资质检测并通过考试，即可开通直播发布权限。考试共20题，题目及答案详见本节配套文件夹"商家开通直播的考试题目及答案"，对照答题可帮助你顺利通过考试。

第二步：启动浏览器，打开淘宝直播网页版中控台管理后台，用卖家账号登录，依次单击"发布直播"－"普通直播"－"开始创建"按钮，按网页提示填写"直播形式""直播信息""直播宝贝"等内容，发布直播预告。

第三步：下载"淘宝直播PC版客户端"，并进行相关设置（设置图文教程详见本节配套素材"淘宝直播PC版客户端使用手册.png"）。

第四步：在设定的时间内登录"淘宝直播PC版客户端"，开始直播。

②卖家如何在手机上开直播？步骤如下：

第一步：开通直播发布权限。从手机"应用商店"搜索并下载"淘宝主播"App，用卖家账号登录，完成资质检测并通过考试，即可开通直播发布权限。

第二步：选定一个直播的时间，发布直播预告。

第三步：单击"手机直播"按钮，选择频道，添加封面图，单击"开始直播"按钮。

> **小贴士**
>
> 卖家自己直播的流程：开通直播权限→针对店铺粉丝进行直播（私域流量）→直播活跃且数据良好→开通浮现权限（公域流量）→在淘宝直播广场浮现。
>
> 卖家找达人或机构直播流程：挑选合作方→沟通合作→卖家设置淘宝客定向佣金；去阿里V任务设置合作任务→确认邮寄商品→完成合作结算。

12.11 如何快速搭建网上卖货的直播间

网上卖货的直播间是什么样子的

网上卖货的直播间，主要通过手机呈现。可以说，网上直播间的大小就是手机屏幕的大小，并且可以跟随主播随时挪动，因为主播在哪里开播，直播间就在哪里。

拿出你的手机，从应用商店搜索并下载"淘宝直播"App，打开后点开任意直播间，你所看到的就是卖货直播间的样子。建议多花点时间认真看看不同品类（比如美食吃货、母婴萌娃、鲜花萌宠、一秒买全球等）的直播间，主要看不同品类直播间的区别、不同直播间的布置、主播有几个人且他们是如何介绍商品的。

直播间分为室内和室外，至于具体用哪种，还要以直播内容为导向，不同类目的直播场景也五花八门，比如卖服装鞋帽的商家把直播间搭建到仓库、实体店、公司销售部办公室、自家卧室、客厅等；卖餐厨用品的商家把直播间搭建到厨房；卖生鲜的商家把直播间搭建到鱼塘、海边鱼市码头、海鲜养殖基地等。不管直播间搭建在哪，建议尽量真实，让观看直播的粉丝感到舒服、自然。

如何快速搭建卖货的直播间

如果将直播作为重要的引流渠道，长期开播必不可少，建议搭建固定的室内直播间。有条件的话，可以自建专用直播间或租用"高大上"的场地；没条件的话，可以开辟出一处空间，先搭建一处简易的直播间。

一个直播间的核心要素包含三个方面：

1．场地+布景：场地大小以 10~40 m² 为佳，太大了，容易产生回声，影响直播效果。关于布景，有想法和创意的读者，直接按你的想法去动手实现即可。如果不知道如何布置直播间，笔者推荐两个小技巧，可以帮助你快速找到灵感：一是看"淘宝直播"里别人的直播间是如何布置的，参考借鉴即可（推荐）；二是在网上搜索直播间效果图，比如在百度上搜索关键词"直播间布置"，在搜索结果中有很多现成的效果图，参考借鉴即可。

2．灯光：是影响直播间画质比较关键的因素，光感清晰会给人敞亮、干净、舒服的感觉。直播间布光建议从三个方面着手：一是整体灯光，一般在直播间顶部，可以多装几组射灯；二是局部灯光，比如主播正面、商品正面等，可按需添加移动补光灯；三是面部补光，面部光线适当，有美颜效果，特别是真人主播出镜，面部补光灯是首选设备。

3．直播硬件以及辅助设备：网络（必须）、智能手机（必须）、电脑（可选）、高清摄像头（可选）、独立声卡（可选）、电容麦（可选）、耳机（可选）、支架（必须）等。直播间所需布景耗材、灯光、各类设备等都可以在网上购买到。

以服装卖家为例，搭建直播间的步骤如下：

第一步：确定卖货方式。这一点非常重要，因为卖货方式决定了你接下来需要准备的具体细节。什么是卖货方式呢？自己生产自己直播销售、自己批发进货自己直播销售、拿样代播销售赚佣金等，都属于卖货方式。

不同的卖货方式又细分为很多具体的玩法，比如自己批发了100件不同款式的衣服在直播间卖给100个人，一天内卖完，每个人买到的都不一样；又比如每一场直播只卖8组服装的搭配套装，共16种商品，卖完即止；再比如每场直播为8个商家代播，完成销售任务即止。

第二步：确定直播场地。是仓库、实体店、公司销售部办公室？还是自家卧室、客厅？

第三步：布置直播场地。实体店装修讲究全方位无死角，即使是几十平方米的店铺，精装修成本也比较高，而线上直播间的装修与实体店装修最大区别在于：只需重点布置摄像头捕捉的区域就行了。比如新手卖家刚开始直播，场地定在客厅，你可以先确定直播用的手机或电脑摄像头的摆放位置，然后打开手机直播工具或摄像头，看看捕捉的画面中包含哪部分区域，接下来重点布置这个区域即可。只要在直播过程中不挪动手机或摄像头，所有进直播间的人只能看到你提前布置的区域。

布置时重点注意前文提到的核心要素"布景和灯光"。另外还要注意隔音问题，如果你打算长期做直播，特别是直播场地临近马路，人流车流噪音大，建议做好直播间的隔音。一方面直播期间的主播不容易受环境影响发挥；另一方面使来直播间的买家有一个舒服的体验，不会轻易离开。

第四步：调试直播设备，学会并熟练使用直播软件。

12.12 实用的直播卖货选品技巧

直播卖货还要选品？是的，确实要选品。虽然这是"人人皆主播，万物皆可播"的时代，但也不是什么商品都能在直播间卖出好的销量。下面以淘宝直播为例，从淘宝直播生态、观看淘宝直播的消费者人群画像、直播间人货场三个维度给你分享一些实用的选品技巧。

淘宝直播生态：四类角色+四种运营工具

对商家而言，淘宝直播是品效销三合一的电商直播平台。目前淘宝生态里有以下四类角色：

第一类：主播，涵盖全能主播、垂直主播、明星主播、红人主播、模特主播、主持人主播、歌手主播、演员主播、老板娘主播、商家主播、大码主播、农民主播、袖珍主播、聋哑人主播、中老年主播、双胞胎主播、二次元主播、CP主播等。

第二类：机构，包含直播机构、村播机构、直播代理 IP 等。机构旗下包含各行业签约主播。

第三类：商家，涵盖天猫店铺、企业店铺、淘宝店铺、红人店铺等。

第四类：直播基地，包含但不限于原产地、综合产业带、品类供应链、传统批发市场、海外基地等。

平台为这四类角色准备了一套运营工具，辅助其更好地卖货，分别是：

"淘宝直播"App：是淘宝旗下第一个纯粹为电商直播打造的独立客户端，组建了全新的直播生态。

"淘宝主播"App：商家可以从这里申请开通直播权限，了解官方最新消息，以及日常发起手机端直播。

阿里妈妈"淘宝联盟"：是主播的货源的主要渠道，可以通过淘宝联盟直接获取带佣金的商品链接，然后将其挂在自己的直播间宝贝池里。

"阿里 V 任务"：找主播合作，找人多店铺代播，找机构做图文、短视频、直播等内容，均可通过阿里 V 任务实现。

多年前的淘宝，是"人找货的时代"，买货的人多而商品少。现今的淘宝，最不缺的就是货，新的消费场景和消费渠道层出不穷，消费者的精力和时间被分散，大量商品滞销，属于典型的"货找人的时代"。今天的淘宝，最缺那种能够利用新技术、在新的消费场景下卖货的人。只要你形象气质佳、有专业技能、口语表达能力强，就能胜任主播岗位，有机会成长为优秀的网红主播。

观看淘宝直播的消费者人群画像

在 2019"淘宝神人"IP 发布会上，淘宝官方公布的数据显示，淘宝直播的消费人群中，来自二线城市、25~35 岁的已婚女性、"宝妈"居多。因此，有句话是这么说的："秀场主播哄大哥，淘宝直播哄大姐。"选择针对这类人群的商品更受欢迎、更好卖。

深挖数据，又能发现：

"成熟御姐型"人群占 24%，她们的特点是：有时间、有钱，消费力较强，主要居住在二三线城市，"85 后"和"90 后"居多。

"精致少女型"人群占 38%，特点是：年轻任性，中等消费力，主要居住在二三四线城市，"95 后"和"90 后"为主。

"持家主妇型"人群占 13%，特点是：居家贤惠，消费能力较低，主要居住在三四线城市，"85 后"和"90 后"居多。

"居家宅男型"人群占 13%，特点是：宅，居家型，中等消费力，主要居住在二三四线城市，"85 后"和"95 后"居多。

不同平台的人群有不同的调性和特点，建议多看看数据大盘，根据人群选品是非常重要的技能。

直播间的人、货、场

淘宝直播更像线下传统商家的升级版，是体验更好的线上购物方式。做好淘宝直播，就是做好直播间的人、货、场。

人，指直播间的主播。由两种人群构成，一种是原生型，即学生、模特、网店老板、网店客服等，这类人群本身就是做网店或一开始就接触直播，对此较为了解；另一种是转职型，比如实体店的导购员/服务员、空姐、老师、公务员、农民等，这类人群本身在其各自领域有一技之长，转型成为主播，快速熟练使用直播相关工具后，能迅速上手。

货，指直播间卖的商品。请牢牢记住一点，现在的带货直播间已经不是卖"随便货"（即次品/仿品/库存积压的商品、透支主播信用的商品等）的地方。品类丰富、质量稳定、性价比高，方是长久之计。

场，指直播场景和直播运营。

直播场景除了前文提到的仓库、实体店、公司办公室、自家卧室、客厅、厨房、鱼塘、海边鱼市码头、海鲜养殖基地，还有田间地头、工厂车间、批发市场、商场超市、水产市场、商业街、车、船、电视台、供应链源头等。解决好网络问题且能直播的场景都可以开播。

直播运营包含但不限于活动促销、新品发布会、品牌的明星通告、广告投放等。

> **小贴士**
>
> 1. 店铺直播每天要做哪些事？
>
> 店铺直播每天要做的事：给自家的店铺自播、给自家的店铺找代播、参加淘宝主播官方活动、联系大主播讲商品、联系明星+大主播讲新品、联系专家+大主播讲主打商品、联系中小主播做日播，盘点库存等。
>
> 2. MCN 机构每天要做哪些事？
>
> MCN 机构每天要做的事：招募主播、培训主播、直播招商、了解商品、安排直播间内容、安排主播行程、报名参加各种官方活动、盘点样品、结算等。

实用的直播卖货选品技巧

根据淘宝直播官方大数据了解消费者人群画像，梳理自家直播间的人、货、场，深入了解自己，再依托淘宝直播生态，选用恰当的工具、营销策略，将适合的商品卖给对的人。

淘宝的直播间不是卖便宜货的地方，不是说一味低价的商品就会好卖。前文介绍了人群画像，这些人更多是追求品质（品牌货）、实用耐用、超高性价比、新奇，对他们胃口的商品更好卖。推荐以下三个实用的选品技巧：

第一个：成熟经营的营销类特价商品。在淘宝有三大官方自营平台，分别是天天特卖、淘抢购以及聚划算，每天都会上新很多极具性价比的商品，你可以追根溯源，找到那些爆款商品的源头，然后找合作或批发，拿到直播间卖。甚至可以参考借鉴其卖点、促销策略。

在"手机淘宝"App 的首页找到"天天特卖""淘抢购""聚划算"，依次打开即可看到。

第二个：奥特莱斯类商品。奥特莱斯，英文是 OUTLETS，其原意是"出口、出路、排出口"，在零售商业中专指销售名牌的过季、下架、尾货、断色断码商品。此类商品有大品牌背书，品质有保障，极具价格优势。一直是直播间的宠儿。

第三个：产业带商品。厂家直销，大牌品质、价格优势明显。最佳模式是驻厂直播，直接从厂家发货，减少中间流通环节，减少流通成本。

12.13 新手带货主播必学的八个直播技巧

任何一个新手，想在极短的时间内快速学会带货直播，一定是尽量周全地想到且做好直播的每一处细节，接下来介绍的八个直播技巧，能帮助你轻松驾驭每一场直播。

技巧一：定位，特指行业、类目或领域定位

定位是为了获得更精准的粉丝，更好地实现转化。另外，决定一个账号的商业价值，除了粉丝体量，还有"垂直度"。

以淘宝直播为例，卖家在发布直播时，必须添加"直播栏目标签"，也就是直播归属的类目，如穿搭、美妆、母婴、买全球、美食、男士、珠宝、旅行、逛市场、鲜花萌宠、大牌馆、村播、家居、本地生活、闲鱼、潮店、医美医疗、金融、汽车等。虽说平台规则允许的商品都可以在直播间卖，但笔者建议：最好是专注一个大类目且专注解决一类人群的问题，比如专注解决18~39 岁小个子微胖女士一年四季的穿搭问题，这样既有助于提升直播间权重，也有助于快速增加粉丝、体现差异化、增强用户黏性。

当然，如果你已经有了商品，也应该好好想一句口号，比如一线专柜品牌出厂价、迷君轻奢高定女装一折起、凉山南红源头代购、粽子工厂直播、童装全场清一件不留、品牌男装白菜价全一折等，在直播间能透出的位置反复说，让每一个粉丝都牢牢记住你。

技巧二：提前为你的每一场直播写一个脚本

提前写带货短视频脚本，一方面有一个流程指导，能提高短视频拍摄效率；另一方面能在极短的时间内提高短视频的拍摄和剪辑质量，更容易做出精品短视频。直播带货也一样，提前写好脚本，直播时更顺畅有序，忙而不乱。

直播的脚本可简单，也可复杂，最重要的是把直播节奏带起来，减少突发状况，如控场意外、节奏中断、尬场等。要让进直播间的每一个粉丝都明白：我在看什么，我能得到什么，有哪些福利和商品。

建议从直播目的和目标、直播时间、直播人员和分工、商品清单+脚本、整场脚本等维度搭建框架，范例参考图12-15。

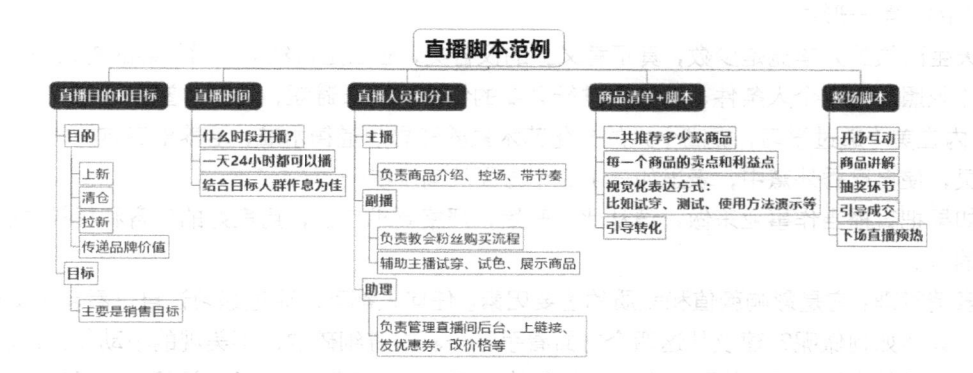

直播脚本范例

- **直播目的和目标**
  - 目的
    - 上新
    - 清仓
    - 拉新
    - 传递品牌价值
  - 目标
    - 主要是销售目标
- **直播时间**
  - 什么时段开播？
  - 一天24小时都可以播
  - 结合目标人群作息为佳
- **直播人员和分工**
  - 主播
    - 负责商品介绍、控场、带节奏
  - 副播
    - 负责教会粉丝购买流程
    - 辅助主播试穿、试色、展示商品
  - 助理
    - 负责管理直播间后台、上链接、发优惠券、改价格等
- **商品清单+脚本**
  - 一共推荐多少款商品
  - 每一个商品的卖点和利益点
  - 视觉化表达方式：比如试穿、测试、使用方法演示等
  - 引导转化
- **整场脚本**
  - 开场互动
  - 商品讲解
  - 抽奖环节
  - 引导成交
  - 下场直播预热

图 12-15

技巧三：快速提炼在直播间售卖商品的精准卖点

商品卖点就是说服买家购买的理由，很多新人主播很难做到在必须一心多用的直播间临场发挥时恰到好处地抓住每一个商品的精准卖点，而主播的这项能力对促成商品转化又非常重要。因此，最好的解决方法就是在写直播脚本时，将每一个商品的核心卖点标注出来，直播时辅助主播发挥。

关于这一点，你可以借鉴知名主播的直播间，学习他们关于商品的卖点文案。

有了卖点还不够，还要通过语言传递出来。

优秀的语言表达能力谁也不是天生就有的，主播想提升直播时的语言表达能力，除了多训练，没捷径可走，坚持"一万小时定律"：不停地说、不停地模仿、不停地创新，这就是成功秘诀。

> **小贴士**
>
> 一万小时定律是作家格拉德威尔在《异类》一书中指出的定律。"人们眼中的天才之所以卓越非凡，并非天资超人一等，而是付出了持续不断的努力。1万小时的锤炼是任何人从平凡变成世界级大师的必要条件。"

技巧四：请随时处理好仪容仪表，做好表情管理和肢体语言管理

很多直播间都是真人出镜，但凡出镜，请随时处理好仪容仪表，做好表情管理和肢体语言管理，这是让粉丝记住你、关注你的第一步。

仪容仪表：通常是指人的外观、外貌。在人际交往中，你的仪容仪表都会引起交往对象的特别关注，并将影响到对方对你的整体评价。它反映出一个人的精神状态和礼仪素养，是人们交往中的"第一形象"。

天生丽质的人毕竟是少数，真正意义上的仪容美，应当是自然美（指仪容的先天条件）、修饰美（依照规范与个人条件，对仪容进行必要的修饰，扬长避短，设计、塑造出美好的个人形象）、内在美（通过学习，提高个人的文化艺术素养和思想道德水准，培养出高雅的气质与美好的心灵，使自己秀外慧中，表里如一）三个方面的高度统一。

如果把直播当作事业来做，请从此刻开始，严格要求自己，用良好的仪容和精神面貌赢得粉丝的心。

表情管理：它是影响颜值和气质的重要因素。任何人都可以通过练习让自己看起来更自信、迷人。具体如何做呢？建议从这四个方面着手：一、规避细碎的、不美观的小动作；二、找到自己更好看的表情；三、找到具有个人特色的表情；四、高频练习，形成强烈习惯和肌肉记忆。

推荐以下三个练习表情管理的小技巧：

第一个：拿出你的手机，做各种表情并拍照，然后认真对比，接下来就知道哪些表情该做，哪些表情要收敛。

第二个：对着镜子或手机前置自拍镜头练习。从微笑开始，看着镜子里的自己，从面无表情，到慢慢开始微笑，然后笑容渐渐放大，最后变成开怀大笑。将整个过程录制下来，看回放，把最美的那个表情截图，然后对照着反复练习。

练习好微笑后，接着将镜子或手机（开启前置镜头）放在身前1米左右位置，练习讲故事或朗读。也要将整个过程录制下来，看回放，后续反复调整改进。

第三个：对着手机后置镜头练习，后置镜头也离自己1米左右远，半身出镜或全身出镜。利用后置镜头录制，因为无法实时看到自己的表情，事后看回放能更清楚地看到自己的表情缺陷，以便不断调整改进。

肢体语言：又称身体语言，是指通过头、眼、颈、手、肘、臂、身、胯、足等人体部位的协调活动来传达人物的思想。

真人出镜的直播多数时候都需面部、身体与四肢出镜，很多新人主播经验不足，当面对直播镜头，借肢体动作表达情绪时，时而蹙额，时而摇头，时而摆动手，时而两腿交叉，却多半并不自知。提前知道这些并刻意练习，可以快速提升自己的肢体语言表达能力。

做法同表情管理一样，在正式开播前，将直播脚本在镜头前预先演练几遍并录制下来，看回放，直到自己或团队人员看不出异样，就可以正式开播了。

技巧五：做一个有趣、有料、专业的主播

问：如何做一个有趣、有料、专业的主播呢？

答：学习演讲技巧。

并不是在舞台上才算演讲，平时和人沟通，也需要演讲技巧，比如肢体语言、表达逻辑、讲故事的技巧、说服技巧、快速反应能力等。确切地说，演讲就是当众表达的能力。

其实只要做到为直播写一个可操作性强的脚本、提前提炼商品卖点并写好卖点文案脚本、在出镜时处理好表情管理与肢体语言，就已经体现出有内容、有逻辑并且专业了，接下来只需在"有趣"方面下点功夫。

如何做到有趣呢？在正式直播时表情生动、声音抑扬顿挫、有幽默感、时时与粉丝互动交流。此外差异化的直播风格，比如搞笑、卖萌、温情、毒舌等，也能体现出主播有趣的一面。

技巧六：做好这个闭环，你的直播间不会缺人气

一个良性循环、长期经营的直播间，要维持高人气，一定会做好"吸引粉丝→转化→留存"这个闭环，并且缺一不可。

不同平台的具体玩法不同，需区别对待，以淘宝直播和抖音直播为例，其他平台也可以依照这个闭环类似操作。

场景一：淘宝直播，主要是视频直播。玩法步骤如下：

第一步：打开"淘宝主播"App，用卖家账号登录，完成资质检测并通过考试，开通直播发布权限。

第二步：按前文 12.10~12.12 节讲的技巧做好主播准备并发布直播。

第三步：吸引粉丝。推荐三种方法：

方法①：从私域吸引粉丝：将直播分享给微博、微信、支付宝、钉钉、QQ 好友；将直播预告同步到手机淘宝店铺（即在店铺装修时添加直播模块）；将直播同步到微淘。

方法②：从公域吸引粉丝：遵守直播规则、定期连续直播，将主播等级升级到 V2，开通淘宝直播频道浮现权，获得更多曝光进而吸引粉丝；按前文 12.7~12.9 节讲的技巧做好淘宝短视频运营，赢取更多公域曝光机会进而吸引粉丝。

方法③：在直播间吸引粉丝：主播通过话术提醒新进直播间的粉丝关注（关注即成为粉丝）；利用淘宝直播中控台的工具"智能主播助理"，设置"自动回复"和"快捷短语"，用来吸引粉丝。

第四步：转化。教会粉丝在直播间购买商品的流程；通过优惠促销（如直播专享价、优惠券、红包、话费流量等福利）、定时抢、抽奖等方式提升购买转化；巧用工具"主播讲解"吸引粉丝下单购买。

第五步：留存。定时开播，每次下播时提醒粉丝下次开播时间、预告下次直播内容；报名平台的"直播万人团"或者自建直播万人团活动，让粉丝帮你拉更多新粉丝来直播间。

场景二：抖音直播。分为视频直播、游戏直播、语音直播、录屏直播、电脑直播。

下面侧重讲视频直播，提升直播人气的9个小技巧如下：

技巧①：开播前3小时发布自己的抖音短视频，开播时，会有更多的粉丝进入你的直播间。

技巧②：开启同城定位，吸引更多同城粉丝来观看。

技巧③：在抖音的个人主页做好直播时间预告。

技巧④：稳定开播天数和时长，找到适合自己的开播时间段，看直播的粉丝会越来越多。

技巧⑤：开播前，设置好标题和封面。如果没有上传合格的封面，会影响直播的曝光量。优质的主播封面图在直播广场会有更多曝光，直播间人气会越来越高。标题在5个字以内，突出个人特色和内容亮点，展示主要直播内容。

技巧⑥：开播后，分享直播间给粉丝和好友。

技巧⑦：跟其他主播连麦，吸引其他主播的粉丝关注你。

技巧⑧：通过DOU或者直播DOU+投放提升直播人气。

技巧⑨：关注直播广场最新的官方直播活动并积极参与，赢取更多直播资源，提升直播间人气。

技巧七：有条件的话，尽量多人后台

多人后台是指直播间有多个人分工协作完成每一次直播。

新手在提前准备充分的情况下，在起步阶段直播间人气不是很足（比如几十人、几百人）的时候，把直播节奏稍微放慢一些，一个主播足以应对。

一旦直播观看人数上千人时，一个主播就开始显得势单力薄。因为观看人数越多，想提升转化率，对主播的控场能力要求极高，除了要演示讲解商品，还要盯着手机看直播人数的变化以判断现在的商品是否受欢迎，然后随机应变判断是不是要更快地更换下一款商品；还要不断引导新进直播间的粉丝关注主播，盯着实时的销售数据，提醒上链接、补货，实时看海量评论，及时回应一些问题和质疑，预告后面的商品等。需要眼观八方、一脑多用，始终保持高昂的精神状态。

除了一人直播，二人、三人、四人的直播组合比较常见，特别是"主播1人+副播（也称助理）1~2人+后台管理1人"的组合最受欢迎。分工明确、互相配合，粉丝也爱看，建议有条件的卖家选用。

技巧八：调整生活作息，尽量做到不熬夜，保持充沛的体力和精力

行动的前提条件是必须要有良好的体魄，想成长为一名优秀的主播，一定不能忽略了自己的健康。

建议调整生活作息、工作时长，尽量不熬夜、不加班，只有保持充沛的体力和精力，才能让以自己为主的直播事业蒸蒸日上。

小结：

1. 新手怎么样才能快速做好直播呢？

用一个公式概括就是：快速做好直播 = 一个有趣、有内容、专业的主播（或主播组合）+ 超高性价比的商品 + 直播前充分准备 + 熟练使用直播工具 + 会直播运营。

2. 一定要学会以点带面、举一反三地解决问题。比如笔者的两本美工方面的图书《Photoshop 淘宝天猫网店美工一本通：宝贝+装修+活动图片处理》《淘宝天猫网店美工一本通：Photoshop+Dreamweaver+短视频》，都是侧重使用 Photoshop、Dreamweaver 等软件解决淘宝、天猫网店的图片处理、店铺装修、短视频运营等问题，会举一反三的读者一旦学会了书中的技术，不仅可以解决淘宝、天猫网店的问题，还可以解决阿里巴巴、速卖通、拼多多、京东、抖音小店等其他电商平台的类似问题。

3. 业务积淀、体力精力、挑战自我、探索新领域，放到任何一个行业的翘楚身上，都是共通的。想成为优秀的主播，现在就开始刻意练习，拿出你的态度和执行力吧！

12.14 如何通过直播带货快速赚取第一桶金

"网络直播"真的是一项"逆天"技术，它在电商卖货领域逐渐占据越来越重要的地位，不断产生新的销售记录。有人通过直播把网店做到上市，有人通过直播几小时卖出几百万元的货，还有更多中小卖家通过直播月入几万元，月入几十万元的也大有人在。

站在运营角度看，"满足使用直播工具的条件"和"学会直播工具的使用"都不难，难的是"如何利用直播工具把商品卖出去？"或者"如何用直播工具放大自身优势，让商品越卖越好？"

不同商家的资源、实力、优劣势等各不相同，面对相同的"淘宝直播"，玩法也不同。下面推荐三种利用淘宝直播赚钱的新玩法，你可以对比自身实际情况，选择其中的玩法直接套用，快速赚取第一桶金。

玩法一：定期+长时间的店铺直播

适用对象：正常经营网店的天猫商家、淘宝卖家，把直播作为重要的引流渠道之一。

正常经营网店的商家特点：有稳定的货源，熟悉网店交易流程。

玩法核心：在原有团队结构的基础上，委派专人负责直播间运营。直播团队人员配置：主播（有条件的，建议标配稳定的 2~3 人，上午+下午+晚上轮流直播）+直播间助理（1~3 人）。

淘宝直播有一套完整的主播成长体系，用于量化展示你的主播处于淘宝直播平台所有主播中的等级，以及等级对应的权益。所以，第一种"店铺直播"玩法是集中资源打造店铺在淘宝直播中的等级，让买家只认店铺，不认主播，不怕主播个人"火"了之后单飞。

影响主播等级的因素分别为：经验值、专业分、直播间品质分。

　　经验值：由直播时长、直播间互动类数据构成。

　　专业分：受到添加本专业下的商品、用户进店购买等数据影响。

　　直播间品质分：是一套描述直播间商品质量和服务质量的数据体系。含优品率、准时揽收率、完成退款时长、退货退款时长、纠纷退款量。

　　数据表现越好，店铺在公域浮现的排名越好；排名好，被展示的机会越多，进而吸引更多新粉丝进入直播间；人越多，货卖得越好！良性循环。

　　变通玩法：如果你手上有网店、有主播，但缺少稳定货源、不想囤货、缺少专业的美工，可以直接去批发市场、大型卖场、现场直播团购、砍价。

　　变通玩法的核心：提前确定接下来主推的商品类型，与对应商家谈好价格，在直播时团购砍价。比如你附近有大型服装批发市场，现场直播逛街，替直播间的粉丝试穿、现场与老板砍价、现场选码，然后现场拍照片发商品链接，现场让粉丝购买，现场打包，约定不支持退货退款。简而言之：让一切自然发生，使粉丝可见每个环节。

　　变通玩法的注意事项：

　　1. 提前规划好直播间的专业和匹配类目，因为淘宝直播不允许跨专业发布商品，比如"穿搭"专业仅可发布"男女内衣/家居服、男女装/男女士精品、服饰配件/皮带/帽子/围巾、男女鞋、箱包皮具/热销男女包、手表"类目下的商品。

　　更多专业与匹配类目划分详见本章配套素材文件夹内的淘宝直播·主播成长体系.png。

　　2. 提前选品。选推的商品要与直播间的专业和类目匹配，提前与店家洽谈好细节。

　　3. 区分"直播保证金"与"商品类目保证金"。比如达人身份的个人主播需冻结一千元直播保证金，机构需冻结十万元，淘宝珠宝类目需冻结二万元；若是开店的商家身份开播，保证金则以类目为准。

　　提前检查即将在直播时发布的商品所在类目是否需要冻结消费者保证金（简称"消保金"），有些类目必须冻结后才能发布。比如"男装"类目强制保证金额度为2000元、"宠物/宠物食品及用品"类目强制保证金额度为六千元，更多类目详见本章配套素材文件夹内的"必须缴纳消保金的商品类目及额度.png"。

　　4. 提前下载"千牛"App并学会如何发布商品。千牛是淘宝卖家、天猫商家专用的免费店铺管理软件，在手机端发布商品必须用它，用卖家账号登录即可。

　　5. 学会"玩法的本质"是最重要的。至于直播时是卖服装，还是卖家具、土特产，完全可以变通，请举一反三。

玩法二：淘宝直播本地化

适用对象：有实体店的老板。只要实体店所售商品能在网店发布，都可以用这种方法。

玩法核心：实体店+网店直播本地化。多数实体店做本地生意，实体店辐射范围有限，每天干巴巴地坐等顾客上门，生意惨淡。第二种玩法就是建议实体店老板利用每天闲暇时间做直播。

当然，不同类型的实体店规模不同、经营状况也不同，有些实体店生意很好，有些实体店一天等不来几个顾客。所以，投入到直播的时间、精力、资源，你要自行安排。具体如何操作详见本书第 13 章。

玩法三：开直播代购

适用对象：兼职，开淘宝个人店，没有稳定货源，以卖家身份开播代购；以达人身份开播，以"服务方"入驻阿里 V 任务，接"需求方"的直播订单。

淘宝上"珠宝"类目就是被直播带向了"春天"，很多做珠宝代购的主播月入上万元。还是那句话，如果不太理解这种模式，现在拿出手机，打开"手机淘宝"App，花几小时去看各种直播，去感受淘宝直播的魅力。

这种模式的好处多多，从成本来说：不用美工辛苦修图，不用运营，不用付费推广，节省成本、见效快，而且不用靠网红。只要你把淘宝直播的玩法理解透，可以立即开始去做。

玩法四：签约 MCN 机构，助你快速成名吸金

适用对象：不想个人单打独斗，有一定的个人能力、颜值高或者有个人独特风格。

好处：机构系统培养，提升你的专业知识和带货能力；有专业团队，在内容制作、编剧、策划、脚本设计等方面帮你搞定；有专人负责招商选品，实现利润最大化；有更多的流量获取和运营经验。

在哪里可以签约优质机构？以淘宝直播为例，申请入口：打开"淘宝主播"App，单击首页中的"签约机构"，在新开页面选中机构，单击"申请加入"按钮，填写和提交申请表，等待通知即可。

第 13 章

有实体店，如何兼营网店

中国有 7000 万个体工商户，2900 万家中小微企业，这几年实体店生意本就难做，每天都有店铺倒闭，在新冠肺炎疫情+地摊经济的双重影响下，实体店生意更是雪上加霜。

如果有一套行之有效的实体店兼营网店的解决方案和实操教程，能让你的实体店每月多赚 3 万元，作为实体店老板，你心动吗？

13.1 有实体店，生意难做，线上结合线下才是出路

实体店生意难做原因汇总

近几年，电商发展势头劲猛，淘宝、天猫、京东、拼多多等电商平台对传统零售业带来了极大的冲击，全国各大城市的商场、超市、购物街等不再像几年前那样人潮涌动、门庭若市了，甚至连大品牌连锁超市，有的也面临倒闭。

事实上，实体店生意难做，倒闭潮频现，除了受到电商冲击，还有以下原因：

第一、硬成本（即固定支出的成本）太多，包含但不限于租金、装修费、员工工资、员工保险、各种税费、水电费、物业费、管理费、停车费、商品成本等。

第二、城市扩张太快，商圈越来越多，客流被分散，加上很多三四线城市总人口增长缓慢，甚至流失严重，客源减少，钱自然越来越难赚。

第三、国内经济下行压力加大，消费增速减慢，房贷、车贷、消费贷等各种名目的提前消费让老百姓手上的闲钱越来越少。生活压力大，工作压力大，悠闲逛街的时间减少。

第四、市场竞争激烈，同质化严重，创新力不足，大多数实体店商家缺乏创新、学习意识，

运营效率低，无法与网上日新月异的购物场景以及丰富多样的促销玩法匹敌。

第五、多数实体店的服务远远赶不上网店。以淘宝网店为例，淘宝平台有很多指标衡量每一家网店的综合服务水平，消费者会潜移默化地将实体店与网店对比，事实上，非常多实体店的服务远远比不上网店，而实体店老板却不自知，这也是导致其顾客流失的原因。

第六、在 2019 年年末，一场由新型冠状病毒肺炎引起的疫情席卷全球，人们减少出门活动、社交，甚至有的人收入锐减，实体店铺的生意更是举步维艰。

第七、国家政策扶持"地摊经济"，对路边摊放松管制，将允许流动商贩合规占道经营，实体店生意可能受到进一步冲击。

列举问题的原因不是目的，解决问题才是重点。

线上结合线下的新零售模式，是实体店的"逆生长"机会

新零售，英文是 New Retailing，即个人、企业以互联网为依托，通过运用大数据、人工智能等先进技术，对商品的生产、流通与销售过程进行升级改造，进而重塑业态结构与生态圈，并对线上服务、线下体验以及现代物流进行深度融合的零售新模式。

阿里巴巴在"新零售"的布局步伐不断加快，如收购超市巨头三江购物、将银泰商场纳入阿里巴巴版图、与线下第一大零售集团百联集团达成战略合作、入股大润发、入股苏宁易购……

互联网巨头们的资本运作，普通人也就看看热闹而已，全国千千万万的中小实体店商家最该关心的是：如何在"新零售已来"的大环境下提升自家实体店的营业额！

中小实体店商家对新零售的理解不能只停留在"线上+线下+物流"这个大框架下，应该学会用"互联网思维"去反思自身存在的问题，并用具体的方法、技术和执行力去解决问题。

实体店与互联网结合的玩法除了开淘宝店，还有很多可能性，接下来笔者会一一详解，请你学会后结合自身实际情况，按需选用。

13.1.1　哪些类型的实体店适合兼开淘宝店

在讲解哪些类型的实体店适合兼开淘宝店之前，有必要先了解一下我国零售业态的分类。

零售业态是指零售企业为满足不同的消费需求而形成的不同的经营形态。零售业态的分类主要依据零售业的选址、规模、目标顾客、商品结构、店堂设施、经营方式、服务功能等确定。零售业的主要业态有：百货店、超级市场、大型综合超市、便利店、仓储式商场、专业店、专卖店、购物中心等。

百货店是指在一个大型建筑物内，根据不同商品部门设销售区，开展进货、管理、运营，满足顾客对时尚类商品多样化需求的零售业态。选址在城市繁华区、交通要道。规模较大，营业面积在 5000 平方米以上。

  超级市场是指采取自选销售方式，以销售食品和生活用品为主，满足顾客每日生活需求的零售业态。选址在居民区、交通要道、商业区。营业面积在 1000 平方米左右。

  大型综合超市是指采取自选销售方式，以销售大众化实用商品为主，满足顾客一次性购买需求的零售业态。选址在住宅区、交通要道。营业面积在 2500 平方米以上。

  便利店是指以满足顾客便利性需求为主要目的的零售业态。选址在居民住宅区、主干线公路边以及车站、医院、娱乐场所、机关、企事业单位所在地。营业面积在 100 平方米左右。

  专业店是指以经营某一大类商品为主的，并且具备丰富专业知识的销售人员和适当的售后服务，满足消费者对某大类商品的选择需求的零售业态。选址在繁华商业区、商店街或百货店、购物中心内。营业面积根据主营商品特点而定。

  专卖店是指专门经营或授权经营制造商品牌，适应消费者对商品和中间商品牌选择的零售业态。选址在繁华商业区、商店街、百货店、购物中心内。营业面积根据经营商品的特点而定。

  购物中心指企业有计划地开发、拥有、管理的各类零售业态、服务设施的集合体。由发起者有计划地开设、统一规划、店铺独立经营。选址为中心商业区或交通要道。

  仓储式商场是指以经营生活资料为主的，储销一体、低价销售、提供有限服务的零售业态（其中有的采取会员制形式，只为会员服务）。选址在交通要道。营业面积大，一般为 10000 平方米左右。

  综上所述，以下两种类型的零售实体店更适合兼开淘宝店：

  第一类，专业店。

  理由：商品结构体现专业性、深度性，品种丰富，选择余地大，主营商品占经营商品的 90％。经营的商品、品牌具有自己的特色。从业人员具备丰富的专业知识。

  专业店按行业细分为：服装店、内衣店、鞋靴店、箱包店、童装玩具店、母婴用品店、手机数码店、美妆店、珠宝店、眼镜店、手表店、美食/生鲜/零食店、户外/健身用品店、乐器店、鲜花/园艺店、宠物/水族店、家具/家饰/家纺店、办公用品店、汽车用品店、日用百货店、餐厨用品店等。

  优势：有场地、资质、商品、人员，兼营网店能将现有资源最大化利用。

  第二类，专卖店。

  理由：商品结构以著名品牌、大众品牌为主。注重品牌名声，从业人员具备丰富的专业知识，能提供专业知识性服务。

  行业细分：与专业店类似。

  优势：与专业店类似。

13.1.2 实体店兼开淘宝店，做本地人生意的玩法

有实体店（侧重专业店和专卖店），如何开淘宝店？

在淘宝网开店的整体流程简单概括为：注册淘宝店铺→解决货源→为商品拍照→发布上架商品→装修店铺→推广销售→发货→售后。

第一步：注册淘宝店铺。很多实体店都有营业执照，有些是公司、有些是个体户，这两类都可以注册淘宝店。即便是公司，也能以个人名义只注册个人淘宝店。

如果资金实力雄厚、有货源优势、有专人负责网店运营，可以入驻天猫；否则不建议，因为天猫店的开店成本比淘宝店大得多。

第二步：解决货源。能把实体店开起来，实际上货源已经不是问题了。但是实体店经营选品与网店经营选品有差异，一方面应该优化实体店内现有商品结构，另一方面也可以拓宽商品供应链，为店铺商品大卖做准备。

第三步：为商品拍照。可以自己拍，也可以找人拍。自己拍，可以用手机，也可以用单反相机。

第四步：发布上架商品。在淘宝店发布商品既可以用网页浏览器，也可以用卖家专属工具"千牛"。应该提前熟知商品管理、交易管理、物流管理。此外，如果打算多人管理网店，子账号是必不可少的。

第五步：装修店铺。成功开店的淘宝卖家，都会有一套旺铺系统，称为"淘宝旺铺"。淘宝旺铺又因行业特性分为普通店铺使用的版本（比如服装鞋帽、母婴、化妆品等普通店铺）和特殊行业店铺使用的版本（比如生态农业、理财行业等特殊店铺）。普通店铺使用的旺铺包含 PC 端旺铺（分为基础版、专业版、智能版）和手机端旺铺（分为基础版、智能版）。根据店铺实际情况，选用恰当的版本以及不同版本的装修技巧。

第六步：推广销售。网店生意好坏，很大程度取决于推广引流的力度和执行力，并且不同的运营策略所选用的引流方法不尽相同。

第七步：发货。网店的买家来自全国各地，商品成交后，需通过快递或物流送货上门。"如何联系快递发货？""如何提升发货能力？"等问题在前文已经详细讲解了，如果遇到本地买家，下文会讲解快递配送解决方案。

第八步：售后。买家与粉丝的维护尤为重要，如果只是拉新，而不考虑留存与回购，就会像一个漏斗，上进下出，在互联网用户增长缓慢的当下，流量获取成本居高不下，你不做，竞争对手在做，本是你"碗里的"也会被抢走！

实际上，实体店的售后维护相对网店会更好做，毕竟有实体店在，"信任分"会更高。

有实体店，只想做本地人的生意，还有必要开淘宝店吗？

有些实体店的老板，不想做全国人的生意，只想做实体店周围几公里内的生意，有必要开

淘宝店吗？答案：当然有必要。

网上购物很火，不用多说，实体店商家自然也觉得开一个网店是多一条提升营业额的路。实体店的运营与网店运营还是有很大差别的，但商业本质不变，即各自做好"人、货、场"。如果实体店商家善于利用"互联网思维"，将网上的各种运营和促销玩法复制到实体店，那么其生意将发生翻天覆地的变化！

实体店兼开淘宝店，如何做本地人的生意呢？

下面教你一个通用玩法，具体步骤如下：

第一步：注册好淘宝店备用。

第二步：让实体店所辐射到的人群知道你家实体店已经"互联网化"，这一步至关重要！"互联网化"包含的维度很多，比如价格、运营模式、消费体验、支付体验等。

现在消费者都有一个心理：实体店的东西一定比网上贵，即使去了实体店，多数也是来比价的，看得多买得少。为了打消他们这种心理，卖家一定要大肆宣传实体店的互联网化，具体做法可以在每天人流高峰时段用喇叭广播（城市实体店切记控制时长，久了可能会被投诉）、贴横幅、贴网店二维码、打造沉浸式体验（比如3公里内线上下单线下配送能保证30分钟内到达、智能点餐、机器人送餐、实时交互等）、创新的支付体验（比如微信、支付宝、刷脸支付）等。

第三步：将实体店内所有的商品拍照、拍视频，按要求编辑并发布到自家淘宝店（注意：成功发布的商品，全国各地的人都可以正常购买）。

发布时需注意一个非常重要的"定价+折扣"技巧。这个技巧的核心是：比较高的一口价（价格定位，让买家知道商品档次）+有理由的折扣（比如店庆3折、618大促5折等，让买家从心理上感觉占到了便宜）+实体店购买有额外优惠（刺激到店购买）。

笔者在《人人都会网店运营：淘宝天猫网店运营一本通》中深度剖析过天猫"双11"针对不同渠道的差别定价法，这个方法的厉害之处在于：将同一件商品在网上不同的渠道卖出不同的价格。想进一步了解的读者可以从淘宝、天猫、京东等网上书店搜索书名即可，然后把书中更多的运营、促销玩法复制到你的实体店。

第四步：把网店地址告诉实体店所有的顾客和潜在顾客，教会他们如何访问，提醒他们实体店所有的活动都会同步到网店，让他们了解商品、价格、提供的服务等。

这一步其实是将网店当作一个工具，通过网店与顾客建立联系，让他们"悄悄地"关注你的实体店以及商品。你开了实体店，除非是那种复购率高、价格透明的商品，熟人会很少到你店里购买，而找熟人购买的本质是希望得到更多的实惠。所以作为老板，你先把价格、折扣、服务等展示出来，让熟人也好，陌生人也罢，通过网店进行对比，然后你在恰当的时候，比如大促时，宣传一下，他们自然愿意购买了。

第五步：根据淘宝平台的节奏，将一些运营玩法直接复制到门店。这一步是重中之重，也是销售额的保障。

这些运营玩法具体是什么呢？

因篇幅有限，笔者在这里就重点推荐一套活动运营玩法，更多实操性的玩法在《人人都会网店运营：淘宝天猫网店运营一本通》中有介绍，重点看其"第二篇 4 种最新网店运营实操技法+粉丝运营"。

这套活动运营玩法的核心：与淘宝平台的"时间线"一致，在实体店里做一模一样的活动。比如平台搞"双 11"活动，你的实体店也搞，具体玩法与线上活动雷同。因为你有网店，所以到了"双 11"活动时，在卖家中心后台可以看到活动玩法的具体细节，比如打五折还送优惠券、红包等。

在淘宝平台上有各种各样的促销活动，由平台主导运营的就有四种类型：第一种、全网大促，如年初的新势力周、年中的 618、年末的双 11/双 12/年货节等；第二种、特色市场品牌活动，如天天特卖、淘金币、淘抢购、聚划算等；第三种、行业类目活动，比如女装腔调设计师活动、38 女王节、家装节、春茶节、电器节等，主要根据一年不同的节日和行业特点定；第四种、无线手淘（即基于"手机淘宝"App 的）活动，比如微淘主题内容活动等。

这些促销活动的时间线就是网络促销特有的购物节以及一年国内外的各种节假日。

实体店互联网化，不能只走形式、喊口号，应该从运营玩法、定价促销等环节深度匹配并执行。"按网店活动的时间线在实体店做匹配的活动"就是其中一种玩法。

第六步：为异地买家、本地买家分别制定配送方案。

从网店购买商品的异地买家很好解决，选用快递或物流即可。关于如何联系快递/物流公司、如何创建/设置"运费模板"等操作细节，详见本书第 7 章的内容。

我国大部分快递、物流公司的业务都是"将货物从一个城市送到另一个城市"，而同城的高效率配送服务比较短缺。

实体店商家要解决本地配送问题，快递、物流不是首选，而应该首选配送时效极高的本地同城配送。目前规模较大的平台有：蜂鸟配送（饿了么）、美团外卖、达达快送、京东到家、顺丰同城急送、点我达、UU 跑腿、闪送等。

第七步：巧用工具和话术，将买家和粉丝"圈"起来，通过粉丝运营提高整店商品的复购率。售后运营流程以及常用的维护软件、工具等详见本书"4.1.1 开网店要做哪些事"。

13.1.3 实体店兼营网店的更多玩法和可能性

互联网上常见的卖货模式有以下五种

第一种：自建不开放的卖货平台，即不对外招商，不允许别人在平台上开店，只卖自家的商品，这类平台又被称为"单用户网上商城系统"或"B2C 电子商务系统"。这种平台的形式可以是网站，也可以是手机 App。

第二种：自建开放的卖货平台，既卖自家商品，又对外招商，别人可以到平台卖货。这类平台一般叫作"商城系统"，支持网上商城管理、招募经销商/分销商，有分销商管理、商品管理、订单管理、会员管理、物流对接、支付对账、数据分析等功能。

这种模式不管是前期的开发成本，还是后期的运营成本，均远远超出第一种，按需选用。适合线下百货店、超级市场、大型综合超市、商场等。

第三种：在知名平台上开店卖货，比如淘宝店、天猫店、京东店、拼多多店、抖音小店、快手小店、美团店、饿了么店等，手续材料齐全，满足平台入驻规则，即可开店。

在知名的大平台上开店的好处是轻松入驻，免费拥有网店，只需把精力放在后期运营上，网店的技术维护全由平台处理。

第四种：依附社交平台的轻模式，比如依附微信的小程序、公众号、微网站等，通过微信便可完成买卖。相较于第一种和第二种模式，前期投入的定制成本相对较小。

第五种：社群模式，即不开任何网店，商家将消费者用微信群或钉钉群维护，消费者用微信或支付宝付款，商家直接发货。

我有实体店，选哪种模式比较好呢

前文介绍了零售业的主要业态有百货店、超级市场、大型综合超市、便利店、仓储式商场、专业店、专卖店、购物中心等，如果你是百货店、超级市场、大型综合超市、仓储式商场、购物中心，建议选第一或第二种模式，因为从源头供应链到丰富的商品品类再到终端的分销商或消费者，这些零售业态都有足够的资源或实力玩得转自建平台。

笔者所在城市有一家本地大型综合连锁超市，自成立起就推行会员制，十来年积累了非常庞大的会员群体（相当于自有"私域流量池"），在当地商超领域常年排名第一。2020 年以前，其一直在尝试将线上和线下融合的模式，但始终收效甚微，后来开发了一款手机 App，借鉴大润发"淘鲜达"的运营方式，将超市大部分商品上架到该 App 中，然后将其会员通过"门店宣传+微信公众号+微信群"的形式全部导入 App 中，自 2020 年年初开始，因为新型冠状病毒肺炎影响，流行无接触购物+配送上门，这种"用手机 App 下单购物+美团骑手 1 小时配送上门"的模式，一下子火了起来，其在极短时间内做得风生水起。

如果你是专业店、专卖店，建议选第三种模式，直接在知名平台上开店。其优势比如很多实体店都有营业执照，不管是公司性质还是个体户性质，只要手续齐全，在知名平台注册拥有一家网店几乎免费；再比如知名平台拥有非常强大的技术和资金实力去保障平台的正常运转，你入驻后只需把精力放在商品的运营和销售上。

为什么不推荐第四种和第五种模式呢？

因为这两种模式本质上"不自带流量"。比如开了淘宝店，淘宝平台本身是自带流量的，你只需搞清楚淘宝平台的流量分发机制，就很容易从平台获得流量来销售自家商品。建议手上已经有很多私域流量的实体店商家选用第四和第五种模式；反之，不建议选用。

实体店"互联网化"，线上和线下结合的新零售模式已成趋势，越早转型，越早受益。

13.1.4　实体店快速提高营业额的玩法，简单易上手

通过前面几节内容的梳理，笔者建议线下服装、内衣、鞋靴、箱包、童装玩具、母婴用品、手机数码、美妆、珠宝、眼镜、手表、美食/生鲜/零食、户外/健身用品、乐器、鲜花/园艺、宠物/水族、家具/家饰/家纺、办公用品、汽车用品、日用百货、餐厨用品等行业的专业店、专卖店商家，通过"在知名平台上开网店卖货的模式"将自家实体店"互联网化"。

对手续、资质齐全的实体店而言，可以在极短时间（1~10个工作日）内开网店的平台包含但不限于淘宝、天猫、京东、拼多多、抖音、快手、美团、饿了么等，这些平台不仅全国有名，还有庞大的流量，一旦开店成功，马上可以铺货，开业迎客。

本书前文侧重介绍了淘宝店的具体玩法（流量时代，用引流工具；谈价格时代，玩促销；内容时代，用短视频和直播），其实不同平台的网店运营方法大同小异，总结就是：熟悉平台规则+了解平台定位+分析平台人群特点+结合自身实际情况玩转"人货场"。

话虽如此，实际情况却是：非常多实体店商家没有太多时间去打理网店，也对网店的系统玩法一知半解，更没有多余的精力去学习或者根本不想学习。

那么，在众多的网店运营方法中，有没有适合实体店商家快速提高营业额的方法呢？

答案是：有的！那就是带货直播。理由有四，如下：

理由一：实体店商家使用直播的技术门槛低，很多平台标配直播功能，即便没有基础也能轻松学会。

理由二：实体店商家开启直播前无须过多投入和准备，简单五步即可开播：确定卖什么；在店里开辟一处直播场地；布置直播场地；调试直播设备，学会并熟练使用网店的直播软件；开始直播。

理由三：提高营业额的周期极短，几乎是日日见效。带货直播与图文详情页带货、短视频带货不同，不用提前拍摄和处理图片，也不用提前拍摄和剪辑短视频，准备好场地设备即可开播，并且真人出镜带货，能在短时间内说服买家做出购买决策。

理由四：可以分时段在多个平台直播，一方面可以扩大店铺买家人群的覆盖范围，另一方面还可以延长营业时间。不同平台的人群调性不同，在线的时间段也不同，如果能结合平台的人群特点以及自家商品目标人群的上网习惯，实现在不同平台不同时段开直播，能覆盖更多消费人群，最大化提高销售额。此外，很多城市在晚上八九点之后街上就没什么人了，再加上季

节原因，有效的营业时间又会被压缩，如果实体店商家学会网上直播，就是实实在在地延长了营业时间，大大增加提高销售额的机会。

> **小贴士**
>
> 关于带货直播，还有一种玩法：同时段多平台开播。举个例子：小张有一个服装实体店，营业时间是9:30~22:00，他希望在每天的实体店营业时段同时在其淘宝店、拼多多店、抖音小店开启直播，那么，他只需用三部手机分别登录三个平台，然后同时开启直播即可。这种做法成本相对较低。另外，淘宝直播支持利用直播推流工具，将淘宝以外的直播内容推流到淘宝同步播出，经济条件允许的话，可以选用"视频直播编码器多机位导播切换台一体机"进行推流，实现同时段多平台开播。
>
> 这种玩法比较考验主播的个人控场能力，有风险，按需选用，使用时请注意以下三点：
>
> 1. 主播必须是"自由身"，即未签约平台、任何工会、MCN机构等。一般签约的主播都有排他性，多平台直播属于违约行为。
>
> 2. 在直播过程中，尽量不要提及其他平台的名字和玩法。比如在淘宝、拼多多、抖音同时直播，提醒粉丝"关注抖音号"，这句话在淘宝和拼多多平台是禁止的，可以改为"关注主播"等其他通用性表述。
>
> 3. 要非常熟悉不同平台直播工具的用法，与粉丝互动时不能混淆，也不能跨平台提及平台禁止的内容。尽量使用一些通用又不违规的说法。

如果不想做全国的生意，请将带货直播本地化

前文介绍了"实体店兼开淘宝店，做本地人生意的玩法"，实际上，"带货直播"是与"复制网店活动运营玩法"类似的一种引流方式，如果你的实体店暂时不想做全国的生意，一定要做一件事：将你的带货直播本地化，即消费者足不出户，通过线上购买你实体店的商品，然后卖家发货，实现同城配送。要实现这一点，只需在直播时做以下四件事：

第一件事：直播前，在网店内发布好商品，并制定清晰明白的购买流程。

第二件事：不管在哪个平台直播，直播时将直播位置标记到实体店的位置。以淘宝直播为例，在"淘宝主播"App首页点击"手机直播"按钮，开始直播前，依次点击"显示位置"–"添加位置"即可。这样，直播时，可以吸引同城的人观看。

第三件事：提前选好支持同城配送的软件或服务，如蜂鸟配送（饿了么）、美团外卖、达达快送、京东到家、顺丰同城急送、点我达、UU跑腿、闪送等。

第四件事：固定+稳定+符合平台规范开播。在任何平台都会得到权重提升，得到更多公域流量。因此，一旦决定做这件事，请不要中途放弃。

不同类型或不同行业的实体店，在直播时会遇到各种各样的问题，接下来会继续分享更多直播技巧。

13.2 穿搭类实体店低成本快速直播技巧

穿搭类商品直播的共同点

穿搭类实体店包含但不限于女装店、男装店、内衣店、帽子围巾等配饰店。

为了达到提升直播间成交转化率、方便主播随手拿取演示商品等目的，穿搭类商品直播有以下共同点：

第一、主播或模特现场穿着展示，即试穿，让粉丝实时感受上身效果（贴身内衣除外）。

第二、需要陈列架，将每天需要直播的商品挂出来，方便主播随时拿取。直播时，陈列架可以在镜头中出现，也可以不出现。

第三、穿搭类的直播间多数为多人协作，因为主播需要站在镜头前试穿、讲解、与粉丝互动，无法同时兼顾看后台数据或进行一些如发布链接、改价、发优惠券等操作。至少需要2个人，一人主播，另一人看数据和管理后台。

带货直播间比较常见2人、3人、4人的直播团队组合，特别是"主播1人+副播（也称助理）1~2人+后台管理1人"的组合最受欢迎。也有5、6人协作的直播间，1个主播（负责控场、解说、回复粉丝评论内容等）+2个模特（负责跟随主播节奏实时更换、试穿商品，一般不说话）+1个后台管理（负责电脑上的一切操作）+1~2个助理（出镜助理负责跟随主播节奏递换商品、整理货架等；互动助理负责与粉丝互动，实时解答评论区各类疑问、提醒关注、发送直播阶段预告信息等），这类组合一般出现在单场直播观看人数为10万人以上的直播间。

第四、但凡需要试穿的商品，对直播间的整体光线要求较高。光线昏暗的话，一方面人在镜头里会比较黑、噪点多，另一方面展示商品时，细节也不容易看清楚。建议顶部整体照明的光线强一些，然后在正对主播的位置，即正面和左右两个正侧面（45°左右）放1~3个补光灯。

穿搭类实体店低成本快速直播技巧

对很多实体店商家来说，没赚到钱之前，不想投入太多资金，因此低成本、快速直播、短时间内实现线上带货收益是多数商家喜闻乐见的。鉴于此，推荐以下三个速成技巧，学会后可以快速上手操作。

技巧1：选择适合自己的、支持带货的直播平台。

直播也分类型，除了带货直播，像娱乐秀场直播、游戏直播、教育直播、音频直播、旅游直播等，多数是不支持直播间挂载商品链接的。因此，准备做带货直播的实体店商家就要选择支持带货的直播平台，在短期内解决低成本、快速直播、可带货的需求。

不同平台各有其规则和玩法，多数平台对于新手从注册账号到满足开直播条件，再到可以在直播间挂链接卖货，有一个较长的成长过程，其目的在于考核新人的直播能力以及对流量的承接能力。

综合各大支持带货平台的直播开播条件以及其各自规则下新账号的成长体系，推荐实体店商家选择"淘宝直播"。淘宝直播内置"直播小店"，即便是之前没有注册淘宝店，也可以通过开直播挂链接带货，等直播小店有了起色再将其升级为淘宝店。直播小店与淘宝店的区别在于其核心是"让主播把线下的货，尽快搬到线上销售"，经营门槛比普通淘宝店低，并且在发布商品之前暂时不用缴纳保证金。对实体店商家来说，是低成本快速开通直播带货的首选。

新手从注册到开通直播小店发布商品的步骤如下：

第一步：下载"淘宝主播"App，用淘宝账号（没有账号的先注册）登录，单击首页的"主播入驻"按钮，根据指引进行实人认证。

第二步：完成第一步后，首页会弹出一个"直播小店"区块，单击它，在新开页面中按指引补充店铺信息，勾选开店协议，完成开店。

第三步：单击首页"直播小店"区块，继续单击"发布宝贝"按钮，在新开页面中填写相关参数，如图13-1所示，单击"发布商品"按钮，完成发布。

图 13-1

第四步：回到首页，往下滑界面，找到"创建预告"按钮并单击，在新开界面中按指引填

第 13 章　有实体店，如何兼营网店　　249

写相关参数，完成后单击"发布预告"按钮，如图 13-2 所示。

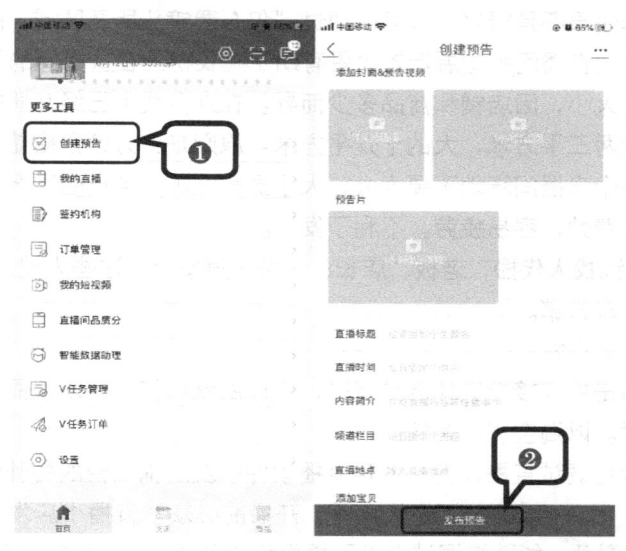

图 13-2

第五步：回到首页，单击"手机直播"按钮，根据第四步设置的时间，准时上线开播即可。

技巧 2：在实体店内开辟一块空间用作直播，直接节省很大一笔场地布置费用。

基本上实体店都有装修，可以直接作为直播间，参考案例如图 13-3 所示。至于在实体店中选用哪一块区域，你需要根据自身实际情况决定。

图 13-3

不管用"电脑+摄像头"直播，还是用手机直播，镜头所及的区域才会展示到直播间，所以即便以前店铺装修效果不是很好，也可以通过"仅布置镜头所及区域"的形式让直播间看上去更舒服。毕竟良好的直播间视觉展示效果更有助于延长粉丝在直播间的停留时间。

至于直播的场地大小，因店铺和商品多少而异。在众多线上已经开播的直播间里，展示到镜头里的区域，小的两三平方米，大的十几平方米。原则是：方便主播随拿随取、走动方便、场面不凌乱。建议整个直播间场地不要太大，大了显得空旷，会产生回声，并且不利于麦克风收音，主播说话会更费劲，容易疲劳，不利于发挥。

技巧 3：无须花钱找人代播，老板、店长、店员等直接上，这些人就是最适合的主播人选，这样又省掉了很大一笔开销。

不会做主播，怎么办？

很简单，直播前是如何接待实体店顾客的，直播后就如何接待来直播间的粉丝。做到以下三步，即可轻松应对。以淘宝直播为例：

第一步：迅速学会调试直播设备、使用直播软件以及店铺后台的各种设置。比如开通淘宝直播的"直播小店"后，用电脑+摄像头直播，开播前必须对直播小店发布商品、商品管理、订单管理等操作非常熟悉，能熟练调试电脑和摄像头的各项参数，提前布置好直播间取景区域。

第二步：提前给直播写一个脚本，提前为即将在直播间售卖的商品提炼卖点。具体操作细节请回顾前文"12.13 实战：新手带货主播必学的八个直播技巧"。

第三步：直播前先去看看其他人的直播，学一些直播话术和直播技巧，比如如何称呼自己的粉丝、用什么话术或技巧提醒粉丝关注直播间、有没有安排粉丝福利、什么时段送什么福利、如何引导粉丝互动评论等。如何最快学到这些技巧呢？拿出手机，打开"淘宝直播"App，目之所及都是正在直播的带货直播间，多看不同的直播间，上述问题都可以找到答案。

穿搭类实体店直播间运营玩法

推荐以下四种操作简单、转化效果好的运营玩法：

第 1 种玩法：全场 39.9 元包邮。其他价位如全场 29.9 元、49.9 元、69.9 元，也都是这种玩法。

卖家端（即卖家、主播）直播前准备：为当场直播要卖的所有商品发布一个付款链接，价格统一为 39.9 元；准备编号贴纸，直播时将一套或一款商品只卖给一个粉丝。

直播时具体做法：1.主播提醒粉丝关注，只有关注了才能抢到。2.主播介绍完商品后喊口令并提醒粉丝在评论区输入口令（最好是 2 位或 3 位任意数字组合），比如主播说"喜欢这件的宝宝们在评论区扣数字 13"。3.在衣架上贴编号贴纸（比如红 162），看评论区第一个发布口令的粉丝是谁，并在贴纸上用笔写下其会员名（这一步是为了后续发货时将商品和粉丝订单匹配，主播要重点强调"单款单件，抢拍无法发货"，避免增加售后退款率）。

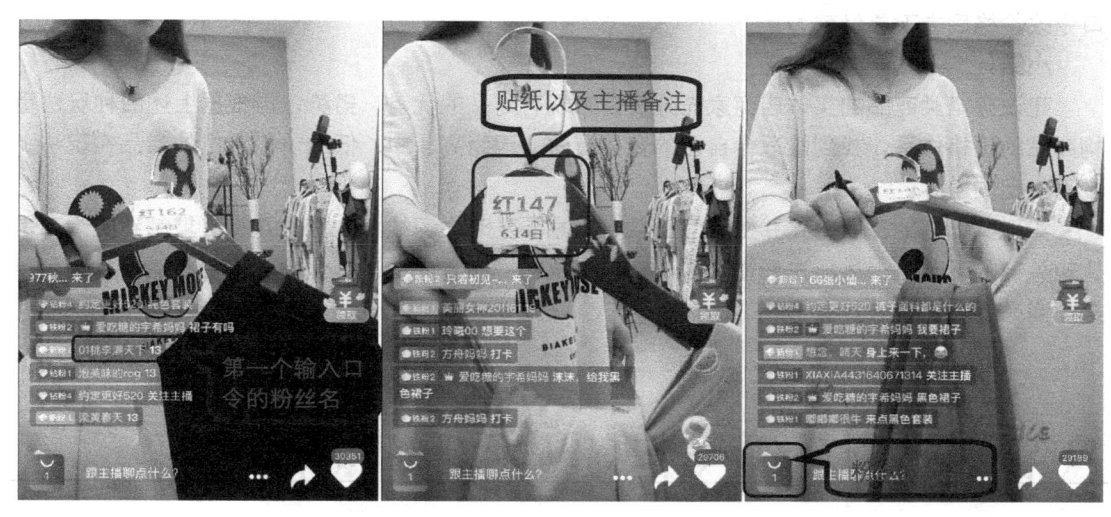

第 13 章 有实体店，如何兼营网店　251

图 13-4

第 2 种玩法：开播前，为当场直播要卖的每一款商品发布一个付款链接，直播时轮流卖。至于具体要发布多少款商品、多少个链接，卖家自己确定。

卖家端：主播轮流试穿、分别介绍，并提醒粉丝去几号链接付款。

粉丝端：看主播介绍，有喜欢的款，可以让主播试穿，不明白的细节直接在评论区提问，确定好了就去对应链接付款。

第 3 种玩法：主播先介绍商品，然后在直播过程中喊口令（比如"123，上链接"），添加付款链接，限定库存，拍完后下架。

卖家端：至少配置 3 个人，分别是：主播+副播（助理）+电脑后台操作员。适合粉丝人数多、直播时长有明确限定、控场能力强且直播节奏强的直播间。比如每场直播有 20 万名左右的粉丝观看、直播时长限定 5 小时，每场直播卖 10 款商品（提前安排好每款商品库存），每款商品从介绍到添加链接再到引导粉丝付款只给 30 分钟左右，时间一到马上换下一款商品。

粉丝端：看主播介绍，听清楚尺码、颜色等信息，有问题及时在评论区问，主播答复，听"主播口令"后打开链接去付款。

第 4 种玩法：直播前，先添加链接，价格定得比较高，比如"2999 元、5999 元"，直播时，主播喊口令改价后让粉丝付款。适合定位高端小众人群的商品，比如轻奢、高端定制、国外进口等。

卖家端：多人后台，至少配置 2 个人，分别是：主播 + 电脑后台操作员。

粉丝端：看主播介绍，听清楚尺码、颜色等信息，有问题在评论区问，主播答复，听主播口令改价格后去下单付款。

小结：

建议穿搭类商品的实体店商家先分析自家现有商品的优势、劣势，再根据上述四种玩法重构商品的价格体系，找到最适合自己的直播玩法。因为高、中、低端价格定位的商品在玩法上会有一定的差异。

实现实体店的互联网化并提高营业额，商家要及时学习线上的玩法并将其复制到实体店是比较关键的环节，上述玩法看懂了就一定要去执行操作。此外，其他品类也可以借鉴和使用穿搭类商品的直播玩法。

13.3 美妆/母婴/珠宝类实体店低成本快速直播技巧

美妆类实体店低成本快速开播技巧

1. 美妆类商品的共同点

美妆类实体店的商品及其分类包含但不限于彩妆/香水/美妆工具、美容护肤/美体/精油、美发护发/假发等。

美妆类商品的共同点是单品体积较小，直播时需近距离展示。如果说服装类主播都站着直播的话，美妆类的主播一般都坐着直播。

2. 低成本快速搭建直播间技巧

基础硬件配置：稳定的网络、智能手机或电脑+摄像头、手机支架、在实体店内开辟出一处直播场地并适当布置、充足的灯光。

弹性可增减配置：一张摆放商品的桌子、一把舒服的椅子、商品收纳盒、商品展示架、小黑板、商品旋转展示台、辅助工具等。

3. 低成本快速开播技巧

以淘宝直播为例，推荐两个小技巧：

技巧1：确定主播本人是否出镜。因为主播是否出镜决定了直播设备的摆放位置，比如图13-5中从左往右的三个直播间，分别是主播露半张脸及上半身出镜、仅手部出镜、仅声音出镜。

美妆类商品相对较小，特别是像口红、美甲这些，如果距离镜头太远，往往看不清楚细节，而采用"主播仅双手出镜+重点演示商品"的形式，更有助展示商品细节。

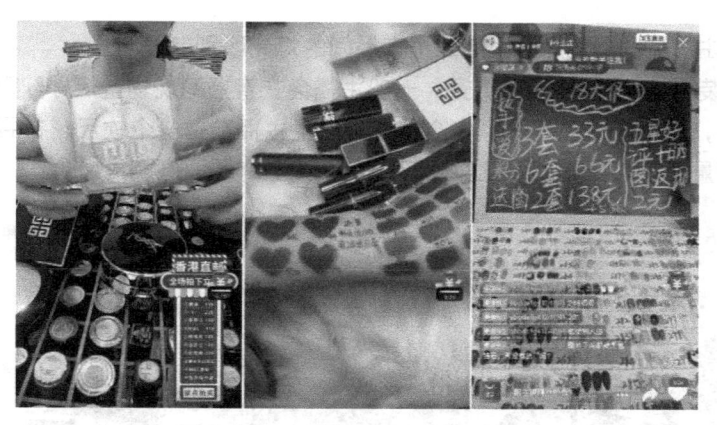

图 13-5

技巧 2：提升直播间购买转化率极佳的方法是注重商品的使用演示。比如口红类商品侧重试色，多颜色对比，描述使用感受；美甲类商品侧重多款式对比，演示使用方法；彩妆商品侧重化妆方法演示；香水类商品侧重气味描述、描述使用场景；假发类商品侧重穿戴演示，假发护理保养教学等。

纯粹地只说商品各种好、只摆放展示商品外包装，意义不大，转化效果也不好，相反，先重点强调拥有商品后的使用体验、先教会粉丝如何使用商品，再把商品外包装、发货方式、发货时效、直播间购买的粉丝福利等详述到位，购买转化率会高得多。

母婴类实体店低成本快速直播技巧

1. 母婴类商品的共同点

母婴类实体店的商品及其分类包含但不限于奶粉/辅食/营养品/零食、婴童用品、童鞋/婴儿鞋/亲子鞋、童装/婴儿装/亲子装、玩具/童车/益智/模型、孕妇装/孕产妇用品/孕妇营养品等。

婴童类商品有一个非常明显的特点：其商品使用人群（婴幼儿、中小童）与购买决策人群（婴幼儿、中小童的父母、长辈或其父母、长辈的亲朋好友送礼）不同。因此，直播间介绍商品时，重点讲给购买决策人群听。

孕产妇人群使用的商品侧重品质、安全，价格定位侧重中高端，一二三线城市的"85后、90后、95后"人群即便怀孕了也要把日子过得精致、有品位，建议面向此类人群的直播间尽量从细节做起，使其更符合目标人群的心理需求。

2. 低成本快速直播技巧

以淘宝直播为例，推荐以下两个小技巧：

技巧1：直接在实体店开辟出一处直播场地并适当布置，如图13-6所示。灯光很重要，特别是镜头展示区域的整体灯光不够亮的话，最终呈现在粉丝手机上看到的直播间会比较暗，如

图 13-6 中从左往右第一个直播间与第三个直播间的灯光区别就很明显。

技巧 2：童装/婴儿装/亲子装类商品，一般主播会在直播间现场量尺寸。婴幼儿生长发育很快，特别是服装，讲究合身、舒服、安全，建议此类主播准备一个软尺，在展示介绍商品时，加上一个尺寸测量环节，既辅助粉丝买对尺码，又减少商品的退换货风险。

图 13-6

珠宝类实体店低成本快速直播技巧

1．珠宝配饰类实体店的商品及其分类

珠宝配饰类实体店的商品及其分类包含但不限于黄金首饰、K金首饰、钻石首饰、铂金/PT、翡翠、彩色宝石/贵重宝石、和田玉、人工宝石/处理宝石、天然珍珠、天然琥珀、天然玉石、施华洛世奇水晶、饰品/流行首饰/时尚饰品等。

2．低成本快速直播技巧

以淘宝直播为例，推荐五个小技巧：

技巧 1：直接在实体店开辟出一处直播场地，给主播准备一把舒服的椅子，以"手部出镜+近距离展示商品"的方式介绍商品，直播间案例如图 13-7 所示。

技巧 2：准备计算器（特别是按克算的或打折的商品，方便及时算出最终付款价格）、机械式游标卡尺（用于测量商品的长、宽、高、圈口大小等尺寸，帮助粉丝买到尺寸合适的首饰），案例如图 13-8 所示。

技巧 3：直播镜头所及区域的灯光一定要均匀、明亮，这样才能把珠宝首饰那种闪亮、贵气的感觉呈现出来。

技巧 4：直播时一定要开"美颜"功能，至于美颜强度，根据灯光强度调节，不要出现过度曝光。被无数珠宝类直播间验证过，一双好看的手+首饰展示，能激发粉丝的购买欲望"。

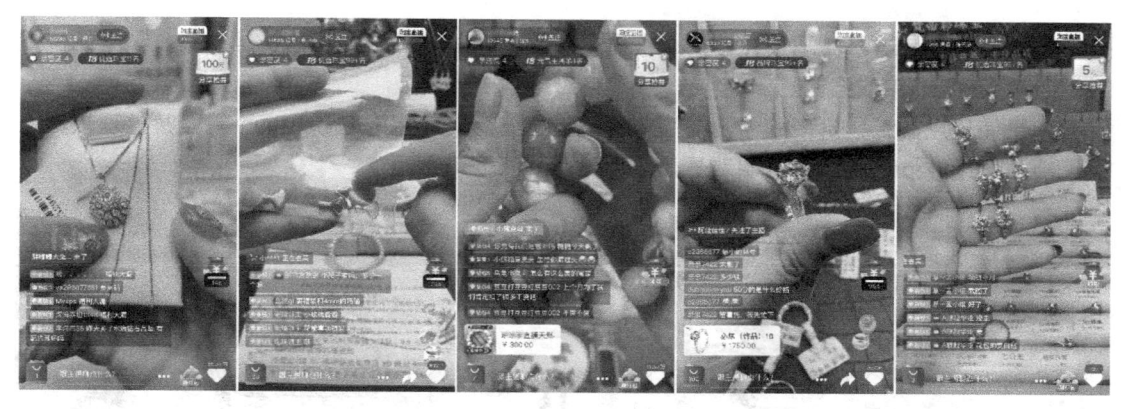

图 13-7

图 13-8

如果主播的手不够好看,有两种方式弥补:一是灯光+强度大一点的美颜滤镜;二是主播把手清洁干净,然后修剪指甲、涂抹护甲油或透明指甲油。此外,还可以适当美甲,注意美甲片色彩既不要太浓艳抢走商品风头,也不要太长妨碍商品展示。

技巧 5:巧用小道具辅助商品对焦。珠宝类商品特别是浅色系的容易反光,主播将其靠近镜头展示时容易模糊,此时将一些小工具(比如首饰盒、一块黑色的绒布等)放在商品后方,有助于镜头快速对焦,并且颜色对比鲜明,粉丝也能看清楚商品细节,案例如图 13-7 左边第一个直播间中主播手上的小道具。

重要经验:

直播间的贴纸有两种,一种是布置直播场地时,添加到背景墙上或者黑/白板写上;另一种是使用直播工具自带的"贴纸"功能,可以添加在直播间屏幕上。建议直播间的贴纸不要贴在重要区域（特别是屏幕左下角评论区、主播或商品运动轨迹区域）阻挡粉丝视线，贴纸的位置可以参考图13-9中的案例。

如果使用直播工具自带的"贴纸"功能添加贴纸，最好使用Photoshop等图片处理软件将贴纸提前处理成.png格式的透明背景效果，并适当降低不透明度。

图 13-9

13.4 鞋类/箱包/档口/商场类实体店低成本快速直播技巧

鞋类低成本快速直播技巧

1. 鞋类商品直播的共同点

鞋类商品包含但不限于男/女款低帮鞋、帆布鞋、高帮鞋、凉鞋、拖鞋、靴子、雨鞋等。其共同点是商品体积相对较小，直播场地无须太大。直播时，有两种常用的展示方式：一是以主播讲解为主，不试穿；二是试穿+讲解。直播间布置与主播出镜角度参考图13-10，从左往右，前两个是主播只讲解不试穿；后三个是主播或模特试穿+讲解。

2. 鞋类实体店低成本快速直播技巧

技巧1：选择门槛低、开网店费用低（前期费用主要是保证金）、实人认证后即可快速直播带货的知名直播平台，比如"淘宝直播"。

技巧2：无须花钱找人代播，老板、店长、店员等就是最适合的主播人选。无数淘宝、天猫店的日常直播人选都是店长或客服人员。为了提升辨识度，建议主播人选不要经常变动。

图 13-10

技巧 3：直接在实体店开辟出一处直播场地并适当布置。只讲解不试穿的话，直播间可以稍微小一些；讲解+试穿的话，直播间就要稍微大一些。至于小到什么程度或大到什么程度，要根据你的实体店面积而定。在直播过程中与粉丝互动是非常重要的一个环节，因此布置直播间时，必备手机和手机支架，方便主播实时看到粉丝的评论留言，并及时回复。用手机直播的话，手机至少要两部，一部用来直播，另一部用来看数据、与粉丝互动。

技巧 4：有些实体店只有一个人看店，新手一个人在"淘宝直播"的直播步骤：

① 布置好直播间。

② 不管用电脑+摄像头直播，还是用手机直播，开播前调试好设备。

③ 将要卖的商品提前发布好链接，用促销工具设置好折扣。

④ 定一个开播时段，比如 9 点至 21 点（注意这期间一定不要下播，一旦下播重开，之前的数据如点赞数、评论内容、当场的直播权重和排名等全部清零；吃饭喝水什么的也可以在镜头前，上厕所时找人代替直播，没人代替的话就速去速回，可以播放暖场音乐）。

⑤ 提前联系好全国快递和同城快递。一是确定好当天发往异地的订单几点前能出库，比如多数快递都是下午收件晚上出库，量大的话也会增开上午的车次；二是确定同城的订单是上门取件还是送货上门、上门取件支持哪些时段、送货上门的派送时效。

⑥ 直播时将商品逐个展示讲解，每卖出一个，在镜头前打包贴快递单（如果是只卖给一个人的孤品，用这种方式能让粉丝放心），告知粉丝什么时候取快递，提醒对方签收。在直播前期订单量不大时，主播可以亲自打包；在后期粉丝多、订单多时，这个环节可要可不要，如果保留，建议在主播的左后方或右后方安排专人出镜打包，直播间场景也要重新调整。当然，在镜头前打包只是一种提升转化率、增强粉丝黏性的策略，你自己决定具体如何用）。

新人直播，前期订单不会很多，只要准备充分，一个人足以应对。当订单增多，粉丝越来越多后,再考虑增加直播团队人数。如果你的人手足够,可在第一次直播时就施行多人协作。

技巧 5:很多人不适应长时间说话,特别是直播时长 4 小时以上的主播,一定要保护好嗓子,直播时多喝水(绿茶、不放糖的红茶/花茶为宜,切记尽量不要喝糖水,这是非常多主播的经验之谈)。

技巧 6:每天开播且每场开播时间 2 小时以上的商家,建议为主播准备一个扩音器或麦克风,特别是直播场地相对较大的直接间。如果直播间的主播声音太小,粉丝难听清其说什么,跳失率会很高。

箱包类低成本快速直播技巧

1. 箱包类商品直播的共同点

箱包类商品包含但不限于卡包、卡套、旅行袋、旅行箱、男士包袋、女士包袋、钱包、手机包、双肩背包、胸包、钥匙包、证件包、箱包配件等。除了旅行箱(直播场地面积需要稍微大一些),其他箱包体积相对较小(直播场地可以小一些),直播时建议主播使用"讲解功能用途+演示使用方法"的形式,直播间布置与主播出镜角度如图 13-11 所示。

图 13-11

2. 低成本快速直播技巧

箱包类实体店除了可以沿用鞋类实体店低成本快速直播的六个技巧,还能用以下两个技巧:

技巧 1:准备一把 30 厘米或 50 厘米的钢尺或卷尺,在直播过程中为箱包测量尺寸。为了让粉丝在直播间看到的商品与收到后的实物相符,实时测量尺寸是一个很不错的办法。

技巧 2:除了测量尺寸,巧用参照物让粉丝直观感受箱包的大小、容量,也是主播常用的一个提升购买转化率的小技巧。比如可以用手机、钥匙、化妆品、书本等常用物品展示箱包的大小、容量。再比如,将同一款拉杆箱的不同尺寸放一起对比,其大小一目了然。

档口类低成本快速直播技巧

1. 档口类实体店的共同点

档口类实体店包含但不限于小型的售货店或摊位、做小生意的商店、批发市场内的店铺等。这类店铺与专业店、专卖店相比，可能装修效果不是很好，甚至很多店铺没有网线。

2. 实现网络直播的方式

没有网线、没有 Wi-Fi，如何实现网络直播呢？以淘宝直播为例，推荐以下两种方式：

方式1：手机直播。所需设备：一部智能手机、一个手机支架、充电线或充电宝、4G/5G 流量电话卡、补光灯。

其中最关键的设备是智能手机，如果对直播画质的清晰度要求不高，上述设备足以。

方式2：高清直播。所需设备：拍摄设备（智能手机、单反、微单、运动相机、摄像机）+ 稳定器或支架+ HDMI 线 + 视频编码器（如果多平台同时直播，可以选择"视频直播编码器多机位导播切换台一体机"）+ 充电宝 + 麦克风（非必选项，如果要选，请先确定拍摄设备除了电源线插口，是否还有专门的麦克风或耳机插口，如果没有，麦克风将无法使用）+ 4G/5G 流量电话卡 + 补光灯。

这种方式新增了一个最关键的设备——视频编码器，它能解决仅用手机直播无法达到高清画质的问题，推流时，建议码率设置在 1200~1800kbps。码率不是越高越好，因为即便你的设备和网络支持推流超高码率，但是粉丝观看直播的设备不支持，直播画面在他们的设备上反而会卡顿、不流畅，进而导致观看体验下降。

> **小贴士**
>
> 1. 单反，全称为单镜头反光式取景照相机，是指用单镜头，并且光线通过此镜头照射到反光镜上，通过反光取景的相机。
>
> 2. 微单，全称为微型可换镜头式单镜头数码相机。它与单反在使用上的相同点是，成像质量基本一样，均可以更换镜头。但其对焦性能远弱于单反，电池续航能力远弱于单反，体积比单反小。
>
> 3. 运动相机，专门为运动拍摄而生，是一种便携式的小型防尘、防震、防水相机，可以在一些极限运动（如滑雪、骑行、登山、冲浪、潜水等）中完成拍摄任务，也被广泛用于户外高清直播或 Vlog 拍摄。

商场类、购物中心类低成本快速直播技巧

1. 商场类、购物中心类实体店的共同点

入驻大型商场、购物中心的一般都是全国甚至世界知名的品牌商品，以商铺或专柜的形式存在。大型商场或购物中心大多装修豪华，单从场景上看，很适合做网络直播。

2. 低成本快速直播的技巧

多数品牌，不管是线上渠道还是线下渠道，一般有自己的运营规范，但凡入驻大型商城或购物中心的品牌，开启网络直播通常有以下三种技巧：

技巧1：自谋出路型，即商场或购物中心不参与，品牌方也不过多干预，由加盟方在品牌加盟协议允许的框架内自己想办法直播。如果你在商场或购物中心有专柜、实体店，具体怎么玩，请回顾前文"13.1.3 实体店兼营网店的更多玩法和可能性"。

技巧2：品牌方自己有统一的运营促销玩法，加盟商（即地方店）配合即可。

技巧3：商场或购物中心出面组织，品牌商家自愿参与。已经有一些大型商场摸索出可行性强的玩法，可以直接借鉴：一种是基于商场或购物中心的网上商城针对老顾客/会员做的精准直播，即私域流量池直播运营，玩法核心是网上商城平台+微信群运营（将所有老顾客、会员拉进微信群，日常维护）+直播促销（邀请品牌方的店长或者品宣人员做主播，介绍和演示商品以及跟顾客互动）。另一种是拓展新顾客的公域直播，以商城或购物中心的名义，在抖音、快手、微博一直播、微信小程序直播、淘宝直播等平台做带货直播（主播可以是商场自己培养，也可以是各专柜的店员，还可以与KOL合作，即临时或短期外聘主播），保持与私域商城一致的直播时间和频次。顾客可在直播间线上商城购买直播活动推荐的商品，然后选择来商场自提或直接快递到家。

13.5 花类/宠物类/家居类实体店低成本快速直播技巧

花类实体店是否适合开网店、直播

花店分为网络花店（如于品牌官网型花店、基于平台的花店、垂直领域专业型多用户花店商城）和实体花店（如街头花店、写字楼花店、花卉市场花店）。其销售的商品主要有：仿真花、鲜花、盆栽花、观赏植物、花瓶、工具、肥料、花籽等。

花店的市场定位包含但不限于：探病慰问、问候长辈、爱情、生日、友情、道歉、祝贺、婚庆、商务、节日等送礼场景。

花店的业务模式大致分为批发和零售两种。

线下做零售的花类实体店想提高营业额，建议从以下三个方面着手：

第一、丰富已有商品的市场定位，增加盈利类型。比如原来只做婚庆、商务领域的鲜花，复购率低、淡季时间很长，优化后可以开拓探病慰问、爱情、友情、生日、祝贺、节日等送礼场景，这样能覆盖不同层面人群的需求，大幅缩短淡季时间，像送礼类的复购率容易提高。

第二、建议立足本地市场，用互联网技术和工具推广引流。

做零售的实体花店，特别是鲜花类，花期短、包装运输复杂，想服务全国是不现实的。除非永生花、盆栽花、花瓶等商品在货源方面有优势，否则不建议做全国网上销售，高昂的运营成本、运输成本和包装成本会极度压缩这些商品的利润空间。

只做本地市场，推荐注册一个淘宝店后添加实体店信息，这样就给不愿意上门的顾客一个可以信任的网络购物付款渠道。具体步骤：1.注册一个淘宝店；2.进入卖家中心，依次单击"淘宝服务"－"线下门店管理"，在新开界面中依次单击"门店管理"－"添加门店"，按页面引导填写相关内容提交等待审核，然后单击"门店认证"，对门店进行认证；3.回到卖家中心，单击"发布宝贝"，选择"生活服务>>鲜花速递/花卉仿真/绿植园艺"类目发布商品，物流信息参数中的"适用商户"勾选"启用"。完成上述操作后，消费者可以在你的网店下单付款，也可以到实体店自提或同城快递送货上门（同城快递需卖家提前联系好）。

除了淘宝本地商户门店，认领抖音门店、入驻美团也是类似的做本地生意的网店。

第三、参加垂直领域的网上鲜花商城、联盟等，实现异地订单本地配送。比如杭州的买家在某鲜花商城订购鲜花送给南昌市区的朋友，如果你的鲜花店在南昌市区，就可以通过这个鲜花商城获得这笔订单。在网上搜一搜，有一些做得不错的平台。

综上所述，建议实体花店即便开了淘宝店或其他网店，也要立足本地，做本地生意。至于直播，其实是一种获客的引流手段，如果每天有很多空闲时间，完全可以开启淘宝直播、抖音直播等。

此外，发布直播时最好添加上门店位置，定位到同城，告诉所有粉丝你的门店有哪些商品，可以找你解决哪些需求；也可以在淘宝店铺的门店上架商品，直播时引导粉丝线上购买。

宠物类实体店是否适合开网店、直播

宠物店的经营项目一般包括宠物用品超市、活体销售、宠物美容、宠物寄养、宠物医疗、宠物乐园、宠物摄影、待产养护。有时宠物店又等同于宠物用品店、宠物美容店、宠物寄存、宠物医院、宠物驯养等。

宠物类实体店适不适合开网店，取决于其经营项目和货源是否稳定、有优势。像宠物美容、宠物寄养、宠物医疗、宠物待产养护这些，不适合做全国的生意。而宠物用品、宠物药品零售，只要货源稳定、有优势，完全可以开网店做全国的生意。

关于宠物活体销售，适合养殖场，或者有固定场所且已获得工商营业执照，经营范围包含动物养殖或宠物活体销售的猫舍犬舍、线下销售门店等。需要注意的是，宠物活体涉及动物检验检疫，活体运输也与普通商品不同，能把货源、开店资质、运输、售后四个重点问题解决好，就可以开网店销售宠物活体了。

1．关于货源：自有养殖场，自产自销，或者有稳定的货源。

2．关于开店资质：以淘宝为例，所有从事猫、狗等宠物活体类商品经营的淘宝卖家，必须有线下经营场所并取得相关的营业执照，且需申请宠物活体特种经营资质，消费者保证金不低于 6000 元。

> **小贴士**
>
> 宠物活体经营资质（资质主体需与淘宝开店主体一致，执照真实有效）要求如下（如有更新，请以官网公告为准）：
>
> 1．线下养殖场，要求有养殖场工商《营业执照》，经营范围包含动物养殖。
> 2．猫舍犬舍，要求有工商《营业执照》，经营范围包含动物养殖或宠物活体销售。
> 3．线下销售门店，要求有工商《营业执照》，经营范围包含动物养殖或宠物活体销售。
> 4．线上 B2C 平台，要求有工商《营业执照》，经营范围包含允许网上宠物销售。

淘宝卖家申请宠物活体经营资质的备案入口：

启动浏览器，打开淘宝网首页，用开店账号登录，然后依次单击"千牛卖家中心"－"店铺管理"－"店铺经营许可"－"宠物活体特种经营申请"。

备案流程：上传营业执照→2 个工作日审核通过→获得资质。

3．关于宠物活体运输：不同种类的运输方式有差异，比如鸟、乌龟、仓鼠、鱼、兔子这些小宠物，使用普通的快递就可以，运输笼子多用有打透气孔的纸箱。像猫、狗这些大一些的宠物，一般用宠物航空箱空运或客运（大巴/汽运）。

4．关于售后：正规网店卖活体宠物，都会包赔、包损、包教饲养。图 13-12 是淘宝网上卖兔子、狗、锦鲤、角蛙卖家的售后承诺、风险声明、购物须知。如果你决定开网店卖活体，借鉴他们的处理方式即可。

如果开了网店，那么直播是一定要开的，因为与图文、短视频相比，直播是最适合宠物类活体售卖的方式。直播技巧的话，直接借鉴前文珠宝类、鞋类、箱包类的技巧即可。

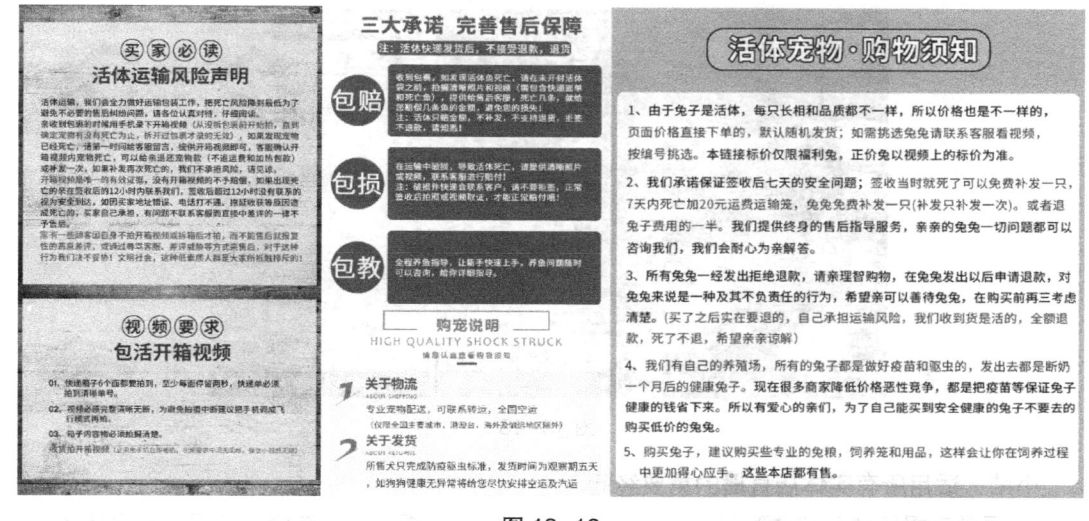

第 13 章 有实体店，如何兼营网店　　263

图 13-12

家居类实体店低成本快速直播技巧

家居类实体店包含但不限于厨房电器、大家电、生活电器、影音电器、个人护理/保健/按摩器材、家居饰品、居家布艺、床上用品、住宅家具、商业/办公家具、特色手工艺品等。

家居类实体店低成本快速直播的流程（从实体店直播场地选择到直播工具的使用等）可以借鉴前文其他品类。此外，家居类直播还有一些个性，推荐以下两个技巧：

技巧 1：家居类商品众多，从直播运营的角度，大致可以分为两类：一类是可移动的、能自由变换位置的商品，直播时通常采用固定直播设备、固定机位、固定直播镜头的方式，即商品动，主播动，镜头不动；另一类是不方便移动的、固定的、大件的商品，采用移动直播设备、移动直播镜头的方式，即商品不动、主播动、镜头动，只要防抖、清晰度、对焦等细节处理到位，更容易给粉丝带来不一样的视觉效果。

例图 13-13 中从左往右第一个直播间是不方便移动的、大件的沙发、茶几，通过使用"直播镜头跟随主播讲解"的方式，让粉丝享受沉浸式体验；第二个直播间是固定的灯具，使用"移动镜头看安装后的效果+固定镜头主播讲解商品细节和灯具安装演示"的方式，让粉丝学会灯具的安装并看到了安装后的效果，大大提升了成交转化率；第三个直播间则是用镜头不动、主播动、商品动的方式，这是非常不错的提升直播间购买转化率的技巧。

技巧 2：实体店新手开播，前期不想投入太多资金，推荐使用智能手机+手持稳定器（用于移动手机跟拍直播防抖）+支架（固定手机）+麦克风（收音降噪，也可以选带话筒的麦克风耳机）+手机补光灯+充电宝的可固定或可移动的直播设备组合。

图 13-13

小结：适用所有实体店直播的重要经验

1．提升直播间的用户体验是提升商品成交转化率的重要环节，包含但不限于直播间的行业/类目/领域定位、直播间选品、精准的商品卖点展示、直播脚本、主播个人能力（多人直播团）、直播场景布置、直播间灯光、直播间降噪等方面。

2．淘宝直播 70%的成交额来自网店卖家的店铺日常直播，建议适合开直播的实体店商家要有一个长远规划，将直播这种引流促成交的玩法常态化，纳入实体店日常运营。

3．当自己缺乏直播经验时，最快速的进步方式就是学习借鉴。既可以同行借鉴，也可以跨行借鉴。只要你愿意，就一定能学会做好！

13.6 做长久生意，创建忠实粉丝圈，源源不断复购

13.6.1 做长久生意，不想倒闭的实体店老板要看

规划是指个人或组织制订的比较全面、长远的发展计划，对未来进行整体性、长期性、基本性问题的思考，设计出未来整套行动的方案。

但凡有想法的、想做长久生意的实体店，其老板大多会制作或简或繁的年度运营规划，多数是以一年为期，也有三年或五年期限的规划。

独立性质的实体店（即没有加盟、不是连锁，也无需向任何上级部门汇报），其年度运营规划可以相对简单一些，能承上（上一年的复盘与总结，新开实体店可忽略）启下（下一年的运

营规划）最好。

"承上"的年度复盘其目的在于总结、反思、学习提高，建议包含以下三个方面：

一、目标与偏差。

上一年的目标（包含但不限于销售绩效、市场份额、经营利润、团队稳定等）是什么？完成了多少？通过目标与实际结果的数据对比，可以知道上一年的任务完成情况，来年如何改进不足之处，哪些优点可以继续保持等。

二、投入与产出。

"投入与产出"是实体店商家心里的一杆秤，上一年的投入与产出结果直接影响来年规划中如何投入。

投入包括固定成本（租金、门店装修、各种税费、水电费、物业费、管理费、停车费等）、人工成本、商品成本、营销推广成本、物流成本、售后成本等，而产出从销售上看就是营业额数据。如果营业额偏低，来年的规划中就应该侧重制定提升营业额的解决方案。

三、时间线梳理。

以时间线的形式梳理一年内在关键时间节点（比如促销活动、重要节假日等）上遇到的问题，汇总经验，吸取教训，归纳不足，为来年的策划、执行提供帮助。当然，时间线除了关键时间节，还可以是一年四季的常规月份。

"启下"的年度运营规划，建议包含以下六个方面：

一、年度目标。

年度目标可以包含月度营业额、年度营业额、客户数量、复购率、转化率、毛利率、各项成本控制、团队成员稳定等。目标要从自身实际情况出发，合理且可行性强。建议以月为单位设置阶段性绩效考核，并制定无法达标的补救方案。

二、市场分析。

如果实体店的目标人群对标线下，请用"SWOT分析法"梳理自家实体店在方圆几公里内的优势、劣势、机会、威胁，进而根据年度目标制定出切实可行的运营策略。

> **小贴士**
>
> SWOT是Strengths（优势）、Weaknesses（劣势）、Opportunities（机会）、Threats（威胁）的简称。SWOT分析法，百度百科释义为，基于内外部竞争环境和竞争条件下的态势分析，就是将与研究对象密切相关的各种主要内部优势、劣势和外部的机会和威胁等，通过调查列举出来，并依照矩阵形式排列，然后用系统分析的思想，把各种因素相互匹配起来加以分析，从中得出一系列相应的结论，而结论通常带有一定的决策性。
>
> 运用这种方法，可以对研究对象所处的情景进行全面、系统、准确地研究，从而根据研究结果制定相应的发展战略以及对策等。

如果实体店还要做线上销售，建议在分析中再包含店铺经营类目在大行业里的增长趋势、消费者分析、商品需求发展方向等维度。

三、商品规划。

商品规划最重要的一点就是合理的商品结构。销售目标靠商品达成，而合理的商品结构，特别是商品的人群定位和价格定位更有利于销售目标的完成。

什么是商品结构呢？像商品类目划分、风格划分、价格定位等都算是商品结构。比如某女装实体店，从类目上看，有T恤、衬衫、毛衣、打底裤、连衣裙、衬衫裙、短裙、外套、风衣；从风格上看，有慵懒风、嘻哈风、高品质OL风；从价格定位上看，随着商品生命周期更替，随时有新品形象款、利润款、热销款、促销款、秒杀/拍卖/活动款。关于定价，请继续往后看。

四、运营规划。

运营规划也称营销策略，是年度目标顺利实现的保障，简单理解就是用什么战术实现年度目标。建议至少包含以下三类策略：

①引流策略。准备得再充分，没人买，无法实现销售转化，都是白忙。引流的方法有很多，比如前文提到的实体店兼开淘宝店做全国的生意、兼开网店做本地人生意、带货直播，还有短视频带货、花钱买流量等，先确定从哪些渠道引流，再制定每一种引流渠道的具体战术。

②促销策略。一年四季找各种理由做促销已经成为电商经营的常态，其实这一点，实体店商家也应该好好学起来。

③复购策略。店铺开业初期，新顾客占比偏大，到了后期，老顾客占比会越来越大，复购做得好的实体店，老顾客带来的营业额甚至达到七成以上。在获客成本越来越高的今天，要想提升店铺业绩，很重要的一个方面就是运营好老顾客。

五、运营经费预算。

不管是做线上运营还是线下运营的人，他们时常会提到一个词，叫作"获客成本"，除非你的实体店客源稳定、营业额稳定、老板本人也不想把生意做得太大，或者实体店的顾客承接能力有限（比如夫妻店做午餐，每天10点到14点，最多只能接待10桌客人），否则，一定要留一部分预算用作运营经费。至于经费定多少，根据年度目标和运营规划确定。提前计划好用多少钱、花在什么地方、有什么作用。做到心中有数，不至于出现变故（比如无法完成阶段销售目标）时太被动。

六、人力规划。

主要对实体店团队各个岗位的人员分配、人员薪酬的成本、岗位职责的明确、岗位工作流程的标准化、KPI考核机制的明确、后备人才的培养计划等进行规划。

对于线下大多数专业店，其人员配置普遍是"店长（老板/老板娘）+ 店员（销售员）+ 收银员"的组合，如果有新的流量渠道，比如常态化运营的带货直播，店内人员需重新规划。

加盟连锁、品牌直营性质的实体店，按总部标准执行即可。

13.6.2　店内促销活动策划与执行，一看就会

促销（promotion）就是营销者向消费者传递有关本企业及商品的各种信息，说服或吸引消费者购买其商品，以达到提高销量的目的。简单理解为给买家好处，刺激买家的购买欲望，让买家有购买冲动。

实体店做促销活动，建议策划与执行时，围绕以下五个方面开展：

一、店内促销活动的原则

明确促销目的：提升品牌知名度、增加销量、增加买家数、清库存。根据店铺具体问题，促销目的还可细分为提升转化率、提升客单价、提升流量、提升回购率。如果你的实体店打算做促销，一定先确定目的，再执行。

需要有促销的理由：促销一定要有理由，为了说明，我们先看以下两个问题。

问题一：天上掉下的馅饼你敢吃吗？

无缘无故的好事降临到你头上，你会轻易相信吗？现在的骗子无孔不入，大家的警惕性都很高，若把促销优惠做成像天上掉馅饼那样的好事，非失败不可。所以要做好促销，先要给买家一个促销的理由，找一个恰当的主题，否则买家是不会轻易相信并参与的。

问题二：天上掉下来的馅饼好不好吃呢？

不管买家的需求，直接把自己的商品强加于买家，自然会引起反感。东西来得太容易，人们容易失去兴趣，得到也毫不珍惜。所以，促销要给买家参与的理由，有一定的条件，并且要付出一定的代价才能得到，这样才能充分激发起买家参与的积极性，才能达到好的促销效果。

逢年过节、开张周年庆、淘宝大促等都是促销的理由，没理由，也要善于创造理由，只要合情合理，容易激发买家的参与感就行。比如以下几个案例：

为了纪念麻将发明 X 周年，凡在本店消费超过 2000 元的顾客，将免费获赠香水麻将一副。

为了纪念祖冲之诞辰 X 周年，凡在本店购买圆形体育用品的顾客，将享受八五折优惠。

做促销，除了准备好促销理由，建议深度做好以下三点：

①促销要有时效性。

设定时效，是为了让买家相信：你的促销理由是真的，你的这次促销是真的，买到的商品是物有所值或者物超所值的！有些卖家喜欢把促销理由设置为"仅此一天""最后一天""最后1小时""最后50件"等，过了这个时限再来看，促销理由还是这样，买家会认为你的商品只值折后价，商品价格虚标，不会愿意再买第二次。

②需要有额外价值。

比如买家花 100 元买你家的商品时，你能让他感觉到他得到的是超出 100 元的价值，这样才会让买家有购买的冲动。送赠品、送超值服务是常用的方法。

③尽量让参与的人沉淀下来。

如果你的实体店已经开了淘宝店，让参与的人沉淀下来的方法有很多，比如收藏店铺/商品有礼、购物送淘金币、签到送淘金币、免费领红包、加入购物车送优惠券、关注送优惠券、加店铺淘宝群、加钉钉群等。线下积累买家最好的方法是加微信、微信群。这么做的目的有三：一是方便已经购买过的买家记住我们，方便下次再买；二是为下次销售或者老顾客维护积累买家数据；三是让这些目标消费群体能聚集在我们身边，在任何时候都能轻松联系到并定向营销。

二、促销活动的执行流程

执行流程：活动选品→设置活动折扣价→制作宣传物料（包括但不限于图文海报、短视频）→活动展示（网店是重新装修店铺，实体店是张贴、悬挂海报等）→活动推广→效果分析。

活动选品：做促销活动的商品数量并非越多越好，买家会觉得你在骗人，商品价值不足；也不要选自我感觉良好的商品，这样过于盲目。可以走差异化路线，避免同行间价格战，同时也要考虑处理后续跟风新品的应对策略。淘宝店有数据分析平台"生意参谋"，建议通过数据理性分析，根据消费群体喜好选品。不能只看眼下，要从长远整店全局考虑促销品布局。

通过数据指标选品时，重点参考：UV 访客数、PV 访问页面数、成交量、成交转化率、客单价、关联销售量、收藏数、页面停留时间；在营销事件前后，对重要指标走势进行对比。

三、促销活动的类型

不同类型的促销，具体玩法会有差异，常用的有以下八种玩法：

①买就送/满就送→核心点：送的东西要适当。赠品太好会增加成本，太差会被嫌弃。常用做法：送与主商品互补的，如买化妆品送化妆包、买沙发送清洁剂或沙发套等；将本身配套的副品作为赠品，如买假发送支架、清洗液、发网等，买手机送贴膜、防尘塞、耳机等。

②包邮→分为限区包邮、单品或全店满件包邮、单品或者全店满金额包邮。限区包邮：可通过设置运费模板实现；满件包邮，如全店任选 6 件不同商品包邮，能以六倍速提升店铺信誉。

③打折→买家最喜欢，但又难让买家相信商品价值。建议每一个促销理由的打折周期尽量短一些；长期打折的话，过一段时间换一个理由。打折时最好不要直接大幅度打折，多重折扣反而能造成捡到大便宜的印象。比如原价 98 元，国庆节六折狂欢价为 58.8 元，同时领取 5 元无条件红包，淘金币抵钱 5%且全国包邮，最终买家只需 51.11 元+269 个淘金币就可以买到。

④拍卖→价格不固定的商品可以用，借此让买家定价。

⑤团购→比如聚划算、拼团，多人购买价格更实惠。

⑥换购→买满多少再加多少得到另外一个东西。比如连衣裙满 188 元，加 12 元即可换购品质文胸。

⑦试用→适合食品、化妆品、香水等类目。常用做法：小样低价促销，鼓励买家先体验再购买。付邮试用、免费试用等。

⑧积分→针对老顾客二次营销。天猫、淘宝店常用天猫积分、淘金币，实体店也可以开通会员体系，用积分返现、积分换购等形式鼓励老顾客多买。

任何一款商品做促销，不管使用什么样的促销类型，都与其定价息息相关，既要商品大卖又要实现盈利。因此促销时，切记先核算成本，合理科学定价。

四、学会为每一场促销写一个方案

做促销方案的目的是让整个促销环节可控，日常促销时，方案可有可无；反之，重要节日的大力度促销，方案要尽量详细，一般包含以下九个要点：

①选品评估、消费群分析：不是随便哪个商品都适合做促销，促销时结合促销目的、市场竞争形式、消费者喜好综合选品；通过数据分析软件（比如生意参谋）分析此次促销目标消费群体中男性多还是女性多，年龄区间，他们的购买力如何，偏好什么区间价位，这些人在最近一段时间内购买的客单价是多少。从而合理、高效地设定促销价格、促销偏向等。

②促销目的：关乎前期准备和活动结束后效果评估，不管是为了提升转化率、提升客单价、提升流量、提升回购率，还是为了提升品牌知名度、增加客户数、清理库存，在你的促销方案中目的一定要非常明确，针对性强，执行起来更有的放矢。

③促销理由：关乎促销成败，合情合理才能激发买家参与感。曾经有个淘宝掌柜，库存堆积如山，但时间上既没临近法定节假日，又不是季节交替，也没有周年庆、会员节，他自己创造了一个促销理由："每天打理网店没时间顾家，老板娘跑了，现在挥泪清仓大甩卖，只为赶紧找回心爱的老婆"。这个理由不但道出网店卖家现状且顺利博得买家同情，促销非常成功。库存清完，接着上新款，为了积累销量，他又想到一个促销理由："感谢广大买家朋友的帮忙，顺利接回老婆，感恩回馈，新品7折，好礼不断"。第二阶段面向之前参加过清仓活动的买家和很多新买家，他细心地在第二次促销时还原第一次清仓情景，一是让先前的买家知道结果，二是让新买家知道事情原委，进一步验证促销理由的真实性，再一次获得成功。设置促销理由时，除了走常规路线，也要善于创新。

④促销前的准备：准备工作做足，在促销过程中不至于慌乱。网店侧重备货库存、客服人员促销前培训、商品详情页面设计、店铺装修、活动单品重点推荐引流途径、是否有赠品、促销商品预包装、物流沟通等。实体店则侧重备货库存、销售员促销前培训、收银流程梳理、实时盘点库存等。

⑤促销工具选用：熟练掌握淘宝店常用的促销工具及其设置方法，根据促销目的和促销理由按需选用。实体店是否选用促销工具，也需提前确定。

⑥促销中的引导：是指在活动进行中让尽量多的访客知道当下有活动。在淘宝店你可以根

据流量来源大致判断哪些买家知道活动、在客服接待时用旺旺对话或在快捷回复中设置促销品介绍和入口引导、在店内页面多处呈现活动信息。实体店可以通过在店里重要位置张贴促销信息、用音箱或广播循环播放促销信息，或者使用销售员口头介绍等形式宣传促销信息。

⑦后期发货的安排：网店发货，建议当天的订单当天发出或 48 小时内发出，这样售后满意度数据会不错。买家自提，建议买家付款后立即与其沟通约定自提时间。线下同城送货上门，建议选用同城快递当天送货上门，无法当天送达的也要及时与买家约定送货时间。

⑧应急事件的处理方案：事先应该对可能出现的状况进行预判，在发生时能够及时处理。比如店内流量不足时，你要知道通过哪些途径能提升流量；库存不足时，聪明的做法是将商品下架且在该促销商品的详情中新增下架原因并增加其他促销品入口或关联商品入口，将流量有效利用；合作的快递公司不能正常发货，应事先谈好其他快递公司；客服人手不足时，要知道从什么途径能马上增加或借调客服。

⑨促销信息告知：用不同引流渠道告知，比如用直通车推广，就在直通车推广主图中告知；告知的形式如图片、文字、短视频、直播、客服旺旺自动回复、短信等；掌握时间节点多次告知，比如开始前、促销中、即将结束时。

五、在促销结束后做效果评估

对促销效果评估能帮助我们总结经验，找出做得好和做得不好的点，便于下次完善改进。建议从这几个方向着手：流量、直接销量（打算卖多少，实际卖了多少）、知名度增长、顾客数增长、客单价、买家反馈各类问题、买家数据积累等。

促销是对买家购买行为的短程激励行为，有时效性，适合短期进行而非长期。建议在不同阶段变换玩法，保持顾客的新鲜感，要让顾客觉得促销所给出的优惠是不容易得到的。不同类型的商品要选择不同的促销方法，注意形式和力度。

13.6.3 向网店看齐，巧用定价策略科学定价

多数自己进货且在淘宝开店的卖家都会遇到这样的困境：进货少，进价高，进货成本高，导致销售价格偏高，无法与大卖家竞争，大卖家的商品销量大，拿货多，甚至不经批发环节直接找工厂打样生产，在价格、利润方面都有优势。很多新卖家缺乏定位和定价思考，一味定低价，打价格战，有时候好货贱卖，买家还不买账，亏本、费力，还不讨好。

多数新开网店的卖家对商品价格也存在误区：新开的店，店铺信誉级别低，认为只能打价格战，亏本赚人气才有出路，殊不知你的低价一旦在买家心里留下印象，转高价后就很难卖得动了；新卖家也会认为"我的价格低，自然有人买"，可惜在淘宝中没有最低，只有更低。作为新开店卖家，资金实力、运营能力都欠佳，如何能在与大卖家的低价格竞争战中取胜呢？

多数做零售的实体店商家们除了面临上述类似的问题，还存在买家到网店购买，极少上门消费的窘境。

照这么说，新卖家、小卖家、实体店商家们只有死路一条了吗？

不！我们要走出误区，从以下五个方面学会科学定价，掌握店内商品的定价策略。

一、市场定位与定价结构

本书前文讲过"四四二法则"，即成功=40%定位+40%商品和定价+20%营销。市场定位就是：你在这个市场上提供什么样的商品来满足哪部分消费群体什么样的需求。定位就是为品牌、商品或店铺制定出区别于竞争对手的新卖点。新卖点不仅要准确切中竞品对立面，又要准确切中买家心理。定位方法有很多，关键目的是避开同质化竞争，开拓出更有价值的市场，获得巨大的成长空间和利润空间。如果你不去思考定位，随波逐流，一定不会有很大的进步和提升空间。

一家名为"伊顿纪德国际校服"的店铺，其定位就做得很好：专注6至18周岁青少年英伦风格的国际校服。这类商品属于童装，而童装在淘宝网属于热销类目，竞争非常激烈，这家店定位为校服，竞争对手就少了很多，再进一步定位为英伦风格的国际校服，竞争对手再次缩减，虽然买家群体也缩减很多，但细分和特色为该店赢得了很多更精准的目标群体，运营得当的话，很容易在这个细分市场中成为佼佼者。

有一些没思考过店铺定位的卖家，店内商品非常杂乱，既卖鞋子又卖女装，甚至还卖内衣和厨房用品，可能思考的出发点是觉得商品多、买家挑选空间大，有助于成交，而实际上买家会觉得你这里是杂货铺，也不能在某一个细分品类比别家多、比别家好，不敢轻易相信你的商品品质与服务，并且在淘宝规则中，店内销售多类目商品，分开算类目信用占比，不利于整店综合排名。反之，主营类目占比越大，对店铺的综合排名更有帮助。

所以，希望对自己店铺定位不够清晰、没考虑过这个问题的卖家能重新思考这个问题。定位越清晰、越精准，在今后开店过程中会事半功倍。当然，店铺定位还要结合运营引流手段。

二、从旁观者角度去领悟：消费者对价格的理解习惯（线上和线下都适用）

市场定位搞清楚了，再来看定价。网店商品如何定价才科学合理呢？要解决这个问题，先要搞清楚消费者对价格的理解习惯：

理解习惯一："我要的不是便宜，是占便宜。"比如价值800元的商品，你想的是亏本赚人气，直接一口价100元贱卖，但买家不会觉得这东西能值800元，反而会觉得只值70元，这时他不会觉得占到了便宜，相反是吃亏了。这种定价就是失败的。

卖家应对技巧：就让你占便宜。比如价值800元的商品，按市场规律涨价20%，定一口价为960元，再限时打六折为578元，给买家营造一种紧迫感，错过就再也买不到了，这时买家会觉得占了大便宜，赶紧乐滋滋地买回去。这样，你不但没亏本，反而是盈利的。

理解习惯二：便宜没好货。市场上大多数情况都是便宜没好货，这不是个人总结的，而是买家经过很多次尝试后发现的。但也有少数情况，能买到好货，可这个概率很低，作为买家来说，他承担的风险很大，除非是为了买便宜货，否则不会轻易购买。

卖家应对技巧：好货不贱卖。一分钱一分货，作为卖家要让定价对得起商品质量，让买家也觉得买得值。

理解习惯三：买涨不买跌。比如某一楼盘开盘两个多月就暴跌20%，已经购房的业主向开发商投诉，强烈要求退还差价，结果开发商给的态度是购房有风险，你不能只想着涨不想着跌。由此可见，在买家心里更愿意、更容易接受有涨价空间或者有涨价趋势的商品。

卖家应对技巧：有涨价趋势抓紧卖。比如发布新品时，可以搞预售，告知卖出多少件后涨价多少；再比如销售旺季时，商品供不应求，可以找个库存紧张或者原材料涨价之类的理由暗示买家抓紧抢购，这样买家不但会觉得物超所值，还会心里暗喜能成功抢购到。如果此轮促销结束后不久还有一场更大力度的促销活动，一定要做出"保价承诺"，比如保价30天，即30天内不会更便宜，避免已经购买的买家找你退差价。

理解习惯四：高价代表尊贵。价格高的东西质量一定不会差，这是普遍认识；通常高价代表一定的身份地位，买家选择高端高价商品实则买的就是这份优越感。

卖家应对技巧：不自贬身价，不暴利高价。不要毫无理由地降价，你觉得卖现在这个价已经不赚钱甚至亏本了，可买家不理解，甚至会怀疑商品质量，猜疑商品来源渠道是否正规，不敢轻易购买。高端商品就要有高端的价格，让买家心甘情愿买这份优越感，但也不要无端定个天价，现在的网络很透明，价格也很透明。

三、学会搭建价格体系

每一个商品都有生命周期，不可能永远卖下去，搭建店内商品价格体系时，可以采用"二八原则"，即利润款+热销款占80%左右，新品形象款+促销款+秒杀/拍卖/活动款占20%左右。也就是说，在你的商品体系中，随着商品生命周期更替，随时有新品形象款、利润款、热销款、促销款、秒杀/拍卖/活动款。

建议：新品形象款数量占比10%左右，利润为100%。主要目的：高质高价，树立品牌形象、店铺形象，让买家知道店铺定位在什么水平；留足促销空间，便于后期清仓；提供比价参照，便于买家清晰筛选、对比；满足求新需求，很多买家喜欢一家店后会经常回来逛逛，如果长时间没有新品，关注度会日渐减少，忠诚度下降。

利润款数量占比70%左右，利润为90%左右。主要目的：高质中价，适度促销，是店铺利润主力；提供小幅优惠，满足实惠需求；客服推荐首选，关联销售搭配推荐首选。

热销款数量占比10%左右，利润为80%左右。主要目的：高质中价，高度促销，是店铺引流主力；多渠道、多途径、多方式推广引流，保本为主。

促销款数量占比7%左右，利润为50%左右。主要目的：高质低价，让利促销，回馈买家；

对店内会员、老顾客定向促销，留住买家的心。

秒杀/拍卖/活动款数量占比 3%左右，利润为 20%左右。主要目的：高质低价，亏本促销；吸引新买家，做买家积累，增加数据，比如收藏、关注、加入购物车等。

四、向网店看齐，实体店也通用的商品定价方法

①用"优选法"为商品定价

优选法，是以数学原理为指导，用尽可能少的试验次数，尽快找到生产和科学实验中最优方案的一种科学试验的方法。其单因素分析法中的 0.618 法（又称黄金分割法）常用来为商品定价。

先通过调研来获得同类商品的市场最低价 Pmin 和市场最高价 Pmax。再利用公式"Pmin + 0.618（Pmax - Pmin）= P 售"计算出最优售价 P 售。

例如：通过市场调研得出一件商品市场最高价为 128 元，最低价为 30 元，通过公式得出的最优售价为 90.564 元。

P 售=30+0.618×（128-30）=90.564（元）

②用"369 定价规律"为商品定价

比如，一个钱包标价 99.9 元，而不是 100 元，对于消费者的实际支出几乎没有区别，为什么不是 100 元而是 99.9 元呢，这就是实际价位和心理价位的区别了，实际价位并不是最重要的，更重要的是心理价位，是消费者对价格的心理感知。

这里单谈价格，比较可靠的价格策略是 369 价格规律，如下：

- 当价格在 0~3 时，取 3。例如价格是 1.2 元，建议定为 1.3 元。
- 当价格在 3~6 时，取 6。例如价格是 34.5 元，建议定为 36.6 元。
- 当价格在 6~9 时，取 9。例如价格是 68.5 元，建议定为 69.9 元。

按"369"定价后，下单时买家实际支出几乎一样，可心理价位会觉得占了便宜，比如 99.9 元与 100 元只差 1 毛钱，买家会觉得只用 90 多元就买到 100 元的东西。对卖家而言，也可以将利润最大化。

③网店商品常用的成本定价方法

成本价 + 溢价 + 平台成本 + 售后成本 = 价格。

④提升成交转化率常用的六种定价技巧

定价技巧 1：心理定价。比如 1988、999、158、68、19.98、39.8 等，主要目的是让买家从心理上感觉便宜、数字吉利、精确。整数定价，如 100 元 4 件、20 元 3 斤，主要目的是引导买家多买，也能避免找零困扰。

定价技巧 2：分割定价。价值较高的商品用价格分割定价，如黄金按克标价，能让买家感觉便宜。需求量不大的商品用数量分割定价，如很多垃圾袋默认规格是一捆 5 卷，可以拆开按

一卷定价，既能有价格优势，也能促成大量购买，主要目的是引导买家少量多次购买。

定价技巧3：折扣定价。形式多样，如积分折扣、会员折扣、数量折扣、活动折扣等，主要目的是增加买家紧迫感，激励购买、引导多买。比如天猫店常用购物返积分，下次购买时用积分抵钱。淘宝店常用购物送淘金币，下次购买时用淘金币抵钱。店铺内部常用会员打折，按会员级别实行不同折扣等。数量折扣主要用满就减、满件优惠，比如单笔订单满2件，立减38元。小件、低单价的商品可以结合淘宝评价规则，设置单笔订单满6件包邮或送礼物等。

定价技巧4：差别定价。为满足不同用途，可用商品差别定价，比如手机、电脑等商品可设置不同套餐，包含物品不同，价格不同；为区分不同距离，可用地域差别定价，比如运费问题，用运费模板设置全国不同地区收取不同运费；有些商品具有明显的季节性，可用时间差别定价，鼓励闲时购买或反季节购买。

定价技巧5：组合定价。可以是互补组合或者搭配套餐促销组合。比如一些必须搭配的，买打印机可换购或优惠购墨盒；非必须搭配的，买奶粉优惠购尿不湿。

定价技巧6：降价加打折。比如购满100元直接打6折，让利40元；改为购满100元先降价10元，再打8折，只让利28元，而买家感受到的是双重优惠。实现方法有很多，将不同促销工具组合使用就行，核算好成本和利润即可。

五、学会特殊活动时的定价技巧

特殊活动主要是指以下三类：

第一类：淘宝每年都有的几次大活动，如春夏新势力周、618、双11、双12、年货节等。

第二类：淘宝推出的不同类目季节性大促，如女装大促、家电节等。

第三类：卖家自己的周年大促、会员节大促等。

做这些特殊活动，最重要的就是保护商品价格，不要对大促后的买家造成伤害。成功报名淘宝官方大促活动，淘宝会直接显示商品原价而非购买价格，比如双11时，原价688元的商品，活动期间买家以328元购买，在成交记录中显示价格为688元。如果不能参加官方活动，自己用促销工具打折，就要考虑这个问题，不然后面新买家看到你现在价格比之前高，容易讨价还价或者跳失。

实体店商家学会这些方法和技巧后，按需选用。

13.6.4 创建忠实粉丝圈，用小妙招提升复购率

维护老顾客的重要性

不管是线上还是线下，店铺推广的核心本质是引流。你做过数据统计吗？通过不同形式的

引流、活动等带来了多少买家？花去的成本是多少？有多少买家二次购买过？

下面来看两个案例。

案例一：某个卖家群里，一个2皇冠男装店铺的卖家说，开店至今已累积了3万多名成交买家，但现在每天才几十单，在群里问到底要怎么引流才能使生意好点？他还说在直通车花了2000多元，才换来5300多元的销售额，除去成本根本没赚到什么钱。

群友问他有没有回访过之前的老顾客？他说：做过几次，效果很不好，没继续。

又问他有没有对老顾客有过优惠之类的福利？他说：没有，不知道怎么做。

现状：前拉后跑，赚吆喝！

案例二：一个2心信誉的新手卖家，店铺积累的买家很少，上新品后发短信给老顾客，虽然只是想关心一下顺便告知上新，没想到竟然促成了新的销售。

店铺开业初期，新顾客所占比例偏大，到了后期，老顾客所占比例会越来越大，有些店的营业额甚至超过70%以上都是老顾客带来的。想要提升店铺业绩，很重要的一个方法就是把握好老顾客。就拿案例一来说，如果这些买家中的10%能长期、稳定地回购，会有多少生意？20%甚至更多的老顾客能回购，还缺生意吗？

为什么要管理买家，哪些买家需要管理

用不同推广手段吸引的买家类型不一样，比如淘宝官方VIP活动面向的买家群体是经常网购、经验丰富、购买力强的买家；天天特卖活动面向的买家群体多是新人，并喜欢低价。不管哪类人群，第一次进到一个新店铺，从接触商品到最终购买，都要历经多个动作，比如看款式、看介绍、看价格、看店铺信誉级别、看销量、看评价、看动态评分、看卖家服务水平、咨询各种疑问、与其他店铺同类商品对比等，稍微有点不合心意，就会掉头走人，第一次成交后体验不好，容易退换货、中差评。简而言之，让新买家成交比较费劲，不能怠慢。

已经在店铺成功购买过的买家，已经感受过商品质量、服务、发货速度、商品包装等，第二次回购时考虑因素会相对简单，比如只看款式、价格、活动形式、促销力度、是否符合需求等，有购买意向了，简单咨询后便会爽快下单。

获取新买家要调动全店资源，而再次赢得老顾客的心，可能只需一条恰当的短信、一张促销海报、一个短视频，在推广成本方面的投入显然是管理老顾客更低。此外，老顾客对商品认可度高、转化率高、客单价高、售后满意度高，这些都有助于形成良性口碑传播。

为了使流量最大化，应该想方设法使买家沉淀下来，沉淀的目的就是维护，争取让其多次回购。对一个店铺来说，买家分为两类：成交买家和未成交的潜在买家。成交买家可分为休眠买家、有一次回购买家、多次回购买家等。这些都是需要管理的。

实体店也通用的提升复购率小妙招

很多有维护老顾客观念的卖家多在抱怨：网店买家忠诚度低，网购竞争大、买家跳店率高，不好做，难坚持。

反过来想：你的店铺定位做精细了吗？与同行相比，有没有明显的差异化优势？你的店铺是否长期稳定？你的店铺是否坚持上新？对老顾客的管理是否有一套完善的执行流程？

让老顾客回购，说得容易，如何做呢？

要解决这个问题，先要搞清楚哪些因素会影响买家回购。通过分析大量卖家店铺现状和数据，笔者认为与以下因素有关：

品牌：有句广告词说得好，"相信品牌的力量"，这与创店之初的店铺定位和店铺发展规划密不可分。如果一开始就按品牌化的标准做每一个细节，那么买家从第一次进店开始就能潜移默化地感受到你的品牌理念和思想，从而相信你、选择你。这种力量是一般散店做不到的。

商品：商品品质是店铺能否存活下去的关键指标，特别是在注重顾客体验的电子商务领域，其重要性有时甚至超越品牌因素。买家买回去用得好、感觉值，不用你提醒自然就想再买、多买；如果用得不好，感觉上当受骗了，下次你即使再花言巧语、用再大的优惠诱惑，他们也会三思。

创新：拥抱变化、善于创新是卖家必须具备的素质。如果你的店铺常年就卖那几样商品，哪怕商品再好，该买的都买过了，想拉动回购也难。

服务：体现在售前/售中/售后客服接待能力、服务水平，以及发货能力、发货服务水平。买家不可能只买一种商品，也不可能只在一家店铺购买，多样性消费就会产生对比，如果在众多体验中，你提供的体验和服务优于其他店铺，给买家留下良好印象，使其回购会轻松很多。

下面推荐五种具体做法，吸引买家回购。

第一种：从以下八个维度做好店铺内功。

①商品质量过关：让买家回购，商品质量是基础和前提，买家已经使用过你的商品，质量不好，做二次营销，只会增加对方的反感。

下面来看一个男士皮鞋案例，如图 13-14 所示，该店仅这一款商品月销量就超过 1.5 万件，收藏量超过 4.7 万次。如此大的销量，店铺动态评分的描述相符、服务态度、发货速度还都高于同行，说明这家店铺的商品质量过硬，服务水平很高。

图 13-14

再来看该商品的累计评价，如图 13-15 所示，在 3.7 万多条的评价中，绝大多数买家评论质量不错、鞋很舒适、服务不错、码数正、物流快。"与描述相符"评分 4.8，高于同行。如此庞大的成交买家基数，如此高的买家满意度，下次发布新品或做促销时，成功唤醒买家回购的比例会很大！开了网店的实体店可以有意识地收集已购买家的图文、视频评价，有计划地发送到买家群。

②专业的店铺装修：店铺装修大气，与店铺定位、商品定位有效契合，让买家感受到店铺的专业，也能体现商品的质量。开了网店的实体店，如果能创建如店铺介绍、公司企业品牌文化展示专门页面，也可以让买家充分了解你、信任你。具体装修方法及步骤请参考本书"第三篇 店铺装修实战：卖家'留客+提升客单价'标配技术"。

③专业的售中/售后服务能力：网店客服的态度、实体店销售员/导购员的态度是店铺对外的灵魂，对加强买家黏性有着至关重要的作用。

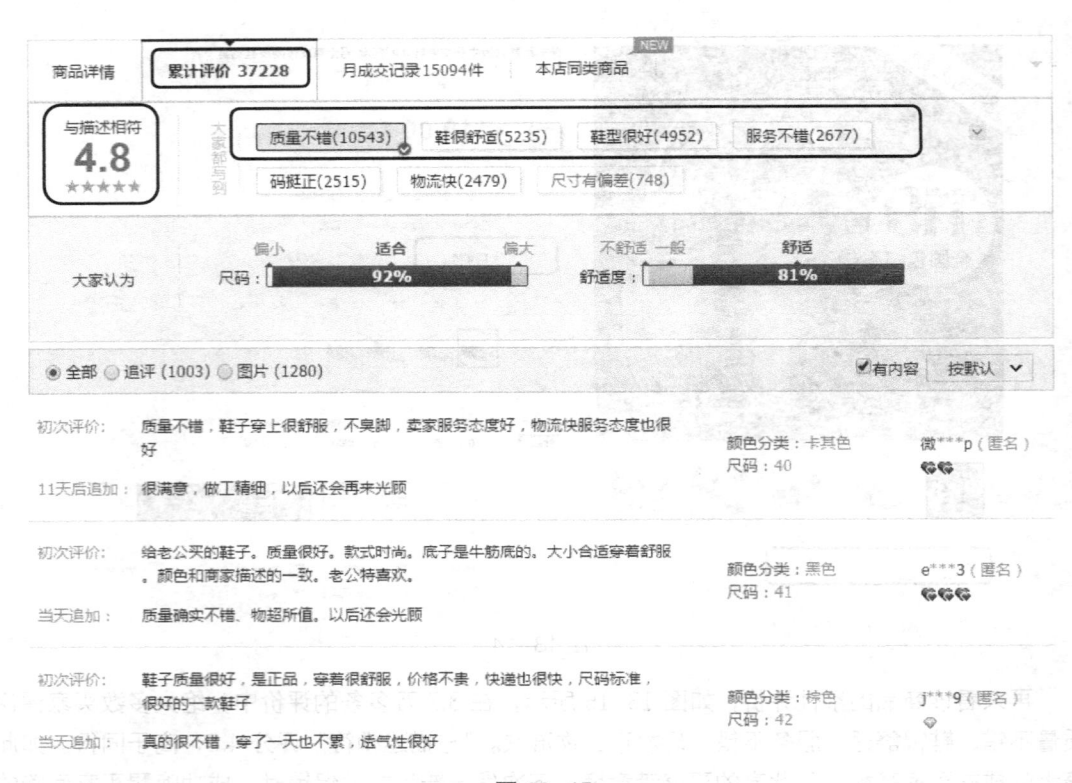

图 13-15

④友好的接待，为买家营造专业且温馨的接待体验。在买家咨询时第一句回答很重要，如"亲，中午好，饭吃了吗？要记得按时进餐哦！有什么可以帮你呢？"

⑤对商品进行细致介绍，体现专业性。客服/导购对商品的了解是必备基础，如果还能主动地向买家讲出商品的优点、使用场景、使用方法或者需要注意的地方，更能留住买家。

⑥买家咨询时能及时反馈。买家有问题咨询，在"黄金 6 秒内"快速响应。

⑦买家咨询后没下单，要及时收集其疑虑信息。在这一点上，有很多店铺做得不够，有很多买家在咨询后就没反应了，这时可以主动联系，问问买家不考虑买的原因是什么？例如有买家认为价格贵了，可以加对方为好友，留下联系方式，并对其分组、备注，当店内有促销、优惠时第一时间告知，为二次营销留下机会。

⑧售后定期回访买家，跟进商品使用情况，如果有需要保养的商品，给予保养方法的建议。在回访的同时做好热销或关联商品的推荐，自然而然地带动老顾客二次购买。例如买家在你店里买了罐奶粉，正常情况 2 个星期能吃完，如果你能在对方吃完的前几天发送一条关怀信息，

回访奶粉口味怎么样，小孩喜不喜欢等，让买家感觉到你在关心他，在恰当时候引入商品推荐，能够吸引她们继续购买。

第二种：建立 VIP 会员等级制作。

现在会员卡盛行，就连药店都有会员打折，你可以根据 VIP 会员等级设置一些促销活动以及优惠策略，比如针对会员的限时打折、满就减、抽奖、送优惠券等，可以吸引老顾客购买。

第三种：主动关怀、情感维系。

在节假日发送各种祝福、新款上架时通知、折扣活动时通知、试用活动时通知。发送通知消息的手段包含但不限于：站内信、短信、邮件、购物车营销、微淘、微博、微信、旺旺好友群发、旺旺群、QQ 群等。重点：事先收集整理买家信息，了解买家需求，有针对性地通知消息。也可以在众多买家中发展和寻找"意见领袖"，让这些"意见领袖"参与宣传和分享你的商品，从而提升更多买家的活跃度。

第四种：为老顾客设置专属活动、优惠、促销。

设置创建老顾客专属活动，能让买家觉得被尊重，有优越感，也有助于回购。你可以借鉴当地线下大型超市会员节的经验。此外，在百度搜索关键词"会员节""会员活动"等，也可以给你提供一些启发。

案例一：童装卖家的老顾客回购策略。"真情回馈：小博士鞋城开学促销开始啦！买一送一进行中，还有 20 元优惠券已送到亲的账号中（仅限老顾客），特此通知。"

案例二：化妆品卖家店铺会员日。"亲，每月 6 日为 XX（店名）会员日，精选商品 1 件 8 折，2 件 6 折，特惠唯您独享，先将适合的商品加入购物车吧，优惠仅限当日。"

第五种：用各种软件创建忠实买家/粉丝的圈子。

创建工具：微淘、微信、微博、旺旺群、淘宝群、钉钉群、QQ 群、其他 SNS 平台等。比如韩都衣舍，他家老顾客群有几百上千个，很多新款上架后，仅通过群传播就能成就爆款。

有些细节在开店之初就要想到，从一开始就执行积累。之前没想到的，现在知道了，应该即刻准备并有效执行。

客户运营平台——玩转千人千面买家管理

在淘宝网店中，原会员关系管理（ECRM）正式升级为客户运营平台，除了包含原来官方会员关系管理（ECRM）的所有功能，增加了更多、更强大的人群触达和运营功能。

淘宝卖家如何登录客户运营平台？实体店拥有淘宝店铺后，也可以免费使用该平台。

方法一：打开淘宝网首页，用卖家账号登录卖家中心，依次单击左侧"自运营中心-用户运营中心"，在新开页面中继续单击"客户运营平台"。

方法二：直接在浏览器地址栏输入客户运营平台首页网址并打开，用卖家账号登录。

升级后的客户运营平台包含四大功能：客户管理（客户列表、客户分群）、会员管理（会员数据、忠诚度设置、会员权益）、运营计划（智能店铺、智能营销、场景营销）、工具箱（素材管理、短信管理）。

客户管理→客户列表：平台将客户分为三类：成交客户、未成交客户、询单客户，可以查看上述三类客户明细，执行分组管理、批量设置、送优惠券、送流量、送支付宝红包等操作。

客户管理→客户分群：系统将客户分为兴趣人群、新客户人群、复购人群，卖家可以对不同人群进行定向优惠、个性化首页装修等操作，还可以根据店铺数据情况自定义人群类型。

会员管理→会员数据：包含商家成长、会员贡献、会员规模、会员活跃度的内容。

会员管理→忠诚度设置：包含VIP设置（设置会员规则、会员等级，以及各等级会员对应信息）、新版无线端会员中心装修（装修后可获得更多的会员触达机会）、会员入口管理（招募会员渠道以及会员入口的配置和管理）。

会员管理→会员权益：包含新会员礼包（店铺可为招募新会员设置专享优惠券包和入会礼）、会员礼包（店铺可为会员设置提供专享优惠券包和入会礼）、会员专享券（满足专享券兑换条件的品牌会员可直接进行限量领取，无须使用该品牌积分）。

运营计划→智能店铺：主要针对旺铺智能版的功能。包含定向海报和智能海报。

运营计划→智能营销：包含短信营销（对指定人群进行优惠券、短信及定向海报营销）、智能复购提醒（限时免费）、购物车营销（对将商品加入购物车的人群，在"手机淘宝"App的购物车中进行限时活动提醒）。

运营计划→场景营销：包含店铺高潜力非会员人群、品类高潜力会员新顾客、可运营会员新顾客、高潜力成交会员、高贡献会员人群、会员高传播人群、店铺会员裂变专属、本店高访问新顾客、本店高潜力访客、智能预售提醒、店铺高价值顾客召回、店铺好感人群转化、智能复购提醒、活跃老顾客营销、忠诚老顾客营销、流失顾客召回、高潜力比价人群、有访问的新顾客人群、高潜力未购会员、兴趣顾客转化、上新老顾客提醒等场景的定向营销。

工具箱→素材管理：在"运营计划-智能店铺"中管理定向海报和智能海报的图库、模板。

工具箱→短信管理：可以申请短信功能，开通后，可以在"智能营销"中向兴趣人群发送短信。

每一种功能的设置都很简单，用卖家账号登录后操作一遍就会了。

小贴士

淘宝官方会对客户运营平台的细节功能进行不定期更新升级，请以你打开界面时看到的功能为准。

重要经验总结：

1．对实体店商家而言，"直播"是实体店互联网化最直接的且能快速学会并上手的引流玩法，如果实体店规模有限、人手有限，深度运营好针对老顾客/会员的私域流量池精准直播（推荐使用淘宝直播，因为淘宝平台积累的一整套运营工具是其他平台无法比拟的）以及拓展新顾客的公域直播（如抖音、快手、微博一直播、微信小程序直播等）是非常不错的选择。

2．直播并非实体店唯一的一种引流玩法，前文介绍的活动运营、短视频运营等也都是效果不错的引流玩法，若同时采用多渠道引流，请计划得强一点，至少像前文介绍的男装卖家一样，制作一个类似表12-1的提升工作效率的时间安排表。

3．生意规模小，有小的玩法；生意规模大，有大的玩法。不管怎么玩，实体店要达成"互联网化"，建议提前选好"根据地"！比如选择开淘宝店，在网上运营时，淘宝店就是你的根据地，无论是新顾客引入或者老顾客维护，在淘内都有数据可寻，并且有很多现成的软件、工具可用，从长期运营的角度来看，不管是深耕淘内，还是淘内结合淘外，淘宝店都是一个不错的选择。

想快速掌握网店热门运营玩法，探究盈利网店背后运作逻辑，提升自家店铺出货率的读者，可以直接从淘宝、天猫、京东等任意正规书店购买笔者另一本图书《人人都会网店运营：淘宝天猫网店运营一本通》。

13.7　学会商家抱团、异业合作，复制模式，提高营业额

为了应对严峻的市场环境，很多线下商家选择抱团、异业合作，互惠共赢。

什么是异业合作

百度百科对"异业合作"的解释为：指两个或两个以上的不同行业的企业通过分享市场营销中的资源来降低成本、提高效率、增强市场竞争力的一种营销策略。"异业"是与"同业"相对应的概念，代表不同行业。因此，异业合作的核心包括两方面，其一是营销主体为不同行业的企业；其二是以合作的方式进行营销。

孤立的实体店生存越来越难，越来越多的商家意识到了合作的重要性，而异业合作（取长补短+强强联合）成本低、获客精准，能够帮助实体店开拓新市场、带来新的营销增长点，已成为非常多实体店商家的重要备用运营方案。

应该找谁合作呢

找合作方前必须明确一点：所有参与合作的企业或实体店之间互相没有竞争关系。

建议按三个步骤开展异业合作：

步骤一：根据商品目标人群挑选与自己消费等级差不多的合作方。具体方法：根据本店目标人群画像，以实体店为中心，标记方圆 N 公里内顾客经常光顾本店的场景，再根据场景挑选合作方。

举例：王老板在三线城市的市中心商业步行街开了一家服装店，店面较大，上下两层，同时卖男装、女装，主打情侣款，定位人群是 18~35 岁的年轻人。适合他的合作方按"就近原则"，可以是在其步行街的内衣店、母婴用品店、箱包店、鞋店、珠宝黄金店、餐饮店等。

步骤二：设计合作方案。合作方案一般包含合作主张、合作方式、营销方案等内容。

合作主张：合作之前需清晰合作目的，充分盘点合作方的资源，简单来说就是搞清楚此次合作你能给对方什么利益或者你想借用对方什么，真正的互惠才能有效推进合作。

合作方式：异业合作常用免费赠送、资源共享、资源置换、相互引流、代销分润等方式。

营销方案：一般情况是谁主张谁出方案。建议遵循高价值、低成本、强吸引的原则，结合合作方提供的商品打造营销玩法，如拼团、体验价、优惠券等。

步骤三：谈判，落地合作。

关于谈判，其实不用想得太复杂，也不要太多套路，更不要给自己设限太多。合作方之间的规模差不多、现状差不多，负责人一起觉得合作这件事可行，去做就对了。

而落地合作最重要的就是可操作性强的具体细节，越详细，合作成功率越高。没有细节，合作只会停留在表面和形式上。

案例：濒临倒闭的内衣店，通过异业合作一个月营业额突破 9 万元

张女士在一个有 1300 多户居民的小区租了一间 106 平方米的门店卖内衣，生意一直不温不火，库存越来越多，由于缺乏经营方法，每天客流量很少，在倒闭的边缘徘徊。然而在 2020 年 618 活动期间她却成功逆袭，仅 6 月份营业额就突破了 9 万元！她是如何做到的呢？

第一步：把小区周边（距离近是重点）所有商铺都记录下来，然后挑选出与她一样覆盖女性人群且不存在竞争关系的店铺依次洽谈，最终与 26 家店铺（包含美甲店、理发店、服装店、箱包店、女鞋店、化妆品店、宠物店、洗衣店、鲜花店、移动/电信网点、卤菜店、快递店、水果店、小超市、早餐店等）达成合作意向。

合作重点：张女士提前从网上批发了 1000 双带独立包装的棉袜和 1000 条不沾油洗碗布（成本不到 800 元），免费送给达成合作意愿的门店转送给女性顾客。重点不是把袜子和洗碗布直接给合作店铺，而是分别给两双袜子样品+2 条洗碗布样品+礼品领用券+满 58 元减 20 元现金抵用券，合作商家只需把礼品领用券和现金抵用券给顾客，让她们 6 月 1 日到 18 日期间到张女士的内衣店无条件免费领取 2 双袜子和 2 条洗碗巾。

第二步：重新组合店铺内的商品，设定促销方案。张女士在 618 活动期间做了四个循序渐进的方案：

方案 1：将符合满 58 元减 20 元的商品摆放在一个货架。告诉凡是上门免费领取的顾客可以用她们手上的现金券优惠购。

方案 2：设定一个内衣套餐，买 1 套 138 元，第二套 88 元，第三套 39 元，第四套 3 元，也就是说买 4 套内衣只需 268 元。套餐的重点是四套内衣功能互补，分别是春秋内衣、夏季薄款内衣、聚拢内衣、睡衣，分别摆在四个货架，款式随意挑选，四套内衣够穿一年。

方案 3：设定一个购买任意商品满 88 元加 10 元换购区。换购商品针对人群分别是女性顾客的男朋友/老公、小孩、父母，顾客只要加 10 元，可随意选购 1 件，加 15 元可换购 2 件。

方案 4：在每一个顾客付款时说："加老板娘微信，邻里乡亲的，平时有急事时说一声，可以帮忙临时照看小孩，寄存快递、包裹什么的。"重点是从人情角度给顾客一个不得不加微信的理由，建立强联系，以备二次营销。

第三步：将实体店重新布置，营造出 618 活动氛围。

通过上述三步操作，张女士在 618 活动期间，仅 268 元的套餐就卖出 300 多套，月底盘点营业额达到 97 633 元。

通过这个案例，总结出以下两点：

1. 舍得，有舍才有得。前文讲了异业合作常用免费赠送、资源共享、资源置换、相互引流、代销分润等方式，张女士采用的就是"免费赠送"的方式。对合作商家而言，可以免费送顾客礼品，还不用自己掏钱，何乐而不为；对张女士而言，送什么、怎么送、送多少，皆心中有数，最后不但没亏本，还实现四赢局面（一是与合作商家建立信任，后续还有更多合作可能；二是活动圆满成功效益不错；三是通过此次活动在小区获得更高知名度；四是最重要的一点，加了很多顾客的微信，为以后做营销储备了更多资源），成为真正的受益者。

2. 要敢于尝试。去试了，起码有 50% 成功的机会。不试，一点机会都没有。

复制合作模式，长期提高营业额

万事开头难，一旦成功办成某件事，再把办成的这件事重复办几次会简单很多，所以关键在于做成一件事后，记得将其总结成一套可被复制的模式、标准或执行框架，以便模仿套用。

第五篇

10人以内小团队运营实战

开网店一定要有野心,要么为"利"(金钱),要么为"名"(知名度),这样才能有源源不断的动力去解决困难,完成挑战。

如果你看完本书前文的内容,觉得以自己的能力还可以做得更好,那么下一章将分享给你:即便是只有10人以内的小团队,只要学会合理分工、合理布局商品和店铺矩阵,借助店群玩法,也可以定一个月入10万元的小目标并将其实现。

第 14 章

合理分工，小团队也能定一个月入 10 万元的小目标

随着国内疫情防控向好形势持续巩固，企业复商复市步伐加快，居民生活秩序明显恢复，特别是在扩大内需、促进消费等多项政策的促进下，居民消费情况持续改善，实物类商品网上零售额增速继续加快。

阿里巴巴的数据显示，作为 2020 年疫情以来最大的消费季，天猫 618 的累计下单金额为 6982 亿元，创造了新纪录。在 618 期间，阿里巴巴给出海量资源扶助中小商家，网商银行推出的"0 账期"服务，上半年垫付资金超过 2000 亿元，惠及 72 万个小商家，各地政府和商家一共发放了上百亿元的消费券和补贴，巨大的投入撬动了更大的消费潜能，也带来了更大的生意增量，带动了更多的就业。

适合个人在互联网创业的新一轮契机已来，实体店将生意互联网化、线上结合线下的新零售模式是"逆风翻盘"的机会，如果你觉得自己的能力还没有被完全释放，那么学会合理分工、合理布局商品和店铺矩阵，借助店群玩法，你也能定一个月入 10 万元的小目标，带领团队乘风破浪，化危机为机遇。

14.1 案例：短视频+直播，销售额突破 300 万元的秘密

这两年网购很火，淘宝、天猫、京东、拼多多，甚至抖音、快手上，每天都能看到销售几万件、十几万件，甚至几十万件的单品，也就是常说的"爆款"。虽然不同平台的具体运营玩法

不同，但从本质上看：任何一件卖爆的单品，一定绕不开内功、流量、售后发货。

在"手机淘宝"App 首页找到聚划算、淘抢购、天天特卖，每天都会产生很多新的爆款商品。下面举一个在抖音上利用"短视频+直播"，仅一个月就大卖 3.2 万件、销售额突破 300 万元的单品案例。

我们经常看到网店运营人员多以"单品"形式打造爆款，比如一件 T 恤、一件连衣裙、一款望远镜、一部手机等。或者以"轻量组合"形式，比如一箱抽纸、上衣+裤子两件套、一盒内裤、一对枕头等。极少看到量比较大的搭配套餐组合，比如图 14-1 中的案例，十件装包邮：四件 T 恤+两件长裤+两件短裤+两双袜子共 99 元，这种组合极其少见。因此，对消费者来讲，特别是"低线级"消费市场的人群，既震撼，又有诱惑力。

接下来分别从内功、流量、售后发货三个维度剖析它能大卖的核心因素：

维度一：内部功课，简称"内功"。体现在两方面：一是"选品+供应链"能力，影响单品销售量级；二是"视觉呈现+单品运营"能力，影响转化率和客单价。

在"选品+供应链"方面，图 14-1 这个案例是工厂店，供应链没大问题。"十件装包邮：四件 T 恤+两件长裤+两件短裤+两双袜子共 99 元"这种搭配组合的套餐形式，一下子解决整个夏天的穿衣问题，款式中性，男女皆可，同时瞄准了情侣、夫妻、兄弟姐妹等人群。

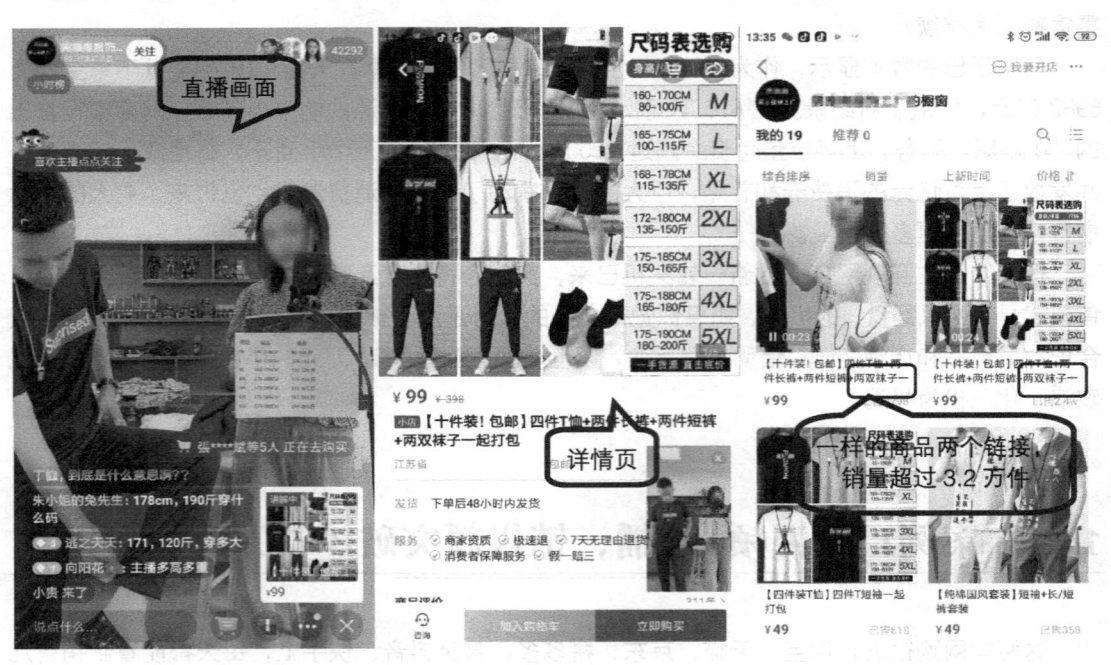

图 14-1

第 14 章 合理分工，小团队也能定一个月入 10 万元的小目标

在"视觉呈现"方面，最重要的封面主图采用多图拼接方式，将十件单品悉数展示并标注选购尺码表，并强调"一手货源，直击底价"，让买家所见即所得。详情页中的商品介绍也可圈可点，首先承诺"下单后 48 小时内发货"，提供极速退、7 天无理由退货、消费者保障、假一赔三等服务，并已验证商家资质；其次从尺码建议、面料材质工艺、买家秀、水洗不掉色/不起球/弹性/透气测试、商品整体/细节高清图等角度用图文呈现细节，进一步强调"超值、划算"，给买家多个不得不买的理由。

维度二：流量。网店开门迎客前，选品也好，打造"攻心"详情也罢，都是准备工作，目的是让尽量多的买家进店后购买。

该案例背后的运营人员深谙抖音引流玩法，通过"短视频+直播"组合，源源不断为商品引流。引流路径：发布短视频→提升账号粉丝量的同时做直播预告→开通账号带货权限→持续发布短视频引流，同时直播卖商品。短视频和直播的运营技术，请回顾第 12 章的内容。

在抖音上带货，必须开通商品橱窗：分为商品分享权限（实名认证、个人主页视频公开且审核通过≥10 条、账号非绑定第三方粉丝数量≥1000，若有更新，请以抖音官方公告为准）和开通小店（个体工商户入驻、企业入驻）。

维度三：售后发货。"发货能力"严重影响整店能否良性循环。

如果你有能力销售几万件，却没能力及时、高效、不出错地发货出去，售后的退款率、退货率、纠纷退款率、中差评、动态评分等影响整店良性发展的重要数据会越来越难看，整店陷入恶性循环，将难以持续经营。

启发：开网店打造爆款，"内功+流量+售后发货"是一个完整闭环，能理清并解决每一个环节的问题，月入 10 万元并不难。

电商运营所需技术汇总起来分别是：视觉呈现技术、引流技术、店铺日常运营技术、售前/售中/售后的沟通技术、包装/快递物流配送技术、买家/粉丝管理技术。

在这些技术中，"视觉呈现技术"是根本，平台将买卖双方连接在一起，买家负责看、听、购买，平台和卖家负责展示商品。卖家可以通过图文、短视频、直播等形式将线下商品展示到线上平台。本书篇幅有限，不展开讲摄影技术、图片处理技术，请学习另外两本内容互补的美工图书《Photoshop 淘宝天猫网店美工一本通：宝贝+装修+活动图片处理》《淘宝天猫网店美工一本通：Photoshop+Dreamweaver+短视频》，或者添加微信（QQ 同号:870558022）学习视频教程。

"流量运营"即"流量获取技术"，是决定店铺能"走多远、活多久"的重要影响因素之一。电商流量运营应该着眼于整个互联网，既可以在淘宝网站内深度运营，用淘内资源引流；也可以从淘宝网站外其他自带流量的网站引流，毕竟淘宝网只是众多网站中的一个；还可以基于商品或基于流量做全网营销。

当你深入理解引流技术的框架思维后会发现：关于引流方法，不是没选择，而是选择太多。

不同卖家的资源、实力各不相同，不同商品最适合的引流渠道也不相同，关于淘宝、天猫网店以及全网营销，请学习笔者的运营图书《人人都会网店运营：淘宝天猫网店运营一本通》。

当你全方位地学会上述技术并深度执行，不管是自己带团队，还是入职别的企业，都能轻松应对！

算一笔账，团队运作，如何才能月入 10 万元

场景一、网店只卖一款商品

例 1：售价 3.8 元的发圈，日销 880 件，月销 2.64 万件，可月入 10 万元。

例 2：售价 29.9 元的女士阔腿裤，日销 112 件，月销 3360 件，可月入 10 万元。

例 3：售价 79 元的运动鞋，日销 43 件，月销 1290 件，可月入 10 万元。

例 4：售价 199 元的高温蒸汽清洁机，日销 17 台，月销 510 台，可月入 10 万元。

例 5：售价 1699 元的吸尘器，日销 2 台，月销 60 台，可月入 10 万元。

场景二、网店多款商品成为爆款，销售额翻倍

例 1：男装店，共 32 款商品，其中 8 款主推商品单价为 39 元，每款日销 150 件以上，全店月销售额 ≥ 140.4 万元。

例 2：某原宿风女装店，共 1032 款商品，最低价 259 元，最高价 399 元，单品均价为 280 元，没有特别热销的爆款，其中 30 款单品月销 100 件以上、50 款单品月销 60 件以上、120 件单品月销 30 件以上，全店月销售额 ≥ 268.8 万元。

上述例子至少说明三点：

1．月营业额目标不变的情况下，商品单价越高，销量要求越低；反之，销量要求越高。销量要求高的商品，目标人群基数一定要大。

2．扩大营业额，只需多打造几个爆款单品。

3．但凡能做到月入 10 万元及以上的，一定是团队运营的结果。

14.2　什么样的团队配置容易做到月入 10 万元（人）

一个人开网店的"瓶颈"在哪里

前文介绍了开网店卖家要做的事情大致分为六个阶段：

第一阶段：确定卖什么、确定店铺类型、注册店铺。

第二阶段：发布商品。分为发布前准备和编辑发布两个环节。

第三阶段：装修店铺。

第14章 合理分工，小团队也能定一个月入10万元的小目标

第四阶段：运营推广引流。网店生意好坏，很大程度取决于推广引流的力度和执行力。

第五阶段：销售发货。

第六阶段：售后维护。

在这六个阶段中，前三个阶段是售前准备，因人而异，可繁可简；第四阶段承上启下，商品能否大卖取决于它；而网店日常运营就是第二至第六阶段所有事情的循环重复。

一个人开网店卖实物类商品，比较常见的是兼职或全职开代销货源的个人店、做分享赚、成为淘宝客。

开代销货源的个人店，不用为商品拍照、拍视频，有一键发布功能的平台甚至不用自己编辑详情页链接，不用给商品打包发货，只侧重解决店铺装修、推广引流、销售、买家维护。如果擅长选择供货商、会定位、会选品，擅长目标人群分析，熟练使用图文/短视频/直播等技术将商品呈现到目标消费人群面前，擅长一种或多种引流手段，擅长用"流量池思维"运营买家/粉丝，一般没有什么瓶颈，能力强的甚至可以一个人同时管理多个这样的网店。

做分享赚，不用开店，不用囤货压货，不用打包发货，也不用管售后，只需集中精力做两件事：推广引流和买家维护。前文讲过"分享赚"的核心在于"分享"，要有一个或多个转化高的分享渠道，只要玩得转"导购"（从全网公域渠道引流到分享的商品，并实现成交），便没什么瓶颈。

成为淘宝客，不用开店，只需从淘宝联盟获取商品推广代码，在全网支持的地方发布，买家购买后获取佣金。只要有推广资源（如网站、App、导购渠道、软件等），收益没有上限。

当然，除了上述三种，还有很多懂图片处理技术、会拍摄剪辑短视频的卖家，自己进货自己卖，甚至自己设计商品，找工厂生产，然后自己卖，网店日常运营全部自己做，不仅计划性强，还有条不紊地稳定出单。缺点是承接能力不强，每月的订单不会太多。

总之，一个人开网店，不管卖货方式（零售、批发、做渠道、分销、淘宝客、分享赚）是什么，只要你觉得做起来比较轻松、每天有余力做点别的、个人满意，收入与投入基本成正比，就可以不考虑扩展团队人数。反之，就该扩展团队人数了，毕竟做大做强还要依靠团队力量。

低成本的夫妻团、家庭团，逐渐成为网店卖货的中坚力量

众所周知，企业用人成本很高，分为显性成本和隐性成本，其中显性成本包括基本工资、社保、公积金、奖金、福利等，隐性成本涉及管理、工位、培养、休假、工伤、生育等。

正因如此，越来越多网上开店的团队由夫妻、家人构成，以个人身份开店，夫妻或家庭共同运营，除去成本，所有利润自家人共享，他们正逐渐成为网店卖货的中坚力量。

不同运营方向，月入10万元团队的配置建议

当前，不管是深耕"淘内"，还是立足"淘外"，运营方向有三个：流量运营、活动运营、内容运营。接下来，我们以夫妻、家庭这样的10人以下小团队为例，分享三个不同运营方向和

月入 10 万元及以上的团队配置建议。

1．流量运营的侧重点是利用工具、技术，为店铺、商品导入流量。淘内的引流工具如关键词布局 SEO 搜索优化、淘宝群+拼团+洋淘买家秀、淘宝客、直通车、智钻、超级推荐、品销宝、鸿雀等；淘外的付费推广如微博广告、腾讯广告、百度推广、字节跳动的巨量引擎等。

团队配置建议：4 人或 7 人。

7 人的配置：1 人负责选品供应链 + 1 人负责财务和货品进销存 + 3 人负责客服接待、售后打包发货、买家/粉丝维护（可根据销量适当增减，建议采用"1 人客服主管+阿里店小蜜客服机器人+流量高峰时段客服外包"的模式）+ 1 人负责美工（发布商品、装修店铺、各类运营图/活动图处理）+ 1 人负责流量运营（不可或缺，此岗位可以选运营型美工，能胜任美工和运营的工作）。

4 人的配置：1 人负责选品供应链 + 1 人负责财务和货品进销存 + 1 人负责客服接待、售后打包发货、买家/粉丝维护 + 1 人负责美工和流量运营，每个人都不可或缺。

2．活动运营的侧重点是以活动促销为主线，一年四季参加各种不同等级的活动，通过活动为店铺、商品导入流量。淘宝、天猫网店有五种活动类型：全网大促，如 618、双 11、双 12 等；特色市场品牌活动，如天天特卖（原天天特价）、淘金币、淘抢购、聚划算等；行业类目活动，比如女装腔调设计师活动、38 女王节、家装节、春茶节、电器节等；无线手淘活动，比如微淘主题内容活动；店铺活动，商家根据自己的节奏，创造理由或名目做的促销，比如周年庆、会员粉丝节、老板结婚等。前四种是淘宝、天猫官方汇聚资源，主导运营，符合条件的卖家报名参加；第五种是卖家自己组织运营，完全由卖家主导。

团队配置建议：8 人或 5 人。

8 人的配置：2 人负责活动选品和供应链 + 1 人负责财务和货品进销存 + 3 人负责客服接待、售后打包发货、买家/粉丝维护（也可以采用"1 人客服主管+阿里店小蜜客服机器人+流量高峰时段客服外包"的模式）+ 1 人负责美工（发布商品、装修店铺、各类运营图/活动图/短视频等处理）+ 1 人负责活动统筹（含活动策划、活动排期、活动进度跟进、活动运营等）。

5 人的配置：1 人负责活动选品和供应链 + 1 人负责财务和货品进销存 + 1 人负责客服接待、售后打包发货、买家/粉丝维护 + 1 人负责美工 + 1 人负责活动统筹，一个也不能少。侧重活动运营，各类营销图片、短视频的处理需求大，至少要有 1 人负责美工。

3．内容运营的侧重点是通过图文、短视频、直播等形式，为店铺、商品导入流量。淘系内的内容运营工具如微淘、商家四大栏目（上新抢鲜、淘百科、镇店必买、店铺记）短视频、主图视频、店铺视频、淘宝直播等；淘系外的内容运营工具如新浪微博、大鱼号、企鹅号、微信视频号、网易号、百家号、头条号、知乎、抖音、快手、小红书等。

侧重直播的团队配置建议：1 人负责选品和供应链 + 1 人负责财务和货品进销存 + 至少 1

人负责客服接待、售后打包发货、买家/粉丝维护＋1人负责发布商品、直播回放视频剪辑＋1位主播＋1位直播间助理＋1人负责流量运营。或者1人负责美工＋1人负责商品拍照/拍视频＋1人负责视频后期剪辑＋1人负责文案+1位主播＋1位直播间助理＋1人负责流量运营。至少7人的组合，缺一不可。

侧重图文+短视频的团队配置建议：1人负责选品和供应链＋1人负责财务和货品进销存＋至少1人负责客服接待、售后打包发货、买家/粉丝维护＋1人负责美工（发布商品、装修店铺、各类运营图/活动图处理）+1人负责给商品拍照/拍视频＋1人负责视频后期剪辑＋1人负责图文渠道引流＋1人负责短视频渠道引流。至少8人的组合，岗位职责互补，建议只增加（特别是视频剪辑，很耗时间）不减少。

小结：

1．建议团队里每个成员技能互补，这样可以发挥每个成员的最大潜力。

2．月入能在10万元以上，选品、供应链、库存进销存、财务、客服、美工几乎是标配，然后根据运营方向增配对应岗位的核心成员。销售规模更大的企业除了有淘宝店、天猫店，还有其他平台的网店，通常是流量运营、活动运营、内容运营三个方向共同发力，团队成员配置可以参考前文图4-1。

14.3 卖什么样的商品容易做到月入10万元（货）

我们在前文举了多个例子，不管是低至单价为3.8元的发圈，还是单价高达2790元的吹风机，只要平衡好销售件数，都能做到月入10万元以上。

任何一件商品被创造出来，都有其特定的目标消费人群。目标消费人群的多少，直接决定了商品能被销售到何种量级，而销量又直接影响最终销售额。

本书前文已经分享了很多实用的选品技术以及注意事项，比如基于目标人群基数选品、基于重复购买率选品，如果是团队运营，投入的成本更大，卖家自然希望良性、健康发展网店，本节再推荐三种选品技术，助你赢在选品起跑线。

技术一：基于"推广资源量"选品

推广资源其实很好理解，举个例子，成人用品是利润很大的商品，但它的可利用资源渠道很窄，如果在淘宝开店卖，必须是类目专营，发布商品时所有图片也必须预先审核；平台的各种推广渠道（比如付费工具直通车、淘宝客、智钻、超级推荐等）不能用，各种活动（如天天特卖、淘金币、淘抢购、聚划算）也不能报名参加，因为这类商品有特殊管理要求，平台不会推荐。去阿里巴巴以外的网站推广也一样，拥有流量的大平台不给推广，注定它只能低调、小范围传播。如此一来，销量上不去，想短时间内赚到较多的钱，不太可能。

互联网像一张虚拟的大网，如果你想通过这张网将自家商品或服务触达更多的买家，需借助依附在这张虚拟大网上的各方资源，而使用每一种资源都有门槛或条件。

比如阿里妈妈旗下七大营销平台 Uni Desk、淘宝直通车、智钻、超级推荐、淘宝客、品销宝、达摩盘，如图 14-2 所示，各有准入门槛，不是所有卖家的所有商品想用就能用。

图 14-2

重要总结：
1. 你要知道有哪些推广资源
2. 这些推广资源各自的优势是什么
3. 你选的商品能利用哪些资源

其实这三点在本书前文中被反复提及，比如当前主流的流量运营、活动运营、内容运营，它们各自所需工具、软件、具体的推广资源、优势都有介绍，建议再把第 4 章、第 12 章、第 13 章的内容多看几遍。

实用经验：
1. 推广资源量相对较多的类目：服装鞋包、美容护肤、彩妆、零食、饰品、冲饮、洗护个护、影音数码、居家日用、生活电器等。像李佳琦、薇娅、罗永浩这样的直播大佬，以及很多的明星、达人，经常在他们的直播间看到这些类目下的商品卖得火热，究其根本原因，是因为这些商品的人群基数大、推广资源量大，甚至回购率高。
2. 推广资源量比较少的类目：OTC 药品/医疗器械/计生用品、保健食品/膳食营养补充食品、游戏话费、文化玩乐、生活服务（偏线下，有地域限制）、汽车摩托、农用物资等，不建议选用。

温馨提醒：上述类目是粗略的不完全统计，在天猫商家中心、淘宝卖家中心还有更细致的类目划分，有些商品虽在资源多的一级类目下，但其在所处二级或三级类目匹配的资源却较少，需区别对待。

技术二：基于"流量渠道"选品

什么是"流量渠道"？

你报名参加淘宝的天天特卖活动，买家从天天特卖平台看到你家商品并购买，流量渠道就是天天特卖。

买家在"手机淘宝"App里搜索关键词找到商品并购买，流量渠道就是手淘站内搜索。

买家在"淘宝特价版"App里看到商品并购买，流量渠道就是淘宝特价版。

买家在"手机淘宝"App 首页的"买家秀"里看完一条短视频并进店购买商品，流量渠道就是洋淘买家秀。

买家通过微淘看到商品并购买，流量渠道就是微淘。

买家通过直播间购买商品，流量渠道就是直播。

买家看完你的微信朋友圈信息购买商品，流量渠道就是微信及其朋友圈。

买家在新浪微博里看到商品并购买，流量渠道就是新浪微博。

买家在抖音里面看完短视频，通过商品橱窗购买商品，流量渠道就是抖音。

……

类似的例子非常多。

不同渠道的人群属性不同，比如淘宝的天天特卖，主打优质低价，甚至超低特惠价，面向人群多数对价格比较敏感。9.9 元、19.9 元、低于 19.9 元的商品很好卖，销售 29.9 元、39.9 元、59.9 元的商品就比较吃力了，如果报名一个售价为一两百元甚至几百元的商品，就是典型的选品与流量渠道调性不符，先不说买家会不会购买，系统自动审核或小二人工审核就可能通不过。

技术总结：

要点一、利用数据分析工具摸清投放渠道的人群调性。

要点二、分析拟定投放渠道内以往成功的案例，总结经验。

要点三、挑选符合流量渠道调性和玩法的单品并投放推广。

要点四、一个店里可以布局多个不同商品到多个渠道引流。

实用经验：直接在你想引流的渠道做到三看：一看别的卖家都在卖什么，比如天天特卖、淘抢购；二看卖得好的（销量高）商品是什么；三看卖得好的商品所对应的店铺里，还有哪些卖得好的商品。看得多，选品经验自然就多了。

技术三：基于"销货手段"选品

销货手段也称为卖货手段，与销售场景相关，有三种：一是纯线上，利用互联网技术卖货；二是纯线下，利用人脉、实体店、渠道等卖货；三是线上结合线下，利用互联网技术+线下资源卖货。区别在于是做地域生意，还是做全国，甚至多国生意。

只要有销货手段，从哪里拿货是次要的，可以从网上进货线下卖，也可以线下进货网上卖。

与其他选品技术相比，这种技术的格局和范围更大一些，因为它没有局限于网店，而是销售战场在哪儿，货就指向那儿。

基于销售场景选品的案例非常多，比如：

1．通过直播卖货。网上有很多直播平台，有些可以直接卖货，比如淘宝直播；有些不能直接卖货，但可以用橱窗推荐的形式卖货，比如抖音、百家号。卖家可以专注某一个直播平台，也可以多平台同时经营。

2．通过短视频卖货。当前可以上传短视频的平台非常多，可以在内容里插入商品链接并实现跳转购买的是淘宝短视频；其他平台的操作复杂一些，大多是先上传短视频，通过内容引导用户加微信或关注公众号，然后在微信、公众号或小程序里成交，或跳转到淘宝店成交。

3．通过网店卖货。知名度高的网店如淘宝店、天猫店、阿里巴巴批发店、全球速卖通店、京东店、拼多多店、微店、抖音小店等，可在一个平台开多家店，也可在多个平台开多家店。

4．通过微信卖货。形式多样，比如微信好友一对一卖货；再比如通过腾讯广告将商品推向目标人群的朋友圈，做一个商品展示页，目标人群从展示页下单后，卖家利用货到付款的方式送到买家所在地。

5．通过代理渠道卖货。线上比较成熟且有保障的是1688一件代发、天猫供销平台、成为淘小铺供货商、入驻淘宝特价版等。此外，还有一种模式：你有货或者能拿到出厂一手货源，然后去网上的直播、短视频平台找与商品人群匹配的达人、主播，他们有粉丝，与之合作共赢。有点像传统的线下分级代理，但又不完全是，你的角色是供货商，达人主播是你的代理分销商，达人主播的粉丝是消费者，你学会分钱就行。

6．线上进货线下卖。这种方法有很多优势，比如轻松跳出地域限制，当地没有的品类，外地可能有。从网上进货，商品种类更丰富，即使同一种商品也可以找到更质优价廉的。

小结：

不懂运营的人普遍以为"流量运营"重要，认为没有流量就没有销量，再好的货也白搭。事实上，懂运营的人却一致认为"货品"更重要。

如果你手上有货，请将主要精力放在两个方面：一是研究目标人群、目标购买力决策人群，分析如何用商品匹配其需求或刺激需求，打造"攻心"详情，提升转化率和客单价；二是想办法拓宽流量渠道，获取更多访客。还没确定卖什么的卖家，建议结合本书介绍的选品技术，选出适合自己或适合团队运营的商品。

14.4 实现月入10万元的小目标需要哪些"技术"(场)

卖货的团队有了，商品也有了，接下来还差买货的人，那么如何让买家来购买商品呢？一种做法是把商品拿到潜在买家聚集地；另一种做法是固定"摊位"，把潜在买家吸引到摊位。这两种做法所对应的消费场景简称"场"，站在买方角度，消费场景就是能买到东西的地方；站在卖方角度，消费场景则是能铺货销售的地方。

如果想做大生意，就要找到尽量多的销售场景，并在每一处场景中让自己脱颖而出。比如前文讲"基于销货手段选品"时列举了六种销售场景：直播卖货、短视频卖货、网店卖货、微信卖货、代理渠道卖货、线上进货线下卖。当然，除了这六种，还有很多其他销售场景，比如自媒体自运营销货、自媒体合作销货、自建平台销货（网站、App、小程序）等。精力有限的话，先专注做一种场景，然后慢慢扩大；有能力的团队，可以一次布局多种场景。

前文提到过电商运营所需技术，分别是视觉呈现技术、引流技术、店铺日常运营技术、售前售中售后的沟通技术、包装/快递物流配送技术、买家/粉丝管理技术。本书除了图片拍摄后期处理、短视频拍摄剪辑所对应的视觉呈现技术没深度讲解，其他几种技术都在不同章节讲过了。

学会某种技术不是最终目的，将学会的技术应用到自己网店并产生实际效果才是关键。既然定了月入10万元的小目标，如何才能实现呢？

万事（卖货的人和货）俱备，只欠东风（买货的人），这波"东风"用网店术语称作"流量"，也就是真实进店的买家数。那么想尽办法提升流量（进店买家数）+ 让进店的买家购买 + 提高买家的客单价，就能越快完成小目标！

建议从以下五步着手：

第一步：确定主战场

主战场可以理解成店铺类型，比如阿里巴巴集团旗下就分了五种店铺类型（阿里巴巴店、淘宝店、天猫店、全球速卖通店、淘小铺）；也可以理解成卖货模式，比如前文13.1节中梳理的五种卖货模式（自建不开放的卖货平台、自建开放的卖货平台、在知名平台开店卖货、依附社交平台的轻模式卖货、社群模式卖货）。

这一步非常关键，因为它直接决定了后面所有事情的走向和接下来可利用的推广资源量。

比如开一个淘宝个人店卖女装，那么淘内的绝大多数推广资源（如付费的直通车/淘宝客/智钻/超级推荐、免费的微淘/短视频/直播/淘宝群/淘金币等）、活动资源（如天天特卖/淘抢购/淘金币等品牌活动、女装类目活动、全网大促活动等）、营销工具（如单品宝、店铺宝、搭配宝、优惠券、淘宝群、淘金币抵扣、微海报、淘短链、店铺VIP、微淘彩蛋等）都可以使用。

又比如开的是阿里巴巴店，其性质是批发，与淘宝、天猫的零售性质完全不同，推广资源也多集中在阿里巴巴批发网内。

再比如主战场在微信，用社群模式卖货，那么淘内所有的推广资源与你无关、很多自媒体推广资源也与你无关，你只能基于微信，利用腾讯系的资源卖货。

第二步：立足主战场，做流量布局，多渠道提升进店买家数

流量布局的目的：一是增加流量来源，毕竟真实有效的流量越大，销量提升的概率才会越高；二是增强店铺的抗冲击能力，不要把自己店铺的销量"命脉"交给任何唯一的一个流量渠道。例如，有的淘宝店的流量完全来源于直通车付费流量，只要停止开直通车，流量马上会"腰斩"，甚至近乎为零，团队运营必须重点记住这一点。

强调"立足主战场"做流量布局，是因为主战场不同，推广引流的赛道就不同，赛道不同，可以选用的引流方法也完全不同。

如果团队运营主战场在淘宝，建议"流量运营+活动运营+内容运营"一起上，因为在当前的淘宝生态里，这三者是共荣共存的关系，能从尽量多的淘内公域渠道为你的店铺或商品引流。请把第12章和13章的内容反复学习几遍，操作技术都讲了。

如果主战场在淘宝以外，那又是不同的玩法，请进一步学习笔者的另一本图书《人人都会网店运营：淘宝天猫网店运营一本通》，淘宝、天猫、京东等正规书店有售，搜索书名即可。

另外，确定流量来源的渠道之后，建议进一步做一个引流目的策划。推荐以下两个方案：

1．以提升店铺信誉为主线引流：主要目的为快速提升店铺信誉，盈利为辅。

以"店铺零信誉至一钻的一月打造计划"为例，讲解实战执行步骤。

① 熟知淘宝店铺信誉体系："好评"加一分、"中评"不加分、"差评"扣一分。同一买家一个月内购买不同商品不管发多少好评最多加6分；同一买家14天内同一商品不管买多少只加1分。

② 制订流量获取计划：一钻251个好评，按一单一个好评计算，需要251单。

按类目平均转化率2%算，即100个独立访客成交2个，也就是说，50个独立访客中有1个人购买，成交251个需要251×50=12550个独立访客。

一个月实现上钻，店内准备要用5天，剩下25天做引流、转化、售后等工作，每天需引导进店的买家数为12550/25=502个。

③ 制订推广执行计划：也就是前文提到的流量布局。

④ 制订促销活动计划：快速提升信誉，核心点是引导单个买家多买。单个买家购买件数越多，整体需要的买家数就越少。推荐使用搭配套餐、满就送、满就减、限时打折等促销工具。

五倍速提升店铺信誉的搭配套餐设计案例：为主商品设置一个4~5件商品的搭配套餐，如图14-3所示。关键点：搭配商品价格低但价值大，功能互补，在详情描述中重点突出，引导买家拍下套餐。

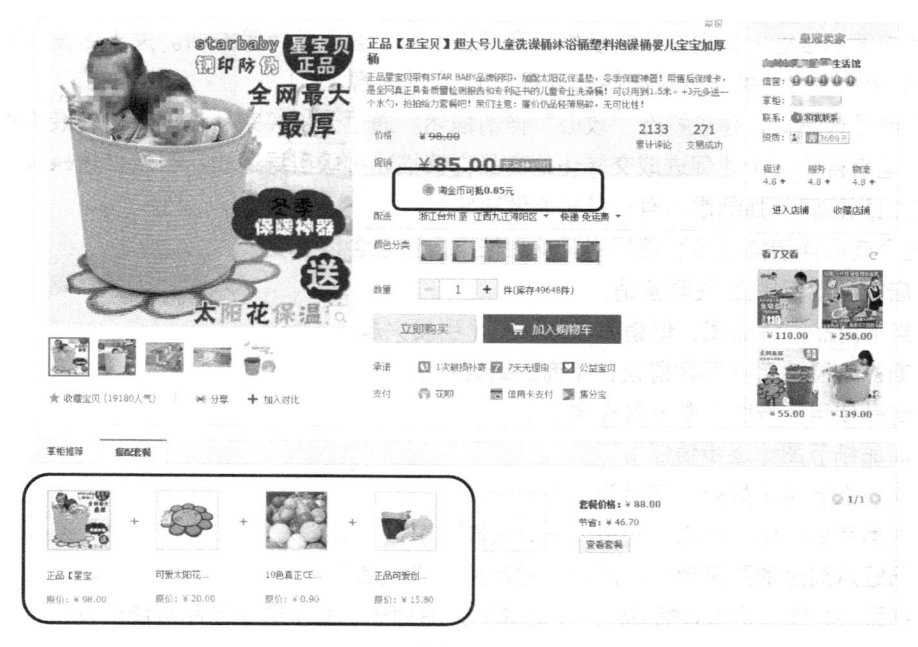

第 14 章　合理分工，小团队也能定一个月入 10 万元的小目标　　297

图 14-3

总结：推广前做好内功，按照优化规则发布商品，按照活动策划装修店铺；推广中制订流量获取计划、推广执行计划、店内促销活动计划，准备客服接待；推广销售后及时发货，售后解答疑惑，收集整理买家数据，维护店铺动态评分、好评率。

以提升信誉为主，可以把思路放在打造店内多款商品的基础销量上，为后续多款商品参加更优更大的推广活动做准备。在付款后的 10 天内，特别是付款后 3~5 天内多做功课，激励买家快速回评打分。关于售后服务相关技术，请继续往后看第 15 章和第 16 章。

细节执行到位，一个健康发展的店铺已初见雏形，一切的前提是商品质量过关。只要细节执行到位，效果会出乎你的预料。

2．以打造爆款为主线引流：主要目的为快速提升商品销量，盈利为主。

核心点：集中流量导入单品，短期大量提高单品销量；通过单品销量，提升店铺信誉；通过单品关联，提高整店其他商品销量；再从关联商品中孕育下一个爆款。

步骤：① 制订流量获取计划；② 制订推广执行计划；③ 制订促销活动计划。具体细节运作流程与"以提升店铺信誉为主线引流"类似，举一反三即可。

不管选哪种方式，希望你根据自己商品的特点，合理规划，灵活变通。

第三步：深度打磨主战场的内部承接能力，最大限度提高转化率店铺内部承接能力体现在店铺装修、商品详情页、客服接待等方面。关于店铺装修，请看第 9 至 11 章的内容；关于客服接待，请看第 15 章的内容。

关于商品详情页，建议打造"攻心"详情描述。通过分析买家从认识商品到最终购买的心理变化，笔者得到一个能促进成交转化的商品详情描述排版引导逻辑：引发兴趣→激发潜在需求→从信任到信赖→强烈想占有→替买家做决定。

在这个商品详情描述排版逻辑中，从上往下应该包含以下要素：

* 1．店内活动促销图/关联营销；
 2．当下商品的焦点图、促销图、整体图（引发兴趣）；
* 3．商品定位的目标顾客群设计（商品给谁用）；
 4．商品使用场景图（激发潜在需求）；
* 5．商品细节图（逐步信任）；
* 6．为什么要买（好处、痛点设计）；
 7．同类商品对比（不比不知道，一比知高下）；
 8．已经购买过的买家评价，消除反对意见（产生信任）；
 9．商品的非使用价值，情感注入（比如送人有面子、有了这个商品可能会发生哪些有趣的故事）；
 10．拥有后的感觉，激发身临其境的想象空间（给买家一个 100%可以购买的理由）；
* 11．给买家一个马上买的理由；
 12．品牌介绍、企业介绍、厂房介绍、仓库介绍、各种证书（实力证明）；
* 13．购物须知（邮费、发货时间、包装、退换货保障、售后"零"风险承诺等）。

不同类型的商品描述侧重点都有所不同，建议加*为必选项，其余为可选项，结合你的商品特点，做出高转化率的商品详情描述页。

从零到最终完成，需要收集素材、挖掘卖点、策划文案、利用图片处理软件排版作图、编辑发布商品。关于"攻心"详情描述页打造涉及的图片处理技术请继续学习笔者的另一本图书《Photoshop 淘宝天猫网店美工一本通：宝贝+装修+活动图片处理》。

第四步：使用关联营销技术，提高客单价

店内关联营销对提升买家访问深度和客单价有着重要作用，在实际操作中有各类疑问，比如：关联商品是越多越好吗？关联推荐会引起降权吗？创建制作关联简单吗？怎么关联才能达到最佳效果呢？针对这些疑问，笔者从以下四个维度给出解决方案：

1．正确的关联形式和选品方法。

不管卖什么商品，应该找对关联形式和选品方法，推荐以下四种关联形式和选品方法：

关联形式①：同类推荐。

第 14 章 合理分工，小团队也能定一个月入 10 万元的小目标

功能相同，案例：无袖羊毛背心—无袖羊毛背心；纯棉长袖衬衫—纯棉长袖衬衫。

属性相同或相近，案例：红色米奇拎包—红色拎包；1.2 米咖啡色办公桌—1.2 米褐色办公桌。

价格相当，案例：39 元的打底裤—20 元~50 元的打底裤；128 元的洁面乳—100 元~150 元的洁面乳；380 元的羽绒服—300 元~500 元的羽绒服。

关联形式②：搭配套餐。

功能互补，案例：毛衣—围巾—帽子；文胸—文胸洗护袋—收纳盒；手机—充电宝—保护壳/套。

价格刺激，案例：搭配购买，打 8 折；任选 2 件，减 8 元；购买套餐，包邮送礼。

关联形式③：好评推荐/热销推荐，有助于消除疑虑、转移注意力、取长补短。

功能相同或者互补。

有销量支撑，案例：销量低的商品—销量高的商品。

有好评支撑，案例：评价少的商品—评价多的商品；评分低的商品—评分高的商品。

关联形式④：情感嫁接。

情感联系，案例：大家电—送父母取暖器、净水器；母婴—多功能上衣、宝宝纸尿裤；首饰—送老婆、送母亲。

行业特性，案例：有主有次。

价格水平，案例：价格较高的商品—价格偏低的商品。

2．哪些位置可以关联。

店内可关联的主要位置包含网店首页、商品详情描述页、分类页、自定义页面、活动页等。当引流推广以单品为主时，单品详情描述中的关联引导入口更为重要。建议根据以下方案添加关联形式：

- 店招导航：考虑全店布局，根据店铺各时期的促销活动安排，不定期更换。
- 第三方插件区：推荐"关联形式②：搭配套餐"。
- 左侧导航：推荐"关联形式③：好评推荐/热销推荐"。
- 商品详情描述正文上方：推荐"关联形式①：同类推荐"。
- 在描述内容中适当添加：根据当前商品特点，关联互补类效果最好。
- 在商品详情描述正文下方：推荐"关联形式④：情感嫁接"。

3．选择适当的关联商品数量。

淘宝官方比较注重用户体验，因此会对商品详情页过于累赘、介绍与当前商品无关信息太多的商品进行降权处理。降权条件：在商品描述上方介绍太多无关信息，在商品描述下方介绍不影响；推荐商品过多或者占用页面高度太大。

在详情页描述内建议关联的商品数量：

◆ 搭配套餐形式：2~4个，3个最佳。
◆ 其他关联形式：6~12个，8、9个最佳。
◆ 放在商品描述下方：20个以内。

4．如何使关联商品的展示效果最好。

要使效果最好，建议遵循"针对性展示、精准关联"原则。也就是说，对不同商品做不同的关联展示模板。

最好的展示效果：以单品为单位制作关联模板。比如当前主商品为A时，专门针对A制作关联模板；当前主商品为B时，专门针对B制作关联模板，以此类推。

一般的效果展示：以类目/属性为单位制作关联模板。比如类目A中包含商品a、b、c、d、e，制作一个类目A的通用关联模板，展示到商品a、b、c、d、e所有详情中。

无效展示：全店所有商品无区分，只做一个关联模板。这种做法没考虑个体差异，推荐商品可能都与关注每个单品的买家需求有出入，最终展示效果不理想。

关联营销的流程：分析每一个单品卖点 → 找准该商品适合的关联推荐形式（同类推荐、搭配套餐、好评推荐、热销推荐、情感嫁接）→ 制作关联模板 → 添加到商品描述页面并发布。

第五步：将成功经验快速复制到更多单品上

对于小目标的执行，只要成功一次，就可以再成功10次、20次……因此，请学会将成功经验快速复制。

14.5 复制模式，布局店铺矩阵，迅速做大

开网店一定要有野心，要么为"利"（金钱），要么为"名"（知名度），这样才能有源源不断的动力去解决困难，完成挑战。

不管是以"卖货赚快钱"的思维运营，还是以"打造品牌知名度、忠诚度"的思维运营，建议先开一个网店，集中力量把一个或几个商品打造成为爆款，通过关联销售、店内活动、促销等手段辐射全店，拉升店内其他商品的畅销率。接着布局好商品规划，把握营销节奏，根据

商品的生命周期和市场环境及顾客需求的变化，在全年不同时期打造出不同的爆款群。

14.5.1 提高动销率，实现全店爆款的运营技术

站在买家角度看，爆款是那些供不应求、销量很高、人气很高的商品。站在淘宝卖家、网店运营人员角度看，爆款却是一次次精心策划活动的战利品。爆款可以获得好的自然搜索排名，能为店铺带来大量优质、高转化的精准用户群流量；爆款能够提高店铺销售额，可以带动店内其他商品销售。爆款确实诱人，是所有卖家都想要的，但大多数店铺的现状要么是几天都没生意，要么是一天卖几件商品，一个月卖几十件。那些月销几千件、上万件，甚至几十万件商品的店铺是如何做到的呢？

爆款的诞生不是偶然，一定是经过全面准备、科学规划，再加上强有力的执行成就的。

爆款的全新释义

极少卖家会真正停下来静心思考自己的店铺将如何发展，店铺要做大做强，必须先搞清楚目标和策略。做爆款也一样，只为爆款而做爆款，不考虑全店布局和长久发展，最终一定摆脱不了"昙花一现"的命运。

爆款的战略意义在于合理规划、制定目标。

如果你的店铺有一两个爆款，月销10万元，再多几个爆款引爆全店，那你店铺可能达到月销100万元；再进一步，每月都能持续不断地推出新的爆款，做得比较好的话，你的店就会成为月销1000万元的超级大店。在店铺运营过程中，爆款本身就是一种战略，很多超级大店也是这样成长起来的。中小卖家成长的捷径就是持续不断地做爆款，爆款的数量越多，爆款的销量越大，整店规模就越大，最终就能成为别人羡慕的超级大店。

电子商务的魅力在于每天都能让我们看到新的神话诞生。对于大多数中小卖家来说，第一步就是成功做好第一个爆款。

成功的爆款，除了可以提升店铺流量、整店销量、整店转化率，还能提升店铺的回头客比例和忠诚度，这些对中小卖家都特别重要，这也是爆款的战术意义。

我们把商品"从拍照、编辑、发布、上架，到销售、热卖，再到售罄、下架、退市"这样一整个时间段叫作爆款的生命周期。按照卖家的一贯做法，将其分为选品期、孕育期、成长期、成熟期、衰退期、下架退市。

按照商品属性不同，又分为应季爆款生命周期和非应季爆款生命周期。其中，应季爆款商品的生命周期相对较短，大概三个月左右。非应季爆款商品的生命周期比较长，可贯穿全年，直至商品更新换代。只有掌握了爆款的生命周期，才能针对性地、科学有效地制作打造爆款的

操作计划表。

对于应季爆款商品和非应季爆款商品的生命周期，我们该如何来确定呢？

应季（季节性）爆款商品的生命周期确定原则：在开始前1~2个月左右准备。

非应季爆款商品的生命周期（可贯穿全年）确定原则：只要准备好就马上推广。

事实上，很多商品在孕育期就夭折了，或者销量一直不温不火，还有的快速进入成熟期但也很快地衰退，不能很好地给店铺带来回报。

那么如何打造完整的爆款？如何让爆款的价值最大化呢？

不管卖什么商品，都需思考6个环节：买什么→如何爆→在哪儿爆→为什么爆→爆了之后怎么办→接下来是否还要爆。让整个流程形成一套完整的营销闭环，包括活动前的选品测试、备货及上架相关、SKU方案设计、渠道调研等；活动中明确人员权责、统计数据、优化推广及服务监控；活动后进行售后的跟踪、投诉分析、纠纷处理以及后续的延伸服务等。

单品爆款的运营技术

理解了爆款的意义，知道了爆款的生命周期，接下来就是制订爆款打造计划和落地执行，有的店铺能持续不断地推出新的爆款，而有的店铺只是偶尔出现一款爆款，或者说一年到头都没有成功打造出一款爆款，除了方法，更多是执行。打造爆款主要分为以下三个阶段。

第一阶段：推广前准备，如图14-4所示，含选品、备货、编辑上架、渠道调研。

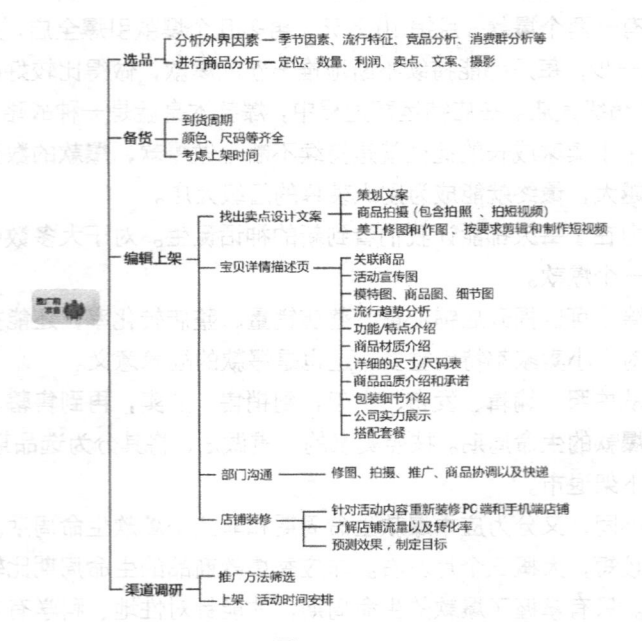

图14-4

第 14 章 合理分工，小团队也能定一个月入 10 万元的小目标

第二阶段：推广中执行，如图 14-5 所示，含人员分工、各自权利责任、数据统计、优化推广计划、服务监控。一旦开始运营，需各部门配合，各细节落地到专人负责。

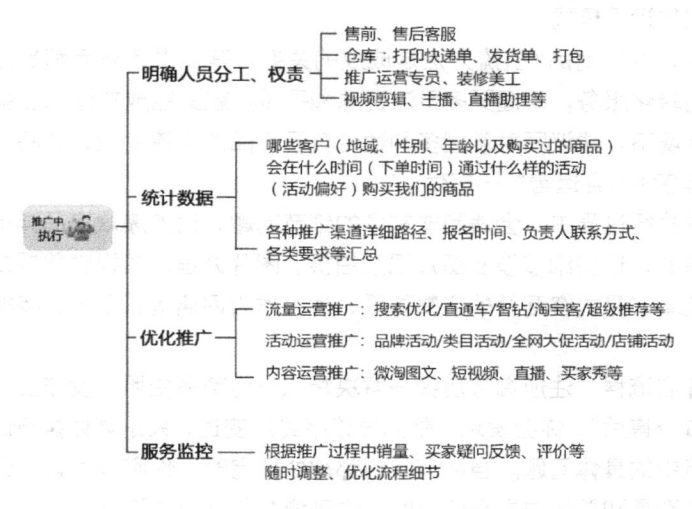

```
推广中执行
├─ 明确人员分工、权责 ─┬─ 售前、售后客服
│                      ├─ 仓库：打印快递单、发货单、打包
│                      ├─ 推广运营专员、装修美工
│                      └─ 视频剪辑、主播、直播助理等
├─ 统计数据 ─┬─ 哪些客户（地域、性别、年龄以及购买过的商品）
│            │  会在什么时间（下单时间）通过什么样的活动
│            │  （活动偏好）购买我们的商品
│            └─ 各种推广渠道详细路径、报名时间、负责人联系方式、
│               各类要求等汇总
├─ 优化推广 ─┬─ 流量运营推广：搜索优化/直通车/智钻/淘宝客/超级推荐等
│            ├─ 活动运营推广：品牌活动/类目活动/全网大促活动/店铺活动
│            └─ 内容运营推广：微淘图文、短视频、直播、买家秀等
└─ 服务监控 ─── 根据推广过程中销量、买家疑问反馈、评价等
                随时调整、优化流程细节
```

图 14-5

第三阶段：推广后分析，如图 14-6 所示，含售后跟踪、投诉分析、纠纷处理，数据收集整理、老顾客二次开发。很多店铺在售前、售后准备不充分，导致后续中差评一大堆、各种投诉维权、店铺动态评分全线"飘绿"等，一次活动结束，店铺"内伤"严重，很久都恢复不过来。

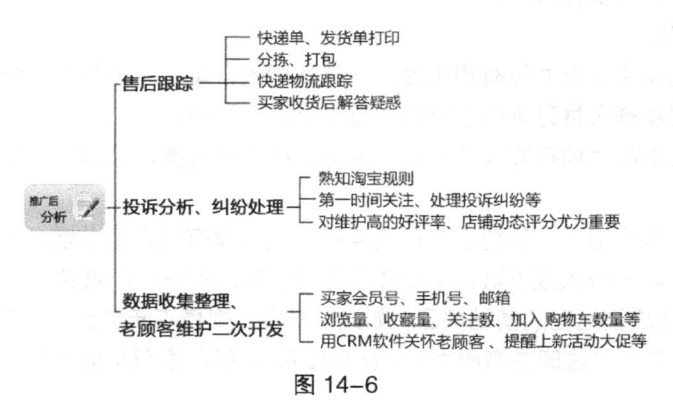

```
推广后分析
├─ 售后跟踪 ─┬─ 快递单、发货单打印
│            ├─ 分拣、打包
│            ├─ 快递物流跟踪
│            └─ 买家收货后解答疑惑
├─ 投诉分析、纠纷处理 ─┬─ 熟知淘宝规则
│                      ├─ 第一时间关注、处理投诉纠纷等
│                      └─ 对维护高的好评率、店铺动态评分尤为重要
└─ 数据收集整理、 ─┬─ 买家会员号、手机号、邮箱
   老顾客维护二次开发 ├─ 浏览量、收藏量、关注数、加入购物车数量等
                      └─ 用CRM软件关怀老顾客、提醒上新活动大促等
```

图 14-6

打造爆款的一整套流程，考验一个店铺的综合解决问题能力，只有成功做好第一个爆款，才算真正步入经营店铺的正确轨道，才有机会从小卖家成长为中型卖家，再向超级卖家迈进。

全店爆款的运营技术

只要成功做出一个爆款，你对店铺运营会有全新的认识。全店爆款的运营核心技术就是不断复制第一个爆款的运营模式！

在整个流程中，好的商品+引流方法是成败的关键，其他很多环节都是为了更好引流或者引流后得到更高的转化服务，掌握更多引流资源和手段，就更能成功注入流量成就爆款。

在当前电商环境下，建议同时掌握多种适合自己商品的引流手段，并将其用到极致。建议"流量运营+活动运营+内容运营"一起做。

在打造爆款的执行过程中，会遇到非常多的细节问题，比如爆款商品详情页优化、店铺装修、店内关联销售等，这些细节涉及图片视频拍摄、图片处理、短视频剪辑制作等技术。笔者在本书中推荐的几本书是内容互补的完整体系，建议作为网店运营手册，随时翻阅，解决遇到的问题。

再回到淘宝开店流程"注册淘宝店铺→解决货源→为商品拍照→发布上架商品→装修店铺→推广销售→发货→售后"，你会发现，整体思路始终没变过，只是具体执行时将每一个环节展开，解决每个环节中的具体问题。当所有问题都被处理完时，你离成功就不远了。

当然，在爆款数量和总体成交量倍增时，你可能会面临以下问题：

1. 快递爆仓

解决方案：与多家快递公司一起合作，一家快递公司不行，至少可以考虑其他渠道。平时还好，遇到重大活动时，除了选择快递公司，包装也很重要。比如平时盒装的商品，在订单暴增后，可考虑用标准袋装，快递公司最大的卡车装载容量肯定是袋子比盒子多，像双11、双12期间，发袋装更能提升发货效率。

2. 原材料缺货

有时候爆款的横空出世并没有预见性，突然暴增的订单，压力基本上都给了材料商或供应商。在短时间内要凑齐大量订单的原材料，质量容易出问题。

建议：每当推新品之前都要准备一些提前量。比如服装类，可以提前预订一定量的面料。

3. 客服压力

爆款来临，订单在增加，售前、售后的客服人数却没有成正比递增，这样的结果必然导致大量潜在订单流失。客服人数不够，个个疲于应付，售后纠纷在所难免。

"兵多将广"是店铺运营的基础保证。如果订单多，规模不断扩大，就要提前储备人才，或者遇到大促时，有其他方法解决燃眉之急，比如使用AI智能客服机器人阿里店小蜜或者临时外包客服。

4. 资金短缺，无法周转。

建议：走淘宝贷款流程。淘宝非常重视信用体系，你一定不要去炒作信用，像这种关键时候，你店铺信用良好，直接可以凭借订单贷款。

总的来说，不管是打造爆款还是开展其他促销活动，尽量多维度对可能出现的问题进行预判，制定应急方案，出现问题时及时解决。

14.5.2 可被复制的"店群玩法"模式

前文多次提到过"店群玩法"，本节重点推荐三种常用且可操作性强的店铺矩阵玩法。

淘系内，基于相同目标人群，不同类目专营的店铺矩阵

笔者不建议同一个店铺发布解决同一类人群需求的商品跨度太大，为什么呢？

因为需求跨度越大，店铺商品所涉及的行业和类目会越多，比如服装、鞋子、包包在网店里属于三个不同的类目。跨类目经营，一方面对店铺的资质要求更高，有些类目属于专营，一个店只能卖一类商品；另一方面同一个网店，销售的商品多且杂，对整店运营不利。

如果你将一家网店经营得有声有色，完全可以在扩大规模的同时经营多家网店，销售不同类目的商品，以解决同一类人群的不同需求，比如以20~30岁女性为主的群体，店铺矩阵可以是"女装+化妆品+包包+女鞋"。

淘系内，专注一个品类，开多家不同类型的店铺

在淘系内，即使卖相同的商品，淘宝店与天猫店的各方面资源永远是不对等的，在店铺矩阵中包含不同的店铺类型，可以最大化覆盖淘系推广资源。店铺矩阵比如1家天猫店（美妆）+1家淘宝店（美妆）。

有能力的话，店铺矩阵可以是第一和第二种的集合，店铺矩阵比如1家天猫店（美妆）+多家淘宝店（女装、内衣、美妆、家居）。

跨平台，基于相同目标群体或专注一个品类，开多家店铺

比如在淘宝、天猫、全球速卖通、京东、拼多多同时开多家网店，这是很多品牌商品的通用玩法。比如小米手机，在天猫、京东、拼多多、小米商城都能买到。

请根据自身实际情况，按需选用。

第六篇

服务实战：金杯银杯不如买家口碑

激烈的市场竞争、日新月异的消费需求推动着电商市场不断发展和变化，现在开网店已不再是简单地卖商品，更多时候是考验卖家的资源整合、运营、服务、发货等综合能力。

金杯银杯不如买家口碑！一个店铺的综合运营能力、服务能力、发货能力完全可以从店内动态评分、好评率、销量、退款退货率等维度体现出来。所以，作为负责人，你应该学会并熟记各种售后维护手段，打造良性健康发展的店铺。

不管是单兵作战，还是团队作战，为买家提供有"温度"的服务非常有必要。此外，还要善于发现自身短板，并善用小技巧将之补齐。

第 15 章
为买家提供有"温度"的服务

做企业不是打仗,不要持有"跟谁比、超越谁"的想法,做好客户服务才是做企业的关键,更是企业生存的真谛。以前电商拼的是流量,现在拼的是服务、细节、执行力。销售能力、服务能力、发货能力一个也不能少。

前文介绍了"巧妙提高发货能力,提升卖家满意度和店铺竞争力"的技巧,本章继续立足淘宝店,从五个维度分享提升服务能力的实用技巧,以及如何处理纠纷、投诉、侵权等问题。

15.1 巧妙处理退换货、退款问题

开网店,你会遇到各种各样的买家,大部分友好的买家会让你对网店事业充满信心,但总有那么一小部分买家造成的退货退款、退款不退货、换货等问题可能会让你头痛。接下来,笔者通过"4问4答"的形式帮助你快速解决此类问题。

问:买家已经付款但未发货,买家申请退款怎么办?

答:在淘宝规则中,从已付款到交易完成期间,买家都可以申请退款。如果订单状态为"买家已付款,等待卖家发货"时买家申请了退款,建议先用旺旺联系买家,问清楚退款原因,如果经双方沟通后买家表示愿意继续完成交易,那么卖家单击"发货"按钮,正确填写快递单号后,退款申请会自动关闭;如果沟通后买家坚持退款,那么卖家单击"同意退款"即可,钱退给买家,卖家没有发货,双方都没有损失。

问:商品已经发货,在运送途中,买家申请退款怎么办?

答:商品在运送途中,如果卖家处理不当,可能导致钱货两空。有两种处理方案:第一种,

收到退款申请后，看清楚退款类型，尽快用旺旺或电话联系买家，问清楚退款原因，沟通后买家不退款了，让买家取消退款申请。第二种如果沟通后，买家坚持退款，随后用电话联系快递公司问清楚能否召回，如果能召回，退回来签收后同意退款；不能召回，请告知买家已经无法召回，并与之沟通，要么拒收后退回，要么先签收，确认不满意后，再重新提交"已收到货，退货退款"申请。

问：买家收到商品后申请退款怎么办？

答：如果商品支持7天无理由退货服务，买家收到货后申请无理由退货，卖家同意即可。不过，还是建议与买家沟通退款原因，能协商处理的话，最好不退款退货。如果是其他原因申请退款，切记先弄清楚原因，再酌情处理。

问：买家收到货后，尺码、颜色等不合适，想换货怎么办？

答：淘宝网很多类目的订单中是没有换货申请入口的。建议换货流程：卖家用旺旺告知买家换货的收件地址、联系人、联系电话，并提醒买家单独一张小纸条写上买家付款的会员ID、订单号、换货原因、换货要求等内容，用快递发给卖家；卖家收到货后，根据换货要求重新寄给买家，买家收到后继续完成交易。至于运费问题，协商解决。

建议卖家一定要保管好换货凭证和换货的快递单，避免有的买家要赖，导致钱货两空。

小结：

关于退换货、退款问题，逻辑是"买家发起申请，卖家处理"，建议卖家收到买家申请后，一定要先看清楚退款类型，及时与买家沟通，比较忌讳拖延、推卸责任、不闻不问、对买家言语讥讽、态度傲慢，消极对待极有可能演变成纠纷退款，对店铺权重不利。

当然，只要积极处理，方法得当，遇到的是买家的正常诉求，这些都是小问题，解决好就行了。如果遇到无理取闹、敲诈勒索的买家，也不要一味妥协，可以申请淘宝小二介入处理。

15.2 快递货物破损/少件/空包类问题处理技巧

问：买家发起退款申请说没收到货物，而实际上物流跟踪记录显示已签收，卖家要提供什么凭证拒绝退款申请呢？

答：建议卖家第一时间通过物流跟踪记录核实货物是买家本人签收，并提供签收底单（向快递公司索要，由快递公司提供），需注意"收件人签名"栏的签字与"收件人姓名"要相同。

如果通过物流跟踪记录核实商品非买家本人签收，卖家需提供授权第三方签收物流书面红章证明（由快递公司提供），如图15-1所示。

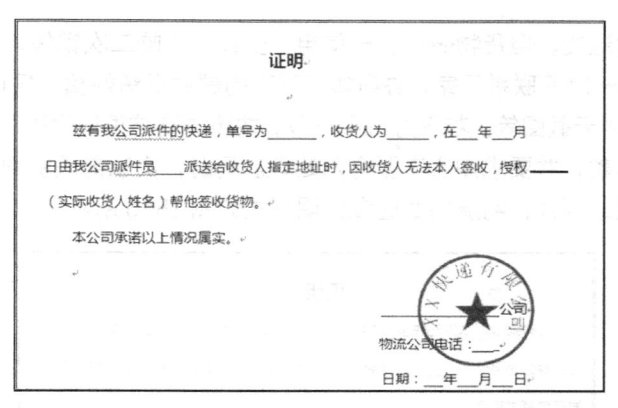

图 15-1

问：买家表示收到货物破损/少件/空包裹，要求退货退款或者补发，怎么办？

答：卖家可以这样操作：联系买家提供开箱视频或开箱照片，确认货物签收前的情况；如果确实是买家签收，又有开箱视频或照片，可以同意退款或补发，然后联系物流公司协商索赔。

温馨提醒：如果买家无正当理由拒绝签收货物，运费由买家承担；如果买家因为货物问题或者卖家承诺未履行等原因拒绝签收，导致货物退回的情况，买家在申请退货退款后，交易按退款处理，运费由卖家承担。

问：买家无理由拒收，卖家需要提供什么凭证拒绝退货退款呢？

答：卖家需提供物流书面红章证明（由物流公司出具），证明内容需满足以下要求：包含参考凭证里的全部内容；证明右下角要填写完整的派件物流公司名称，并加盖圆形的红色公章（财务章、业务章等无效）。物流书面红章证明如图 15-2 所示。

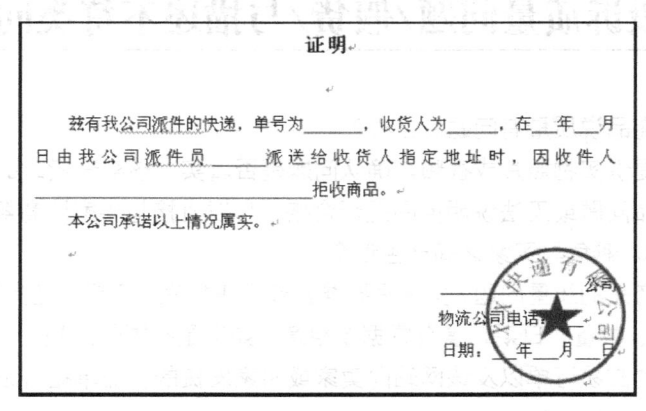

图 15-2

问：收到买家的退货，但货物破损、已使用、少件，影响二次销售，怎么办？

答：建议卖家第一时间联系买家，协商如何解决问题并保留好相关凭证，如旺旺聊天记录、通话录音或微信/QQ 聊天截图等。若双方协商一致，按照协商结果处理即可。若双方无法协商解决，卖家可以拒绝退款，并要求淘宝客服介入处理。同时，卖家需提供物流书面红章证明和货物签收时的开箱视频或照片，物流书面红章证明样式如图 15-3 所示。

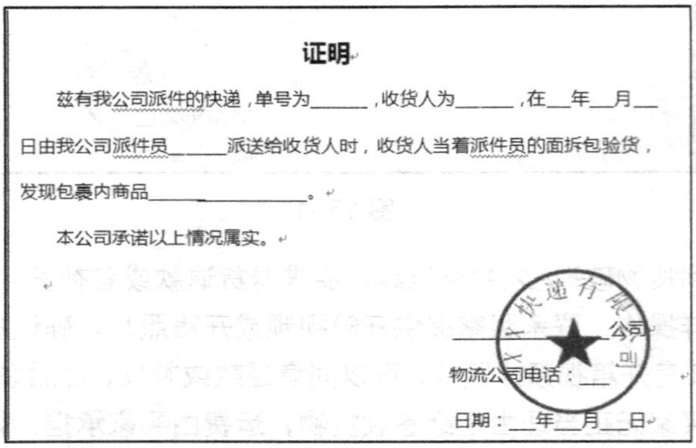
证明

兹有我公司派件的快递，单号为______，收货人为______，在___年___月___日由我公司派件员______派送给收货人时，收货人当着派件员的面拆包验货，发现包裹内商品______________。

本公司承诺以上情况属实。

______公司

物流公司电话：___

日期：___年___月___日

图 15-3

若卖家无法提供有效的物流书面红章证明来证明货物签收时的情况，淘宝小二介入后将无法支持卖家拒绝退款的诉求，会同意买家的退款申请。

15.3 买家投诉质量问题/假货/与描述不符类问题处理技巧

问：买家收到商品说质量有问题怎么办？

答：联系买家提供实物照片或视频，确认问题是否属实；核实进货时的商品是否合格。

如果确认是商品问题或无法说明商品是否合格，可以直接与买家协商解决（如退货退款、部分退款、换货等），避免与买家之间产生误会。

如果确认不是商品的质量问题，卖家需要准备商品正规进货凭证（进货时取得的原始票据，要有商品名称/货号、数量、日期，盖有票据专用章；如果是在国外网站进货或代购的商品，需提供在该网站建立的交易订单以及该网站向卖家或买家发货的物流单据），以便后续淘宝小二介入处理时进行申诉。

如果商品确实存在质量问题，淘宝支持退货退款，来回运费由卖家承担。如果商品没有质量问题，淘宝将会把货款支付给卖家。

问：买家收到商品后说是假货怎么办？

答：核实进货时的供应商是否具备相应正规凭证。如果无法提供相应凭证，建议直接联系买家协商退货退款，避免与买家之间产生误会。

凭证要求：需要正规有效的进货发票，国税发票可以通过国家税务网站查询核实真伪，至于其他凭证，暂时无法通过线上正规流程核实，因此需要卖家配合提供进货发票。若卖家进货时未开具对应发票，可以联系供货商补开发票，并且提供补开发票证明（需要对应实际进货时间，补开发票证明需盖上发票专用章或者公章）。

如果发票中的供货方无法核实与品牌的关联性，还需提供品牌方授权给销售方的授权凭证。

温馨提醒：如果属于假冒商品，淘宝支持退款给买家，淘宝不予处理货物，也就是说，买家可以不退货。如果卖家能提供有效凭证证明商品并非假冒，并且买家无有效举证，交易货款将支付给卖家。

问：买家收到商品后说与描述不符怎么办？

答：建议做以下处理：核实商品描述是否有歧义或让人误解的地方；核实是否发错商品。

如果是描述有误或发错商品，直接与买家协商解决（如退货退款、部分退款、换货等），避免与买家之间产生误会。

凭证要求：如果买家描述的问题无法通过肉眼做出判断（例如材质不符），卖家可以提供厂家的经销凭证、商品合格证、商业发票、检测凭证等材料。

如果买家收到的商品与卖家描述确实不一致，淘宝将支持退货退款，来回运费由卖家承担。

15.4 买家投诉/可疑交易/恶意评价类问题处理技巧

问：商品缺货且已第一时间通知买家发起退款，买家退款后还投诉未按时发货怎么办？

答：如果卖家确实有违规，建议主动赔付商品实际成交金额（不含运费）的5%给买家，最高不超过30元，最低不少于5元，特定类目商品最低不少于1元（除特殊情形外）。卖家主动赔付的，投诉成立后不扣分。未主动赔付，待客服介入后，投诉成立扣3分（属于店铺违规扣分，将影响营销活动），并且会转移对应保证金。

温馨提醒：在投诉处理中卖家可以直接单击"同意赔付"按钮，赔付成功后投诉完结。如果页面没有"同意赔付"按钮，卖家可以通过支付宝给买家打款赔付。流程为：在卖家中心"已卖出的宝贝"中找到该笔订单，单击"详情"，找到买家支付宝账号，单击"付款给买家"，然后把付款成功的截图或交易号上传到投诉页面。

如果投诉类型是"未按约定时间发货",即便卖家主动赔付,次数达到第 3 次或者 3 次的倍数,赔付成功后也会扣 3 分。因此,请在买家付款后,尽量在约定时间内发货,如果确实有难处,应该第一时间与买家沟通,获得理解,避免被投诉。

问:别有用心的买家拍下商品后直接投诉,怎么办?

答:收到买家恶意投诉,卖家可以在投诉页面提供相关凭证证明对方确实是恶意所为,淘宝相关处理部门会根据实际情况核实处理。

> **小贴士**
>
> 淘宝恶意行为投诉中心受理的恶意投诉场景如下,如有更新,请以官方公告为准:
>
> 1. 异常拍下:买家在短时间内拍下大量商品,不以购买为目的,导致卖家库存被占用,商品被拍下架,干扰卖家正常运营。
>
> 2. 异常退款:不以购买为目的,针对多个商家或多笔订单发起收到货仅退款、提供错误退货单等情况的退款。
>
> 3. 异常投诉:不以购买为目的,买家滥用延迟发货规则发起赔付申请等原因的投诉。
>
> 4. 异常评价:利用评价进行要挟或同行攻击、辱骂等行为。

如果卖家的商品(包含不仅限于低价包邮商品、货到付款、赠品)在短时间内被大量拍下且买家做出威胁、敲诈等影响交易的非正常出价行为,可能属于可疑交易,卖家可以通过"可疑交易绿色通道"进行投诉。也就是说,卖家可以反向投诉买家。

处理时间:平台工作人员会在 3 个工作日内核实。如果最终判定属于可疑交易,投诉取消。

如果商品存在以下情形,建议及时调整,避免被买家投诉:卖家将赠品作为促销商品,发布时应选择"其他–赠品"类目,邮费应选择"其他–邮费"类目,避免产生不必要的纠纷;卖家将商品设置成不能单件购买,必须买满多少件才可以享受的价格,比如商品单价设为 0.1 元,但在描述中写明购满 30 件才享受这个价格,不满 30 件按原价(比如 10 元)购买,一旦被投诉,平台会支持投诉方。

建议卖家不要投机取巧,同时请设置合理的邮费,避免因运费过高被投诉。因卖家自身没有规范设置商品信息而导致的损失,由卖家来承担风险。

问:担心中差评、售后纠纷而拒绝发货,被投诉未按时发货怎么办?

答:买家付款后卖家拒绝交易属于违规,如果卖家确有违规,被投诉后请主动赔付商品实际成交金额(不含运费)的 5%给买家,最高不超过 30 元,最低不少于 5 元,特定类目商品最低不少于 1 元(除特殊情形外)。

若卖家主动赔付给买家，投诉成立不扣分。投诉类型是"未按约定时间发货"，即便卖家主动赔付，次数达到第 3 次或者 3 次的倍数，赔付成功后也会扣 3 分。

若卖家未主动赔付，待平台客服介入后，投诉成立且会扣 3 分，并且会转移对应保证金。

问：被买家敲诈怎么办？

答：请先判断遇到的是哪种敲诈场景，保存好与敲诈相关的凭证，在恶意行为投诉中心选择对应场景发起投诉。

1．买家利用中差评要挟敲诈，请投诉至【异常评价】-【利用评价要挟】场景。

2．买家利用发起规则投诉，如泄露信息、骗取保证金赔付等规则场景，请提交至【异常投诉】-【恶意发起规则投诉】场景。

3．买家假借打击假货、出售三无商品、违反《中华人民共和国广告法》或《中华人民共和国食品法》、无营业执照、无中文标签等名义进行敲诈索赔，请通过【举报职业投诉人】场景进行提交举报。

15.5 被投诉、举报、侵权类问题处理技巧

问：被投诉知识产权侵权，该怎么办？

答：如果收到知识产权投诉，请在收到投诉通知的 3 个工作日内，在申诉页面"卖家中心-举报管理-我收到的知识产权投诉"查看具体详情。若核实存在侵权行为，建议删除店铺相关商品，避免被再次投诉。

如果卖家对侵权处罚有异议，也可以申诉。申诉路径：通过"卖家中心-客户服务-投诉管理"进行申诉，投诉方会在 3 个工作日内对申诉进行响应，若投诉方未撤销该投诉，淘宝将会在 3~5 个工作日内根据投诉方的投诉和卖家的申诉凭证判定处理结果。

知识产权侵权投诉，是知识产权所有人或其授权操作投诉的第三方在侵权平台提交的投诉，针对投诉方提交的身份、资质等凭证，处理部门都会严格审核，在身份资质有效通过的情况下才能发起投诉，同时针对审核通过的投诉，侵权部门才会通知卖家进行申诉。

温馨提示：

知识产权所有人与投诉方不一致是有可能的，在一般情况下，投诉方会委托授权给第三方知识产权机构来处理知识产权侵权问题。

申诉页面投诉方联系方式无效并不代表是恶意投诉，投诉方联系方式属于投诉方自愿填写原则，淘宝无法强制要求对方填写有效联系方式。

如果对投诉有异议却又无法联系到投诉方让其撤诉，建议及时提交申诉材料。

问：被举报发布违规商品，该怎么办？

答：请不要着急，如果收到相关商品问题（禁售品、假货等）的举报，无须申诉，淘宝会帮助卖家核实处理。

建议卖家先自查商品，遵守《淘宝规则》，若有不符合规则的商品，及时整改或删除。若商品符合规则，淘宝相关部门会根据实际情况在5个工作日内帮助核实确认。

问：为什么商品被以近似商标侵权处罚了？

答：淘宝系统核实你的商品品牌存在近似商标侵权行为后，该商品会被执行删除处理，该处罚不支持申诉，请立即停止发布该品牌的商品。

温馨提示：

近似商标侵权行为认定理由：品牌权利人的投诉、消费者的举报并结合相关证据材料认定特定品牌存在不当使用他人权利的情况。更多开店疑问处理，请登录淘宝网商家服务中心。

15.6 为买家提供有"温度"的服务，这些客服技巧不能少

当店铺处在不同的发展阶段，对客服人员的需求也不同，但不管处在哪个阶段，不管是人工客服还是AI智能客服，都是店铺中最关键的角色之一。对小卖家而言，要身兼数职，客服工作也自己包了，对大卖家及团队运作的店铺而言，客服是独立的职位且专人负责，有一定规模的店铺甚至配置了专门的客服部门。

客服在现今的电商中不是可有可无的角色，而是一定要有且必须精于业务、销售的角色。据不完全统计，在网店的成交订单中，超过七成的询单转化都是客服的功劳。仅这一项数据就能充分说明，客服不是一项随便的工作，客服接待也不是一个可以放任不管的环节。

做好客服工作的重要性

讲具体的技巧之前，先来看一下绝大多数买家网购的步骤，如图15-4所示。由图可见，在询单环节，客服很关键。

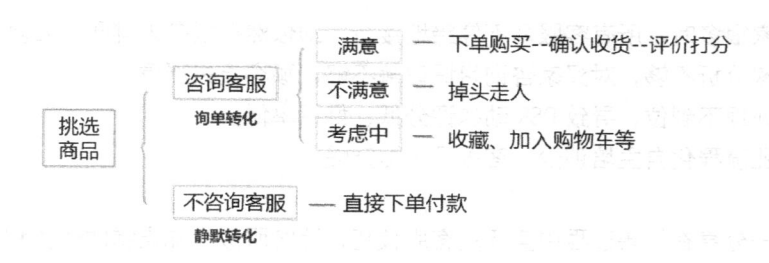

图 15-4

进一步看客服对店内数据指标的影响，如图 15-5 所示。销售额是所有店铺都追求的指标，越高越好，在影响这个指标的关键因素中，除了流量、店内详情优化、装修优化，还有客服。此外，卖家服务态度就是指客服服务态度，直接影响服务环节中的好评率、退款率、动态评分中 Seller 打分。很多时候服务没做好，Detail 与 Rating 也遭牵连被打分低。对于店铺内部，这几组数据都是淘宝多数活动报名直接参考的指标，过低的话，将不能报名参考活动，也会影响后续买家对商品、店铺的信任，最终导致销售额下降。对于店铺外部，这些指标是淘宝搜索优化排序的影响因素，偏低的话，也会直接影响搜索排名。

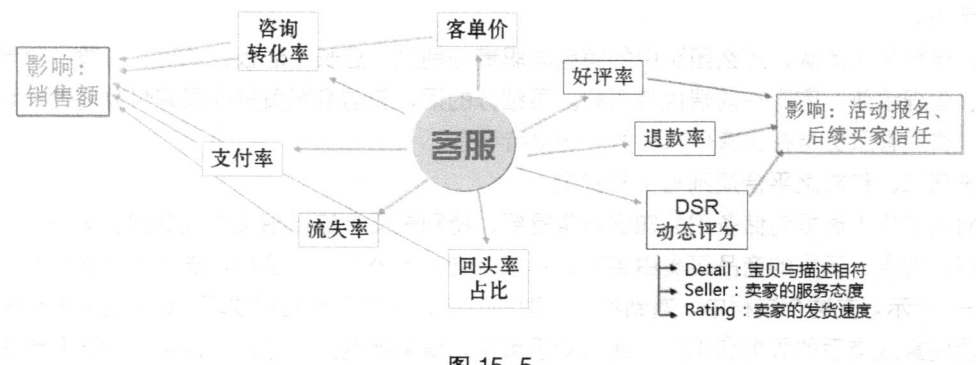

图 15-5

虽然网购卖家与买家远隔千里，但客服能拉近彼此的距离，让买家印象深刻，对商品有好感。可以说，客服是店铺运营环节中最直接的推广人，客服的水平决定了一个店铺的档次与水准。好的客服让买家如沐春风；反之，服务水平一般或者回复词不达意，甚至说话让买家不爽的客服，注定留不住买家的心。有些极端的买家会买下商品后直接给差评、故意打低分、投诉。

很多店铺在销售过程中存在以下问题：

好不容易有买家咨询，因客服沟通不当，导致买家流失。

做促销或活动时流量很大，咨询的买家很多，但最终询单转化率却很低。

咨询的买家很多时，所有客服马不停蹄地接待，却依然有很多人排队等回复。

客服对买家分析不够，对买家咨询习惯理解不够，顾客流失严重。

咨询细节处理不到位，导致DSR动态评分低、好评率低。

团队、企业流程化自主培训少，客服员工提升慢。

……

下文将逐一分享在销售过程中实用的客服技巧，让客服成为你店铺的优势和强项。

15.6.1 自建客服团队+网店老板自己做客服的实用技巧

不管是自建客服团队，还是网店老板自己做客服，以下六个实用客服技巧能帮助你轻松应对接待买家时的相关问题。

技巧一、售前之客服工具使用

身为淘宝、天猫网店的卖家或从业人员，有两个工具是必须学会的：一是沟通必备工具"千牛"，它是阿里巴巴集团出品的卖家一站式工作台，需要非常熟悉其PC版和手机版的各种功能；二是团队运作必不可少的权限管理工具"子账号"，特别是老板、店长、客服主管等人员必须学会其用法。

如果是多人团队，那么团队中的角色与职责分别是：店长（老板、总监、主管）负责分配权限、管理绩效；客服在前端接待买家。再细分的话，售前客服负责在买家付款前的一切接待事宜；售后客服负责在买家付款后的一切接待事宜。

技巧二、售前之平台规则与交易安全

网店工作人员提前储备相关知识非常重要，特别是交易流程相关以及淘宝、天猫规则相关的知识。淘宝、天猫的商品买卖由买家、卖家、支付宝公司三方参与，支付宝担保交易流程如图15-6所示。在这个流程中，遇到不同类型的买家，有不同的应对技巧，请记住：遇到资深买家，请侧重成交后的服务和维护；遇到新手买家，请重视购买前导购和购买后的服务维护；遇到刁难找麻烦的买家，切记先搞清楚问题的原因。

支付宝担保交易流程如下：

买家拍下商品 — 付款到支付宝 — 卖家发货 — 买家确认收货，交易完成 — 评价
创建订单　　　付给支付宝公司　　　　　　　　钱从支付宝公司　　　　　　　互评才累积
　　　　　　　而不是付给卖家　　　　　　　　打款到卖家支付宝　　　　　　店铺信誉

图 15-6

淘宝卖家请关注与消保、交易流程、发布商品、店铺所在行业相关的规则。天猫商家请关注与消保、发货、争议处理、天猫无忧购、特色服务、交易流程、发布商品、店铺所在行业相关的规则。

关于交易安全，我们常说"骗人之心不可有，防人之心不可无"，把防骗、防盗工作做好，以预防为主，出现问题后知道如何解决，知道从哪些途径获取帮助。交易安全涉及两类：账号安全和交易安全。

账号安全：开店涉及的用户名和密码很多，比如最常用的淘宝网会员名/登录密码、支付宝会员名/登录密码/支付密码、网银登录名/密码、邮箱用户名/密码、千牛子账号用户名/密码等。建议将密码设置为安全且容易记忆的，如采用大写英文字母+小写英文字母+数字+特殊符号。当然，有些地方不支持特殊符号或不区分大小写，按实际情况处理，原则是账号安全等级越高越好。工作电脑要安装杀毒软件，经常杀毒、不安装来源不明的软件、不打开有风险的网页等，客服人员需增强账号安全意识培训。

交易安全：不要把银行卡号码、身份证号码、淘宝账号密码、支付宝密码、手机验证码等资料通过QQ、微信、微博等途径告诉陌生人；不要随意扫描陌生二维码；不要轻易相信中奖信息；不要炒作信用；不轻易打开陌生人发送的不明链接及文件等。

技巧三、售前之商品知识储备

商品知识储备分为商品专业知识储备和商品周边知识储备。

商品专业知识储备：买家进店可能会问商品规格（重量、大小、尺码、等级、容量、纯度、长度、商品配置等）、面料材质（成分、配比、特性、颜色、厚薄、柔软度、手感等）、商品包装（外包装、是否礼盒、快递包装等）、功效功能（适宜人群、功能效果、使用方法、安装步骤、注意事项等）。不同类型商品涉及专业知识不同，卖家应该根据自身商品特点储备相关知识。

比如窗帘，其专业参数有很多：

款式：普通打褶、拷扣/穿管帘、穿管帘、窗幔帘、布百页、罗马帘、三角帘、扣波帘、蝴蝶帘、扇百叶、纱百页、气球帘。

适用对象：落地窗、飘窗、平面窗、八角窗、凸窗、拐角窗、弧型窗、窗帘布料、天窗。

原料成分：涤纶、混纺、棉、涤棉、纱、麻、人造纤维、植绒、绸缎、PVC。

功能：装饰+半遮光、装饰+全遮光、遮光、全遮光（90%以上）、透光、半遮光（40~70%）、高遮光（70%~90%）、透光（遮光率1%~40%）、透景。

风格：简约现代、田园、欧式、美式乡村、韩式、地中海、现代中式、北欧/宜家、新古典、日式、东南亚、中国风。

尺码：3米×2.6米、2米×2.6米、5米×2.6米、3米×1.4米、2米×1.4米、5米×1.4米、1米×1.2米、3米×3.2米。

……

如果你家卖窗帘，那么卖的是哪种款式、哪种风格的窗帘？是成品还是半成品？适合哪种窗户类型？哪些是标配？哪些需另外购买？有几种尺寸？提供定制服务的话，是否需要买家提供测量尺寸？买家自助测量注意事项有哪些？这些是买家关心的、需要弄明白并解决的问题，作为客服就更应该搞明白。如图15-7所示为窗帘卖家的某单品专业知识说明要点。

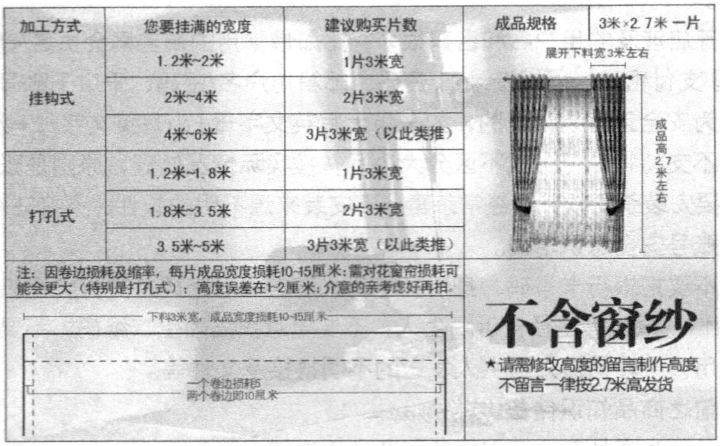

图 15-7

商品周边知识储备：周边知识包含店内所有商品、店内与主商品关联销售的商品、竞争对手商品信息等。

以女性化妆品为例，如果你的店铺卖彩妆，客服除了要对每一款商品的专业知识非常了解，还要对女性面部护肤及彩妆化妆步骤非常了解，你的顾客中肯定有很多是初次接触化妆品或者对化妆步骤一知半解的新手，客服在导购环节就应该专业清晰地给出建议。

比如面部护肤步骤：清晨，洁面→化妆水/柔肤水→眼霜/眼部精华→美容液/精华液→日间乳液/霜→隔离霜→防晒霜。晚间，重点部位卸妆→晚间洁面→化妆水/柔肤水→眼霜/眼部精华→美容液/精华液→乳液→晚霜。

再比如彩妆化妆步骤：化妆水→眼霜→乳液→隔离→BB霜→遮瑕（视情况而定）→散粉→眼影→眼线→睫毛膏→阴影/高光/腮红（视情况而定）→再扫一遍散粉定妆→唇膏→唇蜜。

化妆品类目多以搭配套餐销售为主，你的客服除了扮演销售员角色，还要兼顾化妆顾问的角色，比如当前活动商品为BB霜，店内与BB霜搭配销售商品为隔离霜、腮红、眼线笔，客服应该对这几款商品的专业知识、使用方法、注意事项等了解透彻，以便买家有疑问时快速给出解决建议。

总的来说，对商品知识储备应该以商品为中心，学习（商品专业知识、商品周边知识、网店交易知识）→背诵（自己都不熟悉商品，如何打动买家？如何让买家信任并购买？）→理解（理解透彻，分析透彻，才好灵活运用）→发散（对店内商品精确推荐、关联搭配推荐）。

技巧四、售前之客服接待话术和销售接待技巧

什么是话术？将买家问的频率高的、重复性的问题整理成标准答案，这些"答案"称之为"话术"。

一个买家看到你家商品后想买，买之前有疑问，发起旺旺对话，买家问，你回答，这是一对一沟通场景；10个、100个，甚至1000个买家看到你家商品想买，买之前有疑问，同时发起旺旺对话，买家问，你或者你的客服团队回答，这是一对多沟通场景。

一对一答疑，没毛病，很顺畅！甚至一对三十人也可以！但一百个、一千个买家同时咨询问题，不仅客服们会疲于应对，若设置不当，电脑或手机都可能死机。

根据购物流程及买家询单习惯，售中接待流程分为四步：进店问好后解答疑惑→按需导购处理异议→促成交易核对订单→礼貌告别后准备发货。

第1步：进店问好后解答疑惑。

当买家主动发起旺旺对话，说明对你的商品有购买意向，给买家恰到好处的进店问好，能留下良好的第一印象，也是后续沟通的基础。有时我们的初衷是好的，却在不经意间将买家拒之门外，比如将旺旺签名设置为"不议价，议价请绕行"，买家打开旺旺对话框就看到了，这样会让买家觉得你缺乏人情味，建议不管是旺旺主号还是子账号的签名中都不要设置类似这些不利于询单转化的话术，尽量设置店内的促销活动信息、品牌宣传信息、上新信息等。

当买家问"在吗""你好""在忙吗""想问下"时，客服不要生硬地回复"在""忙""你问"，建议使用"在的呢，有什么可以帮助您的呢？""亲爱的，有什么可以帮您的呢？""亲，我是XX店铺：客服XX，有什么可以为您效劳的呢？"

淘宝搜索排序规则中有一项是旺旺响应时间，时间越短，说明你店铺的服务意识越强，有助于提升搜索排名，建议将旺旺"系统设置-接待设置-自动回复"中"当天第一次收到买家消息时自动回复"勾选并填写相关内容，既有助于提升搜索排名，也能在第一时间回复买家，特别是活动期间咨询量爆棚无法兼顾时。在自动回复中告知店铺关注入口、活动入口、提醒自助购物等都是效果不错的做法，当内容较多时，注意字号大小，尽量不要超屏。

客服也是人，也会临时有事不在电脑边，当忙碌或离开时，建议设置自动回复，告知买家具体原因，建议买家自助购物，或者设置客服转接等。下面介绍一个忙碌或离开状态自动回复的案例。

情景说明：笔者开的是销售开店教学视频课程的淘宝店，完全自助购物，当离开或忙碌时清楚告知买家为什么离开、什么时候回来、怎么做，多数买家不但不会流失，反而更愿意等待或自助选购。

忙碌或离开状态自动回复话术：

亲爱的，木木老师有事不在电脑边，稍后回来，店内所有课程都有货，自动发货，付款后即可学习，建议自助购物。

付款后请从以下入口学习课程：在"我的淘宝-已买到的宝贝"订单右侧单击"开始上课"。

每套课程都有配套练习素材和软件等，请用旺旺对话或订单留言告知邮箱，稍后木木老师为您发送。有其他疑问，请留言，稍后第一时间回复。祝您学习愉快！

再比如实物类卖家设置的自动回复话术：

亲，欢迎光临，客服小微暂时离开去倒杯水，请稍候！本店开春大促，全场五折包邮，满199元送精美礼品，详情地址：http://xxxxx.taobao.com，您可以先挑选看看。

卖不同商品，原因不同，处理方式不同，具体话术也不同，如果你知道这个道理但具体话术还不知道怎么写，笔者推荐一个非常好用的解决办法：比如你是卖女装的，启动浏览器，打开淘宝网首页，在搜索框中输入关键词"女装"，在搜索结果中的所有女装商品都可以打开，然后发起旺旺对话，看看这些店铺是如何回复的，把他们的话术拿过来自己修改使用。为了提高效率，建议筛选天猫店或者销量很大的淘宝店，他们接待买家多，遇到问题多，处理方案更完善。

进店问好阶段，把握几个状态，在线、离开、忙碌，要区别回复；买家通常不喜欢回复太慢，永远是自动回复、傲慢冷漠、不恰当的表情、字体颜色刺眼、喜欢反问等，注意避免。

买家购买前对商品的疑惑主要是库存、发什么快递、什么时候发货、商品专业信息等。如果遇到以下四种买家疑问场景，请根据对应的处理方案解决买家疑问：

场景①　买家问：这款（颜色、尺码）有货吗？

处理方案：如实正面回复。先查库存，再根据查询结果回复：有现货，量多，告知可放心购买；有现货，库存紧张，建议尽快购买；预售款，告知预售量和预售发货时间；缺货，建议选购其他同款。不允许没有查询就直接告诉买家有货。

场景②　买家问：发什么快递？

处理方案：告知自己店铺内合作快递公司是哪些，主动问清楚买家所在省市镇，帮买家查询是否能配送；如果不先查，发货了又不能正常派送，退货补发非常烦琐且耽误时间，届时买家可能会投诉，无形之中增加了售后的人力和物力成本。要求客服对店内快递合作情况、快递公司及其派送范围查询方法非常熟悉。

客服回复案例：亲，我们店合作的快递公司有圆通、申通、韵达、汇通，一般随机选择，需要指定快递请在订单中留言或者直接告诉我帮您备注。

买家又问：这几家都没寄过，不知道能不能派送到？

客服回复案例：亲，您是在哪个省哪个市呢？帮您查一下。我们合作的快递公司全国省、市、镇范围基本都能派送到，乡、村的话只能转邮政 EMS 或邮政小包哦。

场景③ 买家问：什么时候发货？

处理方案：先查清楚买家咨询的商品是否为预售，是否有特殊发货时间说明，查清楚商品关联的运费模板中的发货时间，再如实相告。未按约定时间发货，买家有权发起投诉。

回复案例：亲，你选购的商品有现货，当天 17 点前的付款订单，当天能发出；17 点后的付款订单明天发出哦。

场景④ 买家问：商品专业信息相关问题，如商品成分、面料特性、商品细节等。例如：面料起球吗？会不会缩水？

处理方案：根据商品详情描述如实告诉买家，切勿夸大其词、告知虚假信息。旺旺聊天记录可作为举证凭证。此外，商品也应如实描述，避免售后纠纷。消费者保障服务中最基本的规则就是卖家履行"如实描述"义务，未如实描述，可能会被买家投诉。

处理买家疑问常用接待技巧：使用快捷短语提升回复速度、设置自动回复（自动回复之后尽快联系买家）、巧用旺旺表情，这些都是售前知识中的重点。

第 2 步：按需导购处理异议。

优秀客服不仅能准确发现买家的显性需求，做到精准推荐，还能发现买家的隐性需求，挖掘更多关联销售的潜在机会。要达到这个境界，除了灵活掌握售前知识，还要善于沟通、察言观色。有些买家看完商品详情介绍后，与客服沟通只是确认一些基本信息，比如快递、发货时间等，而有些买家存在选购疑惑，需要客服提供意见。

以服装为例，买家问：这件衣服哪个颜色最好看？或者她适合穿什么颜色？

处理方案：根据买家喜好适当推荐，给出参考意见，不要帮买家做决策，也不要拒绝推荐而让买家自己去选。

衣服颜色推荐处理流程：肤色推荐，偏白、偏黄、偏黑，给出适合颜色推荐；喜好推荐，询问喜欢什么颜色，引导买家挑选自己喜欢的颜色，买家没特别喜欢的，可询问其家里有无适合搭配的服装颜色，根据搭配给出颜色选择建议；引导买家让其亲朋好友给出意见。

以 PVC 自粘墙纸为例，买家问：贴满整个房间，应该买多少？

处理方案：精准告知墙纸尺寸，教会买家正确测量方法，最后应该怎么下单。专业性的问题一定给出专业解答，不然买回去多了少了，买家都会把账算在卖家头上。

买家有疑问时，尽量做到七分听，三分问，搞清楚买家需求，再合理推荐，不要盲目推荐。提问时建议多采用"封闭式"问题，让买家直接给答案，比如："给您发圆通快递好吗？""给您加厚保暖款好吗？""这件 T 恤搭配这种款式的牛仔裤很好看，您也来一条吧？"反之，"开放式"问题容易被动，不利于促进销售，还容易给自己带来新的困扰，比如："您希望发哪家快递呢？""您还想买些什么？"

当买家讨价还价或有特殊需求时，应及时回应，做好备注，以免遗漏带来后续售后问题。

沟通是一门艺术，客服接待时要掌握技巧、用语规范、态度亲切、解释得体。

第 3 步：促成交易核对订单。

买家既然问了，说明对商品感兴趣，客服要做的就是尽量促成交易。为了顺利做成交易，应该从以下三个方面着手。

第一方面：了解买家基本信息。在客服工作台聊天窗口的"客户基本信息"中可以快速查看买家的注册时间、购物经历、收到/发出好评率、是否有店铺、在我们店内是否购买过商品等，通过这些信息可大致判断买家以往成交习惯。

第二方面：了解买家心理。希望得到优惠、担心吃亏、想了解更多细节等，都是买家下单购买前的一些心理活动，线上旺旺聊天对话只能用文字，无法看到买家表情、肢体语言等，所以需要通过文字去判断买家的心理需求。希望得到优惠的，店内有促销活动应如实相告；担心吃亏的，让买家更进一步了解商品品质、优势、售后承诺保障等，打消其疑虑；只是想了解更多细节的，可以提醒其收藏店铺、收藏商品、关注微博/微信等。

第三方面：了解买家潜台词。先看一组例子：

"我再看看有什么可以一起买的。"→潜台词："反正包邮，多买点；多买应该可以打折或包邮吧？"

"这款我已经有好几件了。"→潜台词："知道这款适合我，但这次想尝试不同风格。"

"好的，谢谢，我再看一下，再联系。"→潜台词："在别家看到同样的，比你家价格便宜。"

很多时候，看懂买家言外之意，对促成交易非常重要，想掌握这方面的技术，要靠平时积累，见得多，处理起来自然得心应手。建议接待买家时多将心比心，站在买家角度考虑问题。

当买家拍下商品并付款后，客服一定要记得最重要的一件事：核对订单，减少差错率。核对的主要内容包括：收货地址、电话、收件人，有特殊需求时备注是否正确、发哪家快递、什么时间发出，订单内商品的颜色、尺码、规格、件数等，确认双方理解是否一致。有出入的地方，及时修改，避免带来售后问题。

第 4 步：礼貌告别，准备发货。

告别即暗示一件事情结束。已经成交的买家，可提醒其耐心等待快递派送，有什么疑问随时联系；没购买的买家，可告知其店内促销信息、上新商品、收藏/关注店铺后送优惠券，加旺旺好友，邀请其加入店铺微信群、QQ群、旺旺群、淘宝群等，给买家留一个下次能轻松找到你的店铺的入口。

主动咨询过的多是潜在买家，多争取，尽量下次成交。只拍下商品但没付款的买家，72 小时内可付款，把握时机，及时催付。

第 15 章 为买家提供有"温度"的服务

技巧五、售后之查单查件与退换货处理

售前细节处理不到位，容易产生各类售后问题，常规问题处理不及时，容易演变成纠纷问题，后续中差评、纠纷退货退款、动态评分低等问题接踵而至。

那么解决问题，关键在于沟通，让买家满意了，既可以避免坏口碑流传，还能提升买家忠诚度，留下好印象。

在淘宝网店的订单交易流程中，只要买家没评价打分，就不算交易结束。对于正常交易订单，售后主要是查单、评价及评价解释。

当买家要求查询快递情况时，应及时查询后如实相告，不要不查就随便找个理由搪塞，或说了去查结果没有后话，让买家干等。物流派送有异常的，要及时处理，该怎么办就怎么办。沟通问题时，请注意语气、态度，多站在买家角度思考，尽量做到热情、耐心，有些情况需要买家配合提供证据、资料的，比如拍照，建议态度诚恳并说明理由，这样买家的配合度更高。

淘宝卖家服务市场有一些短信关怀软件，可在订单不同节点发短信提醒，如催付提醒、发货提醒、发货延迟提醒、到货提醒、签收提醒、确认收货提醒、催评提醒、好评感谢等，建议按需订购使用。

技巧六、售后之买家中差评与纠纷处理

收到中差评时，请在 30 天内与买家友好协商，共同解决遇到的问题和困难，买家有一次机会将中差评改为好评或删除差评。一旦超过 30 天自助修改期，将无法修改。除非恶意评价，否则没有无缘无故的中差评，如果与买家沟通不成，记得利用"评价解释"，解释给后面的买家看，让他们大致知道原因、我们处理问题的态度等。

注意：卖家在评价或者评价解释中，不能泄露买家的个人信息（如姓名、收货地址、联系电话等），违反《淘宝规则》泄露他人信息的行为，淘宝会对会员所泄露的他人隐私资料的信息进行删除，每次扣 6 分。如果怀疑评价存在恶意情况，可以发起恶意评价的投诉。

买家在交易中可对卖家承诺的没做到、拒绝使用信用卡付款、未按约定时间发货、未按成交价格进行交易、违反支付宝交易流程、恶意骚扰六种行为发起投诉，一旦有投诉、投诉成立、投诉多，卖家承担后果将是店铺扣分、被屏蔽降权、限制发布商品、限制参加淘宝官方营销活动、搜索排名屏蔽降权等。作为客服，除了必须熟知与卖家相关的规则，更应该对买家权利义务有所了解，比如淘宝争议处理规则，做到遇事处变不惊，条理清晰，有理有据。

交易出现纠纷，无非三类：商品纠纷、物流快递纠纷、服务态度纠纷。

商品纠纷多数是关于商品质量、真伪、规格等与买家想象不符。遇到这类问题，应该先分析原因：是不是商品质量不过关？买家对商品有误解？买家使用方式对不对？是不是买家对商品期望值过高？商品描述夸大？售前客服夸大信息？

如何处理：可让买家提供图片、视频等证明情况属实，予以退换或退款；向买家解释商品

使用说明；查询售前客服聊天记录，属于客服失误的，应诚恳道歉并补寄或退换补偿。发现问题后及时处理并做好备案，规范化制定预防措施。比如严格控制商品质量、避免商品描述夸大宣传，禁止客服售前夸大承诺，预先强调容易产生误会或分歧的地方等。

物流快递纠纷多发生在配送时效、快递费用、派件员服务上。应该遵循"分析原因→处理问题→制定预防措施"的原则。

快递费用问题是可以精确处理的，比如卖家包邮或者买家承担运费，7天无理由退货承诺的运费承担界定等，是多少就多少，提前告知，售后有运费疑问的话直接按事先预定的办。

对于快递配送时效，建议事先在商品详情介绍中说明，买家事先知道后心里有底，后续即使送达延期也能理解。比如韵达快递配送全国一线城市1~3天，二三线城市3~5天，地级市、镇3~7天，特殊情况如双11/双12大促期间订单暴增，以及特大暴雨、下雪、道路结冰、泥石流等自然灾害顺延。

快递公司属于第三方，很多快递公司的全国网点是加盟模式，不同网点的派件员素质高低不同，难免会遇到服务欠佳的时候。当买家反映这类问题时，应以安抚为主，晓之以理，同时在必要情况下应及时投诉到快递公司上级部门，督促其提升服务水平。

服务态度纠纷通常发生在售中/售后客服、派送快递员身上。对于派送快递员服务态度，只能向其上级部门反馈，由快递公司、卖家、买家三方共建；客服服务态度则要求卖家增强客服培训意识，对其工作态度、工作方法、工作技巧进行优化。

划重点：自建客服团队的培训方向

网店客服在商品销售、售前/售中/售后买家接待维护、店铺推广方面均起着极其重要的作用，培养优秀的客服，有助于塑造店铺形象，提高询单转化率、买家回头率，为更多买家提供优质服务。

网上购物，买家无法身临其境接触商品，往往会产生距离感和怀疑感。训练有素的客服为买家深入了解商品，了解卖家的企业文化、服务理念等提供了帮助。

很多企业在电子商务浪潮中高速发展，而其瓶颈却是客服等人才无法满足企业发展需要。现今对客服的要求已不再是基本会打字就行，还有更多更高的要求，比如：打字速度快、会盲打、能熟练使用淘宝卖家沟通工具、熟悉淘宝交易流程和淘宝规则、熟练使用电脑、会Word/Excel等办公软件、会收发邮件、会上网搜索和找到需要的资料、能同时和多人聊天、懂得图片处理、会商品页面排版、会装修店铺、懂网店运营，甚至能参与商品的设计。

多数小卖家是一个人战斗，身兼店铺卖家、美工、客服、运营数职，不管有多忙，请重视客服环节。对于团队和企业，请重视客服培训并纳入日常工作，然后执行到位。

建议客服培训方向：

1. 客服心态、职业价值观培训。
2. 企业文化、品牌价值观培训。
3. 商品专业知识培训。
4. 商品周边知识培训。
5. 淘宝交易流程、消保规则、淘宝规则、卖家工具使用培训。
6. 售前/售中/售后服务流程培训。

建议制定客服日常工作规范、客服标准用语、售后问题（如中差评/交易纠纷等）应急方案、发货及商品包装规范、电脑使用制度等。

15.6.2 生意太好忙不过来，客服外包解决方案

自建客服团队的利弊

客服团队的规模因人而异，如果在你的团队配置里有专人负责客服工作，客服人数不多且完全能胜任当前销售任务的需要，建议按前文的知识体系运营即可。

如果有短期的销售高峰，对客服人数需求剧增，建议客服外包或者订购阿里店小蜜（是阿里巴巴官方推出的商家版智能客服机器人）的进阶服务。对于小卖家的话，熟练掌握店小蜜基础版功能足矣。

因为自建客服团队的痛点有很多，如人工成本高、业绩底、经营管理难、精英招聘难、工作量大、晚间无人、一到大促就焦头烂额等。

临时或短期客服外包的好处也有很多，比如节省各种开支（像办公设备、客服工资、网络宽带、伙食补贴、水电费用、房租成本、设备维修、时间/人力耗费等不用自己花钱）、无须自己培训客服（专门做客服外包的正规公司会培训）、相对灵活（急缺人手时外包，不缺时自己搞定）。

使用店小蜜的好处：永不离职，回复质量管理可控；以一对多，永不"爆线"，7×24小时接待，永不下班；智能回复重复咨询，个性问题转人工，提升人工价值，节省人力。

哪些商家、哪些情况会选择客服外包

网店的客服 = 网店销售客服，类似实体店的导购客服，帮助买家解决商品购前/购中/购后遇到的问题。淘宝卖家、天猫商家都能选择客服外包，主要取决于店铺销量。

在阿里店小蜜出来以前，多数销售额达千万元级别的商家选择客服外包，因为他们需要成百上千的客服数量，自己管理的成本实在太高。阿里店小蜜出来以后，"自家核心客服 + 店小蜜 + 临时外包"将成为常态。

推荐卖家常备以下3个官方客服工具：

1. 阿里客服云 SAAS 平台。如果你在服务中心订购了客服外包，可以通过这个平台实时监控客服的各项数据。

2. 客户服务平台。基于阿里巴巴的大数据和 AI 技术，聚焦商家的客服运营，提供强有力的工具和抓手；助力客服团队做到精细运营、高效工作、预判买家动向。最终实现客服工作的可视、智能、简单、有效，赋予客服运营全新能量。

卖家免费订购入口：在服务市场搜索"客户服务"，单击"立即订购"按钮。

3. 千牛店小蜜。阿里巴巴官方推出的一款全智能机器人客服，全线支持淘宝和天猫的所有商家。基础功能商家免费订购使用，主要为商家提供智能、高速、准确的机器人客服能力，大幅度降低店铺的客服压力。

卖家使用入口：千牛卖家中心-客户服务-阿里店小蜜。

到哪里找客服外包

客服外包的流程：旺旺沟通咨询→商家在线订购→店铺信息交接→客服接受培训→客服上岗→开始服务→后期沟通→商家服务评价。

建议在服务市场选择专业的客服外包公司，平台担保交易，不容易上当受骗。你选择的客服外包公司一定要有客服培训机制，岗前培训是提升销售额的重要环节。

客服外包的价格，一种是底薪 + 提成，另一种是固定薪资，以接洽结果为准。

找客服外包要关注哪些核心问题

建议从四个方面关注：

1. 售前客服要做哪些事，做到心中有数，不易被骗。

2. 售后客服要做哪些事，心中有数，不易被骗。

3. 你需要什么样的客服解决你的什么问题，如售前客服、售后客服（电话客服、评价维护客服、DSR 维护客服）、白班客服、晚班客服、凌晨客服、包月客服、临时客服、周末客服等。

4. 为你提供客服外包的公司，有什么专业的解决方案，比如有没有入职培训（售前/售中/售后各种技巧及电脑、软件操作技能）、有没有店铺对接培训（针对你家商品的专业知识培训、对接）、客服有没有完整的绩效考核（关乎你的投资回报率）、如何保障店铺的信息安全（员工有没有签署保密协议？文档信息是否加密？有没有信息保全系统？）、有没有科学的监督监管系统（客服工作数据化管理，商家可查询接待流量预警、售后频次预警、慢回复预警、回复少预警、漏回复预警、禁用词预警、重复话术预警、自动回复预警、机器化回复预警、高压线预警、中差评预警、满意度预警、下线预警、团队沟通预警等）。

15.6.3 网店卖家好帮手，人工智能客服店小蜜

店小蜜是阿里巴巴针对电商推出的人工智能客服机器人。店小蜜在原淘宝人工智能机器人基础上进行了全面升级，紧密结合淘宝、天猫、飞猪及 1688 商家的诉求，帮助商家实现全天候、高质量的智能接待。

卖家痛点与店小蜜赋能解决方案

卖家痛点 1：人工客服招聘/培训/管理成本高。

店小蜜赋能：永不离职，回复品质管理可控。

卖家痛点 2：高峰期间人工忙不过来，夜间无人值守。

店小蜜赋能：以一对多，永不"爆线"，留住用户，无须挂机，7×24 小时接待。

卖家痛点 3：人工客服每天回复大量重复咨询。

店小蜜赋能：重复咨询智能回复，个性问题转人工，提升人工价值，提升买家体验，不失询单，节省人力。

店小蜜拥有完备的售前/售中/售后能力

售前能解决的问题包含但不限于动态回复参数、智能推荐尺码、主动营销、智能意图导购、活动智能学习。

售中和售后能解决的问题包含但不限于关联订单回复、一站式退换货、修改地址。

卖家如何开启店小蜜

需在电脑上操作：

第一步：启动浏览器，用卖家账号登录千牛卖家中心，依次单击"客户服务"－"阿里店小蜜"，基本版后台如图 15-8 所示。

第二步：依次单击页面左侧的"欢迎语设置""问答知识配置""应急关键词"，并按界面提示进行设置，完成后单击"立即开启"按钮。不明白的话，可以单击页面右下角的"阿里蜜学院"。

温馨提示：

1．店小蜜会不定期更新升级，若有更新，请以官方公告为准。

2．基本版与专业版相比功能有限，新开店或者客服接待量不大的话，使用基础版即可，毕竟专业版 2388 元/年的费用不算低。

图 15-8

第 16 章
快速补齐短板，将这些小技巧用起来

16.1 资金周转难，淘宝金融服务来帮忙

适合淘宝卖家的金融服务有三类：提前收款、贷款支付、淘宝贷款。

1. 提前收款服务

提前收款服务对象为淘宝网集市个人、企业卖家和天猫商家，只要卖家符合一定的条件，并且当前有符合条件的"卖家已发货，买家未确认收货"订单，就可以申请。申请成功的资金将直接发放到店铺绑定的支付宝账号或网商银行活期账号。

提前收款服务仅对中国大陆大部分地区的卖家开放（港澳台和海外地区暂未开放），具体以页面显示为准。没有利息，只收单笔服务费，服务费率为提前收款金额的 0.08%、0.12%、0.15%，具体以合同展示为准。

服务费扣款规则说明：放款到账之后，从店铺绑定的支付宝余额扣款。

淘宝店铺申请条件：

① 店铺注册人/企业法人是年龄在 18~65 周岁的中国居民。
② 当前有符合条件的"卖家已发货，买家未确认收货"订单。
③ 系统综合评估店铺情况符合要求。

天猫店铺申请条件：

① 当前有符合条件的"卖家已发货，买家未确认收货"的订单。
② 系统综合评估店铺情况符合要求。

申贷规则：
① 次数规则：提前收款和订单贷款当日累计支付使用次数限3次。
② 贷款互斥规则：与菜鸟存货融资商品互斥，即若你签约并使用了菜鸟存货融资，需还清余额并解约后才有可能实现提前收款/订单贷款，解约后，预计10个工作日左右生效。

还款时间：可选择还款周期为31天，贷款后第2天开始，买家确认收货后系统会自动扣款；若获贷期间店铺未来的应收账款发生较大波动，在没确认收货前，系统也可能进行自动扣款。

按期还款的扣款顺序：支付宝余额>支付宝账号绑定的储蓄快捷卡（按照签约顺序轮循，最多只轮循前三张）>余额宝>网商活期余额>网商银行App余利宝>支付宝体系余利宝。

提前还款：支持提前还款，但是之前服务费是一次性收取的，提前还款不退服务费，因此不建议提前还款。

逾期还款：
① 扣款时间：请在还款日12点前对扣款渠道充值足额的资金，12点起系统会开始陆续扣款。
② 扣款顺序：支付宝余额>支付宝账号绑定的储蓄快捷卡（按照签约顺序从最近往最早顺序轮循，最多只轮循前三张）>余额宝>网商活期余额>网商银行App端余利宝>支付宝体系余利宝。

特殊情况：
① 支付宝的资金渠道扣款顺序，如果你设置过支付顺序，则以你设置的支付顺序为准。
② 邮政储蓄银行快捷储蓄卡及不支持系统代扣。

逾期还款的影响：
① 会收取违约金，违约金=逾期款项×0.075%×逾期的天数。
② 同时会影响后续的贷款、影响个人或企业的信用记录。

提前收款怎么申请？
申请入口：打开淘宝网，用卖家账号登录并打开千牛卖家中心，依次单击"金融服务"－"提前收款"，按页面提示操作即可。

2．贷款支付服务：

贷款支付服务是专门为在阿里妈妈平台投放营销商品（直通车、智钻、超级推荐等）的淘宝卖家提供的一项贷款充值服务，先营销，后还款，专款专用，期限灵活，随借随还。贷款支付服务在无线端和电脑端上的操作流程如图16-1所示。

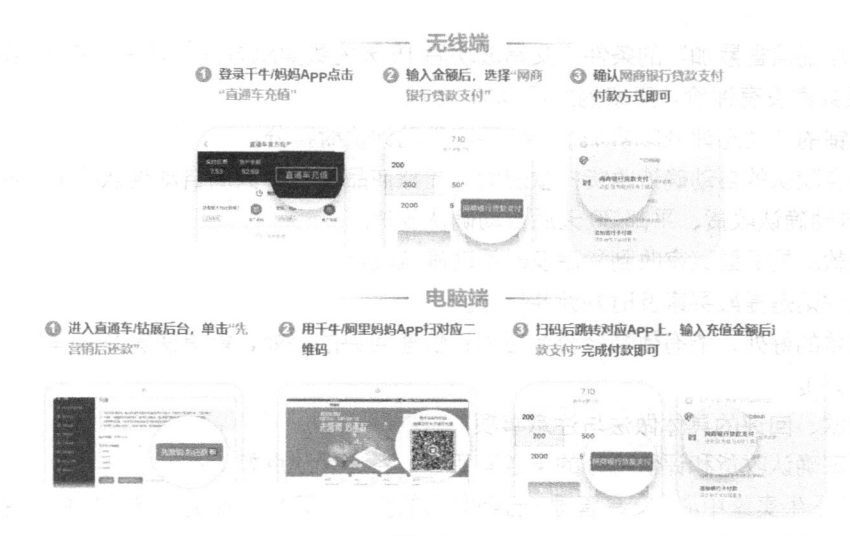

图 16-1

3. 淘宝贷款服务

由网商银行及其优质合作伙伴提供,包含订单贷款(帮你快速收回订单资金)、信用贷款(有信用就能借钱)、贷款支付(上阿里巴巴批发网采购,先进货,后给钱,采购专享9折利率,12期分期还款更轻松,最高可贷100万元)。

提升店铺经营情况(持续稳定经营≥2个月)、保证良好的店铺信誉(不刷单、不炒信、不售假)、无违规且没有被司法执行,便可获得更多贷款服务的使用资格。

申请入口:打开淘宝网,用卖家账号登录并打开千牛卖家中心,依次单击"金融服务"-"淘宝贷款",按页面提示操作即可。

是否具备贷款资格,用开店的卖家账号登录后,页面会自动显示。淘宝各项金融服务若有更新,请以官方公告为准。

16.2 淘宝卖家快速回款、回评小技巧

什么是快速回款、回评

在淘宝网交易流程中有以下三个节点条件:

一是"交易完成"的条件:确认收货。

二是"店铺信誉累加"的条件：交易成功后15天内买卖双方互相好评；或者卖家先好评，15天后即便买家没有评价，卖家的好评也加一分。

三是店铺的"动态评分"累加条件：买家手动评价时打分。

淘宝网店默认的自动确认收货打款规则：虚拟商品发货3天后自动确认收货、实物快递发货10天后自动确认收货、平邮30天后自动确认收货。

快速回款就是提醒买家收到货后及时手动确认收货。

快速回评则是提醒买家及时好评并打分。

快速回款的好处，能有效减轻资金压力；快速回评的好处，能更快提升店铺信誉（天猫店没有好中差评）。

快速回款、回评的具体做法与注意事项

提醒买家确认收货和评价打分的渠道有四个，各自优缺点如下：

1．在"千牛卖家中心-交易管理-已经卖出的宝贝"订单右侧的"详情"中，单击"提醒买家确认"，如图16-2所示。

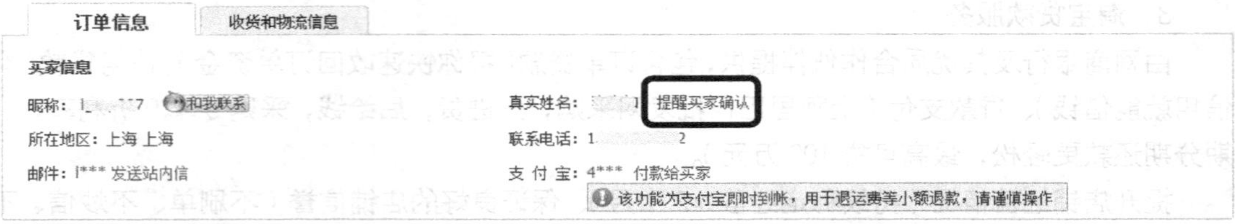

图 16-2

优点：买家会收到千牛旺旺系统弹窗消息提醒。

缺点：需要查询是否签收，再手动单击"确认"按钮，订单多时操作量大、烦琐，订单不多时可用；若买家不在线，不能及时看到，效果会打折扣。

2．发旺旺消息提醒确认。

优点：买家收到旺旺对话消息提醒。

缺点：需要查询是否签收，如果用词不当，容易适得其反，让买家觉得卖家小气，结果中差评或打分低；若买家不在线，不能及时看到，效果会打折扣。

3．打电话提醒确认。

优点：无。

缺点：需要查询是否签收；时间不好把握，特别容易造成打扰、让买家反感；语气、语速、语调、理由把握不当，会被中差评或打分低；要专人专管，效率难提升；成本高。

4．用软件实现自动短信提醒确认。

优点：系统自动识别订单发货状态、签收状态、是否确认收货和评价；事先设置好短信内容，自动发送；相较其他方式，买家更愿意接受；把握好发送节点，能有效提升效果，加速回款回评、二次转化等。系统自动发送，大批量实现，效率高。

缺点：付费，送达率不能保障100%（建议挑选稳定、成熟、服务等综合水平高的软件）。

实用经验：

会引起反感的做法：俗话说物极必反，凡事不能太过！比如：频繁单击"提醒买家确认"、总给买家打电话、发旺旺消息反复提醒、使用抖屏功能等，都容易引起买家反感。

案例参考：在整个订单流程中，用软件自动发短信，效果最好的节点包含：录入快递单号发货后、快递到达买家所在地开始派送、买家签收、确认收货但没评价打分、节假日大促提醒等。短信提醒类型可分为：催付提醒、发货提醒、活动提醒、确认提醒、日常维护。

催付提醒案例如图16-3所示。

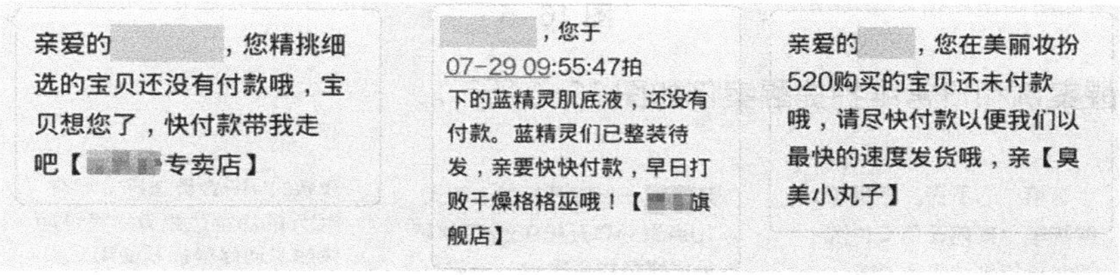

图16-3

发货提醒案例如图16-4所示。

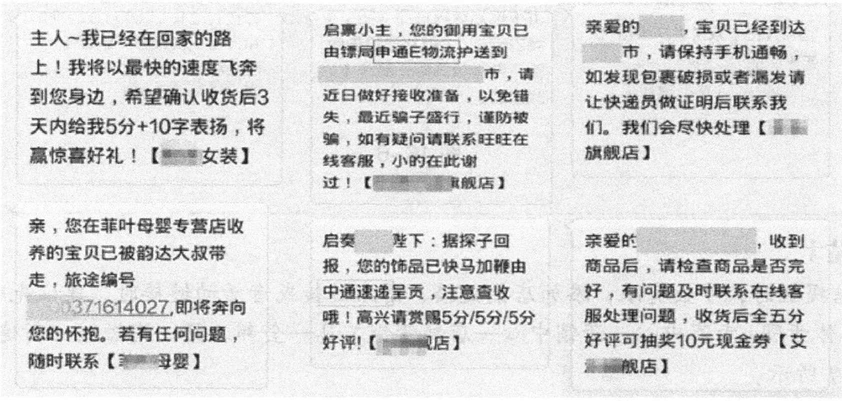

图16-4

确认提醒案例如图 16-5 所示。尽早确认收货后常给买家的好处：抽奖、神秘礼物、返现金、返优惠券、送彩票。

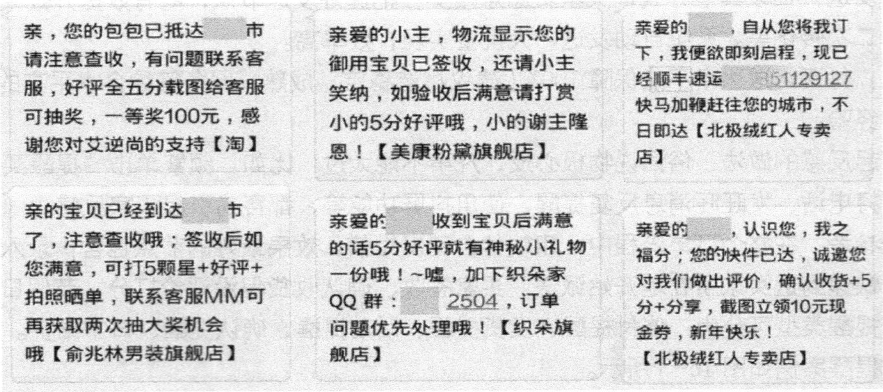

图 16-5

活动提醒案例和日常维护提醒案例如图 16-6 所示。

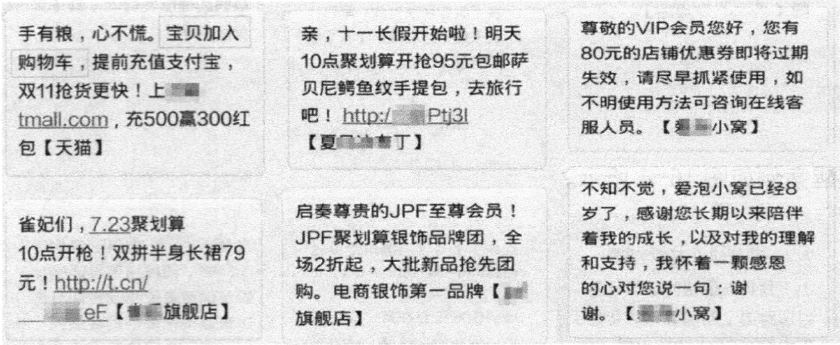

图 16-6

小贴士

短信提醒时，字数有限，添加店铺链接、商品链接或者活动链接时，建议先转换成短链接。具体步骤：卖家中心—营销中心—店铺营销工具—全部工具—淘短链—新建淘短链，如图 16-7 所示。

图 16-7

短信关怀软件很好用，你订购的软件应该有数据分析功能，如客户数据自动归类（所有客户、成交客户、潜在客户、休眠客户、忠实客户、中差评客户、黑名单客户等）、能分析买家购买行为（客单价、累计购买金额、购买次数、最后购买时间、购买商品数量、关闭交易次数、客户等级等）、能分析客户行为趋势（客户等级、客户购买频次、客户流失趋势、新客户增长趋势、回头客增长趋势等）、应该有更个性化的情景筛选功能，如图 16-8 所示。

此类软件直接从淘宝卖家服务市场订购即可。因为是付费软件，所以按需选用。

图 16-8

16.3 生意参谋：学会用数据诊断店铺并及时解决

生意参谋诞生于 2011 年，最早是应用在阿里巴巴 B2B 市场的数据工具。后来，生意参谋分别整合了量子恒道、数据魔方工具，最终升级为阿里巴巴商家端统一数据商品平台。

在大数据时代，生意参谋要为商家解决哪些痛点？

商家痛点 1：看数据难，用数据难。数据之间存在不一致性，这种不一致性大大提升了商家看数据的门槛。

商家痛点 2：数据难懂。数据本身就是门槛，在这个门槛之上，如果提供给商家的数据不标准、不统一，要想读懂难上加难。

商家痛点 3：商家渴求更全面的数据。商家关注的数据往往来源于多个渠道，不同渠道的数据能否很好地集成在同一个平台上，也令人困扰。

近年来，生意参谋一直致力解决此类难题，通过生意参谋，商家可以看到口径标准统一、计算全面准确的店铺数据和行业数据，从而为商务决策提供参谋服务。

打开生意参谋官网，用开店的卖家账号登录即可，想要全面了解它的用法，只需单击页面右上角的"帮助"超链接，如图 16-9 所示。你也可以在千牛卖家中心中依次单击"数据中心"－"生意参谋"访问其后台。

温馨提示：

1．生意参谋分为单店版和多店版，如果你有多家不同的淘宝或天猫店铺，可以关联在一起，实现在同一个生意参谋后台看多个店铺的数据。

2．生意参谋的"标准包"即基础功能，所有卖家免费订购后使用。其付费功能如数据作战室-主店版、数据作战室-活动分析版、市场洞察、服务洞察、物流洞察等，按需订购。

订购入口如图 16-9 所示，单击页面右上角的"订购"超链接，按需订购即可。

3．建议抽时间在生意参谋的帮助中心认真看看，数据运营已经是网店运营不可或缺的一部分。

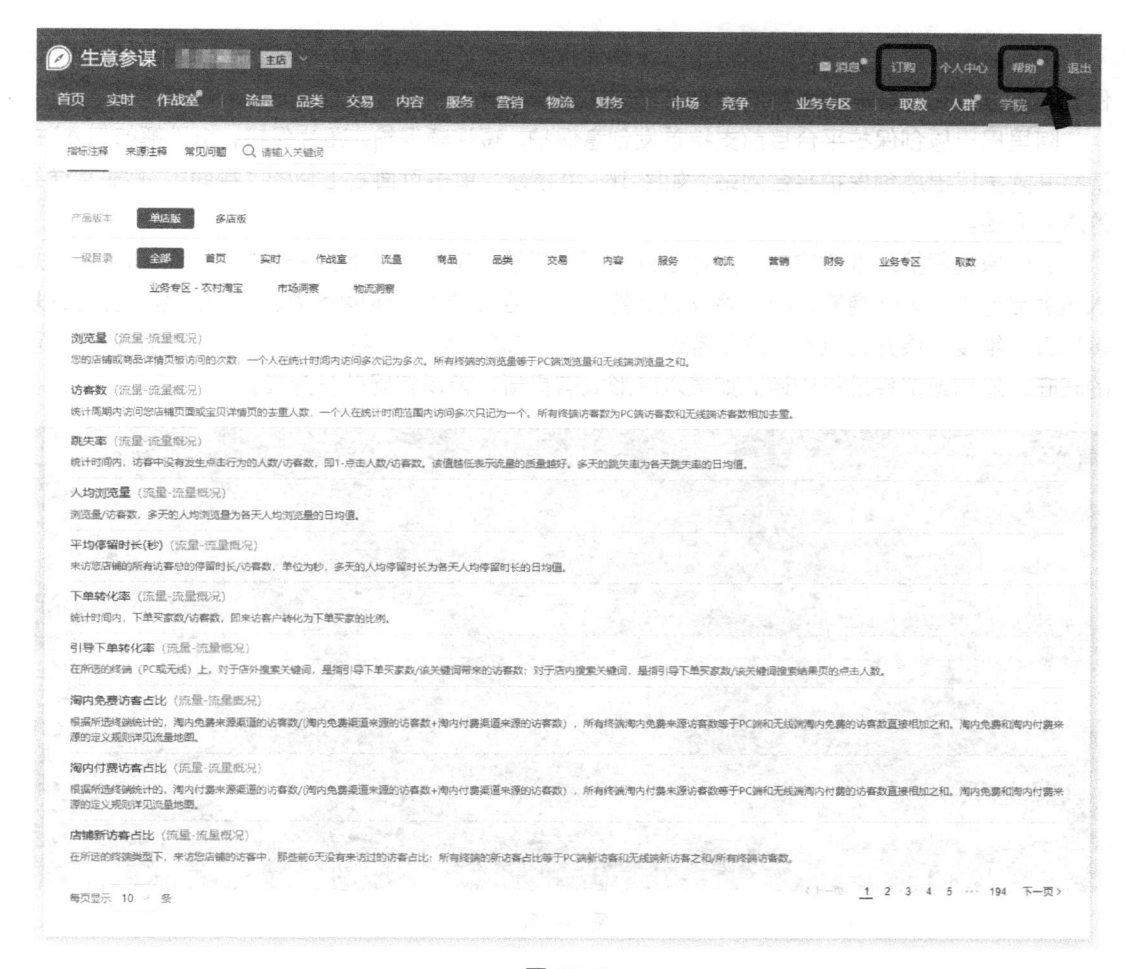

图 16-9

16.4 阿里巴巴原创保护：助力原创商家的未来发展

阿里巴巴原创保护平台为商家首发的图片、短视频、创意设计提供权威、专业的一站式"备案-维权-授权"全链路解决方案，赋能原创商家的 IP 商业化成长，通过打造 IP 授权、运营升级等方式助力原创商家的未来发展。

你可以将你的原创设计在阿里巴巴原创保护平台进行原创备案,并且可以在该平台对涉嫌侵权商品进行投诉,高效地帮助原创商家解决侵权问题。

阿里巴巴原创保护平台目前支持首发创意保护、短视频保护、图片保护,想了解如何入驻,请打开阿里巴巴原创保护平台网站,如图16-10所示。单击页面右上角的"帮助",有非常详细的入驻介绍。

目前原创保护采取邀约制,如你已入驻"天猫设计师"或"淘宝腔调"平台,即可快速加入该项目计划。其他商家,小二将从设计能力、行业影响力、运营能力、品质质量、历史违规情况五个维度开展筛选机制。符合邀约条件的,小二将在填写问卷后10个工作日内,通过预留的旺旺、短信或邮件进行沟通。如果入驻形式有更新,请以官网公告为准。

图 16-10

16.5 阿里图列:官方图片规范平台,增加商品曝光量

阿里巴巴集团旗下有众多平台,如淘宝、天猫、聚划算、闲鱼等,在众多的平台上每一次提交的素材内容的标准和指导规范不尽相同,反复修改、反复提交,费事、费神、费力。什么样的图片素材才能达到官方的图片规范标准呢?什么样的图片规范可以增加商品图片在阿里巴巴集团渠道的坑位曝光率呢?

阿里图列就是这样一个帮助卖家提升效率(整合阿里巴巴集团主要的营销平台、资源渠道的视觉规范，提高整体协作效率）、增加曝光量（符合官方标准的素材图片有更大概率被淘小二、系统选取，可以优先在公域渠道坑位曝光，获得更多流量）、提高点击率（商品素材图整洁，符合视觉审美，减少不必要的视觉噪点，提高商品点击率）、构建品牌（一致的拍摄技巧与图片陈列方式，能够改善店铺的商品图品质，提升品牌调性）的图片规范平台。

打开阿里图列官网，如图16-11所示。请依次单击标签"上传规范""场景规范""大促规范""商家素材中心"并认真查看，建议收藏该网站。

图 16-11

16.6 体检中心：定期查看店铺体检报告，健康良性发展

定期查看店铺体检报告，找出店铺有哪些问题，根据问题对症下药，能保证店铺健康良性发展。

如何给店铺体检呢？

打开淘宝网首页，用开店的卖家账号登录，单击"千牛卖家中心"，进入千牛工作台首页，单击"体检中心"图标，如图16-12所示。在新开页面中可以看到一个新功能"营商保"，它有很多工具，能够全方位监测店铺健康情况，并给出数据报告。这个工具非常实用，建议卖家在网店日常运营时经常打开看看，避免出现不可挽回的损失或无法弥补的遗憾。

图 16-12